PHILOSOPHIE ANTIQUE

Problèmes, Renaissances, Usages

Numéro 21 2021

Les éléments

Revue publiée avec le soutien de
l'InSHS du Centre National de la Recherche Scientifique

Librairie philosophique J. Vrin
6, place de la Sorbonne, 75005 Paris
http://www.vrin.fr

http://www.vrin.fr

ISBN : 978-2-7116-3036-3
ISSN : 1634-4561

Livre imprimé en France

Table des matières

Les éléments

ÉLÉMENTS ET ZONES DU MONDE D'HOMÈRE À EMPÉDOCLE

Mathilde Brémond

PHIER, Université Clermont-Auvergne
Centre Léon Robin, Paris (membre associée)
bremondmathilde@gmail.com

Résumé. Cet article s'interroge sur la corrélation qui a pu être établie dans la pensée présocratique entre grandes zones de l'univers et éléments. Il remet en question l'idée que l'univers aurait été archaïquement divisé en quatre parties et que l'innovation d'Empédocle aurait consisté à faire correspondre cette division préexistante et sa théorie élémentaire. Nous montrons plutôt que si Empédocle est le premier à établir une correspondance exacte entre niveau cosmologique et élémentaire, c'est aussi chez lui que nous trouvons pour la première fois une division du monde en grandes zones distinctes et égales. Pour déterminer ce qui fait l'originalité d'Empédocle, nous examinons les diverses manières dont les penseurs ont structuré l'univers depuis Homère et quel genre de relation ils ont établi entre zones du monde et théorie élémentaire.

Summary. *This paper challenges the possible connection in Early Greek thinking between cosmic areas and elements. I criticize the idea that the universe was originally divided into four great areas and that Empedocles' only innovation was to match this preexisting division with his elementary theory. I will demonstrate that although Empedocles was indeed the first to match the cosmic and elementary levels, his work is the first to mention a division of the universe into distinct and equal areas. To identify the novelty in Empedocles' theory, I will emphasize the various ways in which thinkers structured the universe since Homer and illustrate the kind of relationship they established between cosmic areas and elements.*

Philosophie antique, n°21 (2021), 7-29

Introduction

Aristote soutient en *Génération et corruption* II 1, 329b2-5 que ses prédécesseurs n'ont pas justifié la nature et le nombre de leurs éléments : il se présente ainsi comme le premier à démontrer que ceux-ci doivent être quatre[1]. Il insiste plus largement, dans ses différentes introductions doxographiques[2], sur la diversité des thèses de ses prédécesseurs sur ce point : les monistes auraient choisi des éléments premiers variés, et les pluralistes conçu la cause matérielle soit sous forme élémentaire, comme Empédocle, soit sous la forme d'homéomères, comme Anaxagore, soit sous la forme d'atomes.

Il est certes évident, en particulier avant Empédocle, qu'il n'y a pas de consensus concernant la nature et le nombre des éléments : Thalès aurait mis au centre de sa théorie l'eau, Anaximène l'air, Héraclite le feu, Xénophane selon certains textes la terre (D27/B27[3]), selon d'autres la terre et l'eau (D25/B29, D26/B33), Parménide la lumière et la nuit, etc. Mais on ne peut qu'être surpris de constater qu'après qu'Empédocle a posé l'existence de quatre éléments, cette liste devient une référence, même parmi ceux qui soutiennent une autre théorie élémentaire. Ainsi, Diogène d'Apollonie, pourtant un moniste, parle de tous les « êtres qui existent maintenant dans l'univers, terre, eau, air et feu et les autres choses » (D3/B2). De même, quand on se tourne vers la littérature médicale la plus ancienne, on voit que l'auteur hippocratique du traité *De la Nature humaine* reprend la même liste (I), et on en trouve aussi la trace dans le traité *Des Vents* 3, 3, où l'auteur

1. Toutefois, Platon présente aussi en *Timée* 31b-32b des arguments pour justifier le nombre des éléments.

2. En particulier en *Physique*, I, 2, 184b15-22, *Génération et corruption*, I, 1, 314a16-24 et *Métaphysique*, A, 3, 983b18-984a15.

3. Nous signalerons pour les fragments quand cela est possible la référence dans les éditions Laks et Most 2016 puis Diels et Kranz 1951-1952. Pour les témoignages, nous donnerons les références de la source ainsi que le numéro dans l'édition Laks-Most.

affirme que l'air se trouve à la fois dans le feu, la mer et la terre[4]. Platon et Aristote sont les héritiers de cette tradition.

Certains critiques ont justifié, souvent en passant[5], le succès de cette conception par la correspondance qu'elle établit entre la théorie élémentaire et les grandes masses qui structureraient le monde : l'univers serait conçu par les Grecs comme comprenant une zone de feu (les astres), une zone d'air, une zone de terre et une zone d'eau (la mer). En affirmant que tout est composé de quatre éléments, Empédocle aurait ainsi harmonisé une conception macroscopique préexistante et une théorie des éléments au niveau microscopique. Similairement, Kahn 1960, p. 134-154, qui s'est particulièrement penché sur la question de l'origine de la notion d'élément, soutient que la division de l'univers en quatre zones se trouverait déjà chez Homère et Hésiode.

Notre but dans cet article est d'examiner comment les prédécesseurs d'Empédocle ont conçu la structure du monde et quel genre de correspondance ils ont établi entre ce niveau macroscopique et leur théorie des éléments. Ces derniers peuvent être considérés, selon la distinction faite par Graham 2006 (en particulier p. 52-82), soit comme une entité éternelle qui compose les corps, soit comme la substance originelle qui s'est altérée pour former le monde ; nous ne chercherons pas à trancher entre ces deux lectures possibles, mais nous concentrerons sur le ou les éléments que les penseurs présocratiques ont identifiés et le rôle que ceux-ci jouent au niveau cosmologique. Nous chercherons par là à dégager ce qui a pu faire l'originalité de la pensée d'Empédocle.

Contre l'idée que le monde aurait une structure bien définie dans la pensée grecque et que l'innovation d'Empédocle aurait consisté à faire correspondre sa théorie élémentaire à cette structure déjà existante, nous montrerons deux points :

1) l'idée d'une correspondance entre niveau macroscopique et microscopique s'est construite petit à petit dans la pensée présocratique. Toutefois, Empédocle est le premier à établir une véritable équivalence entre nombre d'éléments et zones du monde.

2) l'idée que le monde soit divisé en grandes masses n'est pas aussi ancienne que certains ont pu le penser[6]. Il faut en effet s'interroger sur ce

4. Vlastos 1947, p. 158-159 n. 26 fait aussi l'hypothèse que la théorie alcméonienne des quatre puissances et, par la suite, celle des quatre humeurs vienne des quatre éléments d'Empédocle. Alcméon, dans le texte en question (D30/B4), à savoir une doxographie de Stobée, mentionne toutefois trois paires de puissances, humide/sec, froid/chaud et amer/doux. Si les deux premières peuvent bien renvoyer à la théorie des quatre éléments, il est difficile de déterminer quelle partie du témoignage est authentique (*Cf.* la note 2 de Laks-Most sur ce texte, p. 833).

5. Voir par exemple Graham 2006, p. 103.

6. Voir par exemple Heidel 1912, p. 216, n. 4. Graham 2006 attribue ainsi cette idée à Anaximandre (9) et Anaximène (103).

que l'on entend par une division du monde en grandes zones, à laquelle les critiques renvoient souvent par l'expression lucrétienne (tirée du *De natura rerum* V, 380-381) de *maxima membra mundi*. Nous en retiendrons trois aspects :

- différenciation : chaque zone a des caractéristiques qui lui sont propres. Cela ne signifie pas nécessairement que chacune soit homogène, mais qu'elle se distingue des autres zones par quelque propriété qui ne soit pas seulement spatiale (son emplacement dans l'univers ou son mouvement), mais aussi qualitative.
- exhaustivité : l'univers se divise exclusivement en ces zones du monde – sans quoi il ne s'agirait précisément pas d'une division du monde. Cela suppose que l'on puisse identifier un nombre limité et précis de zones. Ce nombre peut toutefois varier dans le temps dans des hypothèses où l'univers n'aurait pas toujours existé sous sa forme actuelle.
- égalité : il n'y a pas de subordination entre les zones et celles-ci sont de taille sinon égale, du moins comparable.

Nous verrons que nous ne rencontrerons pas de division du monde qui réponde à ces trois critères avant Empédocle lui-même, et qu'il s'est donc illustré à la fois par une certaine conception de la manière dont le monde se structure et par la première correspondance entre théorie cosmologique et théorie élémentaire.

Une telle étude ne nous semble pas avoir été proposée depuis la contribution de Kahn 1960, p. 119-165. Toutefois, celui-ci s'est plutôt concentré sur l'origine d'une part de la division du monde en grandes zones et d'autre part de la théorie élémentaire, sans s'intéresser à la manière dont les deux peuvent se combiner. De plus, comme nous le verrons, son histoire de la division de l'univers mérite d'être remise en question.

Notre étude sera nécessairement lacunaire, d'une part parce que nous manquons de sources sur la conception cosmologique et physique des présocratiques, en particulier pour les plus anciens, et une thèse peut paraître originale chez un penseur alors qu'elle a déjà été développée par un de ses prédécesseurs sans que nous en ayons gardé la trace ; et d'autre part parce qu'il ne sera pas possible, en l'espace d'un article, d'examiner en détail chacune de ces conceptions. Mais un tel examen transversal nous semble éclairant pour remettre en contexte la notion d'élément et expliquer l'intérêt et le succès de la conjugaison empédocléenne entre structure du monde et théorie élémentaire.

Cet article sera organisé de manière chronologique : nous examinerons d'abord les antécédents épiques à la division du monde, puis les conceptions ioniennes, dans une troisième partie les apports de Parménide et Anaxagore, et nous finirons avec Empédocle. Nous étudierons dans chaque cas d'une part la manière dont l'univers a été structuré par ces penseurs, d'autre part la correspondance que l'on peut établir (s'il y en a une) entre cette conception cosmologique et la théorie élémentaire.

Conceptions épiques

Divisions du monde

On trouve dans la littérature grecque archaïque de nombreuses divisions de l'univers en grandes zones. Plusieurs critiques, en particulier Cornford 1912, p. 18-19 et Kahn 1960, p. 136-137[7], ont soutenu que l'univers était traditionnellement divisé en quatre zones, qui seraient à l'origine (directe selon Cornford, indirecte selon Kahn) de la théorie des quatre éléments. Nous avons en effet plusieurs descriptions dans ces textes de quatre zones du monde, le ciel, la terre, la mer et les enfers ou la nuit. Le passage le plus fameux se situe au livre XV de l'*Iliade*, où Poséidon rapporte le partage du monde entre les dieux :

> Le monde a été partagé en trois ; chacun a eu son apanage. J'ai obtenu pour moi, après tirage au sort, d'habiter la blanche mer à jamais ; Hadès a eu pour lot l'ombre brumeuse, Zeus le vaste ciel, en plein éther, en pleins nuages. La terre pour nous trois est un bien commun, ainsi que le haut Olympe. (*Iliade*, XV, 189-193)[8]

Cette division se retrouve en plusieurs endroits de la *Théogonie*, dont je ne citerai ici qu'un passage :

> Terriblement, à l'entour, grondait la mer infinie. La terre soudain mugit à grande voix, et le vaste ciel, ébranlé, lui répondait en gémissant. Le haut Olympe chancelait sur sa base à l'élan des Immortels. Un lourd tremblement parvenait jusqu'au Tartare brumeux. (*Théogonie*, 678-682)[9]

Le Tartare serait parfois remplacé par la nuit, notamment dans l'évocation par Hésiode en *Théogonie,* 106-108 de quatre origines des dieux, à savoir la terre, le ciel, la nuit et la mer.

Cornford assimile sans ambages la nuit ou les enfers à l'air (p. 18-19, 116) pour trouver dans la tétrade l'origine de la théorie des quatre éléments. Kahn se montre plus prudent : s'il reconnaît l'existence d'une telle tétrade, il soutient toutefois qu'elle a dû subir une évolution pour correspondre aux quatre éléments. Ainsi, il remarque que le ciel, domaine de Zeus, est souvent caractérisé par l'éther (αἰθήρ), qu'il décrit comme renvoyant spécifiquement à sa propriété lumineuse (p. 140-143). L'éther contrasterait avec ἀήρ, qui désigne dans les textes épiques une brume opaque, dont le rôle est princi-

7. Voir aussi Guthrie 1965, p. 141-142.

8. Traduction Paul Mazon.

9. Traduction Paul Mazon. Voir aussi *Théogonie,* 736-739 et 839-841.

palement de dissimuler (p. 143-145). Or le domaine d'Hadès est présenté dans les deux textes cités comme « brumeux » (ἠερόεις). On aurait donc conservé la tétrade ciel éthéré/terre/eau/Tartare brumeux, mais le terme ἀήρ aurait changé non seulement de signification, passant d'une brume obscure à l'air transparent[10], mais aussi, ce à quoi Kahn n'apporte pas de réelle explication, de zone géographique, caractérisant non plus un domaine nocturne ou souterrain, mais une partie du ciel.

Cette prévalence de la tétrade, qui se serait maintenue au travers des évolutions, ne semble toutefois pas fondée dans les textes. En particulier, les vers d'Homère et Hésiode cités plus haut, qui renvoient de toute évidence à la même conception, représentent non pas quatre mais cinq zones : le ciel, la mer, la terre, le Tartare *et l'Olympe*. L'Olympe tend à être mis de côté par les critiques qui défendent la tétrade comme renvoyant soit au ciel, siège des dieux, soit à la terre, en tant que montagne[11]. On trouve d'ailleurs en *Théogonie,* 736-739 une mention des quatre entités de la tétrade sans l'Olympe. Mais il n'y a aucune raison de donner un caractère plus fondamental à la division en quatre qu'à celle en cinq – sinon la volonté de trouver une origine aux quatre éléments.

On pourrait certes justifier ce rejet de l'Olympe en affirmant qu'il ne s'agit pas d'une zone géographique aux caractéristiques bien distinctes : la matière de la montagne peut être assimilée à celle de la terre et le sommet de l'Olympe se trouve géographiquement dans le ciel. Mais une telle conception suppose une assimilation entre zone du monde et type d'élément. Or ce n'est là la perspective ni d'Homère ni d'Hésiode dans ces textes ; ainsi, la montagne n'est de toute évidence pas considérée par Hésiode comme équivalente à la terre ni au ciel, puisqu'il affirme en *Théogonie*, 126-132 que Gaia engendre trois entités, le ciel, les montagnes et la mer. Les poètes épiques caractérisent ces domaines moins par leurs spécificités physiques que par leur régime de souveraineté et leur rattachement à certains dieux. Cela est particulièrement évident dans le texte d'Homère, qui distingue trois régions qui sont dominées par un dieu précis, le ciel par Zeus, la mer par Poséidon et le Tartare par Hadès, et deux régions communes, dont l'une est le siège de tous les dieux et l'autre, la terre, le domaine occupé par les hommes. La

10. Le terme d'éther aurait aussi évolué pour renvoyer plus spécifiquement au feu, selon Kahn 1960, p. 148. Cela n'est cependant pas évident, puisque αἰθήρ renvoie tantôt au feu, tantôt à l'air : ainsi, si Parménide parle de feu éthéré (αἰθέριον πῦρ en D8.61/B8.56) et Anaxagore distingue air et éther (D9/B1 et D10/B2), Empédocle utilise ἀήρ et αἰθήρ comme des synonymes. Αἰθήρ semble renvoyer dans les textes présocratiques plutôt au ciel comme lieu qu'à une propriété élémentaire : l'élément que les penseurs attribuent au ciel (le feu chez Parménide, l'air chez Empédocle) est alors associé à l'éther.

11. Voir Kahn 1960, p. 136 : « *if we neglect the ambiguous conception of Olympus (wavering between the Thessalian mountain and an invisible peak in heaven), we see that the poet vaguely presupposes a division of the world into Earth, Sea, Underworld, and Heaven* ».

pensée épique ne conçoit donc pas une tétrade qui anticiperait les quatre éléments, avec des caractéristiques physiques différentes, mais cinq domaines aux régimes de souveraineté distincts[12].

Il ne semble pas même que la division en cinq zones soit systématique, mais on trouve de nombreuses structurations du monde selon des principes variés chez Homère et Hésiode. Les trois domaines du ciel, de la terre et de la mer sont ainsi souvent mentionnés[13]. Selon la représentation traditionnelle grecque de l'univers, la terre est en effet couverte du ciel et entourée par Océan. En *Théogonie,* 108-110, Hésiode demande, en conclusion à son prélude aux Muses, une explication des entités suivantes : les dieux, la terre, les fleuves, la mer, les étoiles et le ciel. Le bouclier d'Héphaïstos mentionne aussi, en plus de la triade ciel/terre/mer, le soleil, la lune et les autres étoiles...

Si certains éléments sont récurrents, il n'y a donc aucune structuration systématique de l'univers en zones : le critère d'exhaustivité n'est pas respecté. Il n'y a pas non plus de différenciation nette entre les parties du monde : celle-ci peut dépendre, comme nous l'avons dit, du régime de souveraineté, mais aussi de caractéristiques physiques, qui sont signalées par les épithètes accolées aux domaines en question (« brumeux » pour le Tartare, « blanche » pour la mer...), sans recherche d'une distinction systématique. Le seul critère qui soit respecté par du moins certaines de ces divisions semble être l'égalité[14] : du point de vue de la souveraineté, Homère souligne que les dieux ne peuvent prétendre dominer que leur propre zone, dont chacune est alors représentée comme un domaine politique de valeur équivalente ; et du point de vue de l'extension spatiale, le texte d'Hésiode insiste sur le caractère immense de chacune des zones du monde.

Antécédents à la théorie élémentaire

Nous n'avons naturellement dans la poésie épique aucune théorie élémentaire, au sens de l'idée que tout provient d'un ou plusieurs éléments, que ceux-ci soient une substance originelle ou un composant permanent des choses[15]. Kahn signale toutefois quelques antécédents à une telle conception. En particulier, l'idée qu'un être puisse être composé d'un mélange d'entités

12. Cela conduit souvent à une forme d'identification entre le dieu et son domaine d'exercice : chez Hésiode, la terre et le ciel sont à la fois des divinités et des zones géographiques. Cette homonymie est explicitée par Phérécyde (D5/B1) selon lequel une des trois divinités primordiales, Chtonie, « prit le nom de terre (Γῆ) quand Zeus lui donna la terre en présent ».

13. Voir les références dans Cornford 1912, p. 16, n. 2.

14. *Cf.* Vlastos 1947, p. 169.

15. Aristote en *Métaphysique*, A, 3, 983b28-32 attribue à Homère l'idée que tout viendrait de l'eau en se reposant sur son affirmation qu'Océan et Téthys ont généré les autres dieux (*Iliade*, XIV, 201 et 302). Le même vers est interprété par Platon en *Théétète*,152e comme renvoyant à une théorie du mouvement universel. Ces interprétations allégoriques ont naturellement peu de valeur historique.

matérielles se trouve chez Hésiode, lorsqu'il affirme que Pandore a été formée par Héphaïstos à partir d'eau et de terre[16]. Dans la *Théogonie* (571), il ne mentionne que la terre (γαῖα), et dans les *Travaux et les jours* la terre et l'eau. L'idée que l'homme soit façonné à partir de terre n'est bien entendu pas propre au monde grec. On peut toutefois souligner, en ce qui concerne la *Théogonie*, l'homonymie entre la matière à partir de laquelle Pandore est façonnée et la terre, divinité principielle et zone du monde[17]. Il est difficile de dire si Hésiode pourrait avoir été conscient des implications potentielles de cette homonymie concernant la relation entre niveau macroscopique et microscopique, mais celle-ci a certainement aidé par la suite à établir une correspondance entre les deux.

D'Anaximandre à Héraclite

Structures de l'univers

Nous avons vu que non seulement on ne peut dériver d'une tétrade archaïque les quatre éléments, mais que la division de l'univers en parties est loin d'être systématique dans la pensée épique. Ce manque de systématicité se perpétue dans les premières conceptions présocratiques. Toutefois, les considérations astronomiques qu'elles développent donnent lieu à une conceptualisation du ciel qui mobilise en particulier deux éléments, le feu et l'air. On peut trouver une trace de l'idée que l'air occupe une position intermédiaire entre le ciel et la terre chez Hésiode, qui affirme dans les *Travaux et les jours*, 548-549 qu'un « air porteur de blé se répand depuis le ciel étoilé jusqu'à la terre » (ἐπὶ γαῖαν ἀπ' οὐρανοῦ ἀστερόεντος ἀὴρ πυροφόροις). Si le terme ἀήρ renvoie ici à une vapeur qui transmet l'humidité aux moissons, et non à une zone précise mais à un phénomène météorologique, une telle représentation pourrait être à l'origine de l'idée que l'air, au sens d'une vapeur humide, se trouve entre le ciel et la terre.

Aussi l'air joue-t-il un rôle, avec le feu, dans l'explication des phénomènes célestes dès Anaximandre :

16. *Cf.* Kahn 1960, p. 155-156.

17. West 1966, p. 189 affirme que « *Hesiod uses only the form* Γαῖα *for the divinity (23 times), though he uses* γῆ *as well as* γαῖα *for the earth in ordinary senses* ». Mais le récit de la formation de Pandore utilise bien le terme γαῖα au sens de matériau, et la note de West vise à signaler ce qu'il considère comme une exception, puisqu'au vers 106, Hésiode utilise Γῆ pour renvoyer à la déesse. Cela indique que les deux termes sont dans l'ensemble interchangeables et désignent tous deux à la fois la déesse et le matériau.

> Anaximandre [dit que les astres sont] des compressions d'air (ἀέρος) en forme de roues, pleines de feu (πυρὸς), exhalant des flammes dans une certaine partie à travers des orifices. (Aëtius 2, 13.7 = D20)[18]

Anaximandre se représente l'univers comme composé de roues célestes qui seraient remplies de feu et percées de trous ; celles-ci encercleraient la terre. Même si nous ne disposons pas de fragments originaux sur ce point, nous pouvons supposer que le terme employé par Anaximandre était bien ἀήρ : celui-ci garde son caractère homérique d'opacité et son rôle de dissimulation, puisqu'il ne permet de voir la flamme qu'aux endroits où il est percé. Anaximandre se représente donc le cosmos comme comprenant au moins trois entités qui seront ensuite des éléments : la terre, située au centre, l'air et le feu. Celles-ci occupent un emplacement précis dans l'univers et jouent un rôle qui leur est propre. Toutefois, parmi les critères que nous avons énoncés pour pouvoir parler de zones du monde, si ces entités respectent celui de la différenciation qualitative[19], il n'est pas évident que ce soit le cas pour l'exhaustivité. En effet, nous n'avons pas connaissance chez Anaximandre de ce qui peut se trouver au-delà des roues célestes[20] ; nous ne savons pas non plus si la roue d'air occupe l'ensemble de l'espace intermédiaire entre le feu et la terre, et donc si l'ensemble de notre univers est composé soit de la terre, soit de la couche d'air, soit du feu.

Chez Anaximène, l'univers se structure plus clairement encore selon ces trois éléments, l'air, le feu et la terre, avec une prédominance de l'air :

> [Il dit que] la terre est plate, portée par l'air ; de manière semblable, le soleil, la lune et les autres astres, qui sont tous de feu, « chevauchent »[21] l'air parce qu'ils sont plats. (Hippolyte de Rome, *Réfutation de toutes les hérésies,* I, 7.4 =D3)

L'univers serait ainsi constitué de la terre et des astres qui « chevauchent » l'air ambiant. Les témoignages présentent les astres tantôt comme composés de feu, comme c'est le cas chez Hippolyte de Rome, tantôt comme plutôt terreux[22]. Il faut noter que l'air n'est plus chez Anaximène caractérisé par sa capacité à dissimuler[23] : Hippolyte le qualifie en effet d'« invisible » (*Réfuta-*

18. Voir aussi le témoignage d'Hippolyte de Rome, *Réfutation de toutes les hérésies,* I, 6.4 = D7. Nous reprenons en grande partie pour les textes présocratiques les traductions de Laks et Most 2016.

19. Sur le rôle qu'Anaximandre donnait aux opposés dans sa cosmologie, voir Lloyd 1964, p. 98-99.

20. Kahn 1960, p. 91 évoque deux hypothèses : que la périphérie soit composée de feu ou de l'infini.

21. Le terme ἐποχεῖσθαι est aussi utilisé par Pseudo-Plutarque (chez Eusèbe *Préparation évangélique*, I, 8.3 = D2) et est reconnu par Diels-Kranz et Laks-Most comme une citation d'Anaximène.

22. Voir Pseudo-Plutarque (*idem*). Aëtius II, 13.10 (= D13) combine les deux versions en affirmant que « la nature des astres est de feu, mais ils comprennent aussi certains corps terreux invisibles qui les accompagnent dans leur révolution ».

23. *Cf.* McKirahan 2010[2], p. 49-50.

tion, I, 7.2). Cela est confirmé par le fait que les astres soient visibles malgré l'air qu'Anaximène place entre eux et la terre. Xénophane semble avoir soutenu une position semblable : il affirme dans le fragment D41/B28 que la terre est surmontée par l'air, et plusieurs témoignages lui attribuent une description du soleil comme de « petits feux » (πυρίδια)[24].

Anaximène et Xénophane ont donc conçu l'univers comme s'expliquant par trois principales entités, à savoir le feu, l'air et la terre. Nous n'avons cependant pas d'indication qu'ils concevaient cette théorie comme une division du monde en grandes parties. Il ne s'agit certes là que d'un argument *a silentio*, peu probant étant donné notre manque de textes. Toutefois, chez Anaximène du moins (nos témoignages sur Xénophane sont trop succincts pour que l'on puisse se faire une opinion), les critères que nous avons posés pour parler de zone du monde ne sont pas tous remplis. Certes, le critère de la différenciation ainsi que celui de l'exhaustivité apparaissent comme respectés : étant donné que l'air semble occuper tout l'espace, il n'y a de place pour rien d'autre ; et même si le feu et la terre ne sont que des aspects de l'air, ils restent qualitativement différents, le feu étant particulièrement rare et la terre particulièrement dense. On peut toutefois difficilement parler de zones du monde en tant que le critère d'égalité n'est pas respecté. En effet, l'air joue un rôle dominant dans la cosmologie d'Anaximène : tout d'abord, il occupe l'essentiel de l'espace cosmique, la terre et les astres étant juste comme des « feuilles »[25] posées sur lui. Ensuite, il est le principe des autres entités : le feu n'est que de l'air raréfié et la terre de l'air condensé. Les astres et la terre sont donc plutôt des objets posés sur ce qui constitue la seule véritable zone du monde, à savoir l'air.

En ce qui concerne Héraclite, il est difficile d'affirmer qu'il ait structuré le monde comme les auteurs que nous avons mentionnés. Il semble s'être surtout intéressé à des processus de transformation au niveau cosmologique entre trois entités, le feu, l'eau et la terre, si l'on en croit du moins le témoignage de Diogène Laërce :

> Le changement est une route vers le haut et vers le bas, et c'est en fonction d'elle que le monde devient. En effet, le feu, en se concentrant, s'humidifie et, en se rassemblant, devient eau, et l'eau, en se solidifiant, tourne en terre. Et ceci est la route vers le bas. La terre à son tour, inversement, se répand et d'elle provient l'eau, et de celle-ci le reste – il ramène presque tout à l'exhalaison qui provient de la mer. Et ceci est la route vers le haut. (Diogène Laërce IX, 8-9 = R47)

24. Hippolyte de Rome *Réfutation,* I, 14.3 (= D22), Pseudo-Plutarque chez Eusèbe I, 8.4 (= D23) et Aëtius I, 25.2 (= D28b).

25. Le terme πέταλον, qui est utilisé par Aëtius en II, 14.4 et II, 22.1 (= D14 et D15), est en général reconnu comme authentique.

Le doxographe décrit une série de transformations qui s'effectuent depuis le feu vers l'eau puis jusqu'à la terre et inversement, et qualifie de manière spatiale ces changements, le premier allant du haut vers le bas et le second du bas vers le haut[26]. Ces informations trouvent une certaine confirmation dans le fragment D86/B31 d'Héraclite : « tournants du feu : d'abord mer ; puis la moitié de la mer, terre ; et l'autre moitié, orage de foudres[27]. (...) Il se répand en mer, et sa mesure atteint la même proportion qui était avant qu'il ne devienne terre. » On peut toutefois difficilement déduire de ces indications qu'Héraclite structurait l'univers en trois parties, mais il décrit plutôt un processus qu'une organisation du monde[28]. Diogène Laërce critique lui-même l'obscurité d'Héraclite (IX, 8), et son propos est très certainement une reconstruction, peut-être à partir de notre fragment B31.

Relation avec la théorie élémentaire

Même si l'on ne peut affirmer que ces auteurs ont conçu l'univers selon de grandes zones égales, certains aspects de cette division sont déjà présents, en particulier le fait que l'univers soit composé d'entités qualitativement distinctes (critère de la différenciation) et que celles-ci correspondent à des êtres comme le feu, l'air, la terre et l'eau : les trois premiers sont mobilisés par Anaximandre, Anaximène et Xénophane, et le feu, la terre et la mer par Héraclite[29]. Et ils voient de toute évidence une correspondance entre ces parties du cosmos et l'air, le feu ou la terre que nous trouvons dans notre quotidien. Cela est particulièrement évident chez Xénophane : celui-ci utilise le terme γῆ à la fois pour renvoyer à la terre comme matériau (D25/B29, D26/B33 et D27/B27) et comme corps céleste (D30/B31 et D41/B28). Même si nous ne disposons pas de fragment chez Anaximène pour le confirmer, il paraît vraisemblable que le terme ἀήρ renvoyait chez lui à la fois à l'élément originel du monde et à l'air cosmique sur lequel reposent la terre et les astres.

Plus remarquable encore est le fait que chez Anaximène, la même entité soit conçue comme principe des choses et comme zone principale de l'univers. Ainsi, il considère l'air non seulement comme la substance d'où provient tout le reste par condensation et raréfaction, mais aussi comme ce qui constitue une grande partie de l'univers. On pourrait trouver une équi-

26. Cette équivalence entre la voie vers le haut et le bas semble confirmée par le fragment D51/B60, selon lequel « la route vers le haut vers le bas : une et la même ». L'absence de contexte rend cependant son interprétation difficile. *Cf.* Vlastos 1947, p. 164.

27. Le terme πρηστήρ renvoie à un phénomène météorologique mêlant tempête et orage.

28. *Cf.* Vlastos 1947, p. 165 : « *it would be useless to look for the formal equation of physical roots. Everything in Heracleitus' world is in process; instead of equality between substantives of permanence, we find reciprocity between verbs of change* ».

29. Nous discuterons dans la dernière section de l'attribution à Héraclite du quatrième élément.

valence semblable chez Héraclite, pour qui le feu est ce d'où provient l'ensemble de ce qui existe[30], mais semble aussi assimilé au cosmos[31] :

> Ce monde (κόσμος), le même pour tous, aucun des dieux ni des hommes ne l'a fait, mais il était et est et sera toujours : feu toujours vivant, allumé en mesures et éteint en mesures. (D85/B30)

Ces deux penseurs monistes auraient donc posé leur élément principal à la fois à un niveau macroscopique et microscopique. Cela s'explique particulièrement si l'on adopte la lecture de Graham 2006 selon laquelle ces éléments ne sont pas un composant permanent de ce qui existe, mais l'entité originelle d'où provient par transformation substantielle tout le reste. Il est alors logique que si l'univers tout entier était à l'origine uniquement air ou feu, une grande partie de celui-ci possède encore cette nature[32].

Toutefois, si l'on examine non le composant principal de l'univers, mais la manière dont il est structuré, il n'y a pas de correspondance exacte entre les grands composants du monde au niveau macroscopique et ce que ces penseurs reconnaissent comme les composants au niveau microscopique. Comme nous l'avons vu, Anaximène donne un rôle cosmique à trois entités, le feu, l'air et la terre ; mais si l'on suit la liste donnée par Simplicius (*Commentaire à la Physique*, 24, 29-31 = D1), l'air pourrait se transformer en une multitude d'êtres : feu, vent, nuage, eau, terre et pierre. La liste n'est sans doute pas exhaustive, mais Anaximène pensait probablement que l'air peut adopter un grand nombre de formes selon les divers degrés de densité et rareté possibles. Même si elle l'était, on ne peut faire correspondre chacune de ces entités à un endroit particulier de l'univers. Chez Héraclite, il est difficile de se prononcer, comme nous l'avons vu, sur le fait que sa mention du feu, de la mer et de la terre renvoie à une division du monde, et encore moins sur le fait qu'ils constituent les seuls éléments dont tout le reste serait composé.

Chez Xénophane, enfin, il n'y a aucun indice d'une telle correspondance. Sa théorie de l'élément originel n'est pas évidente : deux fragments (D25/B29 et D26/B33) affirment que toutes les choses « qui naissent et croissent » viennent de la terre et de l'eau, tandis que selon le fragment D27/B27, tout viendrait de la terre. Les doxographes antiques sont aussi divisés sur la question, même si une plus grande partie d'entre eux attribue plutôt à Xénophane la thèse que tout vient de la terre[33]. La mention de la terre et de l'eau ne peut

30. Voir en particulier D87/B90.

31. Le terme κόσμος pourrait toutefois renvoyer au soleil plutôt qu'au monde : *Cf.* Horky 2019, p. 8-9. Il reconnaît cependant que par ce terme, Héraclite établit une relation entre le macrocosme et le microcosme.

32. *Cf.* Graham 2006, p. 103-104.

33. Voir notamment Hippolyte de Rome *Réfutation,* I, 14.3 (= D22), Pseudo-Plutarque (Eusèbe *Préparation évangélique*, I, 8.4 = D23) ou Aëtius, I, 3, qui affirment que Xénophane fait tout provenir de la terre, tandis que Porphyre, selon Philopon *Commentaire à la*

que rappeler la formation de Pandore selon Hésiode et pourrait ne concerner que les êtres vivants ; mais on peut difficilement tirer des conclusions précises de vers isolés. Quoi qu'il en soit, aucune des deux lectures ne permet de faire correspondre les éléments d'où proviendraient toutes choses et la structure de l'univers, puisque celui-ci comprenait au moins aussi l'air qui surplombe la terre et le feu des astres.

Parménide et Anaxagore

Structuration du monde

Dans son chapitre « Sur l'ordre du monde » (II, 7), qui présente les différentes structurations de l'univers chez les philosophes, Aëtius mentionne six opinions dont celles de quatre présocratiques : Parménide, Leucippe et Démocrite, Épicure, Platon, Aristote et Philolaos[34]. Parménide apparaît donc chez le doxographe comme le premier à diviser l'univers selon un certain ordre. C'est en effet chez lui que nous semblons trouver pour la première fois une division du monde en grandes parties exhaustives et de statut égal. Aëtius décrit sa conception de la manière suivante :

> L'éther occupe circulairement le lieu le plus élevé de tous ; sous lui est disposée la [région] ignée qui est ce que nous appelons ciel, sous quoi se situent enfin les [régions] qui entourent la terre. (II, 7.1 = D18)

Cette description semble tirée du fragment D12/B10 :

> Tu sauras la nature éthérée et, dans l'éther, tous les signes et de la torche pure du soleil brillant les œuvres aveuglantes (...) et tu sauras aussi d'où le ciel qui l'enserre (ἀμφὶς ἔχοντα) vient et comment Nécessité l'a conduit et enchaîné pour maintenir les limites des astres.

On peut structurer l'univers parménidien de deux manières selon la façon dont on comprend l'expression ἀμφὶς ἔχειν. Laks et Most 2016 traduisent par « maintenir des deux côtés » plaçant ainsi le ciel entre l'éther et les régions terrestres ; c'est clairement ainsi qu'Aëtius le comprend, tout comme Cicéron dans *De la nature des dieux,* I, 28 (D15b). Coxon 2009², p. 355 souligne la référence à l'*Odyssée*, I, 53-54, qui utilise la même expression ἀμφὶς ἔχειν pour décrire les colonnes d'Atlas qui sépareraient le ciel de la terre. Mais de nombreux traducteurs comprennent ἀμφίς comme signifiant non « des deux côtés » mais « en entourant »[35]. Cette lecture trouve un support dans les deux autres occurrences de l'expression chez Parménide, en D4/B1.12 et D8.36/B8.31 : en particulier, en D4/B1.12, Parménide explique que le

Physique, 125, 26-126, 2, et Sextus Empiricus dans *Contre les mathématiciens,* 9, 361 et 10, 314 soutiennent qu'il a pour éléments la terre et l'eau.

34. Voir la reconstruction du chapitre chez Mansfeld & Runia 2009, p. 394-408.

35. Voir par exemple Tarán 1965, p. 165 et Coxon 2009², p. 84.

linteau et le seuil « enserrent » la porte. On peut alors supposer qu'Aëtius et Cicéron ont inversé les deux zones, sans doute sous l'influence de l'idée aristotélicienne selon laquelle l'éther se situe à l'extrémité de l'univers.

Quelle que soit la lecture adoptée, il apparaît que Parménide divisait les régions célestes en deux, à savoir l'éther et le ciel[36], ce à quoi s'ajoute la terre[37]. Ces parties répondent à deux des critères que nous avions proposés : elles sont en nombre déterminé et exhaustives et de statut apparemment égal. On peut toutefois s'interroger sur leur caractère différencié, étant donné que les deux régions supérieures semblent avoir un aspect igné. En effet, l'éther est associé par Parménide au feu en D10.61/B8.56 (αἰθέριον πῦρ), et un certain nombre de ses composants astraux sont caractérisés par le feu (notamment le soleil, qualifié par le terme de « torche » en D10/B10). Mais Aëtius insiste aussi à de nombreuses reprises sur le caractère igné du ciel[38], ce qui se justifie à nouveau par le fait qu'il contienne certains astres[39]. L'éther et le ciel semblent ainsi plutôt distingués par des caractéristiques spatiales que qualitatives ; en particulier, Parménide cherchait sans doute par cette distinction à rendre compte de la différence entre les mouvements des étoiles (le ciel) et celui des autres corps célestes (l'éther)[40].

Anaxagore donne aussi une certaine structure à l'univers, avec des parties qualitativement différenciées :

> Le dense, l'humide, le froid et l'obscur se rassemblèrent dans le lieu où est maintenant la terre, tandis que le rare, le chaud et le sec s'échappèrent vers l'avant de l'éther. (D30/B15)

Lors du processus cosmologique mis en branle par l'Intellect, le lourd se rendit vers le centre de l'univers et le léger vers l'extrémité. Toutefois, il s'agit plus ici d'une polarisation de l'univers qu'à strictement parler de zones du monde : Anaxagore ne semble pas, dans ce fragment comme dans nos

36. La conception astronomique de Parménide ne s'arrête pas à cette division, mais inclut aussi un certain nombre de couronnes de feu, qui sont décrites par Aëtius II, 7.1 (D15a), juste avant le texte que nous avons cité. La structure et le rôle de ces couronnes sont loin d'être clairs. Tarán 1965, p. 241-246 suppose que l'univers de Parménide était plutôt divisé en quatre, en suivant les indications d'Aëtius selon lesquelles il existe une couche solide extérieure, et en ajoutant la couronne de feu et la couronne de nuit - il doit cependant rejeter une partie de la présentation d'Aëtius, qui parle aussi de couronnes mixtes et d'autres couronnes de feu. Quoi qu'il en soit, on peut supposer qu'Aëtius situe toutes les couronnes dans une même zone, auquel cas la division de l'univers en trois parties se maintiendrait.

37. La terre serait placée au centre selon le témoignage de Diogène Laërce (IX, 21= D33a).

38. Voir, en plus du texte cité plus haut, II, 11.4 = D19.

39. La zone éthérée contiendrait, selon Aëtius II, 15.7 (=D23), l'astre du matin et le soleil, tandis que le ciel comprendrait les autres astres. Coxon 2009², p. 353-354 soutient que les « signes » qui se trouvent dans l'éther selon le fragment D10/B10 renvoient probablement aux planètes.

40. Macé 2019, p. 56-60 insiste sur le caractère mixte des diverses zones de l'univers, même s'il admet qu'il puisse y avoir une zone de pur feu aux extrémités et de pure terre au centre.

témoignages, affirmer que l'univers est divisé en parties bien délimitées, mais plutôt que le léger et le chaud tendent à aller vers le haut et le lourd et le froid vers le bas. Entre ces deux polarités, le monde se structure apparemment selon diverses couches, sans qu'Anaxagore représente des zones du monde distinctes et en nombre précis : ainsi, le fragment D31/B16 explique la séparation de l'eau, des nuages, de la terre et des pierres, chacun de ces éléments adoptant un lieu qui lui est propre[41].

Relation avec la théorie élémentaire

Parménide est le premier penseur à faire reposer son explication du monde sur des éléments multiples[42], de nature opposée et de statut égal. Ceux-ci sont présentés à la fin du fragment D8/B8 :

> [Les mortels] ont en effet posé des formes, deux, pour nommer leurs visées dont l'une n'est pas nécessaire : ce en quoi ils errent ; et ils ont distingué leur corps comme des opposés et posé des signes séparés les uns des autres : pour l'une, le feu éthéré de la flamme, qui est doux, léger au plus haut point, partout identique à lui-même et non identique à l'autre ; et celui-ci en soi également, à l'opposé, nuit sans connaissance, corps dense et pesant. (D8.58-64/B8.53-59)

Aristote identifie le second élément à la terre ; s'il est difficile de dire si Parménide l'a nommé ainsi, cette lecture peut trouver un support dans le rapport entre ces deux éléments et l'ordre du cosmos. En effet, on peut remarquer que l'un des principaux critères qui structurent l'opposition entre les deux éléments est la légèreté et la lourdeur : le feu est « léger au plus haut point », l'autre élément est « dense et pesant ». Il semble donc que ces deux entités doivent pour l'une se diriger vers le haut, pour l'autre vers le bas. Cela correspond, comme nous l'avons vu, à la structure de l'univers, où les deux zones extérieures sont en grande partie composées de feu et la zone centrale est occupée par la terre. Malgré cette connexion entre théorie cosmologique et élémentaire, il n'y a pas de correspondance exacte entre division du monde et nombre d'éléments, puisque le monde de Parménide se divise, comme on l'a vu, en trois grandes parties, tandis que ses entités fondamentales sont deux.

Chez Anaxagore, il ne peut naturellement y avoir de correspondance entre zones du monde et nombre d'éléments, d'une part étant donné que, comme nous l'avons vu, l'univers ne se structure pas chez lui en zones claires, et d'autre part parce que ses « semences » sont en nombre illimité. Il reste qu'il y a aussi dans sa pensée une forme de correspondance entre théorie élémentaire et structure du monde. Anaxagore affirme en effet en D9/B1

41. Il est débattu si le fragment fait référence seulement au processus cosmologique originel ou à un processus perpétuel de transformation météorologique : *Cf.* Curd 2010², p. 71.

42. Ce point est signalé par Aristote lui-même en *Métaphysique*, A, 3, 984b3-6.

que l'éther et l'air sont les entités « les plus grandes par le nombre et la taille ». Or cette division joue un rôle dans la structuration du monde : selon Théophraste (*Des sens,* 59 = D11), l'air serait pour Anaxagore froid et dense par opposition à l'éther qui serait chaud et fin ; l'air devrait donc être surtout présent au centre de l'univers et l'éther à ses extrémités, et si leur masse est particulièrement importante, ils devraient occuper de grandes zones de l'univers. Cette idée est confirmée par l'affirmation d'Aristote (*Traité du ciel,* II, 14, 294b13-23 = D58) selon laquelle la terre serait posée sur l'air. Chez Anaxagore, les deux masses principales se situent donc aux deux polarités de l'univers.

On peut ajouter qu'une correspondance, même imparfaite, entre structure du monde et théorie élémentaire est une conséquence logique de l'attribution de la lourdeur et la légèreté aux éléments. En effet, les choses légères allant mécaniquement vers le haut et les choses lourdes vers le bas, il ne peut qu'y avoir des zones de l'univers où certains éléments ont une présence prédominante.

Empédocle : les éléments et les zones

Les quatre éléments et leur origine

Empédocle apparaît comme le premier d'une part à avoir soutenu l'existence de quatre éléments, et d'autre part à faire véritablement correspondre sa théorie élémentaire et sa cosmologie[43]. La première affirmation pourrait soulever des difficultés étant donné que nous avons plusieurs témoignages, rassemblés dans DK B76, qui rapportent un propos d'Héraclite selon lequel les quatre éléments se transformeraient les uns dans les autres[44] :

> La mort du feu est naissance pour l'air, la mort de l'air naissance pour l'eau. (Plutarque, *De E apud Delphi*, 392C)
>
> La vie du feu est la mort de la terre, la vie de l'air la mort du feu, la vie de l'eau la mort de l'air et la terre celle de l'eau. (Maxime de Tyr, *Philosophoumena*, XII 4, 489)
>
> Que la mort de la terre génère l'eau et la mort de l'eau l'air et celle de l'air le feu et inversement. (Marc-Aurèle, *Pensées*, IV 46 = R54)

43. La question de la chronologie relative d'Empédocle et Anaxagore est débattue, en particulier selon le sens que l'on donne à l'affirmation aristotélicienne (*Métaphysique*, A, 3, 984a11-13) selon laquelle Anaxagore serait « antérieur par l'âge mais postérieur par l'œuvre ». Voir les analyses de Mansfeld 2011, qui soutient qu'Aristote renvoie plutôt à la modernité de sa pensée qu'à la datation de son œuvre.

44. Simplicius (*Commentaire à la Physique*, 24, 16-23 = D6), qui s'appuie sur Théophraste, affirme aussi qu'Anaximandre aurait posé l'infini à côté des quatre éléments. Mais il semble évident qu'il s'agit là d'une reconstruction et qu'Anaximandre n'a pas fait spécifiquement référence aux quatre éléments : *cf.* McDiarmid 1953, p. 97-99.

Nous avons vu plus haut qu'Héraclite mentionnait dans d'autres passages seulement trois entités, le feu, la mer et la terre, ce qui a plutôt fait penser qu'il défendait l'existence de trois éléments. Or les trois passages, même celui de Plutarque qui ne mentionne que trois éléments, lui attribuent l'air en plus du feu et de l'eau. Cela justifierait de voir chez Héraclite une théorie des quatre éléments.

Toutefois, l'authenticité de ces textes est discutée. Si Kahn 1979, p. 153-155 reconnaît que les versions de Maxime de Tyr et Marc-Aurèle sont sans doute des citations libres, il défend la version de Plutarque[45], en soulignant notamment que l'air joue un rôle prédominant dans l'explication des phénomènes météorologiques chez les prédécesseurs d'Héraclite et que celui-ci ne pouvait le négliger. Mais l'opinion majoritaire reste que ces passages sont douteux[46], et l'attribution d'un rôle à l'air est rejetée par la plupart des critiques. Un argument de poids contre l'authenticité est que ces textes semblent reprendre un autre fragment d'Héraclite, qui est cité par Clément d'Alexandrie :

> Pour les âmes, c'est mort de devenir eau et pour l'eau c'est mort de devenir terre. Mais de la terre naît l'eau, et de l'eau, l'âme. (D100/B36)

Les formulations sont les mêmes, et si l'on accepte, comme le font la plupart des critiques, l'authenticité de ce fragment, on peut aisément voir dans les textes cités plus haut des reformulations de ce passage. En tout cas, même si nous acceptions le témoignage de Plutarque, nous n'avons aucun fragment qui réunisse les quatre éléments.

Nous trouvons par ailleurs dans un certain nombre d'autres textes les quatre éléments mentionnés comme objets types du monde. Si l'on en croit Simplicius (D1/A5), Anaximène listait parmi les divers états de l'air le feu, le vent, le nuage, l'eau, la terre et la pierre. Mélissos[47] dans le fragment D11/B8 mentionnait parmi les objets naturels « la terre, l'eau, l'air, le fer, l'or, le feu, le vivant et le mort, le noir, le blanc et les autres choses »[48]. Il est évident que les quatre éléments jouaient individuellement ou en combinaison un rôle dans la plupart des pensées présocratiques avant Empédocle. Cependant, il semble bien être le premier à leur donner un statut exclusif (même s'il y

45. Il est suivi notamment par Robinson 1987, p. 98-101.

46. Voir notamment Marcovich 1967, p. 360, Graham 2006, p. 124 n. 32 et McKirahan 2010², p. 135 n. 52. Le passage de Marc-Aurèle est classé dans la partie réception chez Laks et Most 2016 (R54) et les autres ne sont pas édités.

47. Il est difficile d'établir si Mélissos a écrit son œuvre avant ou après Empédocle : *cf.* Brémond 2017, p. 50 n. 54.

48. Il s'agit de l'ordre donné par Simplicius *Commentaire au Traité du ciel,* 558, 23-25. Aristoclès, quand il cite le fragment (chez Eusèbe *Préparation évangélique,* XIV, 17.7), met les quatre éléments les uns à la suite des autres ; il a sans doute modifié l'ordre originel pour rassembler les quatre éléments.

ajoute l'Amour et la Haine, qui jouent toutefois un rôle différent), mais aussi à faire correspondre sa théorie élémentaire à sa structuration du monde.

Éléments et parties de l'univers

Les quatre éléments d'Empédocle, ajoutés à l'Amour et la Haine offrent aussi en effet une certaine division de l'univers. Celle-ci apparaît clairement au fragment B17 :

> Feu, eau, terre et l'immense sommet de l'air ; et funeste Haine est séparée d'eux, partout équivalente, et l'Amour en eux, égal en longueur et en largeur. (D73.249-251 = B17.18-20)

Empédocle délimite ici les zones précises de l'univers qui sont occupées lorsque l'Amour domine : l'Amour occupe alors un espace équivalent et superposé à celui des quatre éléments, tandis que la Haine occupe l'espace extérieur. Cette structure n'est naturellement pas permanente, mais évolue au fil du cycle cosmique : lorsque la Haine domine, les quatre éléments sont séparés les uns des autres et de l'Amour, tandis que sous la domination de l'Amour, ils sont complètement mélangés les uns aux autres. On peut donc dire que c'est lors de la domination de la Haine que les zones du monde sont les plus nettement délimitées, tandis que quand l'Amour l'emporte, il n'y a plus de distinction entre les zones de l'Amour et des quatre éléments. Il est toutefois intéressant de noter que les éléments au sein de l'Amour sont appelés « membres »[49] : il s'agit, autant que nous puissions en juger, de la première apparition de cette métaphore anatomique pour désigner les grandes parties du monde.

Même dans le monde intermédiaire dans lequel nous nous trouvons et qui comprend à la fois mélange et séparation des éléments, Empédocle distingue des zones occupées plus particulièrement par un élément : le soleil et les astres pour le feu, la mer pour l'eau, le ciel pour l'air et la terre pour le quatrième élément[50].

> Mais viens, je te dirai, <commençant> d'abord par le soleil, d'où les choses sur quoi nous portons à présent le regard devinrent visibles, Terre et mer aux nombreuses vagues et air humide, le Titan et éther enserrant toutes les choses en cercle (D122/B38).

Pseudo-Plutarque décrit de manière plus précise la structure de notre univers selon Empédocle :

> Il dit que l'air, s'étant détaché du mélange initial des éléments, s'est répandu en cercle. Après l'air, le feu, s'élançant et n'ayant pas d'autre passage vers le haut, jaillit de dessous la croûte entourant l'air. Il y a deux hémisphères qui se

49. Μέλη en D91/B27a et D94/B30, γυῖα en D95/B31. *Cf.* Kahn 1960, p. 122.

50. Cette structure se retrouve dans la partie eschatologique du poème d'Empédocle : selon le fragment D10/B115, les démons condamnés sont rejetés des quatre zones du monde : le ciel, la mer, la terre et le soleil.

> meuvent en cercle autour de la terre, l'un est en totalité de feu, l'autre est un mélange d'air et d'une petite quantité de feu, qu'il pense être la nuit. (Eusèbe *Préparation évangélique,* I, 8.10 = D97)

Ainsi, selon cette description, l'air et le feu se répartiraient l'espace cosmique selon deux hémisphères, même si la partie d'air comprend aussi quelques éléments de feu (les étoiles). Si les éléments occupent bien des zones du monde précises, il arrive toutefois dans le monde intermédiaire que ces zones soient multiples. Ainsi, dans le fragment précédemment cité, l'air est divisé en deux zones : l'air humide indique celui qui se trouve sur terre et les deux termes d'« éther » et « Titan » renvoient au ciel[51]. De même, Empédocle affirme qu'il existe des feux sous terre (D109/B52).

La structure de l'univers, à tout moment du cycle cosmique, correspond donc pour la première fois chez Empédocle à la division en quatre éléments auxquels s'ajoutent les divinités de l'Amour et la Haine. Cela est particulièrement le cas lors du règne de la Haine, même si les quatre éléments sont aussi structurants dans notre monde intermédiaire. Cette correspondance entre théorie élémentaire et cosmologie accompagne la première grande division de l'univers qui réponde aux trois critères que nous avons posés au début :

- exhaustivité, puisque l'univers est uniquement composé de ces éléments et des deux forces qui les meuvent.
- différenciation : comme il apparaît au fragment D77a/B21, chaque zone du monde et son élément sont caractérisés par des qualités différentes. Ainsi, le soleil est présenté comme chaud et brillant, la pluie comme obscure et froide, et la terre comme solide. Même si l'on ne peut aller jusqu'à affirmer que les éléments soient définis par des couples de qualités opposées comme chez Aristote[52], ils sont donc bien distingués par des propriétés qualitatives différentes.
- égalité : les quatre éléments sont sur le même plan et aucun ne domine l'autre[53].

Conclusion

Nous avons donc vu que l'originalité d'Empédocle n'a pas été de faire correspondre ses quatre éléments à une structure tétradique déjà existante : il a plutôt été le premier à concevoir selon le même modèle théorie cosmologique et théorie élémentaire. Cette conception peut être vue comme l'aboutissement d'un certain nombre de théories précédentes, en

51. *Cf.* Wright 1981, p. 196-197.
52. *Cf.* Kahn 1960, p. 127 et Lloyd 1964, p. 93.
53. *Cf.* Vlastos 1947, p. 159.

particulier l'introduction des éléments dans les explications cosmologiques par Anaximandre et Anaximène, la structuration de l'univers en grandes parties par Parménide et l'association des éléments avec un mouvement vers le haut ou le bas chez Parménide et Anaxagore. Une grande partie des prédécesseurs d'Empédocle ont ainsi associé, de manière plus ou moins forte, leur explication de la composition des êtres et de l'ordre du *cosmos*. Mais la correspondance exacte entre le nombre d'éléments et celui des grandes masses de l'univers en partie identifiées par ses prédécesseurs, entre microcosme et macrocosme, apparaît comme une innovation de l'Agrigentin et a probablement joué un grand rôle dans le succès de sa théorie.

PHÉRÉCYDE DE SYROS D6/R23 (LM) RÉEXAMINÉ

La génération des dieux des cinq recoins à partir des trois éléments produits par Chronos

Xavier GHEERBRANT

Université du Sichuan, Département de Philosophie
xavier.gheerbrant@yahoo.com

RÉSUMÉ. L'article réexamine la signification, dans la pensée de Phérécyde, du témoignage de Damascius sur la génération des dieux des cinq recoins par les trois éléments créés par Chronos. Les modèles par lesquels on explique la génération de cinq familles de dieux ou de cinq régions du monde à partir de ces trois éléments comportent des difficultés internes, ainsi que des anachronismes qui ont conduit à penser que Phérécyde préfigurerait par exemple les théories d'un Empédocle sur le mélange des éléments. Ces difficultés sont issues d'une interprétation erronée du texte : rien n'indique que la génération des cinq recoins comporte cinq familles ni que ces familles ont des caractéristiques différentes. Lever ce faux problème permet de mieux apprécier le sens du témoignage dans l'entreprise de Phérécyde : il ne s'agit pas de rationaliser le mythe au sens d'une préfiguration de la pensée présocratique, mais de produire une généalogie mythique dont la structure rationalise la théogonie d'un Hésiode à l'intérieur de la pensée mythique. Loin de faire de feu, souffle et eau des éléments physiques (des στοιχεῖα), Phérécyde les traite ici comme des éléments naturels conçus de façon abstraite, sans qu'on ait besoin d'admettre un anachronisme.

SUMMARY. *I reexamine the significance for Pherecydes' thought of Damascius' testimony on the generation of the five-nooks gods with the three elements created by Chronos. The models by which scholars explain the opposite characteristics of the five families of gods or the five cosmic zones that allegedly result from this generation display both internal inconsistencies and anachronisms (e.g. considering Pherecydes to foreshadow Empedocles' theory of the mixture of the elements). This difficulty results from a misinterpretation of the testimony : there is no evidence for there being five families of gods or for their having opposite characteristics. Doing away with this false problem sheds light on the meaning of the testimony for Pherecydes' thought : he does not rationalize the myth by foreshadowing early Greek physics, but rather elaborates a mythical*

Philosophie antique, n°21 (2021), 31-61

*genealogy that rationalizes the structure of Hesiod's theogonies within the myth. Far from considering fire, breath and water to be physical elements (*στοιχεῖα*), Pherecydes constructs them as natural elements, an idea which, I argue, is not anachronistic.*

Le *De Principiis* de Damascius a conservé une série de notices sur les théo-cosmologies grecques archaïques et orientales*[1] : Orphée, Homère, Hésiode, Épiménide, Acousilaos, et Phérécyde de Syros ; Babyloniens, Mages et Sidoniens[2]. Damascius a pour source un traité perdu du péripatéticien Eudème de Rhodes (seconde moitié du IVe siècle av. J.-C.)[3]. La section de ce témoignage qui porte sur Phérécyde présente les premières générations de divinités[4]. Chronos, l'une des trois divinités inengendrées avec Zas et Chthonie, génère de sa semence le feu, le souffle, et l'eau ; une fois répartis dans cinq recoins, ceux-ci sont mêlés pour former une nouvelle génération de dieux.

Depuis le début du XIXe siècle, les interprètes se sont concentrés sur la signification cosmogonique[5] de cette théogonie : feu, souffle et eau seraient des éléments physiques donnant naissance à cinq familles de dieux clairement différenciées et/ou à des régions du monde, au terme d'un processus qu'on relie soit aux thèses de Philolaos sur les cinq éléments, soit aux vues d'un Empédocle ou d'un Anaxagore sur le mélange. Le théogonique a été intégré à des degrés divers, selon qu'on le considérait comme un vêtement habillant la cosmogonie ou comme réellement complémentaire de celle-ci[6]. Un troisième type d'interprétation a plus récemment centré le propos du

* Je remercie André Laks pour ses conseils et suggestions, Stefan Höfler de m'avoir fait bénéficier de son expertise en linguistique historique pour la discussion de πεντέμυχος, ainsi que les experts de *Philosophie Antique*. Ma gratitude va également à Jean-Philippe Croteau et Annie Leonard. Les erreurs qui resteraient sont bien entendu miennes.

1. Les références au *De Principiis* (*Pr.*) suivent la numérotation de Westerink & Combès (1986-1991). Toutes les traductions sont miennes.

2. *Pr.* III, 162.19-165.5, 165.6-166.7.

3. Les fragments sont édités et commentés par Wehrli 1969, p. 70-72, 121-123.

4. *Pr.* III, 164.17-165.2 = 7A8 DK = 60 Schibli = D6/R23 Laks Most.

5. J'emploie « cosmogonie » dans le sens de « génération du monde » et « cosmologie » dans celui, plus général, de théorie ou discours sur le monde.

6. Pour la ligne (théo-)cosmologique : Preller 1846, p. 348 ; Conrad 1856 ; West 1963. Pour la ligne théo-cosmologique : Sturz 1824, qui confond les deux types d'informations ;

témoignage sur la théogonie[7]. Derrière cette distinction entre cosmologie et théogonie, ce qui est en jeu est une version de l'opposition entre mythe et raison. Centrer l'analyse sur la théogonie place Phérécyde du côté de la pensée mythique en affaiblissant son lien à la « rationalité » présocratique ; la centrer sur la cosmologie place Phérécyde du côté d'un dépassement des *contenus de pensée* mythiques en ce qu'il préfigure les présocratiques. Toutefois, construire l'alternative en ces termes revient à mal poser la question de la relation entre mythe et raison. A. Laks a montré que de telles approches figent mythe/raison en une opposition substantielle, alors que ce couple de concepts est dans un rapport de différenciation fonctionnelle[8]. Le mythe a pu faire l'objet d'une rationalisation, non philosophique, à l'intérieur de la tradition mythique ; ainsi, ce qui est construit comme une rationalisation de l'irrationnel à un moment donné peut ensuite être rejeté dans l'irrationnel[9]. Par exemple, alors qu'Hésiode faisait de Chaos un dieu qui vient à exister à un moment donné du récit[10], Phérécyde fait de Zas, Chronos et Chthoniè des principes inengendrés (D5 LM). Phérécyde cherche à construire un récit des origines qui est non seulement distinct dans ses procédés de ceux disponibles dans les traditions théologiques[11], mais également plus satisfaisant du point de vue de sa cohérence[12]. Son choix ne préfigure pas l'argument de Parménide selon lequel ce qui est est inengendré car on n'a pas de raison de situer son début à un moment donné plutôt qu'à un autre[13]. L'argument de Parménide relève d'un type de rationalisation philosophique autre que celle, mythique, qui est à l'œuvre chez Phérécyde, et il n'est pas pertinent

Zeller 1881, p. 95 ; West 1971, p. 13, Schibli 1990, p. 23-24, et p. 32 ; Pinto de Brito 2014, p. 50.

7. Kirk & Raven (1957) ont en pratique neutralisé les dimensions physique et cosmologique. Soulignant que Phérécyde, en théologien, réagit à la *Théogonie* d'Hésiode différemment des physiologues présocratiques, H. Granger (2007, p. 135-138) considère qu'il aurait voulu purger la mythologie des accusations d'indécence morale – ce qui, à mes yeux, ne s'impose pas à la lecture des fragments. Sans le commenter en détails, Granger interprète le témoignage de Damascius comme une théogonie dont la fonction pourrait être précosmique car le reste du monde serait généré par les trois éléments (2007, p. 141, 150).

8. Laks 2018, p. 37-40.

9. Laks 2003, §1.2.

10. Voir γένετ(ο), *Th.* 116. Je prends ici l'exemple d'Hésiode par commodité, sans chercher à diminuer l'importance des autres traditions, grecques ou non grecques, par rapport auxquelles Phérécyde prenait position.

11. S'agissant du choix du traité en prose à des fins de différenciation avec les contenus de pensée formulés en poésie, voir Laks (2001, §4 et, pour Phérécyde, §7). J'ai montré ailleurs (Gheerbrant 2018) que le début du traité de Phérécyde comportait un jeu rythmique sur l'hexamètre dactylique, qui visait à souligner cette différenciation.

12. *Cf.* Schibli 1990, p. 15 ; Granger (2007, p. 148) emploie le terme de « *rationalization* ».

13. Comme l'ont bien vu Kirk & Raven 1957, p. 55 ; Sassi 2018, p. 52 ; Santamaría Álvarez (2021), p. 13-14 et n. 46.

de soutenir que Phérécyde « prépare » l'argument de Parménide. Ce cadre conceptuel permet de saisir le procédé par lequel Phérécyde rationalise le mythe au sein du mythe, sans pour autant que sa rationalité soit de même type que celle des physiologues présocratiques.

Je montrerai d'une part que le témoignage de Damascius ne permet pas de soutenir que la génération des dieux qui se fait dans les cinq recoins se composerait de cinq familles, que ces familles auraient des caractéristiques distinctes, ou qu'elles se laisseraient associer à des zones du monde : la génération des cinq recoins est une seule famille de dieux, qui est nombreuse et fondamentalement distincte des trois divinités inengendrées. D'autre part, l'objectif de Phérécyde n'était pas de faire œuvre de proto-physicien présocratique mais de rationaliser les théogonies poétiques archaïques, en particulier s'agissant du mode de génération des familles de dieux. Il élabore, au sein du mythe, des alternatives au schème généalogique en générant une famille de dieux sans recourir à l'union sexuelle ou à la parthénogénèse mais par un processus indirect partiellement fondé sur l'androgénèse. La rationalisation des physiologues présocratiques est d'une nature différente.

Après une présentation du témoignage de Damascius et du contexte du *De Principiis*, un état de la question présente la structure des interprétations, en révélant comment leur histoire est restée dépendante de la façon dont les termes du débat ont été posés au début du XIXe siècle. Je souligne ensuite les difficultés herméneutiques dirimantes auxquelles se heurtent tous les modèles proposés, avant d'argumenter en faveur de ma propre lecture par une étude de détail du texte du passage (une telle étude n'existe pas à ma connaissance dans la littérature savante).

Voici le témoignage de Damascius.

> Φερεκύδης δὲ ὁ Σύριος, Ζᾶντα μὲν εἶναι ἀεὶ καὶ Χρόνον καὶ Χθονίαν τὰς τρεῖς πρώτας ἀρχάς, *τὴν μίαν φημὶ πρὸ τῶν δυεῖν καὶ τὰς δύο μετὰ τὴν μίαν*, τὸν δὲ Χρόνον ποιῆσαι ἐκ τοῦ γόνου ἑαυτοῦ πῦρ καὶ πνεῦμα καὶ ὕδωρ, *τὴν τριπλῆν, οἶμαι, φύσιν τοῦ νοητοῦ*, ἐξ ὧν ἐν πέντε μυχοῖς διῃρημένων πολλὴν ἄλλην γενεὰν συστῆναι θεῶν τὴν πεντέμυχον καλουμένην, *ταὐτὸν δὲ ἴσως εἰπεῖν, πεντέκοσμον.*
>
> Phérécyde de Syros <dit> que Zas est toujours, ainsi que Chronos et Chthoniè, les trois premiers principes – *le premier, je l'affirme, avant les deux autres et les deux autres avant le premier* ; que Chronos a produit de sa propre semence le feu, le souffle et l'eau – *la triple nature de l'intelligible, je pense* ; et qu'à partir d'eux, une fois qu'ils ont été répartis dans cinq recoins, a été composée une autre génération de dieux, nombreuse, qu'on appelle « des cinq recoins », *c'est-à-dire peut-être « des cinq* kosmoi »[14].

14. À la première ligne, la répartition entre leçons et corrections est incertaine dans les éditions du passage. Les apparats de Schibli, Wehrli et Westerink sont contradictoires et ne permettent pas de déterminer si le ms. E a Ζάντα ou Ζᾶντα ni qui a proposé l'autre terme comme une correction (BFW ont la *falsa lectio* ζῶντα). L'apparat de Schibli présente les leçons

a des implications philosophiques[21] ; et que Chronos produit les éléments lui-même[22] à l'issue d'une masturbation créatrice qui a des parallèles dans les traditions orientales[23].

Un problème général de la pensée de Phérécyde est le nombre des μυχοί et leur nature exacte. La *Suda* associe à Phérécyde le terme de Ἑπτάμυχος[24], qui pouvait être l'un des titres donnés au traité quoique le terme soit un adjectif ; mais notre passage mentionne cinq recoins, non sept. Il ne faut sans doute pas corriger la *Suda*[25]. Pourquoi mentionnerait-elle les recoins si ceux-ci ne jouaient aucun autre rôle chez Phérécyde que d'être le réceptacle des éléments dans notre témoignage ? Il est plus vraisemblable que les recoins apparaissaient à plusieurs moments du traité et que leur nombre était plus tard porté à sept.

Dans la poésie épique, le terme μυχοί désigne matériellement l'intérieur d'un palais ou d'une grotte[26]. Ici, il est compris comme un recoin ou une cavité[27], et relié à la notion de matrice ou à une puissance liée au féminin[28]. On admet généralement que les recoins sont ménagés dans Chthonie[29]. Il faut les distinguer des divinités qui y sont liées et des éléments[30]. Schibli a proposé une autre interprétation de la nature des recoins[31], en partant du résultat du processus cosmogonique pour remonter à la situation originelle : les μυχοί sont des recoins au sens non pas matériel mais métaphorique et seraient amenés à se transformer en des zones cosmiques quand les cinq familles de dieux y sont générées. À ces cinq recoins s'ajouteraient deux régions cosmiques qui ne sont pas d'abord des recoins, Gê et Ogénos ; le

21. Voir Schibli 1990, p. 27-38, contre Zeller et Wilamowitz. Domaradzki 2017, p. 318-319 estime qu'il s'agit d'une allégorie.

22. Kern (1888, p. 98) et Diels-Kranz (sous A8) corrigeaient ἑαυτοῦ en αὐτοῦ afin de faire de la semence de Zas, non celle de Chronos, le matériau des « éléments » générés par Chronos – on lisait en effet chez Aristote, *Metaph.* 1091b8 que Zas était le principe de la génération chez Phérécyde, et on jugeait surprenant que ἑαυτοῦ ne fût pas enclavé entre τοῦ et γόνου. Les deux séries d'arguments ont été réfutées : Kirk & Raven 1957, p. 58 n.1 ; West 1971, p. 12-13 et p. 12, n.3, Schibli 1990, p. 18-19 n. 11.

23. West 1963, p. 158 ; Kirk & Raven 1957, p. 56-58 ; West 1971, p. 28-36.

24. *Suda* Φ214 = D1 LM.

25. Pour la correction : Preller 1846, p. 378 ; West 1963, p. 157 n. 2. Walcot est en faveur du chiffre sept, sur la base d'une comparaison, un peu factuelle et donc peu convaincante, avec les traditions orientales (1965, p. 79). Voir Schibli (1990, p. 19-20) pour les difficultés et les arguments.

26. Chantraine 2009, p. 727-728.

27. Sturz 1824, p. 43 ; Preller 1846, p. 378.

28. West 1963, p. 158-159 ; 1971, p. 14.

29. Kirk & Raven 1957, p. 58 (contre l'idée que Zas et Chthonie s'ajoutent aux cinq μυχοί).

30. Schibli 1990, p. 20 et n. 14. Zeller & Nestle 1919, p. 106-107 récusait déjà l'identification entre μυχός et élément.

31. Schibli 1990, p. 21-27.

chiffre donné par la *Suda* s'explique ainsi par une simplification opérée dans la tradition, entre recoin et région cosmique. Je ne suis convaincu ni par la prétendue impossibilité frappant la matérialité des recoins, ni par la validité du mode d'explication rétrospective[32]. Le fait que le recoin est ménagé dans la matière ne pose pas difficulté, en raison des emplois épiques du mot, et rien ne s'oppose à ce que ces recoins soient ménagés dans Chthonié[33]. La différenciation, ingénieuse, que propose Schibli entre μυχός et région cosmique peut être conservée tout en récusant sa conception métaphorique du recoin. Je montrerai, cependant, que le procédé décrit dans le témoignage de Damascius ne permet pas de conclure qu'il y avait génération de zones cosmiques.

Venons-en aux deux problèmes dans l'interprétation du témoignage en tant que tel.

1. La mention du feu, du souffle et de l'air dans le témoignage de Damascius remonte-t-elle à Phérécyde ? Si oui, faut-il les interpréter comme des éléments physiques, éventuellement pourvus de qualités opposées ?

La majeure partie de la tradition interprétative répond par l'affirmative – hormis Kirk et Raven, et West, avançant un anachronisme. Les premiers font des trois éléments une rationalisation peut-être stoïcienne, fondée sur les thèses d'Aristote sur la semence[34]. Pour West, une source intermédiaire aurait interprété cinq dieux élémentaires générés dans les recoins en termes d'éléments physiques ; Damascius les aurait ramenés à trois pour correspondre à son interprétation néoplatonicienne. Pour Kirk, Raven et West, Phérécyde n'aurait mentionné que le sperme de Chronos, placé directement dans les recoins[35].

2. Les termes qui décrivent la génération des familles de dieux, ἐξ ὧν… διῃρημένων … συστῆναι…, ne sont de toute évidence pas de Phérécyde. Comment Phérécyde avait-il expliqué la génération des familles de dieux dans les cinq recoins une fois que ces éléments y ont été répartis ?

Si la mention des trois « éléments » est de Phérécyde, il y a deux modèles concurrents. Selon l'un, élaboré par Sturz, chaque élément, placé dans un recoin différent, génère une famille de dieux pourvus des caractéristiques de cet élément. Il fallait alors ajouter deux éléments aux trois que mentionne Damascius[36]. Sans distinguer élément et dieu, Sturz ajoutait l'éther/Zas et

32. Voir également les réserves de D. Sider 1990 §3.

33. Chez Hésiode, Terre est en même temps une déesse et une zone topographique, pourvue de cavités : le Tartare s'y trouve (*Th.* 119).

34. Kirk & Raven 1957, p. 57-58 : pour Aristote la semence humaine contient un σύμφυτον πνεῦμα (« *innate breath* ») chaud et éthéré, décrit comme « souffle accompagné d'humidité » et « souffle chaud » par les premiers stoïciens.

35. West 1963, p. 158-160.

36. Ou quatre, pour le porter à sept avec la *Suda*.

chaos/Chthoniè[37]. Zeller a mieux distingué entre les deux : chaque élément générait une famille de dieux pourvue de ses caractéristiques (« *Olympic gods (scil. ether), fire-gods, wind-gods, water-gods, wind-gods, and earth-gods* »)[38].

L'autre modèle est fondé sur le mélange. Il fut développé par Preller contre Sturz et eut la plus grande fortune dans l'histoire de l'interprétation[39]. Pour Preller, les cinq éléments (éther/Zeus, terre/Chthoniè, feu, souffle et eau) étaient mêlés dans les recoins[40] pour générer cinq familles de dieux, chacune liée à un élément ou à une qualité spécifique selon l'élément du mélange qui prédominait : les Ogénides (eau), les Ophionides (terre), les Cronides (ciel ou éther) ; astres (feu) ; démons habitant le monde sublunaire (air)[41]. Cette ligne d'analyse fut développée par Conrad, qui distinguait cinq couches cosmiques, chacune associée à un élément (terre, eau, air, feu, éther)[42]. Cependant, l'idée d'ajouter deux éléments – éther et terre – fut jugée anachronique et abandonnée au profit de la thèse des différences de proportion entre les trois éléments ou entre leurs caractéristiques[43]. En 1971, West a abandonné sa lecture de 1963 et proposé que les éléments expriment en fait des caractéristiques de la semence de Chronos (« *hot, wet, quickening* »)[44]. La semence serait divisée en ses trois types d'ingrédients, eux-mêmes placés dans les recoins et mêlés. La prédominance de tel ingrédient détermine les caractéristiques de la famille générée, elle-même associée à une région du monde : Ciel, Terre, région en dehors d'Ogénos, Tartare, Hadès[45].

Schibli a repris la structure générale du modèle de Preller en y apportant des corrections[46]. Les trois éléments sont répartis dans les μυχοί où ils sont mêlés en différentes proportions ; la nature du dieu qui résulte de chaque mélange dépend de l'élément qui prédomine ; la finalité du processus est la division du monde en cinq régions cosmiques sur le fondement de l'élément et du dieu qui leur sont associés. S'ajouteraient deux régions supplémen-

37. Sturz 1824, p. 42-43, 52. Il ajoutait ensuite le Temps/Chronos et la Terre/Gè pour porter le total à sept.

38. Zeller 1881, p. 91 n. 2.

39. Preller 1846, p. 381-383. L'idée de mélange convient mieux à l'un des titres transmis par la *Suda* (Φ.214 = D1), Θεοκρασία (West 1971, p. 14). Toutefois, θεοκρασία pouvait être un équivalent de θεοκρατία (« règne des dieux » ; West 1963, p. 157).

40. Par Zas métamorphosé en Éros (Preller 1846, p. 384), *cf.* D8 LM. Cette transformation est en fait une métaphore et avait lieu à un stade ultérieur du récit (Schibli 1990, p. 57-61).

41. Preller 1846, p. 382-384.

42. Conrad 1856, p. 35. S'ajoutaient ensuite l'Hadès et le Tartare.

43. Un double reproche d'anachronisme est soulevé dès Zeller (1881, p. 92 n. 1) : prêter à Phérécyde un *type* de pensée élémentaire attestée chez Empédocle ou Aristote, et fixer la liste à *ces* cinq éléments-*là*.

44. K. von Fritz (1938, col. 2031) mentionnait déjà les caractéristiques du sperme.

45. West 1971, p. 14.

46. Schibli 1990, p. 21 et n. 17, avec référence à Anaxagore.

taires, Gê et Ogénos, générées lorsque Chthonié revêt le φᾶρος tissé par Zas où elles sont représentées (Gê et Ogénos ne sont donc pas des μυχοί)[47]. Les dieux/régions cosmiques des cinq recoins (à gauche), plus Gê et Ogénos, deviennent ensuite la demeure d'autres divinités (à droite)[48] :

Ouranos (feu)	Chronos
Aither (feu)	Zeus
Terre	Gê ?
Ogénos	Ophioneus et les Ophionides
Tartare (souffle)	Divinités liées aux vents
Chaos (eau)	?
Nuit (souffle)	Divinités infernales ?

Quoique notre compréhension de Phérécyde ait progressé considérablement depuis Sturz et Preller, la discussion herméneutique est donc restée dépendante de la façon dont les grandes alternatives interprétatives ont été ouvertes au début du xixe siècle.

Discussion des interprétations

Ajouter deux éléments et répartir chacun des cinq qui en résultent dans un recoin n'est pas satisfaisant. On a souligné depuis longtemps que prêter à Phérécyde une théorie des cinq éléments, en ajoutant éther et terre, est anachronique[49]. Même si on l'admettait, il faudrait expliquer pourquoi Damascius ne mentionne que trois éléments : on a alors le choix entre l'hypothèse de la manipulation ou accepter que les deux autres éléments sont impliqués par Zas, Chronos ou Chthonié.

L'idée d'une manipulation ne convainc pas. Que Damascius, de mauvaise foi, ait ramené cinq éléments à trois pour retrouver une correspondance numérique avec la triple nature de l'intelligible se heurte au problème qu'il

47. Schibli 1990, p. 46-47. Sur le don du voile et sa double fonction cosmologique et étiologique, voir Schibli 1990 p. 51-77 ; sur sa relation au chêne ailé, voir Saudelli 2011.

48. Les habitants ne font pas partie de la génération des cinq recoins (ainsi, Zas) et ne naissent pas dans la région qu'ils habitent (Ophioneus naît dans le Tartare mais habite Ogénos ; Schibli 1990, p. 40). Le tableau ici reproduit se trouve p. 47-48 ; les points d'interrogation sont de Schibli.

49. Cette critique a été adressée à ces modèles dès Zeller & Nestle (1919, I, p. 65, n. 2) ; la liste des cinq éléments remonte à Philolaos. Dans sa satire, Hermias (R20) associe Zas à l'éther, Chthonié à la terre, et Chronos au temps, mais cette association est clairement issue d'une lecture péripatéticienne, comme l'atteste l'opposition entre éther comme agent et terre comme patient.

aurait ce faisant rendu le texte incohérent car il a conservé *cinq* recoins, en perdant le lien logique entre les deux chiffres[50]. On devrait accepter qu'il n'a pas remarqué cette incohérence pourtant évidente ou qu'il a commis une maladresse. Mais Damascius est l'un des plus grands intellectuels de son temps, dont Simplicius soulignait l'acharnement au travail, la finesse critique et l'indépendance de pensée[51].

Admettre que les deux autres éléments sont impliqués par la mention de Zas, Chronos ou Chthonië tombe sous le coup de l'argument de Schibli : il n'est pas satisfaisant que divinité, recoin, et élément soient la même chose. D'autre part, comment faire correspondre deux des trois divinités à des éléments, et choisir deux dieux parmi les trois ? Chronos ne se laisse pas associer à un élément de façon évidente. Zas pourrait être associé au feu (au prix d'une redondance avec le feu généré par Chronos) ou à l'éther (au prix d'un anachronisme). Chthonië se laisser associer à la terre, mais on doit alors admettre soit que Chthonië est à la fois dans un recoin et le lieu où se trouvent les recoins, soit que les recoins se trouvent ailleurs, soit encore, avec Schibli, que les recoins ne sont pas une cavité au sens spatial.

Ce premier modèle présente donc des difficultés dirimantes. Des problèmes, de deux types, caractérisent également le modèle d'un mélange en des proportions différentes.

Le premier est l'anachronisme qu'il y a à prêter à Phérécyde une conception *techniquement* caractéristique de la pensée physiologique du début du ve siècle. La thèse d'un mélange des éléments en des proportions différenciées implique une divisibilité des éléments en parties et l'agrégation de ces parties – une idée typique des pluralistes comme Parménide et Empédocle[52]. L'idée de caractéristiques qui prédominent dans le résultat du mélange en fonction des caractéristiques de ses ingrédients remonte à Anaxagore[53]. Opposer les caractéristiques du sperme de Chronos est tout aussi anachronique : les parallèles remontent au plus tôt à Diogène d'Apollonie et la plupart sont aristotéliciens et stoïciens[54]. La thèse de Kirk et Raven d'une rationalisation stoïcienne est rendue intenable par l'examen de la méthode de Damascius (ci-dessus) : il n'y a pas de parallèle dans la partie que Damascius tire d'Eudème, et rien dans l'histoire de la transmission du passage ne soutient la thèse

50. West a abandonné son interprétation de 1963 (1971, p. 14 : « *for his (scil. Damascius') interpretation as* ἡ τριπλῆ φύσις τοῦ νοητοῦ *cannot be based on a wanton falsification of his own* »).

51. Simplicius, *In Ph.* 624.38, 795.15-17 ; *cf.* Westerink & Combès 1986-1991, I, p. xxiv-xxv.

52. Pour Parménide, voir le modèle des couronnes faites de jour et de nuit, en des proportions distinctes (D14a et b) ; pour Empédocle, voir les différences de proportions élémentaires dans les os (D192), le sang et la chair (D190).

53. D27 LM, *cf.* Schibli 1990, p. 21 n.17.

54. West 1971, p. 14 n. 2 et Kirk & Raven 1957, p. 57-58.

que Damascius lit une version d'Eudème teintée de stoïcisme. Les interprètes semblent bien conscients de la dimension anachronique de leurs propositions, qu'ils admettent faute de mieux. Ainsi West : « *I shall be told that Pherecydes lived too early to have thought in these terms ; may I also be told a better explanation* »[55].

La seconde série de difficultés tient à l'arithmétique et à sa motivation : trois choses ne se laissent pas diviser en cinq lieux de façon harmonieuse ou équilibrée, quel que soit le modèle que l'on se donne[56]. Si chacun des cinq recoins reçoit les trois éléments, par exemple, le feu prédominera dans le mélange au sein de deux recoins, le souffle dans deux, mais l'eau dans un seul. Certes, la répartition n'a pas *en soi* à être arithmétiquement harmonieuse. Mais il faut alors admettre que le modèle retenu par Phérécyde était dicté par le résultat qu'il recherchait : la génération de *ces* cinq familles ou de *ces* cinq zones. Dès lors l'interprétation doit pouvoir justifier de façon forte des raisons pour lesquelles on obtient telle séquence de résultats (par exemple, feu, feu, souffle, souffle et eau, par opposition à d'autres combinaisons possibles).

Or l'identification de ces zones ou de ces familles de dieux ne va pas sans difficulté, même dans le cas d'une interprétation aussi prudente et érudite que celle de Schibli[57]. L'éther (feu) et la nuit (souffle) sont proposés à titre d'hypothèse[58], par comparaison avec le matériau orphique et Hésiode, sans appui dans les fragments de Phérécyde ou dans les sources indirectes. Schibli présente l'air comme un concurrent possible de l'éther sans plus d'arguments réels. La présence de l'eau dans la reconstruction n'est pas problématique en soi mais son association avec Chaos l'est. La présence de Chaos dans les premiers stades de la cosmogonie est une supposition issue de la comparaison avec le matériau poétique archaïque ; son association à l'eau est présentée par

55. West 1971 *loc. cit.*

56. Examinons les cas possibles dans l'absolu. 1. Si les éléments se mêlent deux à deux, on a trois combinaisons possibles (feu et eau ; souffle et eau ; souffle et feu). Si on ajoute une combinaison des trois éléments ensemble, on obtient quatre recoins (non cinq) ; si en revanche on ajoute un recoin pour chacun des trois éléments pris séparément, on en obtient six. Si l'on admet que l'ordre est signifiant et que « eau et souffle » n'est pas équivalent à « souffle et eau », on obtient encore six options. 2. Si dans les trois premiers recoins on trouve un mélange de trois éléments avec un élément dominant différent dans chacun, les deux recoins restants peuvent comporter : 2.1. Des types de mélange redoublant ceux précédemment exposés (c'est la position de Schibli). 2.2. Des mélanges de deux éléments et non trois (*e.g.* feu et souffle). 2.3. Deux éléments purs. Dans tous ces cas, on rencontre l'impossibilité arithmétique de diviser harmonieusement trois en cinq et on doit *choisir* un élément ou un mélange qui n'est pas représenté dans un des recoins.

57. Voir les réserves de Sider 1990, §3.

58. Schibli 1990, p. 43-45, dont p. 44 : « *it is quite possible that...* ».

Schibli comme (encore) « plus problématique »[59]. Le présupposé qui sous-tend ces trois propositions est que Phérécyde imiterait ses sources. Nous savons bien que Phérécyde, tout au contraire, transforme le matériau hérité de la mythologie grecque de façon systématique.

Ciel est l'enjeu de la victoire lors de la guerre qui oppose Chronos et Ophioneus (D11), le perdant étant relégué dans Ogénos. Schibli appuie l'association du ciel au feu par deux arguments. La race des dieux célestes, dans le *Timée*, est celle des étoiles composées principalement de feu[60] ; comme Ogénos est l'équivalent d'Océan, le ciel qui est la contre-partie d'Ogénos dans la théomachie (D11) devrait être associé au feu. Mais Platon ne renvoie pas particulièrement à Phérécyde dans ce passage. L'inférence à l'œuvre dans le second argument n'est pas logiquement valide : qu'il y ait une opposition des éléments entre eux, que le feu s'oppose à l'eau, et que cette opposition soit transposable au niveau des parties du monde sont des présupposés.

L'association de Tartare au souffle est plus convaincante, car Phérécyde fait du Tartare la demeure des Harpyes et de Bourrasque (Thuella), nées du vent Borée (d'après Celse, D13). Mais cela n'implique pas en soi que Tartare était l'un des cinq recoins ou qu'il apparaissait à ce moment du récit.

La répartition des éléments, des dieux et des recoins proposée par Schibli ne saurait donc convaincre. On peine à retrouver dans les témoignages une division des dieux en cinq familles ou du monde en cinq zones, ou un indice du moment du récit auquel Ciel ou Tartare seraient générés. Par ailleurs, les lectures reposant sur le mélange et celles impliquant une répartition de principes séparés arrivent, au fond, au même type de résultat s'agissant de la division en familles ou en zones. Toutes ces difficultés révèlent que la question de la signification du fragment a été mal posée et qu'il importe de revenir au texte pour le dégager des faux problèmes sédimentés dans l'histoire de l'interprétation, ainsi que d'un ensemble de simplifications.

Première section du témoignage

Cette première section permet l'analyse des techniques d'Eudème et de Damascius. Dans la première phrase, au style indirect, Eudème/Damascius ne cite pas littéralement le début du traité tel que nous le connaissons par Diogène Laërce :

59. Schibli 1990, p. 39-41. La citation provient de la p. 40. Schibli interprète la connexion à l'eau dont fait état Achille Tatius (B1a = R22, *via* χέεσθαι) comme une rationalisation d'origine stoïcienne.

60. Schibli 1990, p. 39 n. 75, renvoyant à *Ti.* 40a.

(Diogène) [...] τό τε βίβλιον [...] οὗ ἡ ἀρχή· Ζὰς μὲν καὶ Χρόνος ἦσαν ἀεὶ καὶ Χθονίη ἦν. Χθονίῃ δὲ ὄνομα ἐγένετο Γῆ ἐπειδὴ αὐτῇ Ζὰς γῆν γέρας διδοῖ.[61]

(Damascius) Φερεκύδης δὲ ὁ Σύριος, Ζᾶντα μὲν εἶναι ἀεὶ καὶ Χρόνον καὶ Χθονίαν τὰς τρεῖς πρώτας ἀρχάς, τὴν μίαν φημὶ πρὸ τῶν δυεῖν καὶ τὰς δύο μετὰ τὴν μίαν [...]

Le passage au style indirect a entraîné la transformation de l'imparfait indicatif ἦσαν/ἦν en un infinitif présent (εἶναι). Les termes et l'ordre des mots ne sont pas exactement identiques : chez Eudème/Damascius, le verbe « être » n'est pas répété, Zas est isolé avant le verbe, alors que Chronos et Chthonie sont plus fortement connectés ; chez Diogène, Zas et Chronos sont plus fortement connectés par leur position avant le verbe, avant que Chthonie ne soit mentionnée avec répétition du verbe. La présence d'un μέν à la même place dans les deux versions, après le nom de Ζάς, peut être un hasard, puisque dans la suite du fragment cité par Diogène et dans la suite du témoignage d'Eudème/Damascius on trouve un δέ qui introduit deux phrases différentes.

La différence la plus importante est la présence, chez Eudème/Damascius, de τὰς τρεῖς πρώτας ἀρχάς, une glose de coloration péripatéticienne. Il y a deux options grammaticales. Si ce groupe est sujet de εἶναι, les noms des divinités sont attributs (« ...les trois principes sont pour toujours Zas, Chronos et Chthonie... ») ; si Zas, Chronos et Chthonie sont sujets, τὰς τρεῖς πρώτας ἀρχάς est un commentaire introduit en apposition. La seconde option est plus probable : la comparaison avec Diogène Laërce et l'ordre des mots chez Eudème/Damascius invitent à comprendre que ce groupe est introduit en incise après un énoncé grammaticalement complet.

Damascius introduit ensuite un commentaire néoplatonisant qui porte sur l'antériorité relative des trois dieux. Il le distingue du régime de discours principal au moyen du verbe φημί.

Il y a donc trois niveaux d'information : la pensée de Phérécyde, à laquelle ce témoignage ne permet pas d'accéder littéralement ; sa reformulation par Eudème en des termes péripatéticiens ; le commentaire, séparé, de Damascius. Si Eudème/Damascius n'a pas reproduit l'*expression exacte* de Phérécyde, son texte en est très proche et en respecte le sens. Les méthodes d'Eudème et de Damascius sont différentes : Damascius introduit son commentaire séparément ; Eudème exprime directement la pensée de Phérécyde en termes péripatéticiens. Cette distinction de deux niveaux n'est pas rigide : dans la suite du témoignage, Damascius semble reformuler sa source hors de son commentaire séparé ; dans les autres notices dépendantes d'Eudème,

61. Phérécyde D5 LM : « Le livre, dont le début est : "Zas et Chronos toujours étaient, et Chthonie était. Et Chthonie eut le nom Terre lorsque Zas lui donna la terre en part d'honneur." »

Damascius introduit son interprétation de façon directe, sans cette distinction de niveaux. L'objectif de Damascius n'est pas de discuter Eudème ou de retrouver ce qui serait authentiquement de Phérécyde sous Eudème[62].

Deuxième section

La seconde section aborde la génération des trois éléments par Chronos, à partir de sa propre semence. Damascius interprète ces éléments comme la triple nature de l'intelligible, dans un commentaire introduit par οἶμαι. Je vais montrer que Phérécyde concevait feu, souffle et eau non pas comme des éléments physiques mais comme des éléments naturels, c'est-à-dire comme des abstractions de puissances naturelles[63] ; et que les termes de la liste sont authentiques.

Une liste de trois choses impliquant feu, eau et souffle n'est pas anachronique *en soi*[64], si l'on renonce à y lire l'idée d'un mélange en différentes proportions permis par une divisibilité des éléments *physiques*. L'idée d'une division des espaces naturels en zones chacune associée à un type de puissance de la nature se trouve déjà dans l'*Iliade*[65]. Homère distinguait trois zones du monde comme les domaines de Poséidon, Hadès et Zeus : la mer (ἅλς), les ténèbres du monde souterrain (ζόφος) et le ciel (οὐρανός)[66]. La terre et l'Olympe sont en partage entre les trois dieux. Si les trois zones ne sont pas chacune associée à un « élément », le fait que le monde souterrain est décrit comme « brumeux » (ἠερόεντα) et que le ciel est situé « dans l'éther et les nuages », ainsi que la présence de la mer et de la terre, suggèrent que ces quatre lieux sont opposés non seulement par leur topologie mais aussi par leur nature ou leurs caractéristiques[67]. Dans la *Théogonie*, lors du combat

62. Lorsqu'il affirme que « *Damascius is in error* » (1990, p. 18 n. 10), Schibli se méprend sur sa visée.

63. J'entends par « élément physique » l'élément constituant l'intégralité de la réalité – au sens de l'air d'Anaximène ou des quatre éléments d'Empédocle – c'est-à-dire au sens où Aristote estime, en *Metaph.*A 3, que les premiers philosophes ont conçu la cause matérielle. Par « élément naturel », j'entends une abstraction fondée sur l'observation de la nature : concevoir « le » feu abstraitement, sur la base de ce feu-ci que je perçois. Cela n'implique évidemment pas que l'univers *tout entier* soit *uniquement* composé de feu.

64. Le *locus classicus* sur les origines des théories élémentaires est Kahn 1960, p. 133-165.

65. Pour l'interprétation de ce passage relativement à Phérécyde, voir Schibli 1990, p. 22 n. 18 ; plus généralement, voir Kahn (1960, p. 135-136).

66. *Il.* 15.189-193 : τριχθὰ δὲ πάντα δέδασται, ἕκαστος δ' ἔμμορε τιμῆς· / ἤτοι ἐγὼν ἔλαχον πολιὴν ἅλα ναιέμεν αἰεὶ / παλλομένων, Ἀΐδης δ' ἔλαχε ζόφον ἠερόεντα, / Ζεὺς δ' ἔλαχ' οὐρανὸν εὐρὺν ἐν αἰθέρι καὶ νεφέλῃσι· / γαῖα δ' ἔτι ξυνὴ πάντων καὶ μακρὸς Ὄλυμπος (« Tout a été divisé en trois, et chacun a reçu sa part d'honneur: quand nous avons tiré les lots, j'ai reçu la mer grise pour y habiter toujours, Hadès a reçu la ténèbre, brumeuse, et Zeus a reçu le vaste ciel, dans l'éther et les nuages. Et la terre est en commun entre nous tous, ainsi que le haut Olympe »).

67. *Cf.* Kahn (1960, p. 136) pour la comparaison avec Hésiode (*Th.* 106).

entre Zeus et Typhée[68], on trouve une opposition semblable entre puissances de la nature : le poète décrit un embrasement cosmique qui conduit au bouillonnement de la mer, du ciel et la terre, sous l'action de la foudre, du feu, et des vents soulevés par le combat[69].

Contrairement à la liste de notre témoignage, Homère et Hésiode énumèrent des régions du monde et des phénomènes naturels concrets. C'est *ce* vent et *cet* embrasement, et non *le* souffle et *le* feu considérés abstraitement. Le problème est ainsi moins la liste en tant que telle que la question de savoir si Phérécyde pouvait concevoir *le* souffle, *le* feu et *l'*eau comme des puissances naturelles englobant la totalité des manifestations particulières qui y sont associées. Or cette conception n'est pas anachronique. Chez Homère ou Hésiode, certains dieux sont associés à des puissances « élémentaires »[70] : le Scamandre est à la fois un dieu et le fleuve du même nom. Cette association est également attestée de façon inversée : Homère désigne du nom d'Héphaïstos la flamme du brasier où rôtissent les entrailles pour le sacrifice[71]. Cette réversibilité implique que n'importe quelle flamme puisse être désignée comme Héphaïstos : il n'y a alors qu'un petit pas à franchir pour considérer qu'Héphaïstos est *la* flamme en général.

En s'appuyant sur des procédés déjà actifs chez Homère (appeler cette flamme « Héphaïstos »), Phérécyde prend position à l'intérieur de la tradition théogonique pour concevoir *le* feu, *le* souffle et *l'*eau comme des éléments *naturels*, qui ne sont pas des dieux et qui n'expriment pas une caractéristique d'un dieu ou d'un lieu, mais qui sont pourtant à l'*origine* de la génération des cinq recoins. Phérécyde opère un double processus d'abstraction (ce n'est pas ce feu-ci) et de démythification (ce n'est pas Héphaïstos). Cette rationalisation au sein de la tradition mythique[72] ne

68. Je suis convaincu par les arguments, internes, de F. Blaise (1992) et J.S. Clay (2003, p. 25) et ceux, externes, de Ph. Rousseau (à paraître) en faveur de l'authenticité de l'épisode de Typhée (*contra* : West 1966, p. 381-383).

69. *Th*. 844-847 : καῦμα δ' ὑπ' ἀμφοτέρων κάτεχεν ἰοειδέα πόντον / βροντῆς τε στεροπῆς τε, πυρός τ' ἀπὸ τοῖο πελώρου, / πρηστήρων ἀνέμων τε κεραυνοῦ τε φλεγέθοντος. / ἔζεε δὲ χθὼν πᾶσα καὶ οὐρανὸς ἠδὲ θάλασσα· (« l'embrasement que les deux dieux produisirent saisit la mer violette : un embrasement de tonnerre et d'éclair, du feu produit par le monstre, de tornade et de vent, et de la foudre brûlante. La terre tout entière bouillonnait, ainsi que le ciel et la mer »).

70. *Il*. 21. C'est également le cas des fleuves issus d'Océan chez Hésiode (*Th*. 337 ss.).

71. *Il*. 2. 426 ; *cf*. West 1963, p. 159.

72. Quelques années après Phérécyde, Théagène de Rhégion défend Homère des attaques d'indécence par l'allégorie, en montrant que la théomachie d'*Iliade* 21 signifie *en fait* un affrontement entre puissances de la nature et entre caractéristiques psychologiques, non pas entre dieux (fr. 8.2 DK = scholie B in *Il*. 20.67 Schrader (1880-1882)). La question de la relation de notre passage à l'allégorie est complexe et dépasse le cadre de la présente étude : il faut déterminer ce qu'on entend par allégorie, en quel sens Théagène et Phérécyde la pratiquent (si le second la pratique), et quelle est la relation de notre témoignage avec celui sur Théagène eu

préfigure pas la physique présocratique, car elle n'implique pas de considérer feu, souffle et eau comme des éléments *physiques* au sens où ils constitueraient exhaustivement la réalité matérielle du monde (de fait ils ne constituent pas Zas, Chronos et Chtoniè)[73].

Cette lecture est confirmée par la façon dont Aristote, en *Méeaph.* N 4, comprend la position relative de Phérécyde entre les anciens poètes d'une part et Empédocle et Anaxagore de l'autre[74]. L'objectif de cette doxographie est de montrer que l'opinion de ceux des « contemporains » qui posent que le Bien n'est pas chronologiquement premier – à savoir, Speusippe[75] – se trouve recouper, en un sens, la position des anciens poètes, pour qui Zeus est engendré *au cours* du récit théogonique alors qu'il règne sur l'univers. Aux anciens poètes s'opposent les σοφοί Empédocle et Anaxagore, pour lesquels « le beau et le bien » existent dès le début, en tant respectivement qu'un élément (l'Amitié) ou un principe (l'Intellect). Dans l'espace entre ces deux groupes, Aristote place des poètes « mixtes » (μεμεγμένοι αὐτῶν[76]). Phérécyde en fait partie sous deux rapports : le dieu qui règne sur le monde est inengendré[77] ; Phérécyde ne s'exprime *pas complètement* de façon mythique (μή μυθικῶς πάντα λέγειν)[78]. Phérécyde s'exprime de façon

égard à la relation dieux/éléments. Domaradzki (2017) distingue allégorie comme technique de composition et allégorèse comme technique d'interprétation. L'extension de l'allégorèse de Théagène peut être discutée : inclut-elle seulement l'association des dieux à des éléments naturels ou également à des caractéristiques psychologiques ? La question de la relation de Théagène aux premiers philosophes est elle-même débattue : la proposition d'un dialogue avec les présocratiques (Domaradzki 2011, p. 212-219) ne convainc pas, car elle implique une confusion entre élément physique et élément naturel. On attribue tantôt à Phérécyde une pratique de l'allégorèse (Tate 1927 ; Struck 2004, p. 26-28), tantôt uniquement celle de l'allégorie (Buffière 1956, p. 101 *sq.* ; Brisson 1996 ; Gatzemeier 2005, p. 339-340 ; Domaradzki 2017).

73. Cela n'exclut pas qu'il puisse y avoir chez les premiers philosophes une pensée des éléments naturels. C'est peut-être le cas d'Héraclite lorsqu'il affirme que la mer est une τροπή du feu, et qu'elle se change ensuite pour moitié en terre, pour moitié en πρηστήρ (ou orage) – qui n'est pas une grande masse cosmique comme la mer ou la terre. Cependant, il n'est pas certain qu'Héraclite désigne par τροπή une transformation des masses ou éléments naturels les uns en les autres (voir Kirk & Raven 1957, p. 199-201 ; Kahn 1979, p. 138-144 ; Bollack & Wismann 1972, p. 134-136).

74. Le passage a fait l'objet d'une analyse pénétrante d'A. Laks (2009), dont je suis ici l'interprétation générale. Il ne s'est cependant pas intéressé à la comparaison avec le témoignage de Damascius.

75. *Cf. Metaph.* Λ 7, 1072b31 (Laks 2009, p. 636-637 et n. 6).

76. La succession des idées dans le témoignage indique bien que αὐτῶν renvoie aux poètes, non aux théologiens (quoique Phérécyde soit également un théologien ; Laks 2009, p. 637).

77. Le dieu en question est soit Zas (Kirk & Raven 1957, p. 59 n.1), candidat possible même lorsqu'on rejette la correction de ἑαυτοῦ en αὐτοῦ (voir ci-dessus), soit Chronos (West 1971, p. 12 et n. 3 ; Schibli 1990, p. 18-19).

78. Laks (2009, p. 641) a raison de souligner que l'athétèse du καί proposée par Bonitz ne convainc pas et qu'il faut l'entendre en un sens adverbial.

mythique car les acteurs de son récit sont *avant tout* des dieux (Zas, Chronos, Chtonié)[79]. Mais en quoi l'expression de Phérécyde n'est-elle pas *complètement* mythique ? Nous n'avons guère d'autres candidats, dans les fragments et témoignages conservés, que les trois éléments naturels du témoignage de Damascius[80], engendrés en lieu et place de dieux. La structure de la doxographie de N 4 indique clairement que cette expression partiellement non-mythique est différente de la rationalisation, philosophique, d'un σοφός comme Empédocle : Phérécyde ne va pas jusqu'à concevoir la notion d'élément *physique* (στοιχεῖον) et c'est précisément la raison pour laquelle il est mixte. Or, comme ce terme de μεμεγμένος ne dénote pas de relation génétique ou historique, Aristote se refuse à faire le pas que beaucoup de commentateurs modernes n'hésitent pas à sauter lorsqu'ils considèrent que Phérécyde *préfigure* les présocratiques.

Tournons-nous vers la liste elle-même. Le seul terme qui fasse problème est πνεῦμα. Ce terme n'est pas péripatéticien (on n'a pas ἀήρ[81]) et, hormis notre passage, ce substantif se trouve pour la première fois chez Anaximène (D31 LM). Homère emploie le verbe πνέω/πνείω au sens de « souffler » (en particulier pour un vent), et de « respirer » d'où « vivre » pour un être vivant[82]. Son dérivé, le substantif πνοή, attesté dès Homère, appartient à la catégorie des noms d'action déverbaux féminins avec ton sur le suffixe et désigne l'action de souffler ou le souffle qui en résulte[83]. Le suffixe -μα, qui a servi à former πνεῦμα, a produit des noms déverbaux à date préhistorique[84]. Or, dès Homère, le sens « animé » du suffixe -ή est sensible lorsque le mot s'oppose à un substantif *inanimé* dérivé du verbe par d'autres procédés[85],

79. Aristote comprend au contraire que l'Amitié d'Empédocle est *avant tout* un élément, même s'il la nomme Aphrodite.

80. Plus vraisemblablement que la composition en prose comme l'avait d'abord pensé Laks (2001, §8), étant donné la compréhension qu'Aristote se donne de la composition en poésie (Laks 2009, p. 641-642).

81. Kirk & Raven 1957, p. 57.

82. *Cf.* Chantraine 2009, p. 920 et LSJ, *s.v.* πνέω. Il y a des formes avec préverbe, voir LSJ *s.v.* ἐμπνέω « souffler (sur) » (*Il.* 17.502 ; *Op.* 508, etc.) ; ἀνα-/ἀμπνέω « reprendre son souffle » (*Il.* 22.222) d'où « avoir un répit » (*Il.* 11.382) ; ἀπόπνέω « *breath forth* » (*Il.* 6.182).

83. Pour le vent : *Il.* 5.697, 17.55, etc. ; Hésiode, *Th.* 253, 268, etc. Pour le souffle haletant des chevaux : *Il.* 23.380. *Cf.* Chantraine 1979, p. 18-26.

84. *E.g.* αἷμα « sang », σῶμα « cadavre, corps ». *Cf.* Chantraine 1979, p. 175-183 : en grec archaïque le suffixe n'exprime pas encore le résultat de l'action par opposition au suffixe -σις (*e.g.* ποίησις contre ποίημα) ; il désigne parfois la manifestation sensible d'une force divine ou magique, hypothèse qui correspondrait bien à ce qu'on lit chez Phérécyde (puisque c'est un dieu qui génère πνεῦμα).

85. *E.g.* παθή « l'affection » comme action ou processus contre le neutre πάθος « l'affection » ressentie (Chantraine 1979, p. 23). La formation s'oppose également (p. 21) aux masculins thématiques en -ος avec ton sur la racine (Homère, ῥόος « le courant » contre ῥοή « le flot »).

alors que le sens du suffixe -μα renvoyant au nom concret ou à la chose est activé par l'opposition à des formations déverbales reposant sur des suffixes *animés*[86].

Je propose que Phérécyde a tiré parti de l'existence de πνοή dans la langue poétique, d'une part, et d'autre part de la double opposition entre le suffixe -ή et des noms *inanimés* et entre le suffixe -μα et des noms *animés* : il a forgé le dérivé πνεῦμα à valeur concrète, sur πνέω, par opposition au nom d'action πνοή, pour renvoyer au « souffle » produit par l'action de souffler (πνοή)[87]. On comprend bien que c'est en ce sens concret que πνεῦμα puisse apparaître dans une liste de trois éléments naturels et non comme l'action de souffler (πνοή)[88]. Ce jeu sur les variantes étymologiques n'est pas étranger à Phérécyde, qui disait Ζάς et non Ζεύς, Χρόνος et non Κρόνος, Ὠγηνός et non Ὠκεανός : la transformation des noms traditionnels est un geste par lequel Phérécyde cherchait à se distinguer de la tradition poétique[89]. Son emploi du médium nouveau qu'était la prose l'invitait à forger son propre langage[90]. Il a ainsi forgé πνεῦμα plutôt que d'employer πνοή ou un autre terme disponible dans la langue épique, afin de renvoyer au souffle comme chose concrète, et peut-être en raison de la relation de πνέω au souffle vital[91].

86. *E.g.* Δειμός, la Crainte comme puissance, contre δεῖμα le sentiment de crainte. *Cf.* Chantraine 1979, p. 182 : « la valeur du suffixe se détermine avec une particulière netteté lorsqu'il s'oppose à un suffixe animé ».

87. Πνεῦμα suit le mode de dérivation normal pour les verbes contractes en -έω qui ne sont pas issus de noms (*e.g.* χέω > χεῦμα, *Il.* 23.561). Les verbes dénominatifs en -έω ont un dérivé en *-ma* formé sur un suffixe -ημα (φιλέω > φίλημα ; etc.). La version du radical verbal en πνευ- est déjà attestée chez Homère (*Il.* 17.456, avec préverbe) et Hésiode (*Op.* 506, ἔπνευσα).

88. Le LSJ indique que, dans le grec ultérieur, les sens de πνοή et de πνεῦμα se recoupent largement ; mais le premier tend à désigner surtout le souffle ou la respiration, alors que le second peut de surcroît désigner l'air qui est soufflé (ce qui n'est pas exactement la même chose que le souffle ; ainsi pour le joueur de flûte) et l'action de respirer (particulièrement dans les textes médicaux).

89. Sur les théonymes de Phérécyde : West 1963, p. 158 ; Schibli 1990, p. 135-139.

90. Je suis en désaccord avec les thèses qui font de la prose une fixation de la langue orale (Thesleff 1990, p. 110-121 ; Kahn 2003, p. 151-152). Nagy (1990, p. 47, 215 *ss.*) a montré qu'Hérodote emploie la prose de façon à introduire un degré de stylisation supplémentaire par rapport au vers. Voir Laks 2001, §4 et 7 ; Gheerbrant 2019, p. 476-479.

91. Ce choix peut être lié à la théorie de la métempsychose qu'on prête à Phérécyde (Schibli 1990, p. 104-127 ; Santamaría Álvarez 2011, p. 234-240). Selon Apponius (R16) Phérécyde associait la vie du corps à un souffle. La notion de souffle vital est en tout cas absence d'ἀήρ.

Troisième section

La proposition relative au style indirect qui constitue la troisième section du témoignage exprime les modalités par lesquelles les dieux sont générés dans les cinq recoins, une fois que feu, souffle et eau y ont été répartis. Suit un commentaire interprétant, à titre hypothétique (ἴσως), πεντέμυχον comme πεντέκοσμον.

La section qui précède ce commentaire n'est pas aussi proche du texte originel de Phérécyde que l'était le début du témoignage. La production des éléments, leur répartition dans les recoins, et leur mélange pour générer les dieux sont présentés comme une série d'actions dont nous ne pouvons être certains qu'elles aient été réalisées dans une succession temporelle rapide dans le traité de Phérécyde. La génération des familles de dieux est exprimée au moyen d'un vocabulaire péripatéticien (ἐξ ὧν ... διῃρημένων... συστῆναι), qui remonte à Eudème[92]. Il est plus difficile de déterminer l'origine de l'expression πολλὴν ἄλλην γενεάν... θεῶν[93].

Γενεά

Γενεά est un terme d'origine épique, rare en prose (pratiquement absent d'Aristote), qui désigne la famille, la race ou la génération[94]. Si l'on ne peut exclure que Phérécyde lui-même l'ait employé, il est plus probable que, dans notre témoignage, le terme soit de Damascius ou que Damascius ait investi d'un sens technique néoplatonisant un terme employé par Eudème. Le terme apparaît seulement à onze reprises dans le *De principiis* mais appartient au vocabulaire technique par lequel Damascius désigne une génération divine – généralement dans un contexte orphique ou théologique[95], plus rarement

92. Il y a environ soixante occurrences de διαιρέω et trente de συνίστημι. Hormis dans notre passage, ces mots sont toujours employés séparément ; ils appartiennent au vocabulaire technique par lequel Damascius exprime la division ou la constitution des principes intelligibles. Dans notre passage, il s'agit au contraire de la division spatiale des éléments et de la constitution de divinités par leur mélange, sens qui me paraît davantage péripatéticien.

93. Le problème est rarement soulevé par les commentateurs (à l'exception de West 1971, p. 13, sans argument systématique). Les manuscrits F et I ont la variante πάλιν, écartée par les éditeurs à juste titre : il s'agit d'une reproduction de la proposition qui clôt la section sur Épiménide, ἐξ οὗ πάλιν ἄλλην γενεὰν προελθεῖν (*Pr.* III, 124.1.16).

94. Chantraine 2009, p. 222. Chez Aristote : *GA* 722a9 (les ressemblances entre individus sont susceptibles de sauter des générations) ; fr. 94.20, 398.12, 487.23 (Rose).

95. Pour l'orphisme : *Pr.* II, 34.22 (Damascius renvoie à la sixième « phase » (γενεά) de la démonstration ; le terme γενεά est une citation d'*Orphica* fr. 14 Kern, cité par Platon, *Philèbe* 66c8-9) ; III, 28.9 (*cf.* Westerink & Combès, III, p. 181 n. 2, *ad* p. 27) ; 55.5 (en commentaire d'*Orphica* fr. 85 Kern). Puis : III, 109.6 (pour les dieux des Égyptiens et Phéaciens), 110, 12 (dans la discussion de Proclus). Dans quatre passages dépendants d'Eudème : III, 163.10 (à propos d'Hésiode), 164.16 (chez Épiménide), 164.22 (notre passage), 165.12 (dans les théogonies barbares).

pour sa propre pensée[96]. Comme quatre de ces occurrences appartiennent à la section tirée d'Eudème, qui est relativement brève, il n'est pas impossible que le substantif ait déjà été employé par Eudème lui-même.

Quoi qu'il en soit, la troisième section de notre témoignage est de toute évidence une rationalisation ultérieure, où se mêlent vocabulaire péripatéticien et néoplatonisant ; Damascius aura conservé la structure des événements et des actions qu'il lisait chez Eudème (ἐξ ὧν... διῃρημένων... συστῆναι). Cette section fait l'objet d'un certain nombre d'interprétations qui ne sont pas soutenues par des preuves textuelles et qu'il faut commencer par relever.

Διῃρημένων et συστῆναι

Le premier point tient à la fonction de Chronos et à l'infinitif συστῆναι. On prend régulièrement Chronos comme l'agent de la génération des cinq familles de dieux ou des cinq zones cosmiques[97]. Ainsi Schibli (je souligne) :

> *The metaphor, then, of the 'seeds of Time' [...] that are housed* by *Time in the nooks, disclosed an act conditioned by Time. As this act is of a cosmogonic nature, Time is seen as the ultimate procreative power (p. 28-29) [...]. Chronos exists and operates out of the eternal (ἀεί), yet* by distributing his seed *among the five nooks from which the world-elements arise he assumes* an ordering capacity *within the newly created cosmos* (p. 32).

Considérer Chronos comme l'agent de la séparation des « éléments » dans les recoins et de leur mélange (et *a fortiori* comme une cause motrice) ne résiste pas à une lecture attentive du témoignage. En effet, l'infinitif συστῆναι est un aoriste intransitif (par opposition à συστῆσαι, qui est transitif). Donc πολλὴν ἄλλην γενεάν est sujet et non objet, et Chronos ne saurait être le sujet de l'action de mêler[98]. De même, le participe διῃρημένων est un parfait passif : il n'engage pas l'action de Chronos. Par conséquent, le texte ne permet pas d'affirmer que le Temps sépare les éléments ni qu'il les mêle, ou qu'il a une fonction ordinatrice. Il n'y a aucun équivalent, dans le témoignage de Damascius, de la démone de Parménide, de l'Amour d'Empédocle, ou de ce qu'Aristote nommera cause motrice.

Πολλήν et ἄλλην

Presque tous les commentateurs comprennent que πολλὴν ἄλλην γενεάν... θεῶν... καλουμένην πεντέμυχον signifie que dans les recoins naissent cinq dieux ou cinq familles de dieux[99], correspondant le cas échéant à cinq zones cosmiques. Cependant, le texte ne dit pas qu'il y a cinq familles

96. *Pr.* III, 95.19 et 108.5.

97. Zeller 1881, p. 95 (« *plastic force* ») ; West 1963, p. 158 ; Schibli 1990, p. 20 n. 15 ; etc.

98. Schibli (1990, p. 163 sous D60) construit le texte correctement dans sa traduction, mais l'interprète comme si l'on avait συστῆσαι.

99. Ce saut se trouve chez tous les commentateurs. Il est très clairement exprimé par Zeller & Nestle (1919, p. 106), glosant « *zahlereich* » par « *funffäch* ».

de dieux, mais qu'il y a une *autre* génération de dieux, qui est *nombreuse* ; ce sont seulement les recoins qui sont au nombre de cinq.

Πολύς au singulier accompagnant un nom au singulier collectif, comme un peuple ou une foule, ne signifie pas qu'il y a plusieurs peuples ou foules mais qu'il y en a un seul, composé de nombreux individus. En *Od.* 8.109-110, la foule des Phéaciens suit Alcinoos et les meilleurs (ἄριστοι) des Phéaciens pour assister au déroulement des épreuves sportives sur l'agora :

> βὰν δ' ἴμεν εἰς ἀγορήν, ἅμα δ' ἕσπετο πουλὺς ὅμιλος, / μυρίοι.
>
> Ils se rendirent à pied sur l'agora, et les suivit une foule nombreuse – plus de personnes qu'on n'en peut compter.

Ici πολύς signifie que la foule comprend un très grand nombre de personnes – ce qui est développé par μυρίοι, qui signifie ici non pas littéralement « des milliers » mais « un très grand nombre », et qui est, lui, au pluriel. C'est là le sens que πολύς a en grec avec un nom au singulier collectif, que ce soit en prose ou en poésie, et c'est également l'usage de Damascius[100]. Si Eudème/Damascius avait employé un pluriel (πολλὰς ἄλλας γενεὰς θεῶν), il aurait été facile d'en déduire qu'il y a cinq familles. Avec πολλήν au singulier, le témoignage ne permet d'affirmer ni qu'il y a cinq familles de dieux ni qu'il y en a plusieurs : le texte indique qu'une génération de dieux naît dans cinq recoins et que cette génération est plus nombreuse que le premier groupe de trois dieux (Zas, Chronos, Chthoniè).

Ἄλλην a pour fonction de distinguer nettement cette seconde famille du premier groupe[101], comme dans les autres occurrences semblables du *De principiis*. On a toutes les raisons de penser qu'Eudème/Damascius saisissent le sens du propos de Phérécyde par cette insistance sur l'altérité du second groupe de dieux : les dieux qui naissent dans les cinq recoins sont fondamentalement *autres*, car ils sont générés alors que Zas, Chronos et Chthoniè sont inengendrés et existent toujours.

Le témoignage signifie donc que dans les cinq recoins naît *une* génération de dieux composée d'un grand nombre d'individus. L'objectif de Damascius n'est pas d'opposer cinq zones ou cinq familles de dieux qui auraient des caractéristiques différenciées en fonction de l'élément qui prédominerait mais d'opposer la génération des cinq recoins aux trois dieux éternels, sous deux aspects complémentaires : ils sont *autres* et *nombreux*[102].

100. Pour πολύς avec un nom au singulier collectif désignant un ensemble de personnes : Homère, avec λαός (*Il.* 2.115, 2.664, 9.22, 9.483, 18.452, *Od.* 6.164), avec ὅμιλον (*Il.* 5.334, 17.462, 23.651, *Od.* 8.109, 17.67) ; Hérodote 1.141, 4.22 ; Aristote : *Cael.* 292b26, *HA* 558a 13 ; Damascius, *Pr.* III, 28.9, 109.6, 164.17.

101. Schibli 1990, p. 20.

102. Cette génération comprend peut-être les Ophionides, si l'on admet que cette *altérité* entre les deux groupes de dieux puisse prendre la forme d'un conflit entre certains des membres de chacun des deux groupes (*cf.* D11 LM).

Πεντέμυχον et πεντέκοσμον

Remarquons d'abord, pour appuyer et confirmer les remarques précédentes, que le témoignage rapporte l'adjectif πεντέμυχον non pas aux dieux (θεῶν) mais à la génération (γενεάν). Cela indique que le groupe est pourvu d'une cohérence forte et affaiblit encore l'idée qu'il y aurait cinq familles.

Qui est à l'origine du terme πεντέμυχος et l'agent implicite du participe passif καλουμένην ? Est-ce Phérécyde, la source d'Eudème, ou Eudème lui-même ? West affirme que Phérécyde ne peut avoir écrit πεντέμυχον car la forme que prend πέντε en premier terme de composé à son époque est πεντα-[103]. *Contra*, Chantraine a proposé qu'une forme en πεντα- se soit substituée à πεντε- dès la poésie homérique : le grammairien Ælius Dionysius interprétait la formation attique πεντε- comme la plus ancienne du grec en général[104]. Toutefois on ne peut déterminer ce qu'Ælius Dionysius entend par « ancien » (car les exemples qu'il donne ne sont pas attestés par ailleurs), et le LSJ ne donne pas d'exemple de composé en πεντε- avant le Ve siècle. Rien n'indique donc que la forme en πεντε- puisse être archaïque ou même sentie comme telle. Il semble toutefois plus vraisemblable de rapporter l'*hapax* à Phérécyde qu'à une source ultérieure. Étant donné son goût pour les formations alternatives, Phérécyde aurait écrit πεντε- au lieu de πεντα-, par innovation plutôt que par archaïsme. On ne peut cependant pas exclure qu'il ait écrit πεντάμυχον et que ce terme ait été normalisé en πεντέμυχον par la suite[105]. Quoi qu'il en soit, la notion de cinq recoins se trouvait chez Phérécyde (ἐν πέντε μυχοῖς). Elle n'implique pas en soi de cosmologie : les dieux sont nommés d'après le lieu où ils sont nés, dénomination qui renvoie indirectement aux modalités spécifiques de leur génération.

Le terme πεντέκοσμον comporte la charge cosmologique que les commentateurs ont imposé sur la partie qui la précède, quoiqu'on ait reconnu très tôt que cet *hapax* était une rationalisation postérieure à Phérécyde[106]. La glose πεντέκοσμον est plus probablement de Damascius que d'Eudème[107], pour deux séries de raisons. D'abord, cette mention apparaît avec ἴσως qui est un

103. West 1971, p. 13 n. 1.

104. Chantraine 2009, p. 882. *Cf.* Ælius Dionysius, Ἀττικὰ ὀνόματα, *s.v.* πεντέπηχυ (Π.35) : καὶ <πεντέκλινον> καὶ <πεντέχαλκον> καὶ <πεντέμηνον> καὶ <πεντεσύριγγον ξύλον> καὶ πάντα τὰ ὅμοια λέγουσι διὰ τοῦ <ε>. Ὅμως παρὰ τοῖς ὕστερον διὰ τοῦ <α> λέγεται, πεντάπηχυ καὶ τὰ λοιπὰ ὁμοίως. Ὅμοιον δέ τι πάσχει καὶ ὁ ὀκτὼ ἀριθμός (« Ils disent πεντέκλινον, πεντέχαλκον, πεντέμηνον, πεντεσύριγγον ξύλον, et tous les mots semblables, au moyen d'un ε. Cependant, chez les gens qui vécurent plus tard, ces formes sont dites au moyen d'un α : πεντάπηχυ, et de même pour le reste. Le chiffre huit a subi un phénomène semblable »).

105. Dans la transmission des théonymes, Ζάς est parfois normalisé en Ζεύς, Χρόνος en Κρόνος (voir Zeller 1881, p. 91 n. 1 ; Kirk & Raven 1957, p. 56 ; Lisi 1985, p. 270-271). Laks & Most (2016, D6) rapportent πεντέμυχον à Phérécyde.

106. Preller 1846.

107. Voir Schibli 1990, p. 23-24, n. 23 – qui ne tranche pas.

marqueur de décrochement par rapport au discours principal : Damascius introduit sa propre opinion, comme il l'avait fait avec φημί et οἶμαι. Ensuite, cette glose correspond parfaitement à l'arrière-plan platonicien de Damascius et non à celui du péripatéticien Eudème. Chez Aristote, le terme κόσμοι peut certes renvoyer à des régions du monde – mais il n'y en a alors pas cinq mais deux (le sublunaire et le supralunaire) ou trois (si l'on divise le monde sublunaire en deux strates)[108]. En revanche, dans un passage difficile du *Timée* (55c-d), Platon propose, pour finalement la rejeter, l'hypothèse qu'il pourrait y avoir cinq mondes et non un seul. Ce chiffre et son introduction dans l'argument ont posé difficulté aux interprètes anciens et modernes ; Plutarque proposait de lire non pas cinq mondes mais une division du monde en cinq zones cosmiques (κόσμοι), quoique cette idée soit jugée impossible par les modernes du point de vue de Platon[109]. Plutarque avance cette thèse dans deux passages, dont l'un s'appuie sur la division en cinq zones qu'il lisait dans les vers de l'*Iliade* mentionnés plus haut[110]. Or, Proclus connaissait bien cette interprétation des cinq κόσμοι du *Timée* comme cinq zones cosmiques, quoique son commentaire s'interrompe avant 55c-d. En effet, en 1.137.2 (in *Tim.* 23d), Proclus fait référence au passage de l'*Iliade* commenté par Plutarque, pour appuyer la thèse d'une division du monde en cinq zones. En 2.49.32 (in *Tim.* 32b), Proclus montre que le ciel (οὐρανός) constitue une cinquième substance (οὐσία), qui est formée par combinaison des quatre éléments et qui est donc séparée de leurs régions (en recourant à la notion aristotélicienne de monde supralunaire) ; renvoyant à *Timée* 55c-d, Proclus interprète les cinq κόσμοι comme cinq régions du monde, en ajoutant le ciel aux quatre éléments[111]. Il y a donc une tradition platonisante d'interprétation des cinq κόσμοι de *Timée* 55c-d comme cinq régions du monde.[112] Damascius ne pouvait pas l'ignorer, puisqu'il a intégré l'école au moment de la mort de Proclus et qu'il avait lui-même composé un commentaire (perdu) du *Timée*[113]. De plus, le *De principiis* cherche à produire l'accord de la tradition platonicienne avec les traditions théogoniques : en mal de trouver une explication au chiffre cinq et au terme πεντέμυχος dans la dernière partie du témoignage, Damascius le réfère à titre hypothétique (ἴσως) à un élément de l'exégèse de Platon qui était bien connu dans l'école d'Athènes.

108. Voir Mansfeld 2011, p. 5-6 ; pour la fortune ultérieure de cette division aristotélicienne, p. 6 n. 17.

109. Ces difficultés sont résumées par Cornford 1937, p. 218-221.

110. Plutarque *E ap. Delph.* 11 ; *De def. orac.* 422F (où est cité le passage de *l'Iliade*) ; voir Cornford 1934, p. 1-2 et Schibli 1990, p. 22 n. 18 et p. 24.

111. Le passage est traduit par Baltzly 2007, p. 99-100.

112. Je n'ai pas trouvé trace de cette discussion dans les fragments conservés du *Commentaire au Timée* de Jamblique (éd. Dillon 1973).

113. Pour la carrière de Damascius : Westerink & Combès 1986-1991, I, p. ix-xxvi ; pour son commentaire au *Timée*, p. xxxiv.

Conclusion

Le témoignage de Damascius ne permet pas de reconstruire le rôle cosmologique que Phérécyde pouvait donner à la génération des cinq recoins. La focalisation des interprètes sur la reconstruction de la cosmologie est issue de la glose πεντέκοσμον, par laquelle Damascius *suggère* (ἴσως) de rapporter πεντέμυχος à un élément d'exégèse de Platon bien connu des cercles néoplatoniciens, alors même que le point focal du *De principiis* n'est pas la cosmologie. Le témoignage ne permet pas non plus d'affirmer que Phérécyde avait conçu une division en *cinq familles* de la génération des dieux qui naît dans les cinq recoins. On n'a donc plus besoin d'expliquer des *différences* entre les familles de dieux, ni par une répartition de chaque élément dans un recoin, ni par un mélange des éléments ou de leurs caractéristiques en différentes proportions. L'interprétation ici proposée dégage le texte d'hypothèses de lecture dont le coût herméneutique est élevé, qui comportent des difficultés internes, et qui ne sont pas soutenues par une lecture attentive du témoignage.

Phérécyde donnait naissance dans cinq recoins à *une* génération, nombreuse, de dieux. Cette génération est *autre* que le premier groupe de dieux : Zas, Chronos et Chthoniè sont inengendrés. Cette génération naît bien du mélange de feu, souffle et air, dans chacun des cinq recoins. La notion de mélange en elle-même est bien attestée chez Homère et dans les *realia*, par exemple pour le vin et l'eau[114], et correspond, pour les dieux, au titre transmis par la *Suda*, θεοκρασία. Ce mélange n'implique ni caractéristiques opposées, ni différences de proportion, ni divisibilité d'éléments physiques. Feu, souffle et eau ne sont pas eux-mêmes des éléments physiques mais une référence abstraite à des puissances de la nature, qui n'a rien d'anachronique.

L'objectif de ce passage du traité de Phérécyde était de poursuivre la construction d'un autre récit des origines que ceux disponibles dans les traditions théogoniques – dont Phérécyde distinguait déjà son entreprise par le caractère inengendré des trois divinités originelles. La génération des cinq recoins est issue d'un processus complexe et indirect, fondé sur l'androgenèse : alors que la *Théogonie* d'un Hésiode base le déploiement généalogique sur l'union hétérosexuelle et la parthénogenèse[115], Phérécyde élabore une

114. *Cf.* LSJ *s.v.* κεραίω, forme épique de κεράννυμι, « mêler ».

115. Si West (1966, p. 199) trouve obscure la différence entre parthénogenèse et union hétérosexuelle, les deux modes de généalogie n'ont pas la même signification dans le poème. Terre seule enfante montagnes, fleuves, ciel, et mer (*Th.* 126-132) ; mais il faut une union sexuelle, avec son fils Ciel, pour qu'elle enfante les Titans (*Th.* 132-138). Parmi eux, Océan donne sa limite au monde (Clay 2003, p. 16 ; West 1966, p. 201) et s'oppose à Pontos du point de vue de sa fonction cosmique. De même, unie avec Ténèbres, Nuit enfante Jour et Éther (*Th.* 123-125) ; après la castration de Ciel, elle enfante seule des puissances négatives issues de la transgression commise par Cronos (*Th.* 210-225 ; voir Clay 2003, p. 18).

situation où les dieux des cinq recoins ne sont pas *simplement* des descendants des trois divinités inengendrées (Zas, Chronos et Chthoniè). Les commentateurs, concentrés sur la dimension cosmologique au sens présocratique, ne semblent en effet pas s'être demandés pourquoi Phérécyde avait choisi de décomposer en trois étapes clairement séparées le processus au terme duquel la génération des cinq recoins avait été générée : masturbation de Chronos et création des trois « éléments », division de ceux-ci dans cinq recoins[116], et génération des nouveaux dieux. Phérécyde cherche par là à générer une famille de dieux qui ne soit issue directement *ni* d'un principe masculin (puisqu'ils sont issus de feu, souffle, et air), *ni* d'un principe féminin (le lieu de leur génération étant les recoins et non simplement Chthoniè)[117]. La tentative d'affaiblir le poids du schème généalogique, et de le repenser, ne caractérise pas seulement cette partie du traité de Phérécyde : la fonction cosmogonique du mariage de Zas et de Chthoniè ne passe pas *d'abord* par l'union sexuelle mais par la confection et le don du voile dans le contexte rituel du mariage, qui transforme Chthoniè en Gè dans un moment cosmogonique où le monde trouve sa forme et sa limite, Ogénos.

Phérécyde ne rationalise donc pas le mythe en faisant œuvre de proto-physiologue ou de proto-médecin, mais le rationalise en proposant un énoncé mythique qui soit fondé sur d'autres procédés structurels que ceux de la tradition théogonique. C'est une rationalisation dont les modalités seront renvoyées à l'irrationnel par les physiologues présocratiques : les éléments de Phérécyde ne sont pas des éléments physiques qui *composeraient exhaustivement* l'univers (ce ne sont pas des στοιχεῖα), mais des éléments naturels qui, par leur mélange, engendrent des dieux nombreux et distincts de ceux qui les ont précédés.

116. Porter les recoins à cinq devait s'expliquer par ce qui se passait dans la suite du traité. West (1963, p. 159) adresse des critiques justifiées à l'interprétation de R. Eisler (1910), fondée sur la symbolique mystique du chiffre cinq.

117. K. von Fritz (1985, col. 2031) a vu l'opposition entre une union sexuelle et la masturbation de Chronos, mais il qualifie cette dernière, étrangement, de génération par parthénogenèse.

BIBLIOGRAPHIE

Baltzly, D. 2007 (trad.) : Proclus, *Commentary on Plato's Timaeus, vol. III, book 3, part 1 : Proclus on the World's Body*, Cambridge, 2007.

Betegh, G. 2002 : « On Eudemus Fr. 150 (Wehrli) », dans I. Bodnár & W. Fortenbaugh (éd.), *Eudemus of Rhodes*, New Brunschwig, 2002 (Rutgers University Studies in Classical Humanities, 11), p. 337-357.

Blaise, F. 1992 : « L'épisode de Typhée dans la *Théogonie* d'Hésiode (v. 820–885) : la stabilisation du monde », *Revue des Études Grecques,* 105/502-503 (1992), p. 349-370.
DOI : https://doi.org/10.3406/reg.1992.2553

Bollack, J. & H. Wismann 1972 (éd.) : *Héraclite ou la séparation*, Paris, 1972 (Le sens commun).

Brisson, L. 1996 : *Introduction à la philosophie du mythe*, vol. I : *Sauver les mythes*, Paris, 1996 (Essais d'art et de philosophie).

Buffière, F. 1956 : *Les mythes d'Homère et la pensée grecque*, Paris, 1956 (Collection d'études anciennes).

Chantraine, P. 1979 : *La formation des noms en grec ancien*, Paris, 1979 (Collection Linguistique, 38).

Chantraine, P. 2009 : *Dictionnaire étymologique de la langue grecque : histoire des mots*, achevé par J. Taillardat, O. Masson et J.-L. Perpillou, nouvelle éd., Paris, 2009[23] (Librairie Klincksieck. Série linguistique, 20).

Clay, J. S. 2003 : *Hesiod's Cosmos*, Cambridge, 2003.

Conrad, J. 1856 : *De Pherecydis Syrii aetate atque cosmologia*, Koblenz, 1856.

Cornford, F. M. 1934 : « Innumerable worlds in Presocratic philosophy », *Classical Quarterly,* 28/1 (1934), p. 1-16.
URL: https://www.jstor.org/stable/636842

Cornford, F. M. 1937 (trad.) : *Plato's Cosmology : The Timaeus of Plato*, translated with a running commentary, London-New York, 1937 (International library of psychology, philosophy and scientific method).

Diels, H. & W. Kranz 1960 (éd.) : *Die Fragmente der Vorsokratiker*, vol. I, Berlin, 1960[10].

Dillon, J. M. 1973 (éd.) : Iamblichus Chalcidensis, *In Platonis dialogos commentariorum fragmenta,* ed. with translation and commentary, Leiden, 1973 (Philosophia Antiqua).

Domaradzki, M. 2011 : « Theagenes of Rhegium and the Rise of Allegorical Interpretation », *Elenchos,* 32/2 (2011), p. 205-228.
DOI: https://doi.org/10.1515/elen-2011-320202

Domaradzki, M. 2017 : « The Beginnings of Greek Allegoresis », *Classical World* ,110/3 (2017), p. 299-321.
DOI : https://doi.org/10.1353/clw.2017.0019

Eisler, R. 1910 : *Weltenmantel und Himmelszelt* : *religionsgeschichtliche Untersuchungen zur Urgeschichte des antiken Weltbildes*, München, 1910.

Fritz, K. von. 1938 : « Pherekydes 4. (Mythograph) », dans *Paulys Realencyclopädie der Classischen Altertumswissenschaft (Pauly-Wissowa)*, vol. XIX.2, col. 2025-2033, Stuttgart, 1938.

Gatzemeier, M. 2005 : *Philosophie als Theorie der Rationalität : Analysen und Rekonstruktionen*, vol. I : *Zur Philosophie der wissenschaftlichen Welt*, Würzburg, 2005.

Gheerbrant, X. 2018 : « Le rythme de la prose de Phérécyde de Syros : Mythographie en prose et poésie en hexamètre dactylique », *Mnemosyne,* 71/3 (2018), p. 367-383.
DOI: https://doi.org/10.1163/1568525X-12342279

Gheerbrant, X. 2019 : « Prose, poésie, modes de signification et modes de rationalité aux origines de la philosophie », *Revue des Études Anciennes,* 121/2 (2019), p. 467-484.
URL: https://revue-etudes-anciennes.fr/xavier-gheerbrant-prose-poesie-modes-de-signification-et-modes-de-rationalite-aux-origines-de-la-philosophie/

Granger, H. 2007 : « The Theologian Pherecydes of Syros and the Early Days of Natural Philosophy », *Harvard Studies in Classical Philology,* 103 (2007), p. 135-163.
URL: https://www.jstor.org/stable/30032221

Kahn, C. H. 1960 : *Anaximander and the Origins of Greek Cosmology*, New York, 1960.

Kahn, C. H. 1979 (éd.) : *The Art and Thought of Heraclitus. An edition of the Fragments with commentary*, Cambridge, 1979.

Kahn, C. H. 2003 : « Writing Philosophy : Prose and Poetry from Thales to Plato », dans H. Yunis (éd.), *Written Texts and the Rise of Literate Culture in Ancient Greece*, Cambridge, 2003, p. 139-161.

Kern, O. 1888 (éd.) : *De Orphei Epimenidis Pherecydis Theogoniis quaestiones criticae*, Berlin, 1888.

Kirk, G. S. & J. E. Raven 1957 (éd.) : *The Presocratic Philosophers*, Cambridge, 1957.

Laks, A. 2001 : « Écriture, prose et les débuts de la philosophie grecque », *Methodos,* 1 (2001), en ligne.
DOI: https://doi.org/10.4000/methodos.139

Laks, A. 2003 : « Phénomènes et références : éléments pour une réflexion sur la rationalisation de l'irrationnel », *Methodos,* 3 (2003), en ligne.
DOI: https://doi.org/10.4000/methodos.205

Laks, A. 2009 : « Une doxographie d'Aristote (*Métaphysique*, Nu 4, 1091a33-91b15) et le sens d'un καί (Phérécyde, 7A7 DK, F81 Schibli) », *Revue des Études Grecques,* 122/2 (2009), p. 635-643.
DOI : https://doi.org/10.3406/reg.2009.7965

Laks, A. 2018 : *The concept of Presocratic philosophy : Its origin, development, and significance*, trans. by G. W. Most, Princeton, 2018.

Laks, A. & G. W. Most 2016 (éd.) : *Early Greek Philosophy*, 9 vol., Cambridge (MA.), 2016 (Loeb Classical Library).

Lisi, F. L. 1985 : « La teología de Ferécides de Siro », *Helmantica,* XXXVI/110 (1985), p. 251-276.

Mansfeld, J. 2011: « Anaximander's Fragment : another Attempt », *Phronesis,* 56/1 (2011), p. 1-32.
URL: https://www.jstor.org/stable/41057453

Most, G. W. 2006 (éd.) : Hesiod, *Theogony, Works and Days, Testimonia*, 2 vol., Harvard (MA.), 2006 (Loeb Classical Library).

Nagy, G. 1990 : *Pindar's Homer : The lyric possession of an epic past*, Baltimore, 1990.

Pinto de Brito, R. 2014 : « A teogonia de Ferecides de Syros e o ambiente cutural do porto heleno-fenício de Syros : um exercício em teoria e metodologia de historía », *Prometeus*, 7/15 (2014), p. 44-63.

Preller, L. 1846 : « Studien zur Griechischen Literatur. 1. Die Theogonie des Pherekydes von Syros », *Rheinisches Museum für Philologie*, 4 (1846), p. 377-391.
URL : https://www.jstor.org/stable/41250388

Rousseau, Ph. (à paraître) : « The Mission of the Chosen Bard : to Reveal the History of the Gods in order to Reform the World of the Mortal Men », dans Rossella Saetta Cottone (éd.), *Penser les dieux dieux avec les Présocratiques*, Paris.

Santamaría Álvarez, M. A. 2011: « La transmigración del alma en Grecia de Ferecides de Siros a Píndaro », dans A Bernabé Pajares, M. Kahle, M.A. Santamaría Álvarez (éd.), *Reencarnación. La transmigración de las almas entre Oriente y Occidente*, Madrid, 2011 (Lecturas de historia), p. 233-268.

Santamaría Álvarez, M. A. (2021) : « The emergence of the world in Early Greek theogonies from Hesiod to Acusilaus », dans A. Bernabé Pajares, R. Martin Hernández (éd.), *Narrating the beginnings*, Berlin, 2021.

Sassi, M. M. 2018 : *The Beginnings of Philosophy in Greece*, trans. by Michele Asuni, Princeton, 2018.

Saudelli, L. 2011 : « Le chêne et le voile de Phérécyde : Note sur un témoignage du gnostique Isidore (7 B 2 DK, F 76 S) », *Revue des Études Grecques*, 124/1 (2011), p. 79-92.
DOI : https://doi.org/10.3406/reg.2011.8042

Schibli, H. S. 1990 (éd.) : *Pherekydes of Syros*, Oxford, 1990.

Schrader, H. 1880-1882 (éd.) : *Porphyrii Quaestionum Homericarum ad Iliadem pertinentum reliquias*, Leipzig, 1982.

Sider, D. 1990 : [Compte-rendu de Schibli 1990], *Bryn Mawr Classical Review* (1990), en ligne.
URL: https://bmcr.brynmawr.edu/1990/1990.02.17

Struck, P. 2004 : *Birth of the Symbol : Ancient Readers at the Limit of their Texts*, Princeton, 2004.

Sturz, F. 1824 (éd.) : *Pherecydis fragmenta e variis scriptoribus collegit emendavit illustravit commentationem de Pherecyde utroque et philosopho et historico praemisit...*, editio altera, aucta et emendata, Leipzig, 1824.

Tate, J. 1927: « The Beginnings of Greek Allegory », *Classical Review*, 41/6 (1927), p. 214-215.
DOI: https://doi.org/10.1017/S0009840X0003883X

Thesleff, H. 1990 : « Presocratic Publicity », dans S. T. Teodorsson (éd.), *Greek and Latin Studies in memory of Cajus Fabricius*, Göteborg, 1990 (Göteborgs Universitet. Acta Universitatis Gothoburgensis, 54), p. 110-121.

Walcot, P. 1965 : « Five or Seven Recesses? », *Classical Quarterly*, 15/1 (1965), p. 79.
URL: https://www.jstor.org/stable/637852

Wehrli, F. 1969 (éd.) : *Die Schule des Aristoteles : Texte und Kommentar*, 10 vol., Basel, 1969.

West, M. L. 1963 : « Three Presocratic Cosmologies », *Classical Quarterly*, 13/2 (1963), p. 154-176.
URL: https://www.jstor.org/stable/637606

West, M. L. 1966 (éd.) : Hesiod, *Theogony*, ed. with prolegomena and commentary, Oxford, 1966.

West, M. L. 1971 : *Early Greek Philosophy and the Orient*, Oxford, 1971.

Westerink, L. G. & J. Combès 1986-1991 (éd.) : Damascius, *Traité des Principes*, 3 vols., Paris, 1986-1991 (Collection des Universités de France. Série grecque, 309, 323, 341).

Zeller, E. 1881 : *A History of Greek Philosophy, from the Earliest Period to the time of Socrates, with a general Introduction*, vol. I, trans. by. S. F. Alleyne, London, 1881.

Zeller, E. & W. Nestle 1919 : *Die Philosophie der Griechen in ihrer Geschchlichen Entwicklung*, Erster Teil Allgemeine Einleitung, Vorsokratische Philosophie. Erste Hälfte, Leipzig, 1919.

LE FEU, LES ÉLÉMENTS ET LA COSMOLOGIE D'HÉRACLITE

Sur les fr. 31, 90 et 64+65+66 DK (53ab, 54 et 79+55+82 Marcovich)

Francesco FRONTEROTTA

Sapienza Università di Roma
francesco.fronterotta@uniroma1.it

RÉSUMÉ. Je propose dans cet article un examen des fragments 31, 90 et 64+65+66 DK (53ab, 54 et 79+55+82 Marcovich) d'Héraclite, pour en tirer une présentation et une interprétation d'ensemble du rôle et de la fonction du feu par rapport aux autres éléments naturels dans la constitution d'une « cosmologie » dans la pensée héraclitéenne.

SUMMARY. *In this article I propose an examination of fragments 31, 90 and 64+65+66 DK (53ab, 54 and 79+55+82 Marcovich) of Heraclitus, in order to derive an overall presentation and interpretation of the role and function of fire in relation to other natural elements in the constitution of a « cosmology » in Heraclitus' thought.*

Introduction

J'entends proposer ici quelques réflexions et formuler quelques hypothèses interprétatives sur le rôle et la fonction du feu par rapport aux autres éléments naturels dans la constitution d'une « cosmologie » dans la pensée d'Héraclite, en m'appuyant sur un nombre assez limité de fragments conservés. Je ne vais en revanche pas examiner les rapports, s'il y en a, entre cette « cosmologie » et d'autres thèses « ontologiques » héraclitéennes bien connues, telles que la doctrine du λόγος, du devenir de la réalité et de l'unité des opposés[1].

En guise de simple prémisse, on peut considérer le fr. 30 DK (51 Marcovich), qui trace les lignes générales de la perspective cosmologique d'Héraclite, car il décrit la constitution et la nature du κόσμος dans son ensemble :

> Ce cosmos, le même pour tous, n'est l'œuvre d'aucun des dieux ni des hommes, mais il a toujours été, il est et il sera ; un feu toujours vivant, qui selon la même mesure s'allume et s'éteint.

On peut aisément tirer de cela que le monde est conçu comme une réalité autonome, indépendante et parfaitement accomplie en elle-même. En effet, il est dit être inengendré (par toute action divine ou humaine, précise-t-on, pour dissiper d'éventuels doutes : οὔτε τις θεῶν οὔτε ἀνθρώπων ἐποίησεν) et

1. Pour une association plus ou moins explicite entre les deux domaines que je nomme « ontologique » (dans le sens d'une réflexion sur le statut de la réalité dans son ensemble et sur ses principes) et « cosmologique » (dans le sens d'une enquête sur la constitution et les processus de la réalité physique et sur les éléments dont elle est composée), voir Wiggins 1982 et Buchheim 2005. Je me suis penché sur cette question dans Fronterotta 2013, p. lii-lxxx, où l'on peut également trouver une introduction générale et une analyse approfondie du matériel héraclitéen conservé. Par concision et simplicité je n'indiquerai ici que les éditions et les recueils commentés des fragments d'Héraclite que j'utiliserai dans la suite : Kirk 1962[2], Bollack & Wismann 1972, Marcovich 1978, Kahn 1979, Diano & Serra 1980, Conche 1986, Robinson 1987, Pradeau 2002, Mouraviev 2006 I et 2006 III.

demeurer dans l'éternelle durée temporelle (ἦν ἀεὶ καὶ ἔστιν καὶ ἔσται), qui est explicitement opposée à la possibilité qu'il ait été engendré. Par conséquent, quel que soit le sens précis qu'il faut attribuer ici au terme κόσμος[2], aucune génération ou corruption n'en semble possible pour deux raisons : parce que nul agent ne l'a causée et que nul processus (de génération et de corruption) ne s'est produit tout au long d'une durée qui paraît être continue et non interrompue. L'explication de l'éternité continue du cosmos consiste dans le fait qu'il coïncide avec le feu : celui-ci est à son tour appelé ἀείζωον, à savoir, vraisemblablement, non sujet à « extinction » ni, par voie de conséquence, à « allumage », mais seulement à une variation mesurée d'intensité (ἁπτόμενον μέτρα καὶ ἀποσβεννύμενον μέτρα), laquelle déclenche ses altérations et par là, évidemment, l'apparition des choses existantes, qui sont autant de transformations de l'unique feu originaire et fondamental[3].

Mon but dans la suite de cet article est d'illustrer la nature et les modes de ces processus de transformation du feu et par là de la génération des éléments physiques et des choses existantes qui en dérive.

Le feu et les éléments naturels : le fr. 31 DK (53ab Marcovich)

Tout d'abord, le fr. 31 DK (53ab Marcovich), que je reproduis, est d'une importance capitale pour le but que je viens d'indiquer :

> πυρὸς τροπαί· πρῶτον θάλασσα, θαλάσσης δὲ τὸ μὲν ἥμισυ γῆ, τὸ δὲ ἥμισυ πρηστήρ. <...> <γῆ> θάλασσα διαχέεται καὶ μετρέεται εἰς τὸν αὐτὸν λόγον, ὁκοῖος πρόσθεν ἦν ἢ γενέσθαι γῆ.
>
> Renversements du feu : d'abord mer, de la mer, ensuite, une moitié est terre et une moitié est tempête de foudres. (...) La terre se dissout en mer et se maintient dans le même rapport de mesure où elle se trouvait avant de devenir terre.

Le fragment est transmis par Clément d'Alexandrie, peu après le fr. 30 DK que j'ai déjà évoqué, dans la suite de l'examen des opinions des philo-

2. *Cf.* Fronterotta 2013, p. 108-111.

3. À l'exception d'une série de détails et de difficultés ponctuelles de traduction et de compréhension, que je laisse ici complètement de côté, le problème le plus délicat de cette présentation schématique du fr. 30 DK, qui n'affecte pourtant pas le déroulement de mon analyse, consiste dans le fait qu'elle exclut la possibilité d'attribuer à Héraclite une conception cosmogonique cyclique assimilable à la théorie, formulée par les stoïciens mais considérée par ceux-ci comme d'origine héraclitéenne, de l'ἐκπύρωσις ou « conflagration ». Selon cette théorie, les cycles cosmiques sont marqués par l'augmentation de l'intensité de la chaleur du feu, qui à son degré le plus haut provoque la destruction de toutes choses et la conclusion d'un cycle cosmique, et par sa diminution successive, qui produit un refroidissement progressif et donne lieu ainsi à la renaissance de toutes choses et à un nouveau cycle cosmique. Il s'agit là d'un thème extrêmement controversé : pour une reconstruction des différentes interprétations et des principales tendances exégétiques qui se sont succédées dans la littérature critique des dernières décennies, voir Fronterotta 2013, p. lxix-lxxix.

sophes grecs, et plus précisément d'Héraclite, sur l'éternité du monde et/ou ses successifs cycles de génération et corruption. Voici le passage de Clément :

> Qu'il [c'est-à-dire Héraclite] pensait en revanche que le monde est soumis à la génération et à la corruption, les mots suivants le montrent : ... [Clément cite ici la première partie du fr. 31 DK]. Car il dit que le feu, par l'action du principe rationnel [le λόγος, qui pour Clément coïncide avec le verbe divin], à savoir du Dieu qui prend soin de toutes choses, se transforme dans l'élément humide en passant par la couche d'air, et cet élément humide est comme la semence de la disposition cosmique et il l'appelle « mer » ; de celle-ci se produisent de nouveau la terre et le ciel ainsi que les choses qu'ils contiennent. Comment ce processus s'inverse, et une conflagration de feu vient à se produire à nouveau, il le montre clairement de la manière que voici : ... [Clément cite ici la deuxième partie du fr. 31 DK]. Et il en va de même pour les autres éléments[4].

Il est assez naturel de se poser tout d'abord la question de la continuité du fragment, car Clément d'Alexandrie interrompt sa citation des mots d'Héraclite par des considérations explicatives et des commentaires, ce qui a mené certains éditeurs à distinguer plus nettement une partie « a » et une partie « b » du fragment, ou même à les considérer comme deux fragments indépendants[5]. Il n'est pas impossible, en effet, que le citateur ici omette un certain nombre de mots ; en l'état actuel de nos connaissances la continuité du fragment semble pourtant être suffisamment garantie par la séquence logique de l'argumentation et du contenu. Voilà pourquoi je laisse dans le texte grec l'indication d'une possible lacune mais, ne considérant pas celle-ci comme particulièrement significative, j'examine le fragment dans son unité.

Un problème plus sérieux est représenté en revanche par la conjecture <γῆ>, proposée par Burnet. D'une part, cette conjecture se fonde sur le contexte susmentionné de la citation de Clément d'Alexandrie, qui, après avoir expliqué comment, selon Héraclite, à travers les transformations du feu l'on parvient de celui-ci à l'eau et à la terre, décrit le processus inverse, c'est-à-dire comment l'on revient au feu et à sa conflagration à partir de la terre et de la mer. D'autre part, la conjecture semble bien s'accorder à l'interprétation des mots d'Héraclite que l'on peut tirer d'une allusion de Diogène Laërce, *Vitae philosophorum* IX 9. L'importance de cette allusion consiste dans le fait que, selon toute vraisemblance, elle provient de Théophraste, et donc remonte à la seule source ancienne qui ne présuppose pas de médiation stoïcienne : « De nouveau la terre se dissout (τὴν γῆν χεῖσθαι) et d'elle vient l'eau

4. *Stromateis*, V 104.1-3 (= II 396 Stählin) = Eusèbe, *Praeparatio evangelica*, XIII, 13.31 (= II 208 Mras).

5. Voir pour la première interprétation Marcovich 1978, p. 197, et Mouraviev 2006 I, p. 87-88 ; pour la deuxième, Kahn 1979, p. 46-47, Diano & Serra 1980, p. 22-23, et Robinson 1987, p. 26-27. *Cf.* également les remarques de Jones 1972.

et de celle-ci les autres choses restantes... » [6]. Enfin, une dernière difficulté textuelle est suscitée par la conclusion du fragment qui, dans la version de Clément d'Alexandrie, se présente sous la forme πρῶτον ἦν ἢ γενέσθαι γῆ et, dans la version d'Eusèbe, πρόσθεν ἦν ἢ γενέσθαι. Il me semble préférable de garder πρόσθεν (comme chez Eusèbe), qui rend mieux le sens de la division ou priorité temporelle (« *avant de...* »), mais avec l'insertion de γῆ (comme chez Clément), qui, reprenant la conjecture avancée pour le début de la proposition, complète d'une manière cohérente l'argument et la séquence logique (« *La terre* se dissout en mer et se maintient dans le même rapport de mesure où elle se trouvait *avant de devenir terre* »). Je ne considère donc pas ces mots comme une glose explicative du citateur, comme certains l'ont supposé[7].

6. C'est aussi la position de Kirk 1962², p. 332, Marcovich 1978, p. 197, n. 4, et p. 200-202, Diano & Serra 1980, p. 22-23, Conche 1986, p. 289-290, Pradeau 2002, p. 239, Kahn 1979, p. 46-47, et Robinson 1987, p. 26-27. Mouraviev 2006 I, p. 89, et 2006 III, p. 39, n. 2, propose une conjecture différente, qui garde pourtant la même signification d'ensemble pour les mots d'Héraclite : θάλασσα δ'αἶα (= γαῖα, « terre ») χέεται, en se fondant sur le même passage de Diogène Laërce : ... τὴν γῆν χεῖσθαι ... Alors que Burnet était poussé par ces mots à corriger le texte de Clément avec l'insertion du sujet <γῆ>, Mouraviev garde le verbe χεῖσθαι et corrige le préfixe δια-, ce qui lui permet d'identifier ici, par la correction en δ'αἶα, une référence à la terre. West 1971, p. 114 et 131, n. 2, avance enfin une hypothèse qui me paraît moins probable et qui est en tout cas sur la même ligne que les précédentes du point de vue de l'interprétation globale de la phrase. West corrige θάλασσα, qu'il considère comme une glose erronée du copiste, en καὶ ἡ μέν, qui sous-entend γῆ : «Et celle-ci (*scil.* la terre) se dissout ...». Le texte transmis est défendu, à mon sens contre toute logique interprétative, par Bollack & Wismann 1972, p. 134.

7. *Cf.* par exemple Jones 1972, p. 196, Bollack & Wismann 1972, p. 134, et Diano & Serra 1980, p. 22-23. Si les mots conclusifs étaient compris comme une glose explicative, la meilleure traduction s'obtiendrait, me semble-t-il, en gardant le texte transmis de la deuxième partie du fragment, sans la conjecture initiale <γῆ>, et en considérant la phrase comme un fragment essentiellement indépendant de la première partie : θάλασσα διαχέεται καὶ μετρέεται εἰς τὸν αὐτὸν λόγον, ὁκοῖος πρῶτον ἦν (« La mer se répand et se maintient dans le même rapport de mesure où elle se trouvait *au départ* », ce qui correspond au texte imprimé par Bollack & Wismann 1972, p. 134). Mouraviev 2006 I, p. 89, et 2006 III, p. 39-40, n. 4-5, propose quant à lui une reconstruction brillante mais à mon sens trop sophistiquée pour être probable. Le texte original du fragment, qu'il imprime et traduit, aurait été le suivant : ... ὁκοῖος πυρόθεν πρόσθεν ἦν ἢ γενέσθαι γῆν (« La terre se dissout en mer et se maintient dans le même rapport de mesure où elle se trouvait, *provenant du feu* [πυρόθεν], *avant que la terre ne naquît* »). La ressemblance entre les deux mots πυρόθεν et πρόσθεν, situés l'un à côté de l'autre, aurait porté, au fil de la transmission du texte, à gloser πρόσθεν par πρῶτον. Celui-ci aurait ensuite été compris non pas comme une glose explicative, mais comme une correction, et aurait été inséré dans le texte à la place de πυρόθεν, qui est un mot très rare. Tout cela aurait produit la phrase suivante : ὁκοῖος πρῶτον πρόσθεν ἦν ἢ γενέσθαι γῆν (« La terre se dissout en mer et se maintient dans le même rapport de mesure où elle se trouvait *au départ* [πρῶτον], *avant que* [πρόσθεν ἢ] la terre ne naquît »). Enfin, la proximité entre πρῶτον et πρόσθεν aurait été sentie comme inappropriée et aurait conduit à opérer un choix exclusif en faveur de l'un ou de l'autre (comme on peut le voir dans l'alternative correspondante chez Clément et Eusèbe).

J'en viens maintenant à la traduction. Le sens de certains termes est douteux et fortement controversé, à partir de τροπαί, au tout début du fragment. Le mot indique à l'origine les « retournements » ou les « révolutions » des saisons, et se réfère spécifiquement aux solstices et aux équinoxes, mais il peut également désigner les « revirements de front », par exemple d'une armée qui prend la fuite face à l'ennemi. À ces significations s'ajoute peu à peu l'idée du « changement » dans le contexte spécifique d'un processus d'altération, même s'il est assez naturel de supposer qu'une forme de changement général soit déjà implicite dans les usages les plus anciens du terme[8]. Il n'est donc pas aisé d'établir dans quel sens Héraclite l'emploie précisément. La difficulté principale consiste dans la question de savoir si les τροπαί du feu indiquent tout simplement (1) un processus d'alternance, à savoir des « révolutions » du feu dans le sens de périodes cycliques successives et distinctes, ou si (2) elles entraînent une forme quelconque de changement qualitatif du feu.

La première interprétation est défendue notamment par ceux qui considèrent ce fragment comme confirmant l'attribution à Héraclite d'une hypothèse cosmogonique comportant différents cycles successifs de génération et corruption de l'univers en correspondance d'autant de cycles d'« allumage » et d'« extinction » du feu. La deuxième interprétation, en revanche, est soutenue par ceux qui pensent que ce sont plutôt les « changements » du feu qui, à l'intérieur de l'unique cosmos éternel, inengendré et incorruptible, composé de feu « toujours vivant », expliquent et justifient la présence de toutes les différentes choses existantes en tant que produit des transformations physiques successives du feu[9]. Pour ma part, je crois que les deux significations ne sont pas forcément contradictoires, car les τροπαί du feu peuvent être comprises dans le sens (1) de « retournements » ou « parcours » circulaires et donc, si on veut, « cycliques », qui, comme ceux des saisons, impliquent un trajet d'aller et retour. Néanmoins, je ne pense pas que ces « trajets » circulaires ou cycliques comportent des phases successives de génération et destruction du cosmos, car ils sont situés (2) dans le domaine de la processualité circulaire ou cyclique existant *à l'intérieur de* l'unique cosmos éternel, pour illustrer les formes et les modes de la multiplicité d'éléments, phénomènes et états de choses qui s'y trouvent. Autrement dit, il me semble qu'Héraclite décrit les modes de transformation et altération de toutes choses dans le cadre de l'unique cosmos éternel. Ce dernier s'identifie pour l'essentiel au feu et donc dépend, quant aux transformations et altérations qui y ont lieu, des processus « circulaires » du feu, lesquels embrassent la totalité des mutations possibles des éléments. Bref, tout cela ne donne pas

8. Voir sur ce point Kahn 1979, p. 140.

9. J'ai évoqué cette controverse interprétative, qui soulève la question de l'attribution à Héraclite de la doctrine de l'ἐκπύρωσις, en commentant le fr. 30 DK, *supra*, spécialement n. 3.

lieu à la succession de plusieurs cycles cosmiques, car l'attribution d'un cours circulaire ou cyclique aux transformations du feu n'implique pas forcément l'existence de plusieurs cycles successifs et distincts entre eux, mais présuppose uniquement l'idée d'un processus complet et accompli en lui-même, à l'intérieur duquel, en vertu de la circularité ou cyclicité des mutations du feu, l'économie du tout demeure constante.

La traduction de πρηστήρ pose elle aussi problème, car au départ ce mot désigne les phénomènes orageux et plus précisément les foudres, mais il peut également s'appliquer par extension à quantité d'images et de références de caractère atmosphérique et météorologique, toutes relatives à la diffusion de la chaleur et de l'incandescence[10]. Le lien avec la chaleur et le jaillissement de la flamme semble donc clair, ainsi que le rapport à l'air et à l'eau indiqué par l'allusion à la foudre et à la tempête de pluie. Selon toute vraisemblance, il s'agit là d'une référence aux altérations du feu : de l'eau de mer naît, par évaporation, l'air (chaud) ; celui-ci se condense et produit dans le ciel des nuages et des tempêtes de feu (les foudres), lesquelles sous forme de pluie se déversent à nouveau dans l'eau de mer. Il est d'ailleurs à noter que Clément d'Alexandrie, dans sa citation du fragment, affirme que de la mer dérivent la terre et le ciel (ἐκ δὲ τούτου αὖθις γίνεται γῆ καὶ οὐρανός) et « les choses qu'ils contiennent » (καὶ τὰ ἐμπεριεχόμενα), à savoir probablement, pour ce qui est du « ciel », les phénomènes atmosphériques[11]. Voilà pourquoi il est extrêmement difficile de proposer dans les langues modernes une traduction de πρηστήρ qui exprime ce vaste champ sémantique[12]. En ce qui me concerne, j'essaie de garder une référence commune à tous les éléments associés à ce phénomène : l'air et l'eau, présents dans la « tempête », et le feu, jaillissant des « foudres », même si la traduction que je propose peut ainsi sembler moins claire et en quelque sorte artificieuse. L'expression τὸ μὲν ἥμισυ ... τὸ δὲ ἥμισυ a elle aussi soulevé des problèmes. Si une « moitié » de la mer correspond à (ou se transforme en) terre et l'autre moitié correspond à (ou se transforme en) tempête de foudres, faudra-t-il en conclure que la totalité de la mer finit par s'épuiser dans ce processus ? Il va de soi que non, car dans ce cas le même processus cosmique impliquerait à chaque fois l'existence de certains éléments seulement, au détriment des autres (lorsqu'il y a la terre et la tempête de foudres, à cause de l'épuisement de la mer, il n'y aurait pas de mer ; celle-ci reviendrait à l'existence, au détriment de la terre et de la

10. Des « vents chargés de tempête » ou « chargés de feu », πρηστήρων ἀνέμων, sont mentionnés par Hésiode, *Théogonie*, 846.

11. À ce sujet voir également Kirk 1962², p. 330-331, Marcovich 1978, p. 204, Kahn 1979, p. 141-142, et Mouraviev 2006 III, p. 39, n. 3.

12. Les choix des traducteurs sont très variés : « *lightning storm* » ou « *burner* » (Kahn 1979, p. 47, et Robinson 1987, p. 27), « *fiamma in cielo* » (Diano & Serra 1980, p. 23), « vent qui brûle » ou « souffle brûlant » (Bollack & Wismann 1972, p. 134-135, Conche 1986, p. 289-290, et Pradeau 2002, p. 130).

tempête de foudres, lorsque la terre s'y dissout et la tempête de foudres s'y déverse sous forme d'eau de pluie) [13]. Je crois pourtant que ce résultat peut être évité si l'on comprend les τροπαί du feu comme un processus circulaire et continu. La transformation d'un élément ne détermine jamais l'épuisement de l'un ni l'affirmation totale de l'autre, car autant un élément « a » diminue pour se transformer dans un élément « b », autant l'élément « b » diminue pour se transformer dans un élément « c », et autant l'élément « c » diminue pour se transformer dans l'élément « a » (et vice versa). Le cycle est donc ininterrompu et tout élément récupère la quantité perdue en faveur de l'élément qu'il produit par sa transformation. Par conséquent, même si « de la mer une moitié est terre et une moitié est tempête de foudres », la mer continue d'exister toujours dans la même quantité, car la partie d'elle qui se transforme en terre et en tempête de foudres (même s'il s'agissait de sa totalité) est compensée dans la même mesure par la suite du processus de transformation. Voilà pourquoi, dans l'économie du tout, les éléments se maintiennent dans un rapport proportionnel qui demeure inchangé (comme l'indique l'expression εἰς τὸν αὐτὸν λόγον, au sujet laquelle je vais revenir immédiatement).

La compréhension de la deuxième partie du fragment tourne sans doute autour de l'interprétation du verbe διαχέεται, qui peut vouloir dire tout aussi bien « se diffuser » ou « se répandre » que, par extension, « se dissoudre » ou « fondre ». Or ce deuxième sens s'impose si (1) l'on admet, comme je l'ai fait plus haut, que les τροπαί du feu mentionnées au début du fragment impliquent une transformation de caractère qualitatif, et si (2) l'on accepte, en tant que sujet de la phrase, l'ajout <γῆ> : en effet, s'il est très facile de comprendre le sens de l'expression « la terre *se dissout* en mer » (littéralement : se dissout *comme* mer, c'est-à-dire : *se liquéfie* comme mer) et se transforme en eau, il me paraît beaucoup moins aisé de cerner le sens de l'affirmation concurrente selon laquelle « la terre *se répand* comme mer » [14]. En tout cas, et de quelque manière que l'on conçoive les τροπαί du feu, il est clair que les quantités respectives des éléments dérivant d'elles se trouvent dans un rapport proportionnel qui demeure constant. Le cas évoqué est celui de la terre qui, tout en se dissolvant en mer, garde pourtant la même mesure ou littéralement « se mesure dans le même rapport proportionnel » qui la caractérisait avant qu'elle ne devînt terre. Cela veut dire que, même si la terre se dissout en mer, une certaine quantité de mer (correspondant à l'état où la terre « se trouvait avant de devenir terre ») se transforme en terre, de sorte que la proportion respective de terre et de mer demeure inchangée. L'on peut

13. Ce point est bien éclairé par Marcovich 1978, p. 204.

14. Des traductions semblables ont été proposées par Marcovich 1978, p. 200-202, Diano & Serra 1980, p. 23, Conche 1986, p. 289, et Pradeau 2002, p. 131. Pour d'autres hypothèses de lecture voir Kahn 1979, p. 47 et 143-144, Robinson 1987, p. 27, et Mouraviev 2006 I, p. 88.

déduire de cela, par extension, que tous les éléments, en dépit de leurs transformations successives, subsistent dans le même pourcentage dans le tout et les uns par rapport aux autres. Ce qui renvoie probablement à la conclusion du fr. 30 DK, où il est mentionné une mesure constante (μέτρα ... μέτρα) dans les processus d' « allumage » et d' « extinction » du feu.

Venons-en enfin à l'interprétation globale de ces mots d'Héraclite. Comme je l'ai déjà dit à plusieurs reprises, il me semble que l'enjeu ici est le genre de processualité caractérisant les phénomènes d'altération qualitative ou de changement physique qui gouvernent la transformation mutuelle des éléments. Héraclite introduit une doctrine physico-cosmologique qui se fonde précisément sur l'« allumage » mesuré et sur l'« extinction » elle aussi mesurée du feu évoqués dans le fr. 30 DK. Il est possible de défendre une version plus modérée de cette hypothèse, d'après laquelle le feu est l'élément cosmique constituant le cadre général des processus de transformation des autres éléments. Dans ce cas, les τροπαί du feu définissent le sujet du fragment, qui présenterait la mer comme la première étape (πρῶτον) du processus de transformation ; de la mer naît, par évaporation, l'air chaud, qui se déverse en elle sous forme de foudres et de pluie, et d'autre part, par solidification ou condensation, la terre, qui à son tour se dissout de nouveau en mer. Le feu cosmique, quant à lui, quoiqu'étranger à ce changement qualitatif, constitue pourtant sa condition, car il augmente et diminue l'intensité de sa chaleur et détermine de la sorte les différents phénomènes d'évaporation et de condensation de la mer et les phénomènes symétriques de jaillissement des foudres et de dissolution de la terre[15]. Or je propose de reformuler cette interprétation dans une version plus radicale, c'est-à-dire susceptible d'inclure le feu dans le processus cyclique de transformation des éléments en tant que sa substance primaire et fondamentale. Dans cette perspective l'on peut penser que le feu, « s'allumant » et « s'éteignant » dans la même mesure, détermine les changements successifs des éléments et de toutes choses dans le sens plus strict que, « s'allumant » et « s'éteignant », il se transforme dans les autres éléments et dans toutes choses[16].

En effet, diminuant l'intensité de sa flamme et de sa chaleur, le feu engendre de l'air chaud et de la vapeur, qui se changent en mer (l'introduction de l'air comme élément médian dans le processus de transformation du feu en mer est suggérée par la citation de Clément d'Alexandrie : πῦρ ... δι'ἀέρος τρέπεται εἰς ὑγρόν). À cause de l'augmentation de la chaleur du feu, la mer évapore à nouveau et se transforme en air chaud ; celui-ci s'épaissit et produit des tempêtes de foudres ainsi que, par diminution de chaleur, de la pluie qui se déverse dans la mer. La mer, quant à elle, à cause de la diminution de la chaleur du feu, se condense et se solidifie sous forme de terre, et

15. *Cf.* notamment Marcovich 1978, p. 200 et 203-205, et Pradeau 2002, p. 240-241.
16. Cette interprétation me paraît également adoptée par Conche 1986, p. 291-292.

celle-ci, à cause de l'augmentation de la chaleur du feu, se dissout en mer. Il est à noter que lors de la diminution de la chaleur du feu, à savoir quand le feu « s'éteint » selon une mesure donnée, se déterminent des processus de génération de l'air, à partir du feu, de l'eau, à partir de l'air, et de la terre, à partir de l'eau. Symétriquement, lors de l'augmentation de la chaleur du feu, à savoir quand le feu « s'allume » selon une mesure donnée, se déterminent les processus de génération inverses de l'eau, à partir de la terre, de l'air, à partir de l'eau, et du feu, à partir de l'air. Le cycle est donc complet et comprend tous les éléments (comme semble l'indiquer encore une fois la conclusion de la citation de Clément d'Alexandrie : « Et *il en va de même pour les autres éléments* »). Le feu représente en même temps l'élément substantiel unique de ce cycle (car les autres éléments ne sont que des transformations du feu) et sa condition (car le feu se transforme dans les autres éléments par une variation mesurée et constante de l'intensité da sa propre chaleur). Selon l'interprétation que je propose, le fr. 31 DK décrit de manière explicite toutes les différentes étapes des changements successifs du feu – à l'exception peut-être de celle relative à la transformation de l'air chaud évaporé de la mer qui produit des tempêtes de foudres et se déverse à nouveau dans la mer sous forme d'eau de pluie. Clément d'Alexandrie ne manque toutefois pas de signaler, dans le contexte de sa citation, que de la mer αὖθις γίνεται γῆ καὶ οὐρανὸς καὶ τὰ ἐμπεριεχόμενα, précisant par là que *tout aussi bien* la terre *que* le ciel, et les choses « qu'ils contiennent », dérivent de la mer – même si ensuite il rapporte les mots d'Héraclite pour illustrer uniquement la première partie de son affirmation, où il est dit que la terre dérive de la mer.

Quoi qu'il en soit, ce qui reste sûr, et est admis par tous les commentateurs, est le principe fondamental de la conservation de l'équilibre du cosmos, qui est assuré par le maintien de rapports proportionnels stables, et constants dans le temps, dans la quantité totale des éléments et de toutes choses.

Le feu et le tout : le fr. 90 DK (54 Marcovich)

Ce dernier aspect est éclairci par le fr. 90 DK (54 Marcovich), vers lequel il nous faut maintenant diriger notre attention :

> πυρός τε ἀνταμείβεται πάντα καὶ πῦρ ἁπάντων ὅκωσπερ χρυσοῦ χρήματα καὶ χρημάτων χρυσός.
>
> Toutes choses s'échangent avec le feu et le feu avec toutes choses, comme les biens avec l'or et l'or avec les biens.

Ce fragment est rapporté par Plutarque, *De E apud Delphos*, 388d-e, dans le cadre d'une discussion de la numérologie pythagoricienne, et plus précisément du sens du nombre cinq, par ces mots :

> Voilà pourquoi ce nombre reproduit le principe qui dispose toutes choses. Car comme celui-ci, à partir de lui-même, donne une forme au cosmos puis, à partir du cosmos, se produit à nouveau soi-même, Héraclite dit que ... [Plutarque cite ici le fr. 90 DK] ; ainsi la combinaison du nombre cinq avec lui-même ne produit naturellement rien qui soit inaccompli ou étranger à lui, mais se caractérise par des changements fixes, parce que soit il reproduit à partir de lui-même soit il produit le dix, parvenant par là soit à un nombre de son genre soit à un nombre parfait[17].

Le texte ne présente dans ce cas pas de problème majeur[18].

Dans le prolongement du fr. 31 DK, et donc dans le cadre de la doctrine physico-cosmologique du feu et de ses transformations, le sens de ces mots est rendu tout à fait explicite par l'utilisation de la métaphore de l'or. Car l'or représente une unité de mesure, ou d'échange, par rapport à n'importe quel bien ou marchandise (c'est là le sens le plus plausible du substantif χρήματα, qui ne paraît pas avoir dans la littérature grecque de l'époque la signification de « choses » ou « pièces de monnaie »[19] qu'il acquerra par la suite). Or les biens et les marchandises se mesurent, ou s'échangent, sur la base d'une quantité préétablie d'or : une certaine quantité d'or vaut, ou peut être échangée avec, une certaine quantité de biens et, inversement, une certaine quantité de biens vaut, ou peut être échangée avec, une certaine quantité d'or[20]. S'il faut mettre cette métaphore en parallèle avec ce qui est dit dans la première partie du fragment, il s'avère que le feu produit toutes choses, se changeant en elles ou « s'échangeant » avec elles, et inversement toutes choses retournent au feu, se changeant en lui ou « s'échangeant » avec lui, car le feu constitue la substance fondamentale de toutes les choses existantes et le principe unique qui les engendre. Si on le comprend de la sorte, le fragment propose à nouveau la thèse de fond de la physique et de la cosmologie héraclitéennes : le feu, en tant qu'élément unique qui s'étend et se trouve partout, constitue et produit par ses changements tous les éléments et toutes les choses existantes. Celles-ci, comme autant de résultats de ses transformations, ne sont que des altérations du feu et, par conséquent, ramènent à lui. De plus, puisque le verbe ἀνταμείβομαι indique un échange « sur un pied d'égalité » ou de parfaite « réciprocité »[21], le fragment fait aussi vraisemblablement allusion à la mesure constante des altérations du feu et donc de ses

17. Dans la tradition antique l'on trouve de nombreuses allusions ou réminiscences de ce fragment, notamment de sa première partie : voir Marcovich 1978, p. 205-207.

18. Pour une analyse plus détaillée *cf.* Fronterotta 2013, p. 125-126, n. 2-4.

19. Voir Mouraviev 2006 III, p. 113, n. 3.

20. Cela ne permet pas d'isoler de manière exclusive le rôle de cette « unité de mesure » en tant qu'instrument qui, équivalant à toutes choses, les unifie et nie leur spécificité et singularité – en dépit de ce que soutiennent, avec un excès de sophistication interprétative, Bollack & Wismann 1972, p. 266-267.

21. *Cf.* Kirk 1962², p. 346 ; et notamment Labriola 1983.

transformations (ce qui n'est pas sans rappeler l'« allumage » et l'« extinction » mesurés du feu qu'évoque le fr. 30 DK par les mots μέτρα ... μέτρα) – des transformations qui s'enchaînent et assurent le maintien du rapport proportionnel entre toutes les choses existantes (c'est-à-dire τὸν αὐτὸν λόγον, comme l'affirme le fr. 31 DK)[22].

C'est pourquoi je ne suis pas d'accord avec l'interprétation avancée par certains commentateurs selon laquelle les « échanges » du feu avec toutes choses (et inversement de toutes choses avec le feu) devraient être compris comme « totaux » et « simultanés ». Autrement dit, à des moments préétablis et selon des cadences fixes, le feu se change « en bloc » dans la totalité du cosmos et des choses qu'il contient et, symétriquement, toutes les choses existantes et le cosmos dans son ensemble se changent « en bloc » dans le feu – ce qui rappelle les cycles alternés et successifs des « allumages » (ou « conflagrations ») du feu, qui marquent la destruction du cosmos, et de ses « extinctions » qui, en vertu du refroidissement qu'elles produisent, déterminent la génération du cosmos[23]. Non seulement je ne crois pas, comme je l'ai expliqué plus haut, qu'une doctrine cosmogonique selon laquelle l'univers est soumis à des cycles successifs et distincts de génération et corruption puisse en général être attribuée à Héraclite ; mais surtout, pour ce qui est du présent fragment, l'exemple de la correspondance entre l'or et les biens ne semble pas justifier cette lecture. Le sens n'est évidemment pas que l'or dans sa totalité est convertible dans « tous » les biens pris « en bloc » (ce qui est plutôt le cas, aujourd'hui, de la réserve totale d'or conservée dans une banque centrale comme garantie de la valeur de la masse globale d'argent en circulation), mais bien que l'or représente l'unité de mesure ou d'échange pour obtenir des biens considérés dans des quantités discrètes ou un par un, de sorte qu'à une certaine quantité d'or correspondent des biens que l'on peut recevoir en échange. Il est donc plus plausible que, dans le cas du feu, cette analogie indique que chaque chose existante, ou des groupes discrets de choses existantes, dérivent de, ou correspondent à, un « échange » de feu. En d'autres termes, ils « valent » autant que des quantités de feu déterminées. Cela signifie qu'il existe un principe d'équivalence stable et constant gouvernant les transformations du feu (ou plus précisément de quantités discrètes de feu) dans les choses individuelles (ou plus précisément dans des groupes ou genres individuels de choses) et, inversement, des choses individuelles (ou plus précisément de groupes ou genres individuels de choses) en feu (ou plus précisément en quantités discrètes de feu).

22. Cette lecture est partagée pour l'essentiel par Marcovich 1978, p. 207-208, Conche 1986, p. 287-288, et Pradeau 2002, p. 242.

23. Voir notamment Kahn 1979, p. 145-147, et Robinson 1987, p. 138-139.

Le feu et l'ordre du cosmos
Les fr. 64+65+66 DK (79+55+82 Marcovich)

Un dernier fragment, ou groupe de fragments, nous permet de compléter ce parcours de reconstruction et interprétation d'ensemble de la cosmologie héraclitéenne. En ce qui concerne la structure ainsi que la compréhension de ce fragment, la lecture que je propose est tout à fait différente et éloignée de celle de la plupart des commentateurs.

> τάδε πάντα οἰακίζει κεραυνός. <...>
> χρησμοσύνην καὶ κόρον. <...>
> πάντα τὸ πῦρ ἐπελθὸν κρινεῖ καὶ καταλήψεται.

> La foudre gouverne toutes ces choses. (...)
> Manque et satiété. (...)
> Le feu, qui est répandu à travers toutes choses, les disposera toutes séparément et les saisira toutes pour lui-même.

Ces mots d'Héraclite sont rapportés par Hippolyte après une série de fragments qu'il cite, dans un contexte homogène, en tant qu'exemplifications de la thèse héraclitéenne de l'unité des opposés, et avant le fr. 67 DK (77 Marcovich), qui conclut l'ensemble de ses citations héraclitéennes. Voici le passage :

> Héraclite affirme encore que le jugement du monde et de tout ce qui s'y trouve se fait par le moyen du feu ; il le dit ainsi ... [Hippolyte cite ici le fr. 64 DK], à savoir qu'il les dirige avec justice, et Héraclite appelle donc « foudre » le feu éternel. De ce feu il dit qu'il est intelligent et qu'il est la cause de l'ordonnancement du tout ; il l'appelle ... [Hippolyte cite ici le fr. 65 DK] : la disposition ordonnée du monde est à son avis « manque », tandis que la conflagration est « satiété ». Car il dit que ... [Hippolyte cite ici le fr. 66 DK] [24].

Le contexte de la citation est de toute évidence fortement unitaire et suppose une double réinterprétation de la doctrine héraclitéenne du feu. L'on peut noter tout d'abord la présence d'une perspective stoïcienne, selon laquelle le feu est un principe rationnel qui, s'étendant partout et dominant le tout, cause cycliquement sa génération (c'est-à-dire l'ordonnancement de la matière, διακόσμησις, qui se produit lors d'un refroidissement du cosmos dû à l'absence ou à l'extinction du feu) et sa destruction, due à une « conflagration » de feu (ἐκπύρωσις) qui dissout l'ordre cosmique[25].

24. *Refutatio contra omnes haereses*, IX 10.7 (= 243.22-244.1 Wendland).

25. Sur cette doctrine stoïcienne et sa possible origine héraclitéenne, que, comme je l'ai dit à plusieurs reprises, je tends à exclure, mais dont je n'ai pas pu examiner ici les détails, *cf. supra*, notamment n. 3, où j'aborde rapidement la question. En ce qui concerne la reprise des thèses héraclitéennes par les stoïciens, ce n'est d'ailleurs pas un hasard que les fr. 64 et 65

Deuxièmement, le passage d'Hippolyte montre clairement l'influence de la doctrine chrétienne, car il associe le gouvernement du monde de la part du feu, et sa « conflagration », à une espèce de jugement universel où se manifeste la justice divine, laquelle dépend d'un dessein providentiel et intelligent. Bien que dans la citation d'Hippolyte l'on ait coutume d'identifier trois fragments différents et séparés entre eux, correspondant d'ailleurs aux trois parties que j'ai distinguées, je pense pourtant, comme je vais tout de suite essayer de le montrer, que la profonde cohérence et univocité du contexte suggèrent de les considérer comme une unité thématique[26]. Les parties de cette unité étaient probablement sépa-

DK soient essentiellement évoqués, sous de nombreuses variantes et réminiscences, par des témoins provenant d'un milieu stoïcien ou présupposant une interprétation stoïcienne : voir respectivement Cléanthe, *Hymne à Zeus*, 10-12 Zuntz ; Philon, *Legum allegoriae*, III, 7 [I, 114 Cohn] et *De specialibus legibus*, I, 208 [V, 50 Cohn] ; Plutarque, *De E apud Delphos*, 389b-c.

26. Dans leurs commentaires, Kahn 1979, p. 271-276, Robinson 1987, p. 126-127, et Pradeau 2002, p. 237-238 semblent également considérer ces fragments, dans l'ordre transmis par Hippolyte, comme étroitement liés (Kahn 1979, p. 271, y associe également le fr. 16 DK [81 Marcovich]), mais ils ne vont pas jusqu'à les assimiler dans un même contexte et les gardent distincts (*cf.* Kahn 1979, p. 82-83, Robinson 1987, p. 42-45, et Pradeau 2002, p. 129 et 237). Diano & Serra 1980, p. 50-51 et 189-190, unissent quant à eux le deuxième et le troisième (= fr. 65 e 66 DK) et laissent le premier indépendant (= fr. 64 DK). Il faut enfin mentionner l'intervention de Marcovich 1978, p. 296-297, qui adopte une conjecture de H. Fränkel (communiquée en privé à W. Kranz) et propose de réaménager le texte d'Hippolyte de la manière suivante : « Héraclite affirme encore que le jugement du monde et de tout ce qui s'y trouve se fait par le moyen du feu : car il dit que 'le feu, qui est répandu à travers toutes choses, les disposera toutes séparément, et les saisira toutes pour lui-même' (= fr. 66 DK). Et il dit de ce feu qu'il est intelligent et qu'il est la cause de l'ordonnancement du tout ; il le dit ainsi : 'La foudre gouverne toutes ces choses' (= fr. 64 DK), à savoir qu'elle les dirige avec justice, et Héraclite appelle donc 'foudre' le feu éternel. Il l'appelle 'manque et satiété' (= fr. 65 DK) : la disposition ordonnée du monde est à son avis 'manque', tandis que la conflagration est 'satiété' ». Ce réaménagement est fondé sur des raisons de caractère formel qui à mon sens ne sont pas irrésistibles (l'on aurait ainsi une répétition symétrique de la formule λέγει δέ en guise d'introduction des deux premières citations d'Héraclite, qui à leur tour commencent toutes deux par πάντα) et il ne modifie ni le sens ni l'interprétation de la citation. En tout cas, il est accepté par Mouraviev 2006 I, p. 159-163, et 2006 III, p. 73-75. Tout en soulignant lui aussi la continuité du contexte, Mouraviev y identifie une série de fragments distincts, qui correspondent ou s'ajoutent à ceux que j'ai examinés ci-dessus. Tout d'abord, φρόνιμον τὸ πῦρ (« le feu est intelligent ») : Reinhardt l'avait initialement reconnu comme authentique, alors que Mouraviev 2006 III, p. 73, hésite à l'accepter et le considère comme une simple réminiscence ; la provenance stoïcienne (et, dans la lecture d'Hippolyte, chrétienne) de ce fragment me paraît tellement évidente qu'elle manifeste irrévocablement son origine tardive. Deuxièmement, τάδε πάντα οἰακίζει κεραυνός, καλεῖ δὲ αὐτὸ<ς> χρησμοσύνην καὶ κόρον : non seulement Mouraviev établit ici une connexion entre les deux parties du fragment (= fr. 64 et 65 DK), comme je le suppose aussi (*cf.* note suivante), mais il considère comme authentique, dans le texte d'Hippolyte, l'incise καλεῖ δὲ αὐτὸ (dont il corrige le neutre αὐτό, qui renvoie à πῦρ, par le masculin αὐτός, qui renvoie à κεραυνός) : « le timonier de ce Tout, c'est l'Éclair et c'est lui qui provoque pénurie et excès ». Enfin, πάντα τὸ πῦρ ἐπελθὸν κρινεῖ καὶ καταλήψεται, correspondant au fr. 66 DK et sans variations textuelles.

rées par quelques mots d'explication, dont Hippolyte nous fournit, à mon sens, si on l'interprète correctement, les possibles éléments de connexion[27].

Pour ce qui est de la première partie des mots d'Héraclite (= fr. 64 DK), l'usage de κεραυνός, qu'il puisse être associé ou non à l'arme caractéristique de Zeus[28], rappelle directement le terme πρηστήρ. Dans le fr. 31 DK, que j'ai analysé plus haut, ce mot indique la chaleur et le jaillissement de la flamme, en relation avec l'air et les vapeurs d'eau qui donnent lieu à des foudres et à une tempête de pluie (d'où le sens le plus courant et répandu de πρηστήρ, à savoir « foudre »), dans un contexte où sont illustrées les altérations du feu : de l'eau de mer dérive par évaporation l'air (chaud) ; celui-ci se condensant produit dans le ciel des nuages et des tempêtes de feu (les foudres) qui se déversent dans l'eau de la mer sous forme de pluie. Comme on peut aisément le voir, selon cette perspective la foudre constitue, dans l'ampleur de son champ sémantique, une synthèse ou une connexion entre les éléments fondamentaux de la nature dans leur transformation réciproque. La foudre se présente donc comme un « exemplaire » météorologique du feu, ce qu'atteste d'ailleurs la remarque explicite d'Hippolyte à ce propos – κεραυνὸν τὸ πῦρ λέγων – qui ne saurait être mise en doute, car cela entraînerait forcément un rejet de la fiabilité de l'ensemble de sa citation. Voilà pourquoi la foudre se voit attribuer le gouvernement de toutes choses – au plan physico-cosmologique en tant qu' « exemplaire » du feu, qui en vertu de ses altérations produit et maintient l'ordre du tout, et au plan proprement météorologique en tant que κεραυνός, ou πρηστήρ, qui détermine et synthétise la transformation réciproque des éléments naturels dans le cycle journalier et dans l'alternance annuelle des saisons. Le verbe οἰακίζω, dont on a ici la première occurrence dans la littérature grecque, exprime de manière particulièrement efficace le caractère et le mode du gouvernement du cosmos à travers la métaphore de la navigation et du pilote qui la conduit[29] : car un pilote, comme la foudre qui

27. Entre les fr. 64 et 65 DK, sur la base de la citation d'Hippolyte, je propose conjecturalement, pour compléter la séquence logique telle qu'elle pouvait se présenter, selon ma reconstruction, dans l'original héraclitéen, une connexion explicative de ce genre : … κεραυνὸν τὸ πῦρ λέγων˙ καλεῖ δὲ αὐτό … (« … par 'foudre' il entend le feu, qu'il appelle … »), ce qui donnerait τάδε πάντα οἰακίζει κεραυνός. <κεραυνὸν τὸ πῦρ λέγων˙ καλεῖ δὲ αὐτὸ> χρησμοσύνην καὶ κόρον. Toujours sur la base de la citation d'Hippolyte, entre les fr. 65 et 66 DK je propose, pour compléter la séquence logique telle qu'elle pouvait se présenter, selon ma reconstruction, dans l'original héraclitéen, une deuxième connexion explicative, cette fois très simple parce que fondée sur le déplacement de γάρ : … γὰρ … («… en effet …»), ce qui donnerait χρησμοσύνην καὶ κόρον˙ <γὰρ> πάντα [γὰρ] τὸ πῦρ ἐπελθὸν κρινεῖ καὶ καταλήψεται.

28. C'est l'avis de Marcovich 1978, p. 297, Diano & Serra 1980, p. 117, Kahn 1979, p. 271-272, et Robinson 1987, p. 126 ; *contra* Kirk 1962², p. 355, Conche 1986, p. 302, et Pradeau 2002, p. 238, qui soulignent qu'une identité littérale entre la « foudre » et Zeus n'est pas attestée avant l'époque hellénistique. Voir sur ce point, tout récemment, Vassallo 2018.

29. Pour un aperçu de quelques occurrences significatives de ce verbe dans la littérature grecque, voir Kahn 1979, p. 271-272.

détermine les processus naturels par la transformation des éléments qu'elle synthétise en elle-même, participe lui-même à la navigation qu'il dirige. Il ne me semble pas légitime, en revanche, de transposer cette interprétation sur un plan théologique, se fondant sur une association plus ou moins littérale de la « foudre » à Zeus (et donc, dans l'interprétation d'Hippolyte évoquée plus haut, au feu cosmique dans sa fonction cosmogonique typique de la doctrine stoïcienne) en tant que symbole de direction et justice universelles. Il n'existe à mon avis, dans les textes héraclitéens conservés, aucune référence significative qui invite à mettre le nom de Zeus, dans une perspective tant soit peu religieuse, en rapport avec le gouvernement du tout ; par ailleurs, le gouvernement du tout ne se trouve jamais associé à quelque titre que ce soit à une action proprement divine[30].

Comme je l'ai déjà signalé auparavant, la deuxième partie de la citation (= fr. 65 DK) implique évidemment que le citateur attribue à Héraclite la doctrine stoïcienne de la « conflagration », et ce de la manière la plus explicite, car Hippolyte explique que le « manque » et la « satiété » correspondent respectivement à la διακόσμησις et à l'ἐκπύρωσις. Cette dernière coïncide avec l'excès de feu marquant la fin d'un cycle cosmique, alors que la première coïncide avec son refroidissement, qui ouvre un nouveau cycle d'ordonnancement du tout. Or laissant de côté cette thèse, que je ne partage pas (comme je l'ai déjà dit à plusieurs reprises tout en n'ayant pas pu approfondir ici la question)[31], il faut sans doute accepter la connexion établie par Hippolyte entre χρησμοσύνη et κόρος, d'une part, et le feu, d'autre part. Le feu ne doit pourtant pas être compris comme un génitif objectif (« manque et satiété *de feu* »)[32], ce qui ferait penser, encore un fois en accord avec la doctrine stoïcienne de la « conflagration », à des phases opposées d'« absence » et de « plénitude » du feu. Ces deux termes doivent plutôt être compris comme autant de « noms » du feu (ce que d'ailleurs Hippolyte

30. Mon interprétation est pour l'essentiel partagée par Kirk 1962², p. 356-357, Conche 1986, p. 304-305, et Pradeau 2002, p. 238 ; tandis que Marcovich 1978, p. 297, et Kahn 1979, p. 272, sont plus enclins à attribuer à Héraclite une perspective en quelque mesure théologico-religieuse. Il faut également noter que, dans les fr. 53 DK (29 Marcovich) et 30 DK (51 Marcovich), les seuls principes universels expressément reconnus et désignés comme tels sont la « guerre » et le « feu », respectivement et sans superposition, au plan ontologique de la totalité des choses qui sont et au plan physico-cosmologique de la totalité du cosmos. Pour ce qui est du fr. 41 DK (85 Marcovich), où l'on trouve également un langage qui évoque la métaphore de la navigation (voir l'usage du verbe κυβερνάω) et qui est parfois considéré comme un témoignage d'une implication théologique de la pensée héraclitéenne, je crois avoir montré que le contexte ne justifie nullement l'hypothèse d'une allusion à la divinité ou à un « intellect » divin, quelle que soit la manière dont on le conçoit : voir à ce propos Fronterotta 2009.

31. Cette interprétation est en revanche accepté dans son ensemble par Kahn 1979, p. 276, et Robinson 1987, p. 126-127.

32. C'est ce que suppose Marcovich 1978, p. 210.

affirme explicitement : καλεῖ δὲ αὐτὸ (*scil.* τὸ πῦρ) χρησμοσύνην καὶ κόρον)[33]. Dans cette perspective le « manque » et la « satiété » en viennent à jouer le rôle de déterminations proprement physico-cosmologiques[34] et à indiquer ces altérations mesurées du feu qui produisent des changements tout aussi mesurés au niveau météorologique (en causant par exemple l'alternance cyclique des jours et des saisons) et physico-cosmologique (en faisant apparaître toutes les choses existantes à partir des éléments fondamentaux de la nature, qui correspondent aux « transformations » du feu).

Passons enfin à la troisième partie de la citation (= fr. 66 DK), qui se présente sans doute comme la plus obscure et la plus difficile à déchiffrer. Sur la base de la reconstruction du contexte d'Hippolyte esquissée ci-dessus, je propose de comprendre les verbes ἐπέρχομαι, κρίνω et καταλαμβάνω en faisant référence à un champ sémantique éminemment physico-cosmologique. En revanche, je vais considérer comme indue et donc écarter toute implication théologique ou eschatologique liée aux catégories idéologiques (chrétiennes) du citateur ou à sa relecture des mots d'Héraclite à la lumière de la doctrine stoïcienne de la « conflagration » (qu'Hippolyte associe à l'action divine, laquelle émet cycliquement une espèce de jugement universel sur l'ensemble de la réalité). Le verbe ἐπέρχομαι – qui désigne un mouvement local (vers un lieu ou à travers un lieu) et exprime également l'idée

33. Cela ne doit d'ailleurs pas porter à considérer ces mots, à la lumière de la doctrine héraclitéenne de l'unité des opposés, comme un nouvel exemple d'unité (*dans le* feu ou *par rapport au* feu) de termes opposés (« manque » et « satiété ») – ce que semblent supposer Diano & Serra 1980, p. 189, et, de manière plus prudente, Pradeau 2002, p. 237. Une telle interprétation me paraît improbable pour plusieurs raisons. Tout d'abord, comme le remarque Marcovich 1978, p. 210, Hippolyte est normalement très habile pour reconnaître et cataloguer le matériel héraclitéen qui, à son avis, présente des exemples d'unité des opposés. Ce n'est pas un hasard qu'il le rassemble en grande quantité et sans aucune solution de continuité dans un passage de son œuvre qui précède de peu celui où se trouve le présent fragment (il s'agit notamment des fr. 59 DK [32 Marcovich], 60 DK [33 Marcovich] et 62 DK [47 Marcovich], cités en IX 10.4-6). Deuxièmement, même s'il ne fait pas de doute que « manque » et « satiété » constituent *par eux-mêmes* un couple de termes opposés, cela ne semble pas suffisant pour conclure que c'est pour cette raison qu'ils sont ici rappelés. Le fr. 67 DK [77 Marcovich], qui évoque lui aussi κόρος et λιμός, ainsi que d'autres couples de termes, comme les différents aspects opposés qui, dans la perspective supérieure du divin, s'avèrent unifiés, montre clairement que la doctrine de l'unité des opposés correspond seulement, au niveau physico-cosmologique, à la doctrine du feu et de ses altérations, mais à proprement parler ne coïncide pas avec elle. L'unité des opposés sur le plan du divin équivaut donc à l'unité du feu qui « s'altère » (ἀλλοιοῦται) en une multiplicité d'exemplifications particulières – ce qui fait que, comme les termes opposés ne le sont que d'un point de vue partiel et unilatéral, tandis que dans la perspective « divine » de l'universalité du savoir ils se montrent unifiés, de même, sur le plan physico-cosmologique, toutes les choses existantes et tous les phénomènes naturels se montrent distincts et différenciés, tandis que d'un point de vue substantiel ils sont unifiés par leur origine commune dans le feu et dans ses altérations.

34. De même Marcovich 1978, p. 210-11, Conche 1986, p. 294, et Pradeau 2002, p. 238.

d'un rapprochement (« s'approcher de », « survenir » ou « parcourir », « traverser ») parfois dans un sens hostile (« assaillir », « envahir ») – indique ici à mon sens la condition mobile du feu qui « traverse » toutes choses : il les « pénètre » ou les « imprègne » entièrement car il constitue la substance fondamentale à partir de laquelle toutes sont engendrées, de sorte qu'il se distribue dans chacune d'elles et les « rejoint » toutes. Le verbe κρίνω signifie au départ « discerner » ou « distinguer », dans le sens plus concret de « séparer » ou « disposer » ainsi que dans le sens dérivé et abstrait de « choisir » et donc « juger », y compris par rapport à l'application de la loi dans les tribunaux. Le verbe καταλαμβάνω, quant à lui, exprime en général l'acte d'« attraper » ou de « saisir » quelqu'un ou quelque chose, et donc de « s'en emparer », tout aussi bien matériellement que métaphoriquement, par exemple en faisant référence à la « compréhension » de quelque chose (conçue comme « saisir par l'esprit ») ou à la « condamnation » de quelqu'un (conçue comme « contraindre » ou « emprisonner »). Selon la lecture physico-cosmologique que je propose pour ce fragment, j'attribue aux deux derniers verbes le sens concret (1) de « séparer » et (2) de « saisir » (avec la nuance supplémentaire de « saisir *pour soi-même* », déterminée par la forme moyenne de καταλαμβάνω). Les deux verbes indiquent donc respectivement (1) la constitution de toutes choses par le feu, qui se répand entre elles et les produit en tant qu'individuellement distinctes et séparées (et en ce sens les « dispose séparément ») ; et en même temps, compte tenu de l'unité substantielle que le feu représente, (2) la compréhension de toutes choses dans le feu (qui donc les « saisit pour lui-même »). Cette interprétation permet de bien justifier la différence des temps verbaux : le participe aoriste ἐπελθόν indique une action ponctuelle, à savoir la diffusion simultanée du feu dans le tout, alors que les futurs κρινεῖ et καταλήψεται désignent la postérité, logique et temporelle, (1) de la constitution par le feu et (2) de la compréhension dans le feu de toutes choses, qui se produit suite à, ou en vertu de, la diffusion simultanée du feu dans le tout[35].

Une telle hypothèse interprétative me semble correspondre pleinement et apporter un complément à l'articulation de la doctrine physico-cosmologique que j'ai au fur et à mesure attribuée à Héraclite. Selon cette doctrine, le feu joue, notamment dans le fragment 30 DK, un rôle primordial. En tant que principe unique et inextinguible de toutes choses, il assure l'unité et l'éternité du cosmos. En vertu des oscillations incessantes de son intensité, il établit un intervalle quantitatif précis où se produisent ses transformations ; celles-ci donnent lieu à la pluralité et au changement des choses existantes décrit, pour ce qui est des éléments fondamentaux, dans le fragment 31 DK. Le cosmos dans son ensemble est donc constitué physiquement de feu, tout comme les

35. Bien qu'elle soit à la source d'une interprétation différente, la traduction de Bollack & Wismann 1972, p. 218-219, n'est pas très éloignée de la mienne.

choses individuelles existant dans le cosmos sont constituées d'altérations du feu et dérivent des différentes formes et dispositions que le feu assume dans ses transformations incessantes. Comme le souligne le fr. 90 DK, le feu produit toutes choses, se changeant en elles ou « s'échangeant » avec elles, tout comme, inversement, toutes choses retournent au feu, se changeant en lui ou « s'échangeant » avec lui. Le feu constitue la substance fondamentale des choses existantes, à savoir le principe unique qui les engendre toutes dans leur distinction et en même temps les unifie dans leur totalité.

L'on peut comprendre en revanche pourquoi la plupart des traducteurs et des commentateurs, par influence plus ou moins explicite du contexte de la citation d'Hippolyte, n'ont pas pu éviter une traduction qui laisse apparaître, dans les mots d'Héraclite, l'idée d'un jugement et d'une condamnation de toutes choses par le feu. Car attribuant à ἐπέρχομαι le sens de « survenir », « *come on* », « *balzare su* », à κρίνω celui de « juger », « *judge* », « *giudicare* », et à καταλαμβάνω celui de « s'emparer », « *catch up* », « *condannare* », l'on en vient nécessairement à adopter une interprétation théologique ou eschatologique du fragment, où le feu cosmique est vu comme une divinité suprême émettant une espèce de jugement universel qui n'est peut-être pas étranger à une conception folklorique-populaire[36]. Ou bien, sur la base d'une interprétation analogue, l'on en vient à nier symétriquement l'authenticité du fragment, en le considérant comme une paraphrase ou une relecture en sens chrétien élaborée par Hippolyte[37]. Même ceux qui acceptent l'authenticité de ces mots d'Héraclite et en privilégient une interprétation physico-cosmologique s'en tiennent généralement à la traduction eschatologique la plus traditionnelle : ils y voient une allusion à un jugement de la part du feu, c'est-à-dire à une action de gouvernement et de conservation de l'équilibre du tout qui présuppose l'exercice par le principe fondamental d'une justice cosmique capable de punir toute transgression de l'ordre établi[38]. Sur la base des considérations que j'ai développées jusqu'ici, il me semble préférable de

36. Voir notamment Marcovich 1978, p. 303-304, qui en arrive à proposer de comprendre le neutre pluriel πάντα, l'objet du jugement cosmique, comme πάντα τὰ ζῷα : « Le feu ... jugera et condamnera tous *les êtres vivants* » ; *contra*, correctement, Diano & Serra 1980, p. 189.

37. Cette position, défendue par Reinhardt 1960, p. 65-67, a été reprise par Kirk 1962², p. 351 et 359-361. Diano & Serra 1980, p. 189-190, hésitent quant à eux entre une interprétation eschatologique du fragment, dans lequel ils voient la doctrine stoïcienne de la « conflagration » évoquée par « l'avènement du feu qui juge », et, moins probablement, la thèse de son inauthenticité.

38. Voir à ce propos Kahn 1979, p. 272-275, Conche 1986, p. 300-301, Robinson 1987, p. 127, Pradeau 2002, p. 237-238, et Mouraviev 2006 III, p. 75. L'on a également évoqué la possibilité d'une relation entre les mots d'Héraclite et le célèbre fr. 1 DK d'Anaximandre, d'après qui la génération et la corruption se produisent, pour les choses qui sont, κατὰ τὸ χρεών, selon une nécessité se manifestant dans l'exercice de δίκη, qui assure l'équilibre cosmique : *cf.* notamment Kahn 1979, p. 272-273. Comme je l'ai déjà rappelé, Kahn attribue également à Héraclite la doctrine stoïcienne de la « conflagration », et donc il associe le juge-

situer l'ensemble de ce fragment dans le cadre du matériel héraclitéen ayant trait à la doctrine physico-cosmologique du feu. De cette doctrine sont ici présentées les lignes principales, que je résumerais ainsi. (1) La foudre, qui unifie et symbolise les éléments fondamentaux de la nature et leurs transformations, gouverne tous les processus météorologiques ; or, comme le montre l'examen de la citation d'Hippolyte (et la connexion explicative que j'ai proposée *supra*, n. 27), la foudre est, au plan météorologique, un « exemplaire » du feu, lequel à son tour gouverne tout au plan cosmique. (2) Le feu est aussi appelé par Héraclite « manque » et « satiété », ce qui fait allusion à la variation mesurée en vertu de laquelle, par une augmentation et une diminution d'intensité toujours constante et régulière, il détermine l'ordre stable de phénomènes naturels tels que l'aube et le coucher, dans le cycle journalier, ou l'alternance des saisons, dans le cycle annuel. Compte tenu de la citation d'Hippolyte et de la deuxième connexion explicative que j'ai proposée (voir encore *supra* n. 27), cela est possible parce que (3) le feu, en tant que principe de toutes choses, est répandu et simultanément présent en elles, les imprègne et est responsable tout aussi bien de leur existence individuelle que de leur unité substantielle.

Conclusion

Le rôle physico-cosmologique du feu, que j'ai décrit dans ces pages pour ce qui est de ses transformations, de leur mesure constante et du rapport proportionnel stable entre les éléments naturels qu'elles déterminent et garantissent, semble en outre être utilisé par Héraclite afin d'illustrer une série de phénomènes de type météorologique et astronomique, notamment la constitution, le cours et la fonction du soleil. L'ensemble du matériel disponible et des témoignages doxographiques pertinents, dont il est impossible de rendre compte ici[39], montre en effet l'existence d'un parallélisme étroit entre le rôle du feu au plan cosmique et celui du soleil au plan astronomique. Le soleil, considéré comme un autre « exemplaire » du feu cosmique à échelle réduite (à l'image de ce qu'on a dit auparavant de la foudre au plan météorologique), avance dans son cours du matin jusqu'à midi et accroît l'intensité de sa lumière et de sa chaleur sur la base d'un double processus. L'augmentation de la chaleur du soleil provoque une augmentation de l'évaporation, ou « exhalaison » (ἀναθυμίασις), de l'eau marine ; celle-ci alimente le soleil et contribue par là à l'intensification de sa chaleur et de sa lumière. De midi jusqu'au coucher le processus s'inverse : la chaleur et la lumière solaires dimi-

ment « cosmique » du feu à la « conflagration » et à la renaissance cycliques du cosmos par l'action du feu.

39. Voir à ce sujet Fronterotta 2013, p. 101-104 et 128-146.

nuent, ainsi que l'évaporation de l'eau marine et donc la nourriture du soleil, qui dépérit et s'éteint complètement pendant la nuit, et le lendemain recommence son cycle[40].

Comme on le voit, l'état fragmentaire de nos informations ne nous permet pas de préciser les détails des thèses physico-cosmologiques d'Héraclite, et nous oblige à rester dans les limites d'une reconstruction souvent très générale et schématique. L'on peut néanmoins affirmer que sa doctrine vise, de manière plus ou moins cohérente, à fournir une description unitaire et compacte de la nature et une explication complète, aussi « économique » que possible des processus et des phénomènes naturels, en ayant recours à des hypothèses et à des mécanismes physiques extrêmement simples, mais applicables à tout niveau de la réalité et à tout domaine du cosmos.

40. Pour une discussion d'ensemble de quelques aspects de l'astronomie et de la météorologie héraclitéennes, *cf.* Kahn 1970 et Taormina 1983.

BIBLIOGRAPHIE

BOLLACK, J. & H. WISMANN 1972 (éd., trad., comm.) : *Héraclite ou la séparation*, Paris, 1972 (Le sens commun).

BUCHHEIM, T. 2005 : « Feuer und Flüsse. Überlegungen zum Prinzip des Lebens nach Heraklit », dans G. Rechenauer (éd.), *Frühgriechisches Denken*, Göttingen, 2005, p. 174-202.

CONCHE, M. 1986 (éd., trad., comm.) : Héraclite, *Fragments*, Paris, 1986 (Epiméthée).

DIANO, C. & G. SERRA 1980 (éd., trad., comm.) : Eraclito, *I frammenti e le testimonianze*, Milano, 1980 (Scrittori greci e latini).

FRONTEROTTA, F. 2009 : « Alcune osservazioni su Eraclito, fr. 41 D.-K. (85 Marcovich) », *Elenchos*, 30/2 (2009), p. 329-336.
DOI: https://doi.org/10.1515/elen-2009-300204

FRONTEROTTA, F. 2013 (éd., trad., comm.) : Eraclito, *Frammenti*, Milano, 2013 (BUR Classici greci e latini).

JONES, H. 1972 : « Heraclitus, Fragment 31 », *Phronesis*, 17/3 (1972), p. 193-197.
DOI: https://doi.org/10.1163/156852872X00015

KAHN, C. H. 1970 : « On Early Greek Astronomy », *Journal of Hellenic Studies*, 90 (1970), p. 99-116.
DOI: https://doi.org./10.2307/629756

KAHN, C. H. 1979 (éd., trad., comm.) : *The Art and Thought of Heraclitus. An edition of the fragments with translation and commentary*, Cambridge, 1979.

KIRK, G. S. 1962² (éd., trad., comm.) : Heraclitus, *The Cosmic Fragments*, Cambridge, 1962².

LABRIOLA, I. 1983 : « Il fuoco, lo scambio e l'unità degli opposti », dans L. Rossetti (éd.), *Atti del Symposium Heracliteum 1981*, Roma, 1983, p. 241-250.

MARCOVICH, M. 1978 (éd., trad., comm.) : Eraclito, *Frammenti*, Firenze, 1978 (Biblioteca di studi superiori, 64) [traduction italienne, avec des corrections, de la version anglaise précédente : *Heraclitus. Greek text with a short commentary*, Merida, 1967 ; réimpr. Sankt Augustin 2001].

MOURAVIEV, S. 2006 (éd., trad., comm.) : *Heraclitea. Recensio: Fragmenta*, III.B : *Libri reliquiae superstites*, vol. I-III ; I: *Textus, versiones, apparatus*, III : *Ad lectiones adnotamenta,* Sankt Augustin, 2006.

PRADEAU, J.-F. 2002 (éd., trad., comm.) : Héraclite, *Fragments [Citations et témoignages]*, Paris, 2002 (G. F., 1097).

REINHARDT, K. 1960 : *Vermächtnis der Antike : gesammelte Essays zur Philosophie und Geschichtsschreibung*, hrsg. von C. Becker, Göttingen, 1960.

ROBINSON, T. M. 1987 (éd., trad., comm.) : Heraclitus, *Fragments. A text and translation*, Toronto, 1987 (Phoenix : Supplementary volume, 2. Phoenix Pre-Socratics, 22).

TAORMINA, D. P. 1983 : « Eraclito e la meteorologia prearistotelica », dans L. Rossetti (éd.), *Atti del Symposium Heracliteum 1981*, Roma, 1983, p. 301-314.

VASSALLO, C. 2018 : « Feuer und göttliche Dialektik bei Heraklit. Neue Lesungen in P.Herc. 1428, Kol. 330 (*olim* Fr. 17) Praesocratica Herculanensia IX », *Mnemosyne*, 71/5 (2018), p. 717-732.
DOI: https://doi.org/10.1163/1568525X-12342391

West, M. L. 1971 : *Early Greek Philosophy and the Orient*, Oxford, 1971.
Wiggins, D. 1982 : « Heraclitus' Conceptions of Flux, Fire and Material Persistence », dans M. Schofield & M. Nussbaum (éd.), *Language and Logos. Studies in Ancient Greek Philosophy Presented to G.E.L. Owen*, Cambridge, 1982, p. 1-31.
DOI: https://doi.org/10.1017/CBO9780511550874.003

HÉPHAÏSTOS DANS LES FORGES DE CYPRIS

La fonte des bronzes vivants d'Empédocle

Anne-Laure THERME
Université Paris-Est Créteil
anne-laure.therme@u-pec.fr

RÉSUMÉ. Quand l'Amour d'Empédocle façonne, dans les profondeurs de la terre, les tissus organiques puis les membres des vivants, il prend le nom de Cypris, et sous ses paumes expertes le feu, ailleurs nommé Zeus, devient Héphaïstos. En s'interrogeant sur les raisons de ces glissements, on s'aperçoit qu'un modèle métallurgique est à l'œuvre, qui se réapproprie en la détournant la figure du dieu-forgeron d'Hésiode et d'Homère. L'Héphaïstos d'Empédocle est le feu dont le pouvoir potentiellement destructeur est subjugué par Aphrodite-Cypris qui enserre ses paumes dans les siennes. Alors que dans la tradition, il est un marteleur évoquant la Haine, il devient l'objet d'un nouveau paradigme, la fonderie, quand il se laisse manipuler par Cypris qui, comme le cuivre dans le bronze, se mêle aux alliages, membres et soudures qu'elle coule et moule.

SUMMARY. *When fashioning the organic tissues and members of living bodies, the Empedoclean Love takes the name of Cypris. That's when fire, elsewhere called Zeus, becomes Hephaestos as it is worked by her skilled palms. Behind these shifts a metallurgical model appears to be at work, a model that reappropriates, by deflecting it, the figure of the forger god of Hesiod and Homer. For Empedocles Hephaestos is the fire whose potentially destructive power is subjugated by Aphrodite-Cypris wrapping his palms into hers. Traditionnally he acts as a hammer-wielding smith, evoking ties with Hate. He now becomes the subject of a new paradigm, that of the smelter, when he accepts manipulation by Cypris; like the copper in bronze, she blends with the alloys, attachments and solders that she casts and molds.*

Philosophie antique, n°21 (2021), 87-117

Dans deux fragments consacrés à la formation des tissus et parties organiques (os, chair et sang), Empédocle donne à l'élément feu le nom divin d'Héphaïstos* :

ἡ δὲ χθὼν ἐπίηρος ἐν εὐστέρνοις χοάνοισι
τὼ δύο τῶν ὀκτὼ μερέων λάχε Νήστιδος αἴγλης,
τέσσαρα δ' Ἡφαίστοιο· τὰ δ' ὀστέα λευκὰ γένοντο
Ἁρμονίης κόλλῃσιν ἀρηρότα θεσπεσίηθεν.
Et elle, terre, obligeamment, reçut dans ses creusets à la large poitrine,
Deux parts, sur les huit, du brillant de Nestis
Et quatre d'Héphaïstos. Et eux devinrent os blancs
Merveilleusement ajustés par les colles d'Harmonie (Fr. 96[1]).

ἡ δὲ χθὼν τούτοισιν ἴση συνέκυρσε μάλιστα,
Ἡφαίστῳ τ' ὄμβρῳ τε καὶ αἰθέρι παμφανόωντι,
Κύπριδος ὁρμισθεῖσα τελείοις ἐν λιμένεσσιν,
εἴτ' ὀλίγον μείζων εἴτε πλεόν ἐστὶν ἐλάσσων·
ἐκ τῶν αἷμά τε γέντο καὶ ἄλλης εἴδεα σαρκός.
Et elle, terre, à peu près égale à eux <en quantité>, les rencontra
– Héphaïstos, pluie, et éther parfaitement lumineux –
Amarrée dans les ports parfaits de Cypris
Ou bien un peu plus abondante, ou, plutôt, moins ;
D'eux naquirent le sang et les autres formes de chair (Fr. 98).

De quoi l'emploi de ce nom divin est-il significatif ? On pourrait croire à un usage métonymique traditionnel[2] si l'on ne savait combien l'interprétation des noms divins donnés par Empédocle aux quatre « racines de toutes

* Toute ma gratitude va à Jean-Claude Picot pour l'acuité et la bienveillance de ses relectures. Je remercie également les relecteurs de *Philosophie Antique* qui m'ont apporté de nouveaux éclairages dont j'ai pu tenir compte.

1. Les références aux fragments (fr.) et témoignages (notés A) d'Empédocle suivent l'édition Diels-Kranz 1951^6 (DK). Les traductions, sauf indication contraire, sont celles de Laks-Most 2016, traduction ici modifiée au v. 4 (*les colles* au lieu de *la glue*).

2. *Il.* 2, 426, *Theog.* 866.

choses » se révélait capitale[3]. Les dieux véritables d'Empédocle, dont les quatre éléments physiques sont des manifestations vivantes et immortelles, ne sont pas ceux du Panthéon traditionnel, mais l'Agrigentin en reprend les noms et connotations dans un jeu d'échos qui détourne et subvertit les mythes d'Homère et Hésiode[4]. Héphaïstos évoque instantanément le dieu artisan maître du feu, dont les forges sont associées à la Sicile volcanique des profondeurs de l'Etna ou des îles éoliennes[5]. La tradition en fait une figure démiurgique, qui de ses paumes expertes (παλάμῃσι[6]) et ses « savants pensers » (ἰδυίῃσι πραπίδεσσιν[7]) martèle des « merveilles à voir » (θαῦμα ἴδεσθαι[8]) ; son savoir-faire est tel qu'il peut douer ses créations de vie, tels les trépieds et servantes en or qui l'assistent dans sa forge[9], les chiens d'or et d'argent d'Alcinoüs[10] ou la funeste Pandore[11]. Outre le nom d'Héphaïstos, le fr. 96 évoque des images métallurgiques : la mention de creusets (χοάνοι), d'un dosage précis d'éléments dans l'alliage (son λόγος ou proportion harmonique[12]), la création d'un artefact vivant, l'os, tout converge vers une référence à l'activité du mythique maître du feu.

Cette allusion au travail de la forge a bien sûr été remarquée. On a souvent insisté, à juste titre, sur le *technomorphisme* d'Empédocle[13] : les analogies artisanales imprègnent tout le poème, pour modéliser l'apparition de la diversité des vivants (les peintres du fr. 23, la poterie au fr. 73), leurs processus organiques (la clepsydre de bronze pour la respiration au fr. 100[14]), la constitution de leurs parties (la lanterne pour l'œil, fr. 84[15]) ou leur chevillage menuisier dans les mélanges (fr. 87). Mais que recouvre précisément l'analogie aux fr. 96 et 98, que nous dit-elle du mélange empédocléen ? Pour l'éclairer, les mêmes références sont régulièrement convoquées : le forgeage du bouclier d'Achille au chant 18 de l'*Iliade*, le duel de feu entre Zeus et Typhon dans

3. Voir Kingsley 1995, Picot 2000, Rowett 2016, Rashed 2017. Les correspondances éléments-dieux sont controversées : on a pu voir en Héra la terre ou l'air, en Aïdôneus (Hadès) l'air, la terre ou le feu, en Zeus le feu ou l'air. *Cf.* Picot 2000, p. 60-70.

4. Voir surtout Picot 2021.

5. Eschyle, *PV* 369, Euripide, *Cyc.* 559, Apollonius de Rhodes, 3, 41 et 4,761, Thucydide, 3, 88. *Cf.* Gury 1986, p. 441 ; Delcourt 1957, p.189-190.

6. *Theog.* 580 et 866.

7. Homère réserve cette formule à Héphaïstos, *Il.* 18, 380 et 482.

8. *Il.* 18, 377, *Theog.* 575 et 585.

9. *Il.* 18, 373-379 et 417-421.

10. *Od.* 7, 91-94. *Cf.* Delcourt 1957, p. 53-54 ; Marcinkowski & Wilgaux 2004.

11. *Theog.* 570 s., *Op.* 60 s.

12. L'expression est d'Aristote citant le fragment : *De an.* I 5, 410a1.

13. Voir en particulier Iribarren 2018, p. 165-211, Rashed 2017, Solmsen 1963.

14. Rashed 2017, p. 173-209.

15. Rashed 2017, p. 151-172.

la *Théogonie*[16] et les descriptions hésiodiques du dieu pétrissant Pandore comme un potier[17]. Tout se passe comme si les correspondances étaient exactes et transparentes. Pourtant les modèles invoqués sont en disjonction et l'on perçoit mal leur cohérence globale[18] : dans l'*Iliade* Héphaïstos martèle le métal sur son enclume, dans le combat contre Typhon le métal fond en magma à la surface de la terre, quant à Pandore elle est pétrie de glaise[19].

Il convient en effet d'examiner ces textes, pour mesurer les échos et écarts entre l'Héphaïstos traditionnel et celui d'Empédocle, mais sans gommer les divergences liées au type d'activité technique engagée. Notre démonstration s'articulera en deux temps. Nous verrons d'abord qu'Empédocle, détournant le mythe de Pandore, substitue à la figure du dieu forgeron, dont il emprunte les traits distinctifs, celle de l'Amour. Héphaïstos ne devient le nom du feu que lorsque l'Amour, alors nommé Cypris, l'utilise comme moyen de fondre, mouler et souder les éléments en composés organiques mortels. C'est l'analogie de la forge et du travail du métal qui corrèle les deux noms. Cependant, Empédocle procède à un second renversement, en substituant cette fois un modèle technique à un autre : la métallurgie de Cypris n'est plus celle de l'Héphaïstos d'Homère.

Des paumes d'Héphaïstos aux paumes de Cypris : le détournement de la création de Pandore

L'Héphaïstos d'Empédocle diffère d'emblée de celui de la tradition du fait qu'il ne s'inscrit pas dans une généalogie : les quatre éléments divins sont inengendrés, « tous sont égaux et de même rang » (fr. 17, 27). Il apparaît ici comme une autre face de Zeus-feu, selon des aspects, pouvoirs et activités spécifiques justifiant la métamorphose du nom[20]. Il importe

16. Comme Guthrie 1965, p. 212 n. 1, à propos des χοάνοι du fr. 96 : « *Cf.* Hom. *Il.* 18.470, Hes. *Th.* 863. *The metaphor is from metal-working* » ; *cf.* Solmsen 1963, p. 477 n. 18, Sider 1984, p. 20, Kingsley 1995, p. 78 n. 29, Picot 2008, p. 92-93, 98-99 et 2021, n. 36 du chapitre 'Petite histoire d'une marginalisation' : « Le mode de production de l'os rappelle le travail du forgeron (*Théogonie*, 861-866) ».

17. Solmsen 1963, p. 477, Wright 1995², p. 210, Kingsley 1995, p. 78.

18. Ainsi Kingsley 1995, p. 78 et Wright (1995², p. 210 et p. 217) renvoient à Pandore (*Theog.* 571, *Op.* 60-61) pour expliquer et le fr. 96 et le fr. 62, qui ne semblent pourtant pas décrire le même processus. Voir aussi Solmsen 1963, qui, rapprochant les fr. 96, 4 et 73, semble amalgamer des passages disparates en se référant à la fois à Pandore et à *Il.* 1, 600 ; 18, 421. Il voit deux analogies métallurgiques au fr. 96, la ferronnerie v. 1, la fonte v. 4, mais finit par assimiler la seconde à la poterie.

19. Il en est de même quand Prométhée mêle la terre à la pluie (Ovide, *Met.* I, 82 et 87-88), vers invoqués par Wright *ibid.* : « Ainsi la terre informe et grossière (*rudis et sine imagine*) naguère se métamorphosa dans les premiers humains » (trad. Sers). Or la correspondance fait long feu, car le pouvoir générateur de la terre est dû à une semence divine ou céleste (*semina*, 78 et 81), absente chez Empédocle.

20. Nous verrons qu'il en est de même pour Cypris à la place d'Aphrodite.

alors de saisir quelles images et associations sont mobilisées par la référence, pour déterminer dans quelle mesure elles font l'objet d'une réappropriation significative et d'une modélisation, en s'attachant autant aux écarts qu'aux correspondances.

Il est manifeste qu'Empédocle substitue au forgeron démiurge une autre figure, Cypris (autre nom d'Aphrodite dite « cypriote »[21]), alias *Philotès*, la force créatrice de mélange : c'est elle l'artisane active au travail, quand Héphaïstos semble réduit à n'être qu'une partie du mélange[22] ou un ustensile du processus de fabrication (un four ou le « feu qui cuit »[23]). Empédocle scinde l'Héphaïstos originel en deux divinités distinctes, l'élément feu et l'artiste Cypris qui l'utilise et le manie. C'est ce qu'évoque la formule récurrente « dans les paumes de Cypris » (Κύπριδος ἐν παλάμῃσι[24]), en écho aux παλάμῃσι d'Héphaïstos (*Theog.* 580 et 866). Au lieu de manipuler la matière, le dieu du feu devient manipulé ; il fait (malgré lui ?[25]) œuvre d'Amour et d'unification, là où il était subordonné à la volonté d'un Zeus vengeur dont les deux récits de la création de Pandore montrent qu'il est l'exécutant ou la main (*cf.* Κρονίδεω διὰ βουλάς, *Theog.* 572 et *Op.* 71, χαριζόμενος Διὶ πατρί, *Theog.* 580)[26].

Au début des *Travaux et les jours*, Hésiode en appelle à ce mythe pour donner l'origine des peines et du labeur humain, décidés par Zeus en représailles du vol du feu par Prométhée. La séquence du modelage de Pandore puis du déferlement de malheurs sur les mortels sera suivie du mythe des races d'or, d'argent, de bronze et de fer (109-201).

21. Voir Hésiode, *Theog.* 192-200.

22. Fr. 96, 3 et 98, 2 ; *cf.* aussi le feu ogygien (ὠγύγιον πῦρ) enfermé dans l'œil, fr. 84, 7.

23. La formule est de Perceau & Wersinger Taylor 2019, p. 252, qui se réfèrent aux passages de l'*Iliade* où Héphaïstos est la métonymie du feu.

24. Fr. 75, 2 et 95, 2. Sur les paumes chez Empédocle, terme polysémique qui désigne aussi les cinq sens (fr. 2, 1 et 3, 9), et plus généralement les pouvoirs des « membres », voir Iribarren 2018, p. 169-171 et 190-192.

25. Au fr. 96, 1 la terre est ἐπίηρος, accueillante, elle reçoit de bonne grâce le mélange élémentaire.

26. *Cf.* Eschyle, *PV*, où Héphaïstos est chargé par Zeus de forger les chaînes de Prométhée et de le ligoter, sans autre choix que de s'acquitter de sa tâche malgré sa compassion pour son prisonnier. Gury 1986 souligne une certaine impuissance d'Héphaïstos, dont les œuvres « à la beauté surnaturelle » se révèlent être des pièges fatals ou des instruments funestes (p. 445). Ainsi le dieu reconnaît-il que ses armes ne protégeront pas Achille de la mort (*Il.* 18, 463-467) : « le divin forgeron, au travers de ses œuvres, n'est que l'instrument d'une force qui le dépasse » (p. 464). Plus loin (p. 465), Gury écrit, à propos de l'interprétation d'Héraclite pour qui la scène d'*Il.* 18 est une allégorie de la création du monde et le bouclier une image du cosmos (*Allégories d'Homère*, 48, 6 et 26, 6-10) : « Héphaïstos apparaît comme un démiurge [...]. Néanmoins, tout en forgeant l'univers, Héphaïstos reste soumis à Zeus dont il tire sa substance, de même que le feu d'ici-bas qu'il incarne, attaché à la terre, soumis à la destruction, doit être à chaque instant ranimé par le feu de l'Éther qui occupe la zone la plus élevée de l'espace, et que symbolise Zeus ».

> [60-61] <Zeus> invita le célèbre Héphaïstos à pétrir au plus vite
> de la glaise et de l'eau (γαῖαν ὕδει φύρειν), à y mettre une voix humaine [...]
> [65-66] Et l'Aphrodite d'or répandrait sur son front la grâce (χάριν),
> le désir douloureux, les soucis qui rongent les membres. [...]
> [70-71] Aussitôt, l'illustre Boiteux façonna dans la terre (ἐκ γαίης πλάσσε)
> Zeus le voulant (Κρονίδεω διὰ βουλάς) – un être semblable à la vierge pudique... (*Op.* 60-71)[27]

Le processus est plus détaillé dans la *Théogonie*. Hésiode y narre l'outrage prométhéen originel à l'égard de Zeus, le partage des parts de bœuf (535-564). Lors de la séparation entre dieux et mortels, Prométhée fit choisir Zeus entre les chairs dissimulées, « avec une habileté rusée » (τέχνην), dans la panse sous la peau du bœuf, et les os oints de graisse brillante[28]. Décelant la machination, Zeus en fureur priva les hommes du feu provenant de sa foudre (562-564) ; Prométhée déroba alors le feu (565-567), suscitant une vengeance plus terrible encore (567 s.). Ne rapportons que les vers 570-584 :

> [570] Aussitôt, en contrepartie du feu, il forgea (τεῦξεν) un mal pour les humains :
> le très illustre Boiteux façonna avec de la terre (γαίης γὰρ σύμπλασσε)
> quelque chose de semblable à une vierge vénérable, selon les volontés du fils de Cronos (Κρονίδεω διὰ βουλάς).
> Athéna, la déesse aux yeux pers, la ceignit et l'orna (κόσμησε)
> d'un vêtement éclatant de blancheur (ἀργυφέῃ ἐσθῆτι); de la tête jusqu'en bas, d'un voile
> [575] artistement travaillé, elle l'enveloppa avec ses mains – une merveille à voir ![29] (δαιδαλέην χείρεσσι κατέσχεθε, θαῦμα ἰδέσθαι) [...]
> [578] Et elle déposa sur le tour de la tête une couronne d'or
> qu'avait réalisée le très illustre Boiteux lui-même,
> [580] l'ayant travaillée avec art de ses paumes pour plaire à Zeus le père (ἀσκήσας παλάμῃσι χαριζόμενος Διὶ πατρί).
> Sur elle avaient été forgées – une merveille à voir ! – mille fines ciselures (τῇ δ'ἐνὶ δαίδαλα πολλὰ τετεύχατο, θαῦμα ἰδέσθαι)
> de toutes les bêtes sauvages que nourrissent la terre et la mer.
> Il en disposa, lui, vraiment beaucoup, et le souffle de la grâce (χάρις) les rendait toutes merveilleuses (θαυμάσια) [...].

Empédocle entrelace dans ses vers des motifs empruntés à Hésiode. Le modelage (σύμπλασσε, v. 571) de terre mouillée a pour écho dans le fr. 73 les paumes humides de Cypris qui confèrent élasticité et plasticité aux mélanges d'éléments :

27. Trad. Brunet.

28. Notons le rôle crucial du feu à l'origine du modelage de Pandore. Curieusement, les récits sont encadrés l'un par une référence aux os et à la chair, l'autre aux métaux, reliant les fr. 96 et 98.

29. Trad. Wacziarg Engel.

ὡς δὲ τότε χθόνα Κύπρις, ἐπεί τ᾽ ἐδίηνεν ἐν ὄμβρῳ,
εἴδεα ποιπνύουσα θοῷ πυρὶ δῶκε κρατῦναι...
De même alors, Cypris, après avoir trempé la terre dans la pluie,
S'affairant, donna au feu rapide les formes à affermir (fr. 73).

τῶν δ᾽ ὅσ᾽ ἔσω μὲν πυκνά, τὰ δ᾽ ἔκτοθι μανὰ πέπηγε,
Κύπριδος ἐν παλάμῃσι πλάδης τοιῆσδε τυχόντα ...
Parmi Eux, les uns, au fond, devinrent denses, les autres, au dehors, lâches, en se caillant
Pour avoir dans les paumes d'Aphrodite (Cypris) trouvé cette moiteur. (fr. 75[30]).

Κύπριδος ἐν παλάμῃσιν ὅτε ξὺμ πρῶτ᾽ ἐφύοντο.
Quand, dans les paumes de Cypris, ils [*les yeux*] croissaient pour la première fois. (fr. 95[31]).

Alors que les mains de l'Héphaïstos hésiodique sont l'instrument des plans funestes de Zeus, les mains dans les fragments d'Empédocle ont une dimension créatrice, liée au jeu de l'Amour (la main tenant la clepsydre dans l'analogie avec la respiration au fr. 100, celles des peintres au fr. 23, 3[32]), associée à l'exploration et la saisie sensibles et intellectuelles. La dimension intellectuelle implique l'ouverture des « paumes » de tous nos membres pour accroître notre diaphragme et permettre notre connaissance du tout[33]. Ici, les paumes d'Héphaïstos réalisent artistement une couronne d'or ouvragée : sa circularité et son éclat trouveront un prolongement dans les créations « globulaires » de l'Aphrodite empédocléenne comme l'œil et le soleil[34]. Ce n'est qu'à propos du ciselage des ornements minutieux (δαίδαλα, qu'on retrouvera en *Il.* 18) que sont mentionnées les mains du dieu du feu, et non pour le modelage, contrairement aux paumes de Cypris, dont l'humidité (πλάδης) rappelle combien l'eau est son alliée privilégiée, sous la figure de la

30. Trad. Bollack.

31. Trad. Bollack.

32. Rashed 2017, p. 188-189, assimile la main de la fillette qui tient la clepsydre au diaphragme, qui est à l'origine du processus de respiration, et les paumes de ses mains aux paumes de la connaissance, c'est-à-dire aux cinq sens, *cf.* Picot 2004 et 2009. Sur les peintres, Iribarren 2018, p. 178-198.

33. *Supra* n. 24. *Cf.* fr. 2 et 3, πραπίδες fr. 110, 1, 129 et 132. Théophraste nous apprend (A 86) que le degré de dextérité d'un artisan était relatif à l'équilibre du mélange composant sa main – de même pour les pouvoirs et talents de tous les autres membres du corps.

34. Rashed 2017, p. 24 : « La déesse moule, de ses paumes expertes, trois magnifiques objets globulaires : l'œil, le Soleil et le *Sphairos*. Bien qu'ils diffèrent dans leur constitution interne, ils ont en commun d'être des œuvres d'art, où l'Amour a su domestiquer, d'une manière ou d'une autre, l'élément qui lui était adverse : Zeus, le feu. Ainsi, Aphrodite place une parcelle de « feu primitif » (ὠγύγιον πῦρ) dans le globe oculaire ; elle parvient à empêcher la prolifération violente et aléatoire du feu cosmique en l'enserrant dans le globe solaire ; et, comble de l'art, elle mélange jusqu'au feu, dissociateur par excellence, dans l'alliage divin du *Sphairos*, plus unitaire encore que le bronze. »

racine divine *Nestis*[35]. Par nature l'eau est liante[36]. Sous l'influence de l'Amour elle se marie harmonieusement à la terre en un mélange homéomère (dont les portions sont identiques entre elles et au tout), comme Perséphone avec Hadès. Ce que façonne Cypris est vivant. Grâce à elle, les corps comme leurs parties et organes (les yeux par exemple), en des termes végétalisés, croissent et poussent[37]. La fin du fr. 35 rappelle de façon frappante celle des vers 575 et 581 de la *Théogonie* :

αἶψα δὲ θνήτ' ἐφύοντο, τὰ πρὶν μάθον ἀθάνατ' εἶναι,
ζωρά τε τὰ πρὶν ἄκρητα διαλλάξαντα κελεύθους.
τῶν δέ τε μισγομένων χεῖτ' ἔθνεα μυρία θνητῶν,
παντοίαις ἰδέῃσιν ἀρηρότα, θαῦμα ἰδέσθαι.

Et aussitôt naissaient mortels ceux qui auparavant avaient appris à être immortels,
Et mêlés, ceux qui auparavant étaient sans mélange, échangeant leurs chemins.
Et comme ils se mélangeaient, se répandaient par myriades les tribus de mortels,
Ajointées en des formes diverses, merveille à voir (fr. 35, 14-17).

Le fr. 35 met en scène les effets de « l'immortel élan » de l'Amour (ἄμβροτος ὁρμή) sur les éléments. La formule d'ébahissement devant la profusion et la beauté des œuvres vivantes de l'Amour est la même que celle utilisée pour l'Héphaïstos hésiodique – θαῦμα ἰδέσθαι –, allusion transparente pour l'auditoire ; de même pour la mention des tribus de bêtes[38] (que l'on retrouvera sur une autre « merveille à voir », le bouclier d'Achille).

La création des vivants par l'Amour suit-elle alors le modèle des δαίδαλα du maître du feu ? On peut d'abord penser que oui : le fr. 35, tout comme le fr. 96, 4 (Ἁρμονίης κόλλῃσιν ἀρηρότα) parle d'éléments « ajointés » ou ajustés, ἀρηρότα, en écho à ἀσκήσας (*Theog.* 580) mis pour la couronne sortie

35. Derrière *Nestis* se dissimulent Perséphone et Calliope, la Muse d'Empédocle. *Cf.* Picot 2000, p. 46-48, Picot 2004, p. 442, Picot 2009, p. 76-77, 81 ; Rashed 2017, p. 27, p. 200-201, n.51.

36. B 19, fr. 34. Contrairement à l'eau, le feu est apte à diviser, à cause notamment de son extrême finesse et de sa célérité.

37. φυεῖν/φύεσθαι !fr. 26, 8 ; 35, 14 ; 61, 1 ; 85) ; ἀνδρο–/γυναικοφυῆ (fr. 61, 3-4), οὐλοφυεῖς (fr. 62, 4). *Cf* aussi ἐξανατέλλειν, fr. 61, 2 et 62, 4, βλαστάνειν fr. 57, 1, ὅρπηκας fr. 62.

38. Plusieurs fragments énumèrent ces tribus variées composées par l'entrelacement des éléments. Par exemple, le fr. 21, 9-12 : « [c'est d'eux...] dont les arbres ont germé, les hommes et les femmes, les bêtes et les oiseaux, les poissons que nourrit l'eau, et les dieux à la vie longue ». Ou le P.Stras. gr. 1665-1666 a(ii) = *Phusika* 296-298 : « les < espèces > sauvages des bêtes qui errent dans les montagnes, [...] la race duelle des hommes [...], l'espèce des <fleurs > porteuses de racines et < la grappe > qui s'avance sur la vigne. ». Et encore : « les plantes et les poissons qui demeurent dans l'eau, les bêtes couche-montagnes et les oiseaux tire-ailes » (fr. 20, 6-7) ; « les coquillages au dos pesant qui fréquentent la mer, [...] des buccins à la peau de pierre et des tortues » (fr. 76, 1-2).

des paumes d'Héphaïstos. On songe au fr. 87 : « joignant avec des chevilles d'amour, Aphrodite… » (γόμφοις ἀσκήσασα καταστόργοις Ἀφροδίτη[39]). Or *harmonia* a le sens primitif de cheville. Que l'Amour soit nommé Ἁρμονίη au fr. 96 renvoie à la fois à la formule du mélange ou proportion de l'alliage[40], et à un mode particulier d'ajustement et de cohésion. Les colles de Cypris, qui agglutinent aussi la farine et l'eau (κολλήσας, fr. 34), ne sont pas de la glu mais consistent en l'emboîtement de tenons et mortaises qu'Empédocle appelait des denses (πυκνά) et des creux (κοῖλα) ou « pores » (πόροι) – formant ce que nous pourrions appeler la texture des corps –, modelés par l'Amour[41]. Quand la texture d'un élément ou d'un composé s'harmonise exactement à celle d'un autre (συναρμόττειν, *cf.* ἐνάρθμιον fr. 91), quand les textures sont en συμμετρία réciproque, elles s'entrelacent. Dans ces alliages, les éléments s'interpénètrent (comme l'eau et le vin, fr. 91, ou la teinture de safran et le lin, fr. 93), « sont amis en toutes leurs parties » (ἄρθμια…πάντα μέρεσσιν, fr. 22). Cet emboîtement n'est pas mécanique, mais dynamique : c'est de la force active de l'Amour, qui les irradie du dedans, qu'ils tiennent leur cohésion, se « caillent » en un chevillage organique (ἐγόμφωσεν fr. 33, γόμφοις fr. 87, πήγνυμι[42]) et s'aimantent par un flux invisible semblable à l'attraction magnétique, dont Empédocle donnait une explication[43]. Car les pores des corps sont traversés d'effluves (ἀπορροαί)[44], qui les portent à adhérer comme le fer à la pierre d'Héraclée. Le fer *s'arrime* à la pierre d'aimant, dans les pores/ports de Cypris (*cf.* l'ancrage – ὁρμισθεῖσα – dans le fr. 98), à l'instar du cuivre et de l'étain s'alliant pour former le bronze[45].

C'est d'abord depuis le centre de la terre que la force de Cypris va irradier et faire émerger des « membres solitaires » (μουνομελῆ, fr. 58) dans un tableau stupéfiant[46] :

ἧι πολλαὶ μὲν κόρσαι ἀναύχενες ἐβλάστησαν,
γυμνοὶ δ' ἐπλάζοντο βραχίονες εὔνιδες ὤμων,
ὄμματά τ' οἶ' ἐπλανᾶτο πενητεύοντα μετώπων.

39. Trad. Bollack.

40. *Cf.* l'usage d'ἁρμονίη au fr. 23.

41. *Cf.* A 86.12, A 87 et Therme 2008, p. 333-339, 395-401.

42. Fr. 15, 33, 75, 86 et 107. Demont 1978 le traduit par « prendre », comme le lait caille en fromage. On retrouve ce terme, associé à l'action de l'Amour, quand le feu solidifie et cristallise (le sel, fr. 56, la lune, A 60).

43. Fr. 89, *Cf.* A 89. Pour le flux aimantant de l'Amour, Therme 2007, p. 106-118, 2008, p. 561-575.

44. Fr. 89 et *ad*, fr. 102.

45. La métaphore du port et de l'ancre est donc aussi en un sens sidérurgique.

46. « Empédocle dit qu'au début de l'Amour naquirent d'abord, comme cela venait, les parties des animaux comme des têtes, des mains et des pieds » (Simplicius, *ad* B 61) ; « Les premières générations d'animaux et de plantes ne sont pas du tout nées comme des ensembles complets (ὁλοκλήρους), mais désunies en parties qui n'avaient pas crû ensemble (ἀσυμφυέσι) » (Aétius, A 72).

De là [*sc.* de la terre] germaient de nombreuses têtes sans cous,
Des bras nus déambulaient, orphelins d'épaules,
Et des yeux solitaires erraient, privés de fronts. (fr. 57)

εἰλίποδ' ἀκριτόχειρα
Aux pieds tournoyant et mains indistinctes. (fr. 60[47])

Ils s'assemblent peu à peu, au hasard de leurs combinaisons et de leur συμμετρία réciproque, et selon le degré de cohésion des membres entre eux composent des organismes susceptibles de perdurer si leur articulation est viable[48].

πολλὰ μὲν ἀμφιπρόσωπα καὶ ἀμφίστερνα φύεσθαι,
βουγενῆ ἀνδρόπρῳρα, τὰ δ' ἔμπαλιν ἐξανατέλλειν
ἀνδροφυῆ βούκρανα, μεμειγμένα τῇ μὲν ἀπ' ἀνδρῶν
τῇ δὲ γυναικοφυῆ σκιεροῖς ἠσκημένα γυίοις.

Beaucoup naissaient doubles de tête et doubles de torse
Races de bœufs à proue d'hommes, tandis que d'autres jaillissaient inverses,
Créatures d'hommes à tête de bœuf, mélanges tenant ici des mâles,
Et là femelles aux membres d'ombre. (fr. 61)

Reprenons ces séquences. Cypris façonne des organes (comme l'œil) ou des membres indépendants, dont il est clair que certains (tête[49], bras, pieds, mains) nécessitent des matières homéomères telles la chair et l'os, car les membres isolés du fr. 57 présupposent les tissus des fr. 96 et 98. L'œuvre de Cypris exige donc plusieurs stades de fabrication : l'articulation des éléments séparés en tissus (alliages), des tissus en membres, puis des membres en corps. Sa puissance « magnétique » commence à rayonner depuis les profondeurs de la terre, attirant les portions éloignées d'eau, de feu et d'éther qui acceptent de se laisser subjuguer. C'est pourquoi la terre (ici χθών, en général mis pour la terre des profondeurs[50]) est la première à se prêter gracieusement à Cypris (ἐπίηρος, fr. 96, 1) ; c'est en elle, dite « amarrée dans les ports de Cypris » (fr. 98, 3), que doivent venir s'ancrer les autres racines. Nestis s'y mêle aisément parce qu'elle est l'alliée naturelle de l'Amour, et proche de la terre, elle est donc la plus prompte au mélange avec elle. Le feu qui participe aux processus de composition de l'os et du sang, en choisissant de ne plus être vassal de la Haine mais de céder à la douce attraction de l'Amour, change de

47. Trad. Laks modifiée.

48. « Les secondes <générations>, quand les parties eurent crû ensemble (συμφυομένων), avaient l'apparence de fantasmes (εἰδωλοφανεῖς) » (Aétius, A 72) ; *cf.* Aristote, *Phys.* II, 8 198 b29-32 et 199 b9-13 ainsi que le commentaire de Simplicius *ad loc.* (*ad* B 61).

49. Il faut sans doute entendre par là des crânes, donc des os, peut-être recouverts de chair et de peau, puisque le fr. 57, 3 évoque des yeux sans front ; les têtes ne sont pas encore des visages ou figures composés.

50. Et est ainsi le lieu premier d'engendrement des créatures et de leurs parties : fr. 62, 4 ; 73 ; 96, 1 ; 98 ; 148.

nom ; il n'est plus Zeus, le feu qui s'élève sous l'influence de la Discorde[51], mais Héphaïstos, l'époux d'Aphrodite, comme Perséphone-Nestis-eau l'est d'Hadès-Aidôneus-terre.

Si c'est une coïncidence, elle est troublante. Dans l'*Iliade*, le dieu-forgeron est marié à Charis, dans l'*Odyssée* il l'est à Aphrodite, toutes deux présentes lors de la confection de Pandore dans *les Travaux et les Jours*, 65 (« Et l'Aphrodite d'or répandrait sur son front la grâce (χάριν) ») ; or ce sont là deux des noms qu'Empédocle donne à Philotès[52]. Hernández Castro soutient qu'Empédocle subvertit la Pandore hésiodique en substituant à la néfaste figure féminine mortelle qui « offre tous » les maux aux hommes une autre, divine et immortelle, associée à la terre, Aphrodite Ζείδωρος (fr. 151) qui, par contraste, « donne la vie »[53]. Mais l'analogie est imparfaite. Le renversement n'est pas entre Pandore, créature artificielle, et Cypris, mais bien entre Héphaïstos et Cypris, sur laquelle est transférée la figure du démiurge artiste composant des « merveilles à voir » par un ajointement subtil. Il semble même qu'Empédocle procède à une malicieuse transposition en miroir du célèbre épisode de l'*Odyssée* chanté par l'aède Démodocos (VIII, 266-366), quand celui-ci narre les amours adultères d'Aphrodite et Arès. Hélios ayant rapporté à l'époux légitime les avoir trouvés « en pleine œuvre d'amour » (μιγαζομένους φιλότητι, 271), ce dernier entreprend de forger un subtil réseau imperceptible de nœuds inextricables, voué à piéger les infidèles et à les immobiliser pour toujours (ἔμπεδον, 275). Autour et au-dessus du lit, il répand partout en cercle (χέε δέσματα κύκλῳ ἁπάντῃ, 278) le réseau, « toile d'araignée légère » (ἀράχνια λεπτά) si finement ouvragée qu'elle est invisible même aux dieux (280-281), bien qu'elle soit en métal. Dès Arès énamouré (φιλότητος) accouru et les amants couchés, « l'ingénieux réseau de l'habile Héphaïstos (δεσμοὶ τεχνήεντες ἔχυντο πολύφρονος Ἡφαίστοιο) leur tomba dessus : plus moyen de bouger, de lever ni bras ni jambe » (296-298). Aphrodite honteuse, une fois libérée, se réfugie à Chypre (362). Dans les vers d'Empédocle, l'inverse se produit. Arès-Discorde et surtout Héphaïstos-feu sont domptés et subjugués par les liens invisibles d'Aphrodite tissant son subtil réseau de chevillage de pores et denses, qui finiront par les immobiliser dans le repos du Sphairos[54]. Autre allusion : quand l'Aphrodite de l'*Iliade* échappe à ses liens et devient de fait Cypris en fuyant à Chypre, c'est à l'inverse en prenant les dieux-éléments dans ses rets d'amour, en les immobilisant dans des mélanges, que celle d'Empédocle prend le nom de

51. Zeus-feu est associé à la Haine, *cf.* B 19, Picot 2000, p. 74 et 77, Rashed 2017, p. 21.

52. Χάρις : fr. 116 ; Ἀφροδίτη : Fr. 17, 24 ; 22, 5 ; 66 ; 71, 4 ; 86, 2 ; 87 ; 151.

53. Hernández Castro 2019, p. 445.

54. Rashed 2017, p. 135 n. 45 voyait déjà dans la création du soleil par Aphrodite, qui prend Zeus dans ses liens, « une correction philosophique du mythe d'Aphrodite prise dans des liens avec Arès par Héphaistos, dieu du feu et fils de Zeus ».

Cypris[55]. Enfin, à la finesse de la toile enserrant les dieux amants répond celle des « voiles légers » ou des fines membranes entrant dans la composition de l'œil[56].

On peut alors se demander si, en transférant à Aphrodite les paumes démiurgiques d'Héphaïstos au pouvoir liant[57], capables de subjuguer et de diriger le feu, Empédocle se contente d'intervertir leurs propriétés. Autrement dit, le fait que Cypris endosse les attributs d'Héphaïstos implique-t-il qu'elle procède exactement selon les mêmes modes de fabrication ? Avant d'examiner cette question, revenons un instant au façonnage de Pandore.

Héphaïstos modèle une matière homéomère qui sera ensuite revêtue d'ornements, artefacts visibles (le vêtement, le voile, et les δαίδαλα forgés telle la couronne) ou immatériels (la grâce). Cypris aussi semble modeler de la glaise (fr. 73). Elle aussi procède en plusieurs temps : elle fond les éléments en tissus-alliages et les moule en membres isolés[58] qui seront ensuite articulés en corps. Elle fabrique en assemblant, apparemment comme Héphaïstos. Ses organismes sont constitués par soudure de membres « solitaires » qui sont déjà des complexes faits de strates d'éléments (l'œil) ou de tissus : bras et jambes sont des os habillés de chair par Cypris, tout comme Athéna « enveloppe avec ses mains » Pandore « d'un voile artistement travaillé » (δαιδαλέην). Les peintres du fr. 23 eux aussi procèdent par superposition de couches. Or tandis que Pandore est faite d'un noyau de glaise recouvert de couches successives, l'assemblage par l'Amour des membres en corps n'est pas une simple stratification. Les cous, épaules et fronts du fr. 57 ne sont pas des membres errants (ce que sont en revanche yeux et bras) mais des articulations, qui ne peuvent pas exister indépendamment de ce qu'elles relient (« la jointure lie deux membres », fr. 32). Contrairement au Platon de la tripartition des âmes, pour qui le cou sépare plus qu'il ne relie, ce sont chez Empédocle des soudures, dont le terme technique est précisément κόλλησις[59], sur le modèle de la grande statuaire de bronze. Les membres étaient fondus à part, puis assemblés par un soudage de bronze en fusion,

55. Empédocle aurait-il poussé le clin d'œil jusqu'à voir sa *sphragis* dans l'ἔμπεδον du v. 275 ?

56. « Ainsi, après qu'Aphrodite eut pourvu le feu ogygien enfermé dans des membranes de chevilles chérissantes (ἐν μήνιγξιν [...] γόμφοις ἀσκήσασα καταστόργοις 'Αφροδίτη), elle versa Koré à l'œil rond en des voiles légers (λεπτῇσ'εἰν ὀθόνῃσιν ἐχεύατο κύκλοπα Κούρην) ; ceux-ci contenaient la profondeur de l'eau au flux enlaçant mais laissaient passer le feu à l'extérieur, pour autant qu'il est plus fin, par là où ils avaient été transpercés de conduits merveilleux (ᾗι χοάνῃσι δίαντα τετρήατο θεσπεσίῃσιν) » fr. 84, 7-11 (éd. et trad. Rashed 2017, p. 165, qui insère le fr. 87 après le v .7 du fr. 84, et au v. 11 le v. 9 DK modifié).

57. Sur Héphaïstos dieu lieur (le filet d'Aphrodite, le trône d'Héra, les chaînes de Prométhée), *cf.* Delcourt 1957, p. 15-19.

58. Procédés de fonderie examinés *infra*.

59. Notons que parmi les présocratiques, Empédocle est le seul à user du terme κόλλα (fr. 96, 6 et fr. 34).

« la particularité de ce procédé résid[ant]dans le fait que le bronze versé joue un double rôle : il est à la fois le métal d'apport et la source de chaleur »[60]. De même l'Amour est à la fois la matière de l'articulation (il est « implanté dans les jointures », ἔμφυτος ἄρθροις, fr. 17, 22, tout comme il est « dans » les éléments, ἐν τοῖσιν, v. 20, avec l'étendue desquels il se confond) et le processus d'adhésion, par « caillage » et attraction, auquel le pouvoir durcissant du feu prête son concours.

L'Amour n'agit donc pas de l'extérieur des corps, mais s'inclut pleinement dans ce qu'il mêle. À chaque étape du processus de fabrication, quand les paumes de Cypris fondent les éléments en tissus, moulent ces alliages en membres qu'elles soudent ensuite en corps, elles y laissent leur empreinte digitale en les imprégnant du dedans et confèrent à chaque nouvel organisme ou *type* (τύπος) de créature de nouvelles « paumes ». Chacune des quatre racines divines élémentaires étant douée de sensibilité, de pensée et de volonté[61], possède ses « paumes » propres, ses modes spécifiques de *saisie*, de perception et de compréhension du monde. Même prises dans les liens puissants d'un mélange, chacune y conserve ses pouvoirs et les transfère au tout – tout comme les mains et paumes de toutes les divinités succédant à Héphaïstos impriment leur caractère sur Pandore. À leur tour les membres, qui forment des totalités vivantes susceptibles d'existence autonome, ont leurs « paumes » propres (le toucher pour la main, la vision pour l'œil...) ; les τύποι ultérieurs (plantes et animaux) composant des organismes plus articulés disposeront de pouvoirs nouveaux, comme la voix, « membre propre à l'espèce humaine » (fr. 62, 8), ou un « diaphragme robuste » (fr. 110, 1).

Tandis qu'Héphaïstos crée du vivant par superposition de matières inertes finement ouvragées (δαίδαλα), Cypris mêle des matériaux déjà vivants et pensants, qui à chaque degré d'organisation et de cohésion vont former des entités dotées de pouvoirs propres. Par contraste, l'assemblage réalisé sur Pandore n'est qu'une ornementation de surface ; les δαίδαλα qui la recouvrent ne sont qu'artifice en vue de séduire et détruire. Les créations de Cypris sont-elles alors des δαίδαλα au sens des ouvrages d'Héphaïstos ? Avant de désigner des ornements ouvragés, le terme s'applique d'abord aux statues de métal (*Il.* 5, 60) et aux figures en relief (comme sur le bouclier d'Achille, *Il.* 18, 482). Quand Héphaïstos raconte son enfance, caché par les Nymphes dans une grotte profonde sous le fleuve Océan, il dit y avoir ciselé des δαίδαλα – agrafes, broches, colliers et bracelets –, pièces d'orfèvrerie complexes d'une haute technicité[62]. Techniquement, il dispose de deux types de procédés pour ce faire : ajouter de la matière par soudage ou en ôter par

60. Azéma, Chauveau, Porot, Angelini et Mille 2017 (citation extraite de la p. 75).

61. « Sache que tous ont leur sens et leur part de pensée » (πάντα γὰρ ἴσθι φρόνησιν ἔχειν καὶ νώματος αἶσαν, fr. 110, 10) ; pour la perception, fr. 109.

62. *Il.* 18, 394 s. (δαιδαλέου, 390, χάλκεον δαίδαλα πολλά, 400).

frappe, à la pointe, au burin ou au marteau. Or il est impossible que Cypris opère de cette dernière façon. Désagréger et diminuer les composés relève de la seule Discorde. Quand le feu sépare au lieu de cristalliser et de solidifier les jointures, c'est qu'il est le vassal de *Neikos*.

L'activité poïétique typique d'Héphaïstos est-elle alors à même de fournir à Empédocle un modèle technique cohérent pour penser analogiquement l'œuvre de Cypris ? Penchons-nous sur leurs modes opératoires respectifs.

Des forges d'Héphaïstos aux forges de Cypris, du martelage à la fonderie : la fonte des tissus-alliages et le moulage des membres

Bien que la forge d'Héphaïstos décrite au chant 18 de l'*Iliade* soit si souvent convoquée pour comprendre l'analogie métallurgique des fr. 96 et 98, ce n'est pas le modèle des forges de Cypris – et c'en est même, en un sens, un anti-modèle. Alors que le forgeron homérique frappe, martèle et cisèle, l'Amour fond (les éléments dans les tissus-alliages), coule et moule (les tissus dans les membres) puis soude (les membres en corps, on l'a évoqué). Empédocle substitue aux techniques des âges obscurs, qu'il semble associer à l'action violente de la Haine, celles des bronziers de son temps pratiquant la fonte à la cire perdue.

Ces divergences apparaissent d'autant plus que ses vers multiplient les correspondances avec l'épisode du forgeage du bouclier d'Achille (*Il.* 18, 368-627), seul texte ancien à donner des indications techniques sur les pratiques métallurgiques archaïques[63].

Héphaïstos le marteleur

Homère nous entraîne avec Thétis au cœur de l'atelier d'Héphaïstos, dans la demeure toute de bronze (χάλκεον) qu'il a construite dans l'Olympe. On l'y découvre « tout suant, roulant autour de ses soufflets, affairé » (ἱδρώοντα ἑλισσόμενον περὶ φύσας σπεύδοντα, 372-373) ; on songe à l'affairement de Cypris au fr. 73. Les trépieds animés qu'il est en train de fabriquer sont une « merveille à voir », θαῦμα ἰδέσθαι[64] (377) ; il « forge les attaches » de leurs anses (κόπτε δὲ δεσμοῦς[65]). Il entame la fabrication du bouclier au v. 468, œuvre extraordinaire entre toutes qui sera à l'image du cosmos :

> ... Il tourne <ses soufflets> vers le feu (ἐς πῦρ) et les invite à travailler. Et les soufflets (φῦσαι) – vingt en tout – de souffler (ἐφύσων) dans les fournaises (ἐν χοάνοισιν). Ils lancent un souffle ardent et divers, au service de l'ouvrier, qu'il veuille aller vite (σπεύδοντι) ou non, suivant ce qu'exigent Héphaïstos et les progrès de son travail. Héphaïstos jette dans le feu le bronze rigide (ἀτειρέα χαλκόν), l'étain (κασσίτερόν), l'or précieux (χρυσὸν τιμῆτα),

63. Hésiode, *Op.* 151 et 176, témoigne d'une métallurgie du fer mais sans détails techniques.
64. On retrouve l'expression utilisée pour Pandore et les œuvres de l'Amour au fr. 35, 17.
65. Même formule que lorsqu'il fabrique le filet enserrant Aphrodite en *Od.* 8, 274.

> l'argent (ἄργυρον). Il met sur son support une large enclume (ἐν ἀκμοθέτῳ μέγαν ἄκμονα[66]). Enfin, dans une main (χειρί), il prend un marteau solide (ῥαιστῆρα κρατερήν) et, dans l'autre, sa pince à feu (πυράργην). Il commence par fabriquer un bouclier, grand et fort. Il l'ouvre adroitement (δαιδάλλων) de tous les côtés. Il met autour une bordure étincelante – une triple bordure au lumineux éclat. Il y attache un baudrier d'argent. Le bouclier comprend cinq couches. Héphaïstos y crée un décor multiple (δαίδάλα πολλά), fruit de ses savants pensers (ἰδυίῃσι πραπίδεσσιν). Il y figure la terre, le ciel et la mer, le soleil infatigable et la lune en son plein, ainsi que tous les astres dont le ciel se couronne... (*Il.* 18, 469-485[67]).

Héphaïstos semble d'abord agir ici comme Cypris, en fondeur, quand il jette au feu quatre métaux précieux : trois purs et un alliage, le bronze, qui mêle cuivre[68] et étain. Ce dernier apparaît donc deux fois dans la liste des ingrédients, comme élément pur et comme part du bronze. On aurait alors une analogie possible avec « la brillance de Nestis » du fr. 96, qui désigne très vraisemblablement une eau effervescente, soit une eau mêlée d'éther[69]. Mais dans *l'Iliade*, les métaux même fondus restent purs et distincts, ne sont pas mêlés en de nouveaux alliages, contrairement aux tissus de Cypris[70]. Héphaïstos ne fond que parce que la liquéfaction est un préalable au martelage qui, après refroidissement, donnera au métal la forme voulue. Un tel forgeage ne présuppose pas même de fusion, il suffit de chauffer à blanc le métal avant la mise en forme. Les paumes d'Héphaïstos manient marteau et tenailles, outils impliquant qu'il procède exclusivement en *frappant* le métal sur son enclume. Il lui faut d'abord l'aplatir en feuilles, donner aux bandes du bouclier leur forme circulaire et incurvée, puis les assembler ; or à l'époque d'Homère, la soudure ne se fait que par martelage, selon la technique du *sphurelaton*[71]. Les reliefs du décor (δαιδάλα) sont ciselés par soustraction de

66. *Cf.* n. préc.

67. Trad. Mazon.

68. χαλκός peut désigner le cuivre, le bronze ou plus généralement le métal. Mais l'ambiguïté est ici levée avec l'épithète ἀτειρέα (le cuivre étant très malléable). La même formule se retrouve au fr. 143 d'Empédocle (ἀτειρέι χαλκῷ). Avant l'époque hellénistique, le bronze est exclusivement composé de cuivre et d'étain ; l'introduction de plomb est ultérieure (Mattusch 1988, p. 13).

69. Picot 2008, cf. *infra*.

70. La composition des strates du bouclier ne sera donnée qu'au chant 20, 270-272 : deux de bronze, deux d'étain et une d'or (le baudrier seul étant en argent).

71. Cette technique ancienne, usuelle jusqu'à la fin du ve s (*cf.* Prost 1999, p. 46-47, 51, Vincent 2003, p. 38), avant la redécouverte des procédés de fonte creuse ou à la cire perdue sur négatif, permettait d'aplatir le métal en feuilles en le martelant sur un noyau en bois découpé pour lui faire prendre la forme ou le décor voulu. Hérodote VII, 69, parle d'une statue d'or travaillée en σφυρήλατον ; Pausanias III, 17, 6 en décrit une dont « les parties fabriquées séparément à coups de marteau ont été ensuite ajustées (συνήρμοσταί) les unes aux autres, et fixées ensemble par des clous ». *Cf.* Halleux 1974, p. 71 n. 30, et p. 192, Bol 1985, p. 98-102, Mattusch 1988, p. 35-38, 42-44, Pernot 1998, p. 125-126 et n. 24.

métal (la pointe ou le burin étant frappés au marteau), au repoussé[72] ou par incrustation : mais là encore, c'est en rebattant au marteau que fils ou feuilles métalliques sont insérés[73]. Le forgeron (χαλκεύς) s'apprêtant à plaquer d'or les cornes d'une vache destinée au sacrifice (*Od.* 3, 432-435) a les mêmes outils de bronze que dans notre passage (enclume, marteau, tenailles) et ils sont dits servir à *battre* l'or.

L'Héphaïstos d'Homère, comme les forgerons de son temps, est donc avant tout un marteleur. Que son outil soit nommé ῥαιστῆρ, plutôt que le terme commun σφύρα, a des connotations funestes, puisqu'il est littéralement « celui qui brise »[74] et désigne, au sens figuré, un fléau destructeur. Dans la perspective empédocléenne, les techniques de l'Héphaïstos homérique – frappe, martelage, entaillage – ne vont pas dans le sens de l'Amour, qui allie les éléments en les fondant les uns dans les autres ; elles évoquent le travail de dissociation agressif qui caractérise la Haine. Le martelage est une force exercée de l'extérieur sur la matière heurtée, qui lui fait violence, alors que la fonte de l'Amour attire et harmonise les pores et denses des racines en les soudant puissamment du dedans, en les *assimilant* (ἀλλήλοις ἔστερκται ὁμοιωθέντ' Ἀφροδίτῃ, fr. 22, 5). Quand les racines font le jeu de la Haine, « les plus ennemies s'éloignent l'une de l'autre, au plus loin, dans la race, dans le mélange et les figures travaillées (εἴδεσιν ἐκμάκτοισι[75]), partout se fuyant, aliénées, et tristes affreusement : à la race de Haine, leur race (est...) »[76]. Il peut sembler paradoxal de se « fuir dans le mélange » ; mais les créatures nées à l'âge de la Haine, comme au fr. 62, sont vouées à être toujours plus déchirées, à ce que leurs parts se détachent et s'écartent dans des « figures (toujours plus) travaillées », pressurées, sculptées par une érosion qu'accélère la déperdition constante de feu. Quand le feu se laisse dominer par la Haine et cherche à rejoindre son semblable, il (re)devient, tel l'Héphaïstos homérique, un marteleur qui aide à la dislocation des composés, comme le χαλκ[εύς de l'ens. f(ii), proche du fr. 62. D'ailleurs nous mourons quand tout le feu composant notre corps a fini par s'en échapper (A 85, A 77). C'est aussi à un forgeron marteleur qu'Hippolyte, citant certains vers de notre fr. 115, associe la Haine : en détruisant les œuvres de l'Amour, en faisant errer les « âmes » sur les douloureux chemins de l'existence, elle les châtie, « comme le forgeron qui réarrange le fer, le sort du feu et le trempe à l'eau (καθάπερ χαλκεύς τις μετακοσμῶν σίδηρον καὶ ἐκ πυρὸς εἰς ὕδωρ μεταβάπτων) »[77].

72. Sur la technique du repoussé, Clouzot 1921, p. 49-50.

73. Pour un aperçu des types de marteaux de l'Âge de bronze, Fregni 2016.

74. Il en est de même du marteau avec lequel il cloue Prométhée aux rochers chez Eschyle, *PV* 56.

75. Par contraste avec les merveilleuses figures (ἰδέῃσιν) ajointées par l'Amour au fr. 35, 17.

76. Fr. 22, 6-9 (trad. Bollack).

77. Le grésillement produit quand Ulysse crève l'œil de Polyphème avec un pieu brûlant est comparé à ce qui se passe « dans l'eau froide du bain qui trempe le métal, quand le maître

Quand le fr. 2, 6 évoque l'impuissance des hommes « chassés (ἐλαυνόμενοι) de tous côtés », ne sont-ils pas justement *martelés, laminés*[78] ?

Or ce n'est plus ainsi qu'Héphaïstos procède guidé par les paumes de Cypris. Dans les forges où elle crée ses tissus-alliages, point de marteau ni enclume, seulement des χοάνοι (qui, on va le voir, nécessitent des soufflets) ; Cypris ne martèle pas, elle fait de la fonderie[79].

χοάνοι *de terre et soufflets*

Ce dernier point a été perçu par D. Sider dans un article de 1984, puis remarquablement enrichi par J.-C. Picot[80]. Sider voit à juste titre dans les χοάνοι du fr. 96 – qu'il qualifie d'εὐτύκτοις[81] – des bas fourneaux et non pas des creusets à fondre comme le pensait Simplicius. Citant le fragment, Simplicius précise : « *Creusets* (χοάνα) est un terme homérique pour désigner la place où se produit le mélange des éléments, et signifie « récipients » (ἀγγεια) : « *Les soufflets, vingt en tout, soufflaient dans les creusets* », qu'il qualifie de *vastes* (εὔστερνα) parce qu'ils sont de grande capacité »[82]. Bollack y voit ainsi des chaudrons de terre[83]. La polysémie du terme obscurcit son interprétation. Car un χοάνος (de χέω, verser, répandre) est soit un entonnoir par lequel on coule le métal en fusion, soit un réceptacle[84] ; il peut dans ce cas s'agir de creuset à fondre (récipient où le métal solide est liquéfié), du moule d'argile (πήλινος τύπος) où le métal fondu est coulé pour prendre la forme voulue, ou encore du four même où chauffent creusets et moules. Quand Empédocle emploie le féminin χοάνη, c'est clairement pour parler de *conduits* (ceux qui transportent le feu à travers l'œil[85]) ; l'occurrence masculine du fr. 96 est plus ambiguë. Selon Bollack[86] il s'agit de creusets à fondre, comme pour Simplicius – mais comment comprendre alors son renvoi à la citation

bronzier plonge une grosse hache ou bien une doloire, le fer crie et gémit » (*Od.* 9, 391-393) : l'image est violente.

78. Halleux 1974, p. 71 et n. 29 oppose cuivre coulé, χύτος, et martelé, ἐλατός : ἐλαύνω est le terme technique pour le martelage et le laminage. *Cf.* Hésychius, σφυρήλατος· σφύραις ἐληλα[σ]μένος, οὐ χωνευτός.

79. C'est ainsi qu'est nommé le marteau avec lequel Héphaïstos cloue Prométhée aux rochers chez Eschyle, *PV* 56.

80. Picot 2008, p. 95 et n. 50.

81. εὐστέρνοις Aristote, *De an.* 410a4 et Simplicius, *In Ph.* 300, 21 ms. D, leçon retenue par Diels ; εὐτύκτοις ms EF, leçon retenue par Sider 1984, p. 20, qui propose aussi εὐτρήτοις *ap.* Hésiode, *Theog.* 863.

82. Trad. Dumont.

83. Bollack 1969, p. 387.

84. Le verbe χοανεύω peut de même signifier *verser un métal en fusion* ou *fondre* (Aristophane *Thesm.* 57 et 62).

85. ᾗι χοάνῃσι δίαντα τετρήατο θεσπεσίῃσιν, fr. 84 éd. Rashed.

86. Comme en *Theog.* 861-862 (*ibid.*). Au fr. 73 en revanche Bollack « voit un four, un baquet rempli d'eau et peut-être des moules » (p. 376).

de l'*Iliade* ? Car les soufflets ne sont pas *dans* les creusets, ἐν χοάνοισιν – un fondeur ne procède pas ainsi. D'ailleurs, dans l'*Iliade*, les soufflets sont en action avant que le métal soit mis à chauffer.

Le χοάνος-creuset contenant le métal à fondre est placé dans un χοάνος-four empli de charbons ardents. Ce bas-fourneau est une construction de terre enfermant une cavité (κοιλώμα[87]), un peu comme un four à pain, mais clos de tous côtés, à l'exception d'orifices où s'insèrent les tuyères permettant à l'air des soufflets de pénétrer. Les tuyères sont des conduits de terre cuite auxquels sont ajustés et colmatés les becs des soufflets pour éviter toute déperdition d'air et accroître la chaleur[88]. Or, selon Empédocle, il y a de l'air dans les profondeurs souterraines, susceptible d'attiser le feu : « Éther s'enfonçait sous terre par de longues racines » (αἰθὴρ – μακρῇσι κατὰ χθόνα δύετο ῥίζαις, fr. 54), comme une soufflerie rhizomatique[89]. Les fourneaux sont εὐτύκτοις, « bien faits », ou εὐστέρνοις, aux « bonnes poitrines » : on songe certes à la Γαῖ' εὐρύστέρνοις d'Hésiode, « Terre à la large poitrine, siège éternellement solide[90] de tous les immortels… » (*Theog.* 117), mais contrairement à la Terre hésiodique qui engendre de nombreuses générations successives de dieux, vouées à se haïr et à se détruire mutuellement, la fécondité de la terre dans le fr. 96 est heureuse. Les œuvres d'Amour tendent vers la reconstitution de l'unité de toutes choses, et c'est bénévolement (ἐπίηρος) que la terre y collabore. De même, si pour Hésiode comme pour Empédocle, la terre est « le siège solide de tous les immortels », c'est en sens inverse : elle ne l'est, sous les paumes de Cypris, que parce que les racines s'y sont rejointes, subjuguées par la déesse. Les dieux immortels d'Empédocle ne sont pas nés de la terre ; elle est au fr. 96 leur lieu d'accueil et leur « amie » (fr. 22, 1) et non leur cause, contrairement à la terre d'Hésiode. C'est l'Amour qui engendre des créatures, toutes mortelles. Même si dans toutes les phases zoogoniques d'Empédocle, les vivants ou leurs membres émergent de la terre, on ne peut en aucun sens parler de génération autochtone[91]. La Terre n'engendre ni

87. Hésychius *sv* χοάνοις.

88. Ce dispositif remontant aux débuts de l'âge de bronze permet la fusion des minerais en métaux et des métaux en alliages. Sur les tuyères et les systèmes d'outres servant de soufflets, voir Hérodote I, 67-68 et Benoit 1948, p. 305. Les points de fusion des métaux, même bas, exigent le maintien de températures très élevées (232°C pour l'étain, 1083°C pour le cuivre), d'où la nécessité de soufflets. Plus le pourcentage d'étain dans l'alliage est élevé, plus bas sera son point de fusion (1050° C avec 5 % d'étain, 1005° avec 10 %). *Cf.* Mattusch 1988, p. 13.

89. Sider 1984 voit dans ces fours aux conduits intégrés les πόροι de la terre. Mais les πόροι sont plutôt les longues tuyères qui alimentent les fours, les conduits où l'éther s'insuffle ; il y a aussi des πόροι dans le χοάνος-moule, évents emplis tantôt de cire, tantôt d'air ou de bronze. Ces réseaux de canaux évoquent le dispositif de la respiration (fr. 100). Notons que le terme pour désigner les orifices cutanés auxquels aboutissent les πόροι de la respiration sont nommés στομίοις (fr. 100, 3). Ce mot est aussi utilisé pour les becs de soufflets de forge.

90. La terre d'Empédocle aussi est solide, στερεωπά, fr. 21, 6.

91. Contrairement à ce qu'écrit Wright 1995², p. 217.

seule, ni d'elle-même, ni fécondée par des semences enfouies en elles qu'elle ferait croître[92]. Elle n'est pas plus mère que ne le sont les autres racines, qui toutes participent activement aux créatures en lesquelles elles se fondent et qu'elles participent à forger.

C'est pourquoi le modèle métallurgique d'Empédocle n'est pas non plus celui de Terre forgeant seule, en ses profondeurs, la serpe d'acier destinée à émasculer Ouranos (*Theog.* 159-162)[93]. La lame aiguë « aux dents acérées » (καρχαρόδοντα, 175 et 180) est une arme de Haine évoquant la dévoration, vouée à séparer et détruire. Pour les mêmes raisons, la terrible lutte opposant la foudre de Zeus au monstre Typhon (*Theog.* 820-880) n'est pas non plus le modèle d'Empédocle, et ce malgré les résonances :

[…] πολλὴ δὲ πελώρη καίετο γαῖα
ἀυτμῇ θεσπεσίῃ καὶ ἐτήκετο κασσίτερος ὣς
τεχνῃ ὑπ'αἰζηῶν ἐν εὐτρήτοις χοάνοισι
θαλφθείς, ἠὲ σίδηρος, ὅ περ κρατερώτατός ἐστιν,
οὔρεος ἐν βήσσῃσι δαμαζόμενος πυρὶ κηλέῳ
τήκεται ἐν χθονὶ δίῃ ὑπ' Ἡφαίστου παλάμῃσιν.
ὣς ἄρα τήκεται γαῖα σέλαι πυρὸς αἰθομένοιο.

[...] La vaste terre monstrueuse était brûlée
par le souffle prodigieux et fondait comme l'étain
quand l'habileté d'hommes robustes, dans des creusets bien percés,
l'a fait chauffer, ou comme le fer, pourtant ce qui existe de plus puissant,
dompté par le feu brûlant dans les vallons de la montagne,
fond dans le sol divin sous les mains d'Héphaïstos.
Ainsi donc fondait la terre sous l'éclat du feu embrasé.
(861-867 ; trad. Wacziarg Engel)

La terre ardente, le métal en fusion « sous les paumes d'Héphaïstos », les χοάνοι percés évoquent certes le fr. 96 ; mais dans la *Théogonie*, la liquéfaction de la terre embrasée signe la victoire de la haine de Zeus, la destruction de toute forme de vie. La scène hésiodique fait plus penser au monde ravagé par

92. C'est pourquoi la comparaison avec le mythe de Deucalion et Pyrrha (Ovide, *Met.* I, 343-451) a ses limites. Outre que la fange bouillonnante en macération (343-374, 416-436) évoque plutôt la zoogonie de Démocrite (Diodore I, 7), la séquence est inverse à celle d'Empédocle : « la terre est notre mère, et de son corps les pierres sont les os » qui doivent être plantés pour croître (393-394). Les os du fr. 96 sont des produits, non des semences, et Cypris ne sème pas les vivants. Des réminiscences aux fr. 62, 96 et 98 apparaissent aux v. 401-410 : « <Les pierres> perdant leur dure écorce et leur rigidité, peu à peu amollies, prennent forme nouvelle. Croissant, adoucissant leur nature à tel point, qu'on puisse y reconnaître, encore que vaguement, une figure humaine à peine dans le marbre ébauchée, imparfaite et grossière sculpture. La partie de la pierre où quelque suc liquide à la terre est mêlé, devient muscles et chair, la dure et non flexible est convertie en os, la veine reste veine et en garde le nom » (trad. Sers). Toutefois, la métaphore est empruntée à la statuaire de marbre, qui procède par soustraction et martelage, non à celle de bronze, qui moule et soude.

93. Aphrodite dite *Cypris* naîtra de l'écume générée par l'éclaboussure des parties génitales mutilées d'Ouranos tombées à la mer.

la Haine décrit par Plutarque sous B 27 qu'aux « merveilles à voir » nées de l'Amour au fr. 35. En utilisant le mot θεσπεσίῃ, Empédocle, une fois encore, renverse la logique du passage : au « souffle prodigieux » du feu qui embrase le monde, le renverse et le disloque, aux vents furieux issus de Typhon écrasé, qui « font périr les œuvres d'amour des hommes issus du sol » (v. 878), il substitue la divinité merveilleuse des paumes de Cypris, précisément dans les vers sur la fonte de l'os (Ἁρμονίης κόλλῃσιν ἀρηρότα θεσπεσίηθεν, fr. 96, 4) et le moulage des conduits de l'œil (<αἶ> χοάνῃσι δίαντα τετρήατο θεσπεσίῃσιν, fr. 84, 9). À nouveau, quand les paumes d'Héphaïstos suivent le mouvement imprimé par celles de Cypris, il participe à une œuvre de vie, non de carnage. Dans les mains de l'Amour, le dieu-forgeron jadis vassal de Zeus se métamorphose en auxiliaire d'unification, de pacification et d'harmonie.

Mais les disjonctions entre le modèle métallurgique du fr. 96 et celui d'Hésiode et d'Homère ne sont pas qu'affaire de connotations : l'un et l'autre relèvent de schèmes techniques différents. Les χοάνοι dont parlent Hésiode et Homère ne sont que des creusets à fondre, où le métal change d'état, non de composition ; il ne s'agit que de liquéfaction, non de mélange. Or, comme semblent l'avoir bien compris les commentateurs, l'analogie métallurgique appliquée à Cypris vise les mélanges qui « prennent » par harmonisation des pores. Galien dit des éléments intriqués qu'ils le sont « comme si l'on mélangeait, broyait et réduisait en une fine poussière de la rouille, de la chalcite [χαλκῖτις], de la cadmie et du misy, si bien qu'aucun des éléments composant le mélange ne puisse ensuite être séparé » (A 34[94]). La comparaison, qui évoque les poudres colorées (πολύχροα φάρμακα) du fr. 23, rapproche les éléments de minerais et oxydes, comme dans les formules alchimiques[95] qui ont coutume de spécifier le nombre de parts des ingrédients du mélange. On songe aux proportions préconisées par les bronziers anciens pour obtenir le meilleur alliage possible (une partie d'étain pour dix de cuivre[96]). Le bronze étant l'alliage par excellence du temps d'Empédocle, il apparaît comme le modèle naturel pour penser le type de mélange que l'Agrigentin a en tête[97]. Ce dernier expliquait ainsi la stérilité des mules par l'impossibilité d'harmoniser (συναρμόττειν) pores et denses des semences, contrairement à ce qui se produit « quand le cuivre est mélangé à l'étain » (τῷ καττιτέρῳ μείχθέντε τὸν χαλκόν, fr. 92). L'harmonisation est le propre de Cypris (συναρμοσθέντ' Ἀφροδίτῃ, fr. 71), au double sens de l'ajustement et de la juste proportion des parts.

94. Trad. Dumont.

95. Berthelot 1885, p. 14-15 cite des recettes de remèdes proches (*cf.* Pline *HN* 33, 25).

96. Pernot 1998 n. 27 p. 132.

97. Il est pourtant le seul penseur ancien dont le corpus se teinte du vocabulaire et d'allusions à la métallurgie : sans doute n'est-ce pas une coïncidence.

Alliages et moulages

Tel le bronzier mêlant le cuivre à l'étain, Cypris constitue l'alliage des parts élémentaires (la matière de l'os) avant de le couler dans le moule (τύπος) qui lui imprimera sa forme. La fabrication de l'os exige donc deux types de fontes successives, la fusion des parts et la solidification du mélange.

Arrêtons-nous sur la « formule » du mélange. On a beaucoup écrit sur les parts élémentaires dans le sang et l'os. Le premier est un alliage parfait dont les composants sont en parts égales (à l'image du Sphairos), qui produit la pensée humaine (fr. 105), et dont la chair est une version plus ou moins dégradée. Dans l'alliage composant l'os, en revanche, le feu occupe une place prépondérante[98] : quatre parts sur huit, contre deux de « la brillance de Nestis » et, par déduction, deux de terre. Il est à première vue étrange d'énoncer ainsi les parts là où la formule ½ + ¼ +¼ aurait suffi. Or « la brillance de Nestis » n'évoque pas un élément mais deux, l'éther et l'eau, comme l'a bien démontré Picot dans l'article éponyme, en se référant notamment aux geysers siciliens des Paliques, cratères volcaniques où s'élève et retombe en gerbes effervescentes l'eau de sources chaudes[99]. Mais pour que l'eau entre ainsi en ébullition, il faut que du feu s'y mêle ; les Paliques sont d'ailleurs censés être nés de Zeus et de la fille d'Héphaïstos, parfois d'Héphaïstos lui-même. N'y a-t-il pas au moins une part de feu sur les quatre qui soit consacrée à ce processus de chauffe de l'eau ? Car « de nombreux feux brûlent sous la terre » (πολλὰ δ' ἔνερθ' οὔδεος πυρὰ καίεται, *fr. 52)*, et Sénèque rapporte qu'ils échauffent les eaux souterraines, à l'instar « [...] des serpentins, des chauffe-eau, et bien d'autres récipients, dans lesquels on dispose de fins conduits de bronze qui circulent en spirale, de manière que l'eau fasse plusieurs fois le tour du même feu et parcoure l'espace nécessaire pour devenir chaude. Ainsi elle entre froide, et sort chaude. C'est exactement ce qui se passe sous terre, d'après Empédocle » (A 68[100]). Nestis-eau, étant noire et proche de l'Amour, ne peut pas directement « bénéficier de la brillance de Zeus comme l'air environnant peut en profiter et briller grâce à la lumière qui le traverse »[101]. Mais l'alliance d'eau et d'éther (qui tend à attiser le feu avec ses longues racines-soufflets) peut plus aisément bénéficier du feu-Héphaïstos qui est chaleur, par distinction d'avec le feu-Zeus *argès* qui est davantage lumière. À tous les stades (tissus, membres, organismes), c'est en effet surtout pour leur chaleur que Cypris utilise et guide les « paumes » durcissantes d'Héphaïstos (fr. 73) qui, conjuguées à la « moiteur » de ses propres paumes, font « prendre » le mélange, fondre l'alliage des tissus, bronzes vivants, par l'interpénétration des éléments. Le feu est donc dans

98. Wright 1995², p. 24-25.
99. Picot 2008, p. 93-99.
100. Trad. Bollack.
101. Picot 2008, p. 87.

l'alliage, auquel il confère blancheur, dureté, sécheresse, mais il joue aussi un rôle *actif* dans le processus, ce qui justifie qu'il prenne dans le fragment son nom divin d'Héphaïstos. Sa finesse et sa divisibilité, sa vive mobilité et sa chaleur en font la racine la plus à même d'interpénétrer toutes les autres et de les fixer (en chauffant l'eau, le feu peut aisément s'y immiscer, alors que l'inverse paraît impossible) : autant de raisons pour que l'os soit fait pour moitié d'Héphaïstos[102].

Mais la matière de l'os n'est pas encore l'os dans sa diversité de formes ou *types*, variant selon les espèces et selon qu'il s'agit d'un tibia, d'une clavicule ou d'une mâchoire. Pour qu'il devienne jambe ou tête, il faut l'envelopper de chair, le composer. Les membres et leurs parties sont tels des bronzes moulés. Pour imprimer ces τύποι variés, donner aux alliages leur forme, la technique est celle de la fonte à la cire perdue[103]. Une figure de glaise (κάναβος) est modelée, nappée de cire, enveloppée dans un moule fermé de terre argileuse (μίλιγδος, τύπος ou χοάνος) creusé de part en part de conduits de cire, que l'on enfourne. Une fois la cire fondue et évacuée, le bronze en fusion est coulé dans ces canaux, épousant la forme du noyau de glaise. Après refroidissement, le moule est brisé, le membre de la statue dégagé[104] – dans le cas d'Empédocle, l'os émerge de terre à l'air libre. D'où l'on voit combien la métallurgie est liée à la poterie[105] : les formes que Cypris façonne et fait durcir au feu au fr. 73 peuvent être les noyaux d'argile (κάναβοι) ou les moules (χοάνοι). D'où peut-être aussi les deux parts sur huit de terre dans l'os : elle est à la fois un ingrédient solide de l'alliage (comme au fr. 98) et un ustensile (κάναβος et χοάνος) impliqué dans le processus.

La fonte à cire perdue présente un autre motif empédocléen. Dans le moule, les conduits forment une arborescence du noyau jusqu'à la surface, comme ceux (πόροι et χοάναι) parcourus d'effluves qui traversent tout ce qui est né (fr. 89), des vivants qui respirent (fr. 100) au fer et pierres d'aimant (A 89).

102. Picot 2021, n. 36 du chapitre 'Petite histoire d'une marginalisation' : « Dans la recette (si l'on peut dire) de l'os, je soupçonne qu'Empédocle ait fait un amalgame entre les ingrédients et la condition de production. Pour produire de l'étain à partir du minerai, ou du bronze à partir du cuivre et de l'étain, une grande quantité de chaleur est nécessaire ; il en serait de même pour produire l'os. Mais la chaleur se dissipe lors de la production. [...] L'os perdrait beaucoup de feu, après l'étape de sa formation. Le modèle du forgeron n'est sans doute pas exclusif pour comprendre la formation de l'os. On peut aussi penser au modèle du potier (fr. 73) : la chaleur provoque la séparation de l'eau qui apportait une fluidité au mélange, et conduit à la dureté du résultat (l'os) ».

103. Sur cette technique, décrite par Pollux X, 189 (*cf.* Mattusch 1975) : Mattusch 2002, p. 110-112, Pernot 1998, p. 124-125 ; sur la datation, Mattusch 2012. Voir aussi les illustrations en annexe du présent article, p. 113.

104. Voir le décor externe du *kulix* du peintre de la Fonderie (Berlin F2294) et son analyse dans Mattusch 1980.

105. Delcourt 1957, p. 156 : nombre « de mythes présentent le métallurge comme magicien, mais le potier comme créateur ».

Des « membres », seul le sang n'est pas moulé ; il continue à couler et irriguer la chair, alliage toujours en fusion se répandant dans le réseau de conduits ménagé par l'Amour, comme un appel au Sphairos circulant dans les vivants. On pense à la légende du colosse Talôs, gardien de l'île de Crète forgé par Héphaïstos en un bronze vivant, dont Apollonios de Rhodes nous dit que « son corps et ses membres étaient faits d'un airain infrangible ; mais à sa cheville, sous le tendon, il avait une veine pleine de sang [αἱματμοεσσα] et c'est de la fine membrane qui la fermait que dépendaient sa vie et sa mort »[106]. Ce sang a l'aspect du plomb fondu. On a pu voir

> dans la constitution de Talôs une référence à la technique de la fonte 'à cire perdue', le métal en fusion remplaçant dans le moule la cire qui elle-même, au fur et à mesure qu'elle fond, s'écoule par des orifices. En ce sens, la technique de production, seule à même de produire des œuvres métalliques d'une seule pièce, rend indissociables la robustesse externe de l'ensemble, son invulnérabilité apparente, et sa fragilité interne, son vide, ainsi que la présence d'une 'veine', nécessaire à sa création [...]. Nous nous trouvons toujours en présence de l'association d'une forme métallique et d'un principe vital [...][107].

N'est-ce pas cette association qui se reconnaît en Cypris, fondeuse d'alliages et de τύποι moulés, quand elle enserre les paumes d'Héphaïstos dans les siennes, renversant le référent homérico-hésiodique où le bronze est métonymique des armes qui déchirent les chairs, s'enfoncent dans les diaphragmes, causent mort et désolation ?

Cypris, le cuivre dans le bronze

Il est curieux de remarquer la récurrence du bronze dans les vers d'Empédocle mais aussi dans la légende de sa mort. On rapporte qu'il se serait précipité dans l'Etna, dont un cratère aurait recraché l'une de ses sandales de bronze (χαλκᾶς) – d'où le surnom d'Empédocle χαλκόπους, « aux pieds d'airain »[108]. Les objets de bronze (χαλκός) prolifèrent comme chez aucun autre penseur[109] et ont un lien avec le vivant. Le fr. 100 nomme deux fois le bronze de la clepsydre dont le jeu imite celui de la respiration par les pores ; le fr. 143 recommande de trancher, *i.e.* d'« ouvrir les cinq sources avec le bronze indestructible » (κρηνάων ἄπο πέντε ταμόντ' <ἐν> ἀτειρέι χαλκῷ)[110]. Dans ces deux fragments, la symbolique du bronze a été éclairée par Picot qui montre le lien privilégié entre le bronze, Nestis, la Muse Calliope et

106. *Argon.* 4, 1645-1648, trad. Delage & Vian.

107. Marcinkowski & Wilgaux 2004, p. 7, *cf.* Frontisi-Ducroux 2000², p. 127.

108. A1.73, A 2, A 16 (Strabon), A 18 (Élien).

109. Les témoignages où ils servent de *comparans* physiques (une louche de bronze chez Aristote, A67, les serpentins de bronze chez Sénèque) peuvent être de source empédocléenne.

110. Mais quant à la probable inauthenticité empédocléenne du fr. 138 – autre occurrence du bronze (χαλκῷ ἀπὸ ψυχὴν ἀρύσας) – voir Picot 2004, p. 393, 408. Laks & Most n'ont pas retenu le fr. 138 dans leur édition d'Empédocle.

l'Amour[111]. Les cinq sources (fr. 143) seraient les flux ou effluves pouvant parvenir aux cinq sens. De là, l'homme est invité à saisir et recevoir par ses paumes – les cinq sens – les effluves du monde qui lui permettront d'accroître sa connaissance et son pouvoir[112]. On conviendra aisément qu'un arrosoir en bronze pouvait ne pas sembler approprié pour évoquer la chair et le sang vivants. Mais il ressort de notre examen qu'en tant qu'alliage, le bronze offre un modèle adéquat pour penser le passage d'éléments séparés à leur fusion en un tout susceptible de coaguler en une forme une et solide. Comme on l'a dit, Cypris modèle ce prodige en créant les vivants comme le fondeur ses bronzes, tout en faisant corps avec les éléments qu'elle enserre de ses liens. Puisque c'est précisément dans ces contextes-là qu'elle prend le nom de Cypris chez Empédocle, n'est-ce pas parce que, tel le cuivre dans le bronze, elle est elle-même fondue dans les alliages qu'elle forme ? Loin d'être une référence à l'émasculation d'Ouranos, sans lien avec l'Aphrodite d'Empédocle, le nom de Cypris serait une allusion aux gisements de cuivre de Chypre, célèbres dès la haute Antiquité[113]. Les principales mines se trouvaient sur un mont dédié à Aphrodite, plus tard le *Mons Veneris* : une parenté se dessine ainsi entre Chypre, le cuivre et Cypris, les veines de minerai dans la montagne étant comme celles de la déesse, ensuite fondues et moulées en statues à l'effigie des dieux[114]. Rappelons que les mots pour bronze et cuivre étaient plus ou moins interchangeables. En appelant *Cypris* sa figure d'Aphrodite fondeuse des vivants, Empédocle indiquerait que son modèle est cet alliage par excellence qu'est le bronze ; et, tout comme le bronze est surtout composé de cuivre, de même les alliages vivants sont irrigués de la force d'alliance de Cypris, qui leur donne leur cohésion. L'Héphaïstos d'Empédocle est la métamorphose du feu de la Haine en feu d'Amour[115].

111. Picot 2009, p. 79-83.

112. Picot 2004, p. 423-426 suggère que la connaissance peut croître à partir des cinq sources tout comme le fait la fructification végétale à partir de canaux d'irrigation.

113. Le cuivre aurait donné son nom à l'île, κύπριος signifiant « cypriote » ou « fait de cuivre ». Pline, *HN* 34, II, 2, Strabon, 14, 6, 5.

114. Hersey 2009, p. 36-50.

115. Voir le curieux sonnet croisé de Guillaume Des Autels (1553), « Des feux de 4 déités » :

« De Jupiter, Phébus, Vulcain, Cypris,
Le feu foudroie, éclaire, forge, enflamme,
Les corps, les yeux, le tranchant acier, l'âme,
Des géants, gens, princes, bénins esprits :
La terre, enfer, l'ennemi, le sot ris,
Craint, chasse, fuit, par ignorance blâme,
Foudre, clarté, le fer aigu, la flamme,
Juste, luisante, horrible, de haut prix :
J'évite, j'ai, j'abomine, j'augmente,
Ce feu divin, céleste, humain, suprême,

Héphaïstos est donc certes, comme son précédent mythique, la métonymie de l'élément feu et la métaphore de ses pouvoirs artistes. Mais dans ses vers Empédocle construit un subtil jeu d'analogies intriquées. L'analogie technico-biologique, entre les opérations du fondeur (alliage, moulage, soudure) et les modes de mélange des éléments dans les membres et leur assemblage en corps, en recouvre une autre, construite selon une métaphore en miroir : quand le feu épouse Aphrodite dans l'acte de fusion, qu'ils se fondent l'un en l'autre en alliant leurs paumes expertes, ils sont Héphaïstos et Cypris. Cypris manipule le feu artiste à ses propres fins créatrices, et réciproquement Héphaïstos manipule Cypris-cuivre pour la fondre et la couler dans les alliages vivants, « implantée dans les jointures ». Uni à Cypris, c'est de bon gré qu'il l'aide à tisser ses liens et lui prête le concours de ses multiples « paumes » et pouvoirs ardents – tantôt fondant, tantôt durcissant – permettant aux mélanges élémentaires de « prendre » : même agi, le feu reste actif, ne se réduit ni à une matière ni à un moyen[116]. Empédocle articule subtilement poïétique et poétique, retissant la tradition qui fait du dieu forgeron l'époux d'Aphrodite, métamorphosant le marteleur violent en une déesse qui se fond dans ce qu'elle crée, tel le cuivre dans le bronze, et irrigue les membres vivants comme l'airain les canaux de cire.

Par croire, voir, paix, amour véhémente :
Dévot, veillant, paisible, esprit qui aime,
Je sers, je quiers, j'entretiens, je tourmente,
Les dieux, le jour, les hommes, mon cœur même. »

116. D'où peut-être la remarque d'Aristote sur son statut spécial vis-à-vis des autres éléments, *Metaph.* A 4, 985 a33, *Gen. corr.* II 3, 330 b20.

ANNEXE

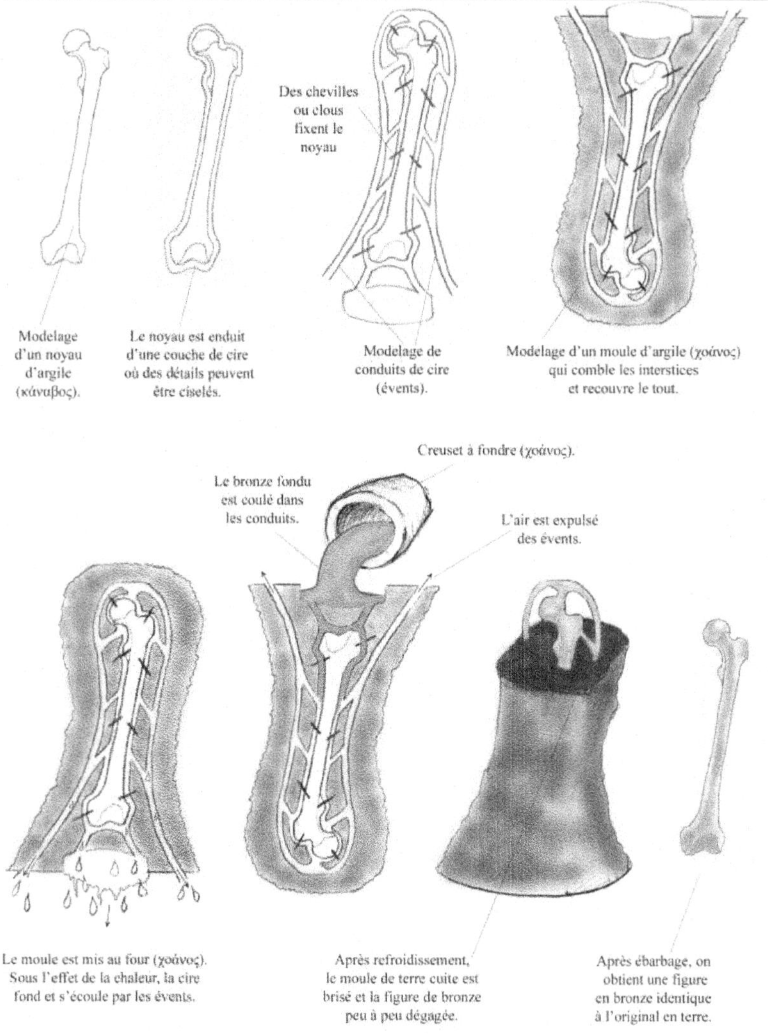

Les étapes du processus de fonte à la cire perdue

BIBLIOGRAPHIE

AZÉMA, A., D. CHAUVEAU, G. POROT, F. ANGELINI, & B. MILLE 2017 : « Pour une meilleure compréhension du procédé de soudage de la grande statuaire antique en bronze : analyses et modélisation expérimentale », *Technè*, 45 (2017), p. 73-83.
URL : http://journals.openedition.org/techne/1286

BENOIT, F. 1948 : « Soufflets de forge antiques », *Revue des Études Anciennes,* 50, 3-4 (1948), p. 305-308.
URL : https://www.persee.fr/doc/rea_0035-2004_1948_num_50_3_3405

BÉRARD, V. 2002 (éd.) : Homère, *Odyssée*, texte établi et traduit par V. B., 3 vol., Paris, 2002 [1974] (Classiques en poche, 58, 59, 60).

BERTHELOT, M. 1885 : *Les origines de l'alchimie*, Paris, 1885.

BOL, P. C. 1985 : *Antike Bronzetechnik. Kunst und Handwerk antiker Erzbilder*, München, 1985 (Beck's archäologische Bibliothek).

BOLLACK, J. 1965-1969 (éd.) : *Empédocle*, I, II, III.1, III.2, Paris, 1965-1969 (Le Sens commun).

BRUNET, P. 1999 (trad.) : Hésiode, *La Théogonie, Les Travaux et les Jours, [et autres]*, traduction de P. Brunet, commentaires de M.-C. Leclerc, Paris, 1999 (Classiques de poche).

CLOUZOT, H. 1921 : *Le travail du métal*, Paris, 1921 (L'Art français depuis vingt ans).

DEMONT, P. 1978 : « Remarques sur le sens de τρέφω », *Revue des Études Grecques*, 91/434-435 (1978), p. 358-384.
DOI : https://doi.org/10.3406/reg.1978.4200

E. DELAGE, E. & F. VIAN 1981 (éd.) : Apollonius de Rhodes, *Argonautiques*, Tome III, Chant IV, Paris, 1981 (Collection des universités de France. Série grecque, 279).

DELCOURT, M. 1957 : *Héphaistos ou La légende du magicien*, Paris, 1957 (Bibliothèque de la Faculté de Philosophie et Lettres de l'Université de Liège, 146).

DK = DIELS, H. & KRANZ, W. 1934 (éd.) : *Die Fragmente der Vorsokratiker*, 5e édition, Berlin (6e édition augmentée par W. Kranz, Berlin, 1951).

DUMONT, J.-P. 1988 : « Empédocle », dans J.-P. Dumont avec la collaboration de D. Delattre et de J.-L. Poirier, *Les Présocratiques*, Paris, 1988 (Bibliothèque de la Pléiade, 345), p. 319-439 et p. 1294-1331.

FREGNI, E. G. 2016 : « Getting Hammered : The Use of Experimental Archaeology to Interpret Wear on Late Bronze Age Hammers and Modern replicas », *EXARC*, 2 (2016), en ligne.
URL : https://exarc.net/ark:/88735/10244

FRONTISI-DUCROUX, F. 2000² : *Dédale. Mythologie de l'artisan en Grèce ancienne*, Paris, 2000² (Sciences humaines et sociales).

GURY, F. 1986 : « La forge du destin. À propos d'une série de peintures pompéiennes du IVe style », *Mélanges de l'École française de Rome. Antiquité*, 98/2 (1986), p. 427-489.
DOI : https://doi.org/10.3406/mefr.1986.1512

GUTHRIE, W. K. C. 1965 : *A History of Greek Philosophy, Vol. II. The Presocratic Tradition from Parmenides to Democritus*, Cambridge, 1965.

HALLEUX, R. 1974 : *Le problème des métaux dans la science antique*, Liège, 1974 (Bibliothèque de la Faculté de philosophie et lettres de l'Université de Liège, 209).

HERNÁNDEZ CASTRO, D. 2019 : « Aphrodite Ζείδωρος : the Subversion of the Myth of Prometheus and Pandora in Empedocles », *ΣΚΟΛΗ*, 13/2 (2019), p. 430-450.
URL : https://www.ceeol.com/search/article-detail?id=806716

HERSEY, G. L. 2009 : *Falling in Love with Statues : Artificial Humans from Pygmalion to the Present*, Chicago, 2009.

IRIBARREN, L. 2018 : *Fabriquer le monde. Technique et cosmogonie dans la poésie grecque archaïque*, Paris, 2018 (Kaïnon - Anthropologie de la pensée ancienne, 11).

KINGSLEY, P. 1995 : *Ancient Philosophy, Mystery, and Magic. Empedocles and Pythagorean tradition*, Oxford, 1995.

LAKS, A. & MOST, G. W. 2016 (éd.) : *Les Débuts de la philosophie. Des premiers penseurs grecs à Socrate*, Édition et traduction A. L. et G. W. M., avec la collaboration de G. Journée et le concours de L. Iribarren et D. Lévystone, Paris, 2016 (Ouvertures bilingues).

LAFAYE, G. (éd.) & SERS, O. 2009 (trad.) : Ovide, *Les métamorphoses*, texte établi par G. L., émendé, présenté et traduit par O. S, Paris, 2009, (Classiques en poche, 93).

MARCINKOWSKI, A. & J. WILGAUX 2004 : « Automates et créatures artificielles d'Héphaïstos : entre science et fiction », *Techniques & Culture*, 43-44 | (2004), en ligne.
DOI : https://doi.org/10.4000/tc.1164

MARTIN, A. & O. PRIMAVESI 1999 : *L'Empédocle de Strasbourg* (P. Strasb. gr. Inv. 1665–1666), introduction, édition et commentaire, Strasbourg/Berlin/New York, 1999.

MATTUSCH, C. C. 1975 : « Pollux on Bronze Casting : A New Look at κάναβος », *Greek, Romane and Byzantine Studies*, 16/3 (1975), p. 309-316.

MATTUSCH, C. C. 1980 : « The Berlin Foundry Cup: The Casting of Greek Bronze Statuary in the Early Fifth Century B. C. », *American Journal of Archaeology*, 84/4 (1980), p. 435-444.
DOI : https://doi.org/10.2307/504071

MATTUSCH, C. C. 1988 : *Greek Bronze Statuary: From the Beginnings Through the Fifth Century B.C.*, Ithaca/London, 1988.

MATTUSCH, C. C. 2002 : « In Search of the Greek Bronze Original », *Memoirs of the American Academy in Rome. Supplementary Volumes*, 1 (2002), p. 99-115.
DOI : https://doi.org/10.2307/4238448

MATTUSCH, C. C. 2012 : « Changing Approaches to Classical Bronze Statuary », dans M. Denoyelle (dir.) *et al.*, *Bronzes grecs et romains, recherches récentes. Hommage à Claude Rolley*. Paris, 2012, p. 120-132.
DOI : https://doi.org/10.4000/books.inha.3960

MAZON, P. 2002 (éd.) : Homère, *Iliade*, texte établi et traduit par P. M., 3 vol., Paris, 2002 (Classiques en poche, 31, 35, 37).

Perceau, S. & G. Wersinger Taylor 2019 : « Phono-rythmie dans l'hymne des racines (Empédocle, F. 6) », *Revue de métaphysique et de morale*, 103/3 (2019), p. 247-266.
DOI : https://doi.org/10.3917/rmm.193.0247

Pernot, M. 1998 : « Archéométallurgie de la transformation des alliages à base de cuivre », dans P. Beck (dir.), *L'innovation technique au Moyen-Âge. Actes du VIe Congrès International d'Archéologie Médiévale (1-5 octobre 1996, Dijon - Mont Beuvray - Chenôve - Le Creusot - Montbard)*, Caen, 1998 (*Actes des congrès de la Société d'archéologie médiévale,* 6), p. 123-133.
URL : www.persee.fr/doc/acsam_0000-0000_1998_act_6_1_1133

Picot, J.-C. 2000 : « L'Empédocle magique de P. Kingsley », *Revue de philosophie ancienne,* 18/1 (2000), p. 25-86.
URL : https://www.jstor.org/stable/24354653

Picot, J.-C. 2004 : « Les cinq sources dont parle Empédocle », *Revue des études grecques,* 117/2 (2004), p. 393- 446. [Corrigenda dans : *Revue des études grecques,* 118/1 (2005), p. 322-325 url : www.persee.fr/doc/reg_0035-2039_2005_num_118_1_4617]
DOI : https://doi.org/10.3406/reg.2004.4587

Picot, J.-C. 2008 : « La brillance de Nestis (Empédocle, fr. 96) », *Revue de philosophie ancienne*, 26/1 (2008), p. 75-100.
URL : https://www.jstor.org/stable/24358004

Picot, J.-C. 2009 : « Water and bronze in the hands of Empedocles' Muse », *Organon* [Warszawa], 41 (2009), p. 59-84.
URL : http://bazhum.muzhp.pl/media//files/Organon/Organon-r2009-t41/Organon-r2009-t41-s59-84/Organon-r2009-t41-s59-84.pdf

Picot, J.-C. 2021 (à paraître) : *Empédocle. Sur le chemin des dieux*, Paris, 2021 (Anagôgê).

Prost, F. 1999 : « La statue cultuelle d'Apollon à Délos », *Revue des Études Grecques*, 112/1 (1999), p. 37-60.
DOI : https://doi.org/10.3406/reg.1999.4351

Rashed, M. 2017 : *La jeune fille et la sphère. Études sur Empédocle*, Paris, 2017 (Philosophies).

Rowett, C. 2016 : « Love, Sex and the Gods : Why Things have Divine Names in Empedocles' Poem, and Why They come in Pairs », *Rhizomata*, 4/1 (2016), p. 80-110.
DOI: https://doi.org/10.1515/rhiz-2016-0005

Sider, D. 1984 : « Empedocles B 96 (462 Bollack) and the Poetry of Adhesion », *Mnemosyne,* 37/1-2 (1984), p. 14-24.
URL : https://www.jstor.org/stable/4431296

Solmsen, F. 1963 : « Nature as Craftsman in Greek Thought », *Journal of the History of Ideas,* 24/4 (1963), p. 473-496.
DOI : https://doi.org/10.2307/2707979

Therme, A.-L. 2007 : « Est-ce par un tourbillon que l'amour empédocléen joint ? L'hypothèse de l'aimantation », *Philosophie antique*, 7 (2007), p. 91-119.

Therme, A.-L. 2008 : *Les principes du devenir cosmique chez Empédocle d'Agrigente et Anaxagore de Clazomènes à partir de leur critique aristotélicienne*, Thèse de doctorat, sous la direction d'A. Jaulin, soutenue à l'Université Paris I Panthéon Sorbonne, Paris, 2008, 596 p. + CXLIX p.

Vincent J.-C. 2003 : « Le *xoanon* chez Pausanias : littératures et réalités cultuelles », *Dialogues d'histoire ancienne*, 29/1 (2003), p. 31-75. DOI : https://doi.org/10.3406/dha.2003.1550

Wacziarg Engel, A. P. 2014 (trad.) : Hésiode, *Théogonie. Un chant du cosmos*, traduit du grec et commenté par A. P. W. E., Paris, 2014 (Ouvertures bilingues).

Wright, M. R. 1995[2] (éd.) : *Empedocles : The extant Fragments*, London/ Indianapolis, 1995[2] (Classic Latin and Greek Texts in Paperback).

L'AIR ET LES PUISSANCES DE L'INVISIBLE

Une polémique philosophique et médicale

Lora Mariat

EA 2274 Logiques de l'Agir / Université de Franche-Comté
lora.mariat@univ-fcomte.fr

Résumé. À partir de la reconstitution d'un contexte polémique divisant, dans le dernier quart du ve siècle, les tenants d'une conception traditionnelle de la religion et des savoirs d'une part, et les partisans d'une curiosité nouvelle pour l'étude des « choses d'en haut » (*meteora*) d'autre part, cet article se propose d'examiner la manière dont l'élément aérien a été investi par les seconds pour devenir le support matériel de l'« invisible » et se substituer ainsi à la divinité. L'analyse des caractéristiques précises que certains philosophes et médecins ont associées à l'air permettra de mettre en évidence le rôle de puissance cosmologique et biologique qui a pu lui être reconnu dans cette tradition de pensée « aérienne ».

Summary. *Starting from the reconstruction of a polemical context that divided, in the last quarter of the Vth century, the supporters of a traditional conception of religion and knowledge on the one hand, and the partisans of a new curiosity for the study of "things from above" (*meteora*) on the other hand, this article aims to examine the way in which the aerial element was invested by the latter to become the material support of the "invisible" and thus to take the place of the divinity. An analysis of the specific characteristics that certain philosophers and medical writers have associated with the air will highlight the role of cosmological and biological power that has been recognised to this element in this "aerial" tradition of thinking.*

Philosophie antique, n°21 (2021), 119-146

Introduction*

Le dernier quart du Ve siècle voit émerger, sur la scène intellectuelle grecque, ce que d'aucuns ont appelé une « querelle des anciens et des modernes »[1]. Le développement d'une curiosité nouvelle pour les phénomènes célestes, ainsi que sa diffusion dans le champ de la philosophie, de la médecine, ou encore de la poésie, divisent en effet les savants en deux camps : les adeptes de cette nouvelle « mode » cosmologique d'une part, et ses détracteurs, défenseurs d'une conception plus traditionnelle du savoir, de l'autre. Les *Nuées* d'Aristophane constituent probablement le témoignage le plus frappant et le plus célèbre de cette polémique. Socrate y fait figure de représentant de la spéculation sur les « choses d'en haut »[2], qu'Aristophane présente comme relevant de la dernière mode[3] et qui introduit, en lieu et place du panthéon traditionnel, un culte étrange pour des réalités aériennes. Ainsi, dans le « pensoir » qui lui sert d'école, on ne jure plus par Zeus mais par Air (*Aer*, v. 264 et 627), Éther (*Aither*, v. 265), Tourbillon (*Dinos*, v. 380-381, 828 et 1470-1471) ou encore Nuées (*Nephelai*, v. 265 et 424).

* Je tiens à remercier Arnaud Macé pour la relecture qu'il a bien voulu faire de la première version de cet article et pour ses remarques, qui ont indéniablement contribué à l'améliorer.

1. L'expression est de Edelstein 1967, p. 35, reprise par Jouanna 1990, p. 33.

2. Alors que, à son époque, le terme *meteoros* désigne de manière générale toutes les choses qui se situent « en haut », qui « s'élèvent » vers les hauteurs ou encore qui sont « suspendues » dans les airs, Aristophane en fait un usage plus technique, qualifiant un objet d'étude théorique portant sur les phénomènes atmosphériques et astronomiques. Ainsi, les homologues de Socrate dans les *Nuées* sont des *meteorosophistai* (v. 360), ils professent des pensées *peri ton meteron* (v. 490) et sont experts en *meteora pragmata* (v. 228 et 1284). Sur la différence entre cette signification de la « météorologie » et celle qui s'imposera à partir d'Aristote, *cf.* Capelle 1912, p. 423-425 et note 29.

3. L'usage de l'adjectif *kainos* est récurrent pour qualifier les raisonnements du discours Injuste (qui sera finalement chargé de délivrer l'enseignement des philosophes à Phidippide) ; *cf.* v. 896, 937, 943, 1397, 1399.

Cette pièce, probablement la plus célèbre d'Aristophane, prend place dans un contexte bien connu où les « philosophes de la nature » menacent de rabattre le champ des « choses divines » (*theia pragmata*, v. 250) sur celui des « choses d'en haut » (*meteora pragmata*, v. 228). Leurs recherches sur les causes des phénomènes naturels et notamment sur les phénomènes célestes les conduisent en effet, aux yeux de l'opinion publique, à empiéter sur le domaine des dieux, c'est-à-dire sur le domaine du caché, du non-manifeste. Plutarque mentionne, à cet égard, le fameux décret de Diopeithès[4] qui aurait été établi (autour de 433-432) en réaction au développement, à cette période, de ces investigations sur l'« invisible », susceptibles de tomber sous l'accusation d'impiété. Anaxagore, notamment, semble avoir joué un rôle central dans cette histoire : ses thèses philosophiques auraient valu, à lui-même ainsi qu'à ceux qui, comme Socrate[5], seraient passés pour ses fidèles, des procès en impiété[6].

Mais le théâtre n'est pas le seul terrain sur lequel se déroule cette « querelle des anciens et des modernes ». On la retrouve également dans un contexte plus technique, au sein du corpus hippocratique, où de nombreux traités issus de la même période sont en effet traversés par la question de savoir s'il convient ou non d'intégrer des connaissances cosmologiques dans le savoir médical[7]. Le traité intitulé – de façon éloquente – *Ancienne Médecine* dénigre ce qu'il présente comme des « innovations »[8] (*VM* I, 3) inutiles dans le champ de l'art médical, à la faveur d'une conception plus « ancienne » de la médecine. Quoique, comme Aristophane, ce médecin puisse être considéré comme un partisan des « anciens », sa perspective est bien différente de celle du poète comique : alors que la satire de ce dernier était associée à une

4. 59A17 DK = 25P25a LM. Sur l'historicité de ce décret, *cf.* Lenfant 2002, appendice 2, p. 149-153.

5. L'*Apologie de Socrate* de Platon, qui rappelle que l'un des chefs d'accusation portés contre Socrate consistait en l'introduction de « divinité nouvelles (δαιμόνια καινά) » (*Ap.* 24c1 et 26b5) dans la cité, montre la nécessité dans laquelle s'est trouvé Socrate de se défendre à la fois contre ses « anciens accusateurs » comme Aristophane, qui l'ont dépeint en adorateur des Nuées (*Ap.* 18b-d), et contre ses « récents accusateurs (τοὺς ὑστέρους (κατηγόρους)) » (*Ap.* 18b1 et 24b5), qui semblent l'avoir confondu avec Anaxagore (*Ap.* 26d6-26e2).

6. Sur l'accusation d'impiété qui aurait visé Anaxagore (possiblement autour de 432), *cf.* 59A1 DK = 25P23 LM, 59A17 DK = 25P24 LM, 59A18 DK = 25P25b LM.

7. Sur la forte présence de ce débat au sein du corpus hippocratique et les dissensions internes qui le parcourent à ce sujet, *cf.* Jouanna & Magdelaine 1999, p. 45 *sq.* et Ducatillon 1977, p. 89 *sq.* Sur l'absence de position « canonique » sur ces questions chez les médecins hippocratiques, *cf.* Gemelli Marciano 2010.

8. Certains manuscrits donnent κενῆς ὑποθέσιος (« hypothèse vaine ») plutôt que καινῆς ὑποθέσιος (« hypothèse novatrice ») ; la lecture parallèle d'*Ancienne médecine* avec les *Nuées* d'Aristophane et l'analyse de leur contexte polémique respectif permettra de faire émerger, nous l'espérons, le caractère « novateur » et non seulement « vain » de ces hypothèses. Sur les liens entre ces « innovations » (*kaines*) et le savoir « moderne » des philosophes de la nature, *cf.* Vegetti 1998, p. 350.

préoccupation sociale et religieuse (l'introduction impie de nouvelles divinités « aériennes » dans la cité), la critique du premier concerne davantage un problème épistémologique (l'introduction de connaissances spéculatives dans une pratique rationnelle et empirique).

Pour autant, la confrontation de ces deux espaces polémiques (la philosophie et la comédie, d'une part, et la médecine-philosophique[9] et la médecine-empirique d'autre part) et l'analyse des discours qui s'y affrontent permet de ressaisir une atmosphère intellectuelle dans lequel l'intérêt pour l'« invisible » (ou au contraire sa disqualification) apparaît comme un enjeu majeur dans la constitution des savoirs philosophiques et médicaux. Or, comme cela est particulièrement clair dans la comédie d'Aristophane, ces spéculations sur les « choses d'en haut » semblent s'être accompagnées d'un intérêt tout particulier pour l'élément aérien. Nous ferons ici l'hypothèse, dans cette étude, que ce choix est motivé par la proximité que l'air s'est vu reconnaître, dans certaines doctrines philosophiques et médicales, avec le domaine de l'invisible, traditionnellement réservé à la divinité. À partir de l'étude de quelques textes particulièrement représentatifs de cette tendance intellectuelle, nous souhaiterions montrer comment l'élément aérien, du fait notamment de sa localisation « en haut » et de sa composition « subtile », a progressivement hérité d'une puissance quasi-divine, devenant ainsi le support matériel de l'invisible.

La destitution de Zeus par Tourbillon
Aristophane face aux « météorologues »

Par opposition à ce qui est manifeste, le domaine de l'invisible s'étend sur l'ensemble des choses que les dieux dissimulent au regard des hommes et à propos desquelles ces derniers ne peuvent prétendre acquérir de connaissance certaine[10]. Or, si les enquêtes de ceux que l'on appelle aujourd'hui les « philosophes de la nature » leur ont valu des accusations d'impiété, c'est du fait des incursions qu'elles n'ont cessé de mener dans la région de l'invisible, et notamment en s'intéressant aux « choses d'en haut ». Un fragment d'Euripide, dont on ne connaît ni la date ni le contexte d'énonciation,

9. C'est par ce terme de « philosophie » – l'une de ses plus anciennes occurrences – que l'auteur d'*Ancienne médecine* qualifie ses adversaires (XX, 1).

10. Le philosophe et médecin Alcméon avait apparemment ouvert son traité sur une recommandation « concernant les choses invisibles (περὶ τῶν ἀφανέων) » et « les choses mortelles (περὶ τῶν θνητῶν) », et opposant la « certitude (σαφήνειαν) » que les dieux possèdent à leur sujet aux simples « indices (τεκμαίρεσθαι) » dont disposent les hommes (24B1 DK = 23D4 LM, trad. Laks et Most, légèrement modifiée). *Cf.* aussi ce fragment de l'*Œnomaos* perdu d'Euripide : « D'après ce que nous voyons, nous conjecturons ce qui est caché (τεκμαιρόμεσθα τοῖς παροῦσι τἀφανῆ) » (fr. 574 Kn., trad. Jouan et Van Looy). Sur l'association plus ancienne de l'invisible au domaine des dieux chez Hésiode, *cf.* Macé 2013, p. 116.

témoigne de la curiosité de certains penseurs pour les « phénomènes cachés », et du caractère impie de leurs spéculations :

> Qui serait assez abandonné des dieux et accablé par le destin (Τίς ἀτιμόθεος καὶ βαρυδαίμων) pour ne pas, à cette vue, instruire d'emblée son âme de la croyance aux dieux (ὃς τάδε λεύσσων οὐ προδιδάσκει ψυχὴν αὑτοῦ θεὸν ἡγεῖσθαι), ni rejeter au loin les tortueuses tromperies des météorologues (μετεωρολόγων δ' ἑκὰς ἔρριψεν σκολιὰς ἀπάτας), dont la langue téméraire divague à propos des phénomènes cachés, sans le moindre degré de compréhension (ὧν τολμηρὰ γλῶσσ' εἰκοβολεῖ περὶ τῶν ἀφανῶν οὐδὲν γνώμης μετέχουσα). (fr. 913 Kn., trad. Jouan et Van Looy légèrement modifiée)

D'après le locuteur de cette tirade, l'impiété des « météorologues », ces spécialistes des « choses d'en haut », tient à la témérité avec laquelle ils parlent des *aphanea*, des choses invisibles[11] — sans pourtant pouvoir les connaître correctement et énoncer à leur sujet une quelconque vérité. À l'inverse, on suppose qu'un comportement pieux impliquerait de respecter la divinité en admettant, sur la base de l'observation des choses manifestes, l'existence d'un domaine inaccessible à la connaissance humainre[12]. Dans la limite de ce fragment, on ignore « à la vue » de quoi le personnage à qui est adressée cette réplique devrait se convaincre de l'existence des dieux ; on peut néanmoins conjecturer qu'il s'agit là des choses les plus belles, les plus impressionnantes ou les plus mystérieuses qu'il est donné à l'homme de voir, et dont l'origine divine s'impose tout particulièrement[13]. Les phénomènes atmosphériques et astronomiques sont probablement à classer au rang de ces manifestations visibles de la divinité[14] : ils sont, par excellence, l'expression

11. Le même lien est établi par Xénophon, qui cherche à exonérer Socrate de toute accusation d'impiété : « De façon générale, il déconseillait que l'on s'intéressât à la façon dont le dieu a agencé les phénomènes célestes (ὅλως δὲ τῶν οὐρανίων, ᾗ ἕκαστα ὁ θεὸς μηχανᾶται, φροντιστὴν γίγνεσθαι ἀπέτρεπεν). Il considérait en effet que ce sont là des sujets inaccessibles aux hommes, et que celui qui est à la recherche de ce que les dieux n'ont pas voulu révéler ne pouvait pas leur plaire (οὔτε γὰρ εὑρετὰ ἀνθρώποις αὐτὰ ἐνόμιζεν εἶναι οὔτε χαρίζεσθαι θεοῖς ἂν ἡγεῖτο τὸν ζητοῦντα ἃ ἐκεῖνοι σαφηνίσαι οὐκ ἠβουλήθησαν). Il disait aussi que celui qui s'intéresse à ces questions risquait de déraisonner autant qu'Anaxagore, qui s'est le plus enorgueilli d'expliquer les mécanismes conçus par les dieux (ὁ μέγιστον φρονήσας ἐπὶ τῷ τὰς τῶν θεῶν μηχανὰς ἐξηγεῖσθαι) » (Xénophon, *Mem.* IV, 7, 6, trad. Dorion).

12. C'est ce que refuse de faire, par exemple, Protagoras, pour qui le caractère invisible des dieux est précisément ce qui empêche de se prononcer sur leur existence (80B4 DK = 31D10 LM). Sur le sens de l'invisible dans cette discussion sur l'impiété, *cf.* Corradi 2018, p. 88-90.

13. C'est en tout cas en ce sens que va le même texte de Xénophon cité précédemment : « (Le dieu qui ordonne et maintient tout l'univers) se voit lorsqu'il accomplit les plus grandes choses, mais il demeure pour nous invisible lorsqu'il les administre (οὗτος τὰ μέγιστα μὲν πράττων ὁρᾶται, τάδε δὲ οἰκονομῶν ἀόρατος ἡμῖν ἐστιν) » (Xénophon, *Mem.* IV, 3, 13, trad. Dorion).

14. Si l'on en croit certains auteurs – desquels Sextus Empiricus rapproche le nom de Démocrite – « nous en sommes venus à concevoir les dieux à partir des phénomènes surprenants qui se produisent dans le monde (ἐσὶ δὲ οἱ ἀπὸ τῶν γιγνομένων κατὰ τὸν κόσμον

de la puissance des dieux, qui produisent dans le monde des effets spectaculaires par des mécanismes tout à fait invisibles[15]. Ainsi peut-on contempler le pouvoir souverain de Zeus, « assembleur de nuées », à qui il revient de faire retentir le tonnerre ou de lancer la foudre depuis le ciel. Dans cette perspective, on voit bien comment l'attitude des météorologues, scrutant les phénomènes d'« en haut » et formulant des hypothèses impies concernant leurs causes, contribue à faire reculer le champ de l'invisible et à déposséder la divinité de sa puissance propre.

C'est précisément l'objet des *Nuées* d'Aristophane que de dépeindre le geste novateur – et aux yeux du poète comique, condamnable – de ces penseurs qui s'autorisent d'un savoir sur les *meteora*, sur les « choses d'en haut », pour déclarer par exemple que Zeus n'existe pas (v. 367). Socrate, qui en est la figure emblématique dans la pièce, a la témérité (*tolma*) des météorologues du fragment d'Euripide lorsqu'il affirme que ce n'est qu'au roulement des nuages ou à l'explosion du vent enfermé en eux que l'on doit le grondement du tonnerre ou l'éclair de la foudre.

> STREPSIADE — Mais qui produit le tonnerre (Ἀλλ' ὅστις ὁ βροντῶν ἐστι φράσον), dis, ce tonnerre qui me fait trembler ? SOCRATE — Ce sont elles qui tonnent en se roulant (Αὗται βροντῶσι κυλινδόμεναι). STREPSIADE — De quelle manière ? toi qui oses tout (Τῷ τρόπῳ, ὦ πάντα σὺ τολμῶν). SOCRATE — Lorsque, remplies de beaucoup d'eau, elles sont contraintes de se mouvoir, elles pendent bas nécessairement, chargées qu'elles sont de pluie ; puis, se ruant lourdement les unes sur les autres, elles crèvent avec fracas. STREPSIADE — Mais qui les contraint, sinon Zeus, de se mouvoir ? SOCRATE — Du tout ; c'est un tourbillon éthérien (ἀλλ' αἰθέριος δῖνος). STREPSIADE — Voilà ce que j'ignorais : que Zeus n'existe point et qu'à sa place Tourbillon règne aujourd'hui (τουτί μ' ἐλελήθει, ὁ Ζεὺς οὐκ ὤν, ἀλλ' ἀντ' αὐτοῦ Δῖνος νυνὶ βασιλεύων). (*Nub.* 374-381, trad. Van Daele)

Le comique de la scène provient du décalage créé entre la figure souveraine de Zeus, invoquée par Strepsiade, et la réalité prosaïque des nuées et du tourbillon[16], mentionnée par Socrate. Aristophane s'efforce ici de souligner

παραδόξων ὑπονοήσαντες εἰς ἔννοιαν ἡμᾶς ἐληλυθέναι θεῶν) », et notamment les phénomènes météorologiques : « Voyant en effet, (dit Démocrite), ce qui se produit dans le ciel (ὁρῶντες τὰ ἐν τοῖς μετεώροις παθήματα), comme les tonnerres, les éclairs, les foudres, les conjonctions d'astres, les éclipses de soleil et de lune, les hommes d'antan, effrayés, ont pensé que les dieux en étaient la cause (θεοὺς οἰόμενοι τούτων αἰτίους εἶναι) » (68A75 DK = 27D207 LM, trad. Laks et Most).

15. *Cf.* la thèse d'E. Dodds, selon laquelle la divinité est le nom générique donné aux causes d'une action qui « ne sont pas immédiatement perceptibles » (Dodds 1977, p. 23).

16. Le jeu sur la trivialité du *dinos*, qui peut désigner le tourbillon mais également un vase à boire, est explicitement formulé, lorsque, à la fin de la pièce, Strepsiade se repent d'avoir cru à la divinité d'un vulgaire vase (*Nub.* 1470-1474). L'emploi de ce terme rare pour désigner un tourbillon cosmique fait sans doute référence, dans la pièce, à l'action rotative qu'Anaxagore prêterait à son *nous* (59A57 DK).

le ridicule de cette pensée qui a totalement vidé de leur valeur les croyances religieuses traditionnelles pour leur substituer un cortège de brouillard, de nuages et de vapeur, à la puissance desquels personne ne peut raisonnablement croire[17]. En somme, les *meteorosophistai* dont les *Nuées* condamnent l'impiété ont opéré un transfert de la puissance de l'invisible : l'ayant empruntée aux dieux dont elle était la propriété exclusive, ils l'ont finalement attribuée à de simples entités matérielles.

Mais les penseurs dont Aristophane brosse le portrait dans sa pièce ne sont pas seulement des penseurs matérialistes ; ils sont plus spécifiquement des penseurs « aériens », au sens où c'est l'air qu'ils ont apparemment constitué comme le support matériel privilégié de cette puissance. Ainsi, les *Nuées* « porteuses du tonnerre et de la foudre (βροντησικέραυνοι) » (v. 265) sont associées, dans les invocations de Socrate, à l'« Air infini, qui maintient) la terre en suspension (ἀμέτρητ' Ἀήρ, ὃς ἔχεις τὴν γῆν μετέωρον) » (v. 264) ou encore à l'« Éther brillant (λαμπρός τ' Αἰθήρ) » (v. 265). Le choix de ces entités pour remplacer la divinité traditionnelle peut d'abord s'expliquer par un critère de localisation qui caractérise de manière générale l'élément aérien. Malgré l'évolution des significations de ce terme[18], *aer* a en effet toujours conservé une valeur topographique forte[19], renvoyant à tout ce qui se situe « en haut » ou (justement) « en l'air ». Compris en ce sens large, l'air désigne le vaste espace qui s'étend de la surface de la terre aux cimes du ciel[20] et l'ensemble des formes qui s'y composent : tantôt plus dense ou plus raréfié, plus sec ou plus humide, il se présente aussi bien sous l'aspect d'un brouillard épais que sous celui d'un azur diaphane[21]. Or, cette région occupée par l'élément aérien dans l'organisation matérielle du cosmos coïncide avec la portion de l'univers que Zeus a reçue en partage selon Homère et sur

17. À Socrate, qui lui reproche de n'avoir pas cru au caractère sacré des Nuées, Strepsiade répond : « Strepsiade — Non, par Zeus ; mais je les prenais pour du brouillard, de la rosée, de la vapeur (ἀλλ' ὁμίχλην καὶ δρόσον αὐτὰς ἡγούμην καὶ καπνὸν εἶναι) » (*Nub.* 330, trad. Van Daele).

18. Pour une histoire de ces évolutions, *cf.* Kahn 1960, p. 140 *sq.*

19. C'est ce que cherche à justifier l'une des étymologies proposées pour ce mot dans le *Cratyle* de Platon : « [C'est) parce qu'il élève (*airei*) les choses au-dessus de la terre (αἴρει τὰ ἀπὸ τῆς γῆς) qu'on l'appelle ainsi » (*Cra.* 410b1-2, trad. Dalimier). A. Meillet retient également cette étymologie (Meillet 1925, p. 7 *sq.*).

20. *Cf.* dans des contextes très différents, le statut d'intermédiaire entre la terre et le ciel qui est reconnu à l'air chez Xénophane (21B28 DK = 8D41 LM), Aristophane (*Av.* 187) ou chez certains prédécesseurs d'Aristote (*Mete.* 339b31-32).

21. Les différents états et compositions de l'air justifient les nombreuses dénominations qui peuvent le désigner (et qui sont multipliées dans le panthéon des *Nuées*). Platon synthétise cette idée dans le *Timée* : « Il y a la variété (de l'air) la plus claire qui a reçu le nom d' 'éther', tandis que la plus trouble a été appelée 'brouillard' et 'obscurité' (τὸ μὲν εὐαγέστατον ἐπίκλην αἰθὴρ καλούμενος, ὁ δὲ θολερώτατος ὁμίχλη τε καὶ σκότος), et il est d'autres variétés encore qui n'ont pas de nom (ἕτερά τε ἀνώνυμα εἴδη) » (*Ti.* 58d1-3).

laquelle il règne en maître, à savoir « le vaste ciel, dans l'éther et les nuées (οὐρανὸν εὐρὺν ἐν αἰθέρι καὶ νεφέλῃσι) » (*Il.* XV, 192). Le personnage d'Euripide, qui dans d'autres pièces d'Aristophane se singularise lui aussi par les divinité aériennes qu'il invoque[22], ne s'y trompe pas : l'Éther est par lui qualifié de « demeure de Zeus (οἴκησιν Διός) » (*Thesm.* 272)[23]. Inversement, l'air est qualifié comme Zeus d'« assembleur de nuées (νεφεληγερέτην) » par Empédocle (31B149 DK = 22D143 LM). Du fait de sa localisation, l'élément aérien a donc pu bénéficier de la puissance du dieu dont il occupe le royaume. Et de fait, depuis Anaximandre, l'air joue un rôle important dans l'explication que les philosophes de la nature ont donnée des phénomènes « d'en haut » traditionnellement attribués à Zeus, comme en témoigne Aétius[24] :

> Anaximandre : tous ces phénomènes (*i.e.* les tonnerres, les éclairs, les foudres, les ouragans et les typhons) proviennent d'un souffle d'air (ἐκ τοῦ πνεύματος ταυτὶ πάντα συμβαίνειν). (12A23 DK = 6D33a LM, trad. Laks et Most)

La place centrale de l'air dans l'accomplissement de ces phénomènes – et quoique d'autres agents ou éléments extérieurs puissent intervenir – a sans doute facilité le transfert de la puissance du dieu vers cet élément matériel.

Mais si l'air a bénéficié d'une position privilégiée pour recueillir, dans les théories philosophiques, la puissance divine de l'invisible, c'est également en raison de l'invisibilité dont il est lui-même porteur. Dans les représentations communes, l'air renvoie en effet essentiellement à l'espace « vide » qui sépare la surface terrestre et la voûte du ciel[25] ; c'est ce qui pourrait expliquer que, dans les *Nuées*, Socrate jure indifféremment par l'Air et par le Vide (*Khaos*, v. 424 et 627)[26]. Mais des philosophes comme Anaxagore et Empédocle ont

22. Aristophane, *Thesm.* 272 et *Ran.* 892. En présentant ainsi le personnage d'Euripide, Aristophane a probablement voulu dénoncer la proximité du dramaturge avec les théories cosmologiques « savantes » des philosophes – notamment d'Anaxagore et de Socrate – dont ses tragédies sont imprégnées. Sur cette critique, par Aristophane, d'un Euripide « aérien », *cf.* Jay-Robert 2015.

23. On retrouve cette expression dans des fragments d'Euripide lui-même : fr. 487, 839 (Kn.) et 877 (M.). Aristophane, pour sa part, se moque de cette divinisation, qu'il tourne en dérision dans les *Grenouilles*, où Dionysos qualifie par deux fois l'Éther de « bicoque de Zeus (αἰθέρα Διὸς δωμάτιον) » (*Ran.* 100 et 311, trad. Debidour).

24. *Cf.* aussi le témoignage de Sénèque (12A23 DK = 6D33b LM).

25. C'est la définition « populaire » de l'air qu'énonce Aristote, qui tend à le confondre avec le vide : « les gens pensent que le vide est un intervalle dans lequel il n'y a pas de corps sensible (κενὸν εἶναι διάστημα ἐν ᾧ μηδέν ἐστι σῶμα αἰσθητόν) ; mais pensant que tout ce qui existe est corps, ils disent que là où il n'y a absolument rien, c'est cela qu'est le vide, c'est pourquoi ce qui est plein d'air est vide (τὸ πλῆρες ἀέρος κενὸν εἶναι) » (*Ph.* 213a28-31, trad. Pellegrin légèrement modifiée). Sur cette discussion, *cf.* Ciancaglini 1993, p. 93.

26. K. Dover (1968, p. 155) et A. Sommerstein (1982, p. 184) notent que le mot *khaos* semble signifier le « vide » plutôt que le « chaos » chez Aristophane. *Cf.* par exemple *Av.* 1218, où l'association du *khaos* avec l'air est très claire.

contribué, peu avant la rédaction de la comédie d'Aristophane, à mettre en évidence la matérialité de l'air grâce à des expériences qui tendaient à le distinguer du vide[27]. Or, ces expériences ont conduit leurs auteurs à caractériser l'air à partir de la puissance qui est la sienne et qu'il tire de l'invisible :

> Ceux qui essayent de prouver qu'il (*scil.* le vide) n'existe pas ne réfutent pas ce que les hommes entendent par 'vide' (...) ; il en va ainsi d'Anaxagore et de ceux qui réfutent de cette façon. Car ils démontrent que l'air est quelque chose (ἐπιδεικνύουσι γὰρ ὅτι ἐστίν τι ὁ ἀήρ) en tordant des outres, en montrant que l'air est fort (δεικνύντες ὡς ἰσχυρὸς ὁ ἀήρ) et en l'enfermant dans les clepsydres. (59A68 DK = 25D60 LM, trad. Laks et Most)

Afin de démontrer que le vide n'existe pas, Anaxagore s'efforce de faire apparaître la capacité de résistance de l'air dans une outre ou une clepsydre « vide ». Pour ce qui est de l'existence du vide, cette expérience n'est pas satisfaisante aux yeux d'Aristote ; mais pour ce qui concerne les qualités matérielles de l'air, celle-ci révèle un élément important, à savoir la force (*iskhus*) de cet élément. L'air étant imperceptible (c'est là l'origine de sa confusion avec le vide), la seule manière d'en démontrer l'existence est d'en observer la puissance, c'est-à-dire de mesurer les effets visibles qu'il est capable de produire dans le monde. De même qu'on ne contemple l'existence de Zeus que grâce au tonnerre, à la foudre et aux autres phénomènes visibles par lesquels il se manifeste aux hommes, de même, on ne perçoit l'existence de l'air que grâce à sa « force » invisible dont on perçoit les effets sensibles. Or, ce type de démonstrations permettait apparemment à Anaxagore de tirer des conséquences cosmologiques sur le rôle joué par l'air dans l'univers :

> La Terre est de forme plate et demeure suspendue (μένειν μετέωρον) à cause de sa taille et parce qu'il n'y a pas de vide (διὰ τὸ μηδὲν εἶναι κενὸν), et parce que l'air, qui possède une force extrême (τὸ τὸν ἀέρα ἰσχυρότατον ὄντα), porte la Terre qui le chevauche. (59A42 DK = 25D4 LM, trad. Laks et Most)

La notion de force extrême (*iskhurotaton*) de l'air, couplée à la thèse de l'inexistence du vide, sont sans doute des allusions aux expériences que nous venons de mentionner[28]. Ainsi, l'analogie de la clepsydre et la force de l'air qu'elle permet d'établir sont présentées comme des soutiens empiriques aux types de thèses « météorologiques » que l'on a vues moquées par Aristophane dans les *Nuées* (l'Air infini maintenant la Terre en suspension)[29]. À

27. Sur ces expérimentations, *cf.* Ciancaglini 1993, p. 85 *sq.*

28. Une conclusion cosmologique similaire (le support que l'air constitue pour la Terre) est par ailleurs rapportée par Aristote, qui pour sa part mentionne explicitement l'analogie avec les clepsydres (13A20 DK = 25D58 LM).

29. Le poète comique présente d'ailleurs à plusieurs reprises Socrate tirant des conclusions cosmologiques à partir d'analogies absurdes, tirées de l'expérience commune ; ainsi, par exemple, rend-il compte du grondement du tonnerre par les borborygmes et autres flatulences que provoque l'air dans un ventre plein (*Nub.* 386-393).

travers les thèses d'Anaximandre puis les expériences d'Anaxagore, on assiste finalement à la constitution progressive de l'air comme « invisible matériel », dont la force et la puissance cosmologique[30] rendent possible sa substitution à l'invisible divin.

C'est, semble-t-il, cette nature à la fois invisible et puissante qui avait du reste singularisé l'élément aérien aux yeux d'Anaximène, si l'on en croit le résumé qu'en livre Hyppolite :

> La forme de l'air est celle-ci (τὸ δὲ εἶδος τοῦ ἀέρος τοιοῦτον) : quand il est parfaitement homogène, il est invisible à l'œil (ὅταν μὲν ὁμαλώτατος ᾖ, ὄψει ἄδηλον), et il devient visible par le froid, le chaud, l'humide et le mouvement (δηλοῦσθαι δὲ τῷ ψυχρῷ καὶ τῷ θερμῷ καὶ τῷ νοτερῷ καὶ τῷ κινουμένωι). (...) En effet, son apparence est différente quand il se condense et quand il se raréfie (πυκνούμενον γὰρ καὶ ἀραιούμενον διάφορον φαίνεσθαι). (13A7 DK = 7D3 LM, trad. Laks et Most)

L'air ne devient manifeste, selon cette idée d'Anaximène, que lorsqu'il perd son homogénéité sous l'effet d'éléments extérieurs (le froid, le chaud, l'humide ou le mouvement) ; en l'absence de ces modifications, c'est avant tout la transparence qui caractérise l'élément aérien. L'air est donc cette réalité matérielle qui lorsqu'elle est stable et homogène demeure imperceptible, mais qui est susceptible de prendre des formes visibles plurielles (brumes, nuages, éclairs, etc.) lorsqu'il change d'état ou de composition.

Néanmoins, le rapprochement de l'air avec l'invisible (*adelon*) qui est effectué dans ce texte d'Hyppolite ne repose probablement pas uniquement sur son imperceptibilité. Un résumé de la doctrine d'Anaximène par Simplicius, mentionnant également la capacité de l'air à varier de composition par condensation et raréfaction, le suggère :

> Anaximène dit lui aussi (...) que la nature sous-jacente (τὴν ὑποκειμένην φύσιν) est unique et illimitée, mais non pas indéterminée, (...) mais déterminé, puisqu'il dit que c'est l'air (ἀέρα). Il diffère par sa raréfaction ou sa condensation suivant les substances (διαφέρειν δὲ μανότητι καὶ πυκνότητι κατὰ τὰς οὐσίας) : raréfié, il devient feu ; condensé, vent, puis nuage ; encore plus, eau, puis terre, puis pierres ; et le reste des choses proviennent de ceux-là (τὰ δὲ ἄλλα ἐκ τούτων). (13A5 DK = 7D1 LM, trad. Laks et Most)

Ici, l'air n'est pas explicitement associé à l'invisible mais à ce que Simplicius nomme, dans un vocabulaire aristotélicien, la « nature sous-jacente ». La description qui en précise le statut fait de l'air l'élément unique d'où proviennent toutes les autres réalités qui se manifestent dans le monde :

30. Chez Anaxagore, cette force cosmologique supérieure qualifie le *nous* : « (l'intelligence) possède la plus grande des forces (ἰσχύει μέγιστον) » (59B12 DK = 25D27 LM, trad. Laks et Most).

les phénomènes météorologiques mais aussi les autres éléments[31]. Ainsi, la capacité de l'air à se transformer et à apparaître sous des formes variées s'apparente à la puissance de manifestation que le fragment d'Euripide (ou les *Mémorables* de Xénophon) nous invitait à concevoir comme la puissance propre aux dieux[32]. La thèse d'Anaximène selon laquelle l'air a une nature divine (13A10 DK = 7D5-6 LM) n'est sans doute pas étrangère à la capacité de cet élément, observée dans les régions atmosphériques, à revêtir une multitude de formes visibles à partir d'un unique principe invisible[33]. Ainsi, Anaximène est peut-être le premier à avoir doté l'élément aérien de la puissance divine de l'invisible.

La subtilité de l'air
Puissance de transformation et puissance de manifestation

Mais c'est plus tardivement que la puissance de métamorphose de l'air sera développée par les penseurs pour être exploitée dans des domaines plus spécifiques. On le voit tout particulièrement chez Diogène d'Apollonie, dont la conception de l'air hérite très probablement de celle d'Anaximène et dont les théories ont souvent été mises en parallèle avec celles que Socrate professe dans les *Nuées*[34]. Diogène reprend en effet l'idée, rencontrée chez Anaximène, selon laquelle l'air recèle en puissance toutes les choses visibles

31. On retrouvera la même idée chez Archélaos : « (*scil.* le principe est) l'air illimité et la condensation et raréfaction qu'il subit (ἀέρα ἄπειρον καὶ τὴν περὶ αὐτὸν πυκνότητα καὶ μάνωσιν) ; de ceux-ci, l'une est le feu, l'autre l'eau (τούτων δὲ τὸ μὲν ἐναι πῦρ τὸ δ' ὕδωρ) » (60A7 DK = 26D6 LM, trad. Laks et Most). Du fait de cette doctrine, D. Graham affirme que, contrairement au jugement d'Aristote, Anaximène peut être considéré « comme un philosophe du processus plutôt que comme un matérialiste moniste » (2015, p. 10, nous traduisons). *Cf.* aussi Graham 2003, p. 333 *sq.*

32. Il est intéressant de remarquer, à cet égard, que l'arrivée du chœur des Nuées sur la scène (v. 340-355) – ce moment crucial qui soulève très concrètement la question du mode d'apparaître de l'invisible – est l'occasion pour Aristophane de parodier cette puissance de métamorphose de l'air. Alors que Strepsiade s'étonne de ce que ces prétendues déesses se présentent sous les traits de vulgaires femmes mortelles (*thnetai gunaikes*), Socrate lui répond que ce n'est là qu'une de leurs formes possibles, les Nuées ayant la capacité de se transformer à leur gré (en centaures, en léopards, en loups, en taureaux, en biches, en femmes, etc.). Il n'est pas impossible que ce pouvoir de transformation, notamment en des formes animales, soit une allusion au pouvoir similaire de Zeus.

33. C'est en tout cas à une doctrine proche que pense probablement Aristophane lorsqu'il fait dire au chœur des Nuées que leur apparence vaporeuse n'est que la manifestation visible dissimulant aux profanes leur nature divine fondamentale : « Nuées éternelles (Ἀένναοι Νεφέλαι), surgissons aux regards (ἀρθῶμεν φανεραὶ), vapeurs brillantes. (...) Mais dissipons la brume pluvieuse qui voile nos formes immortelles (ἀλλ' ἀποσεισάμεναι νέφος ὄμβριον ἀθανάτας ἰδέας ἐπιδώμεθα) » (*Nub.* 275-289, trad. Van Daele légèrement modifiée).

34. *Cf.* Byl 1994, qui synthétise les allusions à Diogène déjà relevées par Diels 1881. Pour une présentation générale des passages des *Nuées* qui ont été rapprochés de la doctrine de Diogène, *cf.* Laks 2008, p. 265-268.

dans le monde, du fait de sa capacité à produire, par condensation ou raréfaction, des substances différentes[35] ; on retrouve également chez lui l'assimilation de l'air à la divinité[36]. Mais Diogène s'appuie sur ces caractéristiques générales pour rendre compte d'un processus plus concret, à savoir le processus de la pensée, dont il considère que l'air est porteur[37] :

> Ainsi, je pense que ce qui est porteur de connaissance (τὸ τὴν νόησιν ἔχον εἶναι) est ce que les hommes nomment air (ὁ ἀὴρ καλούμενος ὑπὸ τῶν ἀνθρώπων) (...). Et il n'y a pas une chose qui n'y ait part, mais pas une non plus qui y ait part de façon semblable à l'autre (καὶ ἔστιν οὐδὲ ἓν ὅ τι μὴ μετέχει τούτου· μετέχει δὲ οὐδὲ ἓν ὁμοίως τὸ ἕτερον τῷ ἑτέρῳ) : il existe de nombreuses formes aussi bien de l'air lui-même que de la connaissance (ἀλλὰ πολλοὶ τρόποι καὶ αὐτοῦ τοῦ ἀέρος καὶ τῆς νοήσιός εἰσιν) ; il est en effet multiforme, chaud et froid, sec et humide, immobile et animé d'un mouvement vif (ἔστι γὰρ πολύτροπος, καὶ θερμότερος καὶ ψυχρότερος καὶ ξηρότερος καὶ ὑγρότερος καὶ στασιμώτερος καὶ ὀξυτέρην κίνησιν ἔχων), et bien d'autres différenciations sont en lui (καὶ ἄλλαι πολλαὶ ἑτεροιώσιες ἔνεισι) (...). Et pour tous les animaux, l'âme est une même chose (καὶ πάντων τῶν ζῴων δὲ ἡ ψυχὴ τὸ αὐτό ἐστιν), un air plus chaud que l'air extérieur dans lequel nous nous trouvons, mais beaucoup plus froid que celui qui se trouve à proximité du soleil ; mais ce chaud n'est semblable chez aucun des animaux (ὅμοιον δὲ τοῦτο τὸ θερμὸν οὐδενὸς τῶν ζῴων ἐστίν) (puisqu'il ne l'est pas même chez les hommes entre eux) (...). Puisque donc la différenciation est multiforme, multiformes sont aussi les animaux et nombreux, ne se ressemblant entre eux ni par leur forme ni par leur mode de vie ni par leur connaissance en raison de la multitude des différenciations (ἅτε οὖν πολυτρόπου ἐούσης τῆς ἑτεροιώσιος πολύτροπα καὶ τὰ ζῷα καὶ πολλὰ καὶ οὔτε ἰδεαν ἀλλήλοις ἐοικότα οὔτε δίαιταν οὔτε νόησιν ὑπὸ τοῦ πλήθεος τῶν ἑτεροιώσεων). Pourtant tous vivent, voient et entendent par la même chose, et tous tiennent de la même chose le reste de leurs connaissances (καὶ τὴν ἄλλην νόησιν ἔχει ἀπὸ τοῦ αὐτοῦ πάντα). (64B5 DK = 28D10 LM, trad. Laks et Most)

Dans ce texte, Diogène s'efforce de mettre en évidence à la fois l'unité principielle de l'air et en même temps la grande diversité des formes de pensée qui résulte des variations de sa composition. Comme dans le témoignage d'Hyppolite sur Anaximène cité précédemment, c'est sous l'effet du chaud, du froid, de l'humide, du sec ou du mouvement que l'air actualise,

35. *Cf.* « Quant à la nature du tout, il (Diogène) dit (...) que c'est l'air illimité et éternel, d'où provient la forme des autres choses par condensation et raréfaction et par transformation de ses états (ἐξ οὗ πυκνουμένου καὶ μανουμένου καὶ μεταβάλλοντος τοῖς πάθεσι τὴν τῶν ἄλλων γίνεσθαι μορφήν). Voilà du moins ce que rapporte Théophraste sur Diogène, et le traité de ce dernier qui m'est parvenu, intitulé *Sur la nature*, dit clairement que ce d'où proviennent toutes les autres choses est l'air (ἀέρα τὸ ἐξ οὗ πάντα γίνεται τὰ ἄλλα) » (64A5 DK = 28D8 LM, trad. Laks et Most).

36. *Cf.* 64B5 DK = 28D10 LM et 64A8 DK = 28R14 LM.

37. *Cf.* 64B3 DK = 28D5b LM, 64B4 DK = 28D9 LM et 64B8 DK = 28D6 LM.

dans des formes visibles et plurielles, la puissance de transformation et de différenciation qu'il tire de sa nature invisible.

Cette capacité de l'air, qui lui permet de réagir au chaud et au froid, à l'humide et au sec, et de produire ainsi la grande diversité des phénomènes observables, tient à une qualité que lui reconnaissent différents penseurs, à savoir sa *leptotes*. Déjà chez Anaximandre, dans le témoignage d'Aétius qui résumait son explication « aérienne » des phénomènes atmosphériques, c'était la « finesse » de l'air qui était mise en avant[38]. On ne trouve pas le terme chez Anaximène mais certains fragments laissent supposer qu'il avait pu attribuer une qualité similaire à l'air[39]. Chez Diogène, en revanche, la « subtilité » de l'élément aérien est attestée :

> (L'air) est la chose qui de toutes est la plus fine (τοῦτον οἰηθεὶς πάντων λεπρότατον εἶναι). (64A20 DK = 28D11 LM, trad. Laks et Most)

La forme superlative de la *leptotes* ici employée semble suggérer qu'il s'agit là de la raison du privilège reconnu par Diogène à l'élément aérien. Enfin, c'est de cette caractéristique attribuée à l'air dont se moque Aristophane dans les *Nuées*, lorsqu'il présente Socrate perché dans un panier, contemplant les « choses célestes (τὰ μετέωρα πράγματα) » et amalgamant « (sa) pensée subtile avec l'air similaire (τὴν φροντίδα λεπτὴν καταμείξας εἰς τὸν ὅμοιον ἀέρα) » (*Nub.* 228-230, trad. Van Daele)[40] – cette attitude valant au philosophe d'être qualifié un peu plus loin de bavard, « pontife des plus subtils radotages (λεπτοτάτων λήρων ἱερεῦ) » (*Nub.* 359, trad. Van Daele).

Pour comprendre le sens de cet adjectif, *leptos*, il faut sans doute le mettre en parallèle avec l'emploi qui en est fait par Anaxagore pour qualifier, là aussi sous une forme superlative, le *nous* :

> (L'intelligence) est à la fois la plus subtile de toutes les choses et la plus pure (ἔστι γὰρ λεπτότατόν τε πάντων χρημάτων καὶ καθαρώτατον). (59B12 DK = 25D27 LM, trad. Laks et Most)

Dans ce fragment, Anaxagore cherche à préciser le rapport que le *nous* entretient avec le mélange. L'intelligence, affirme-t-il, est à la fois partout et « mêlée à aucune chose (μέμεικται οὐδενὶ χρήματι) » ; elle est « seule à être elle-même par elle-même (ἀλλὰ μόνος αὐτὸς ἐφ' ἑαυτοῦ ἐστιν) » (59B12

38. « En effet quand (le souffle d'air) a été pris dans un nuage épais mais force le passage et s'échappe en raison de sa finesse et de sa légèreté (λεπτομερείᾳ καὶ κουφότητι), la déchirure produit le son, et la fissure, par contraste avec la noirceur du nuage, le scintillement » (12A23 DK = 6D33a LM, trad. Laks et Most).

39. « L'air est proche de l'incorporel (ἐγγύς ἐστιν ὁ ἀὴρ τοῦ ἀσωμάτου) » (13B3 DK = 7R14 LM, trad. Laks et Most). Gomperz (1932, p. 159 *sq.*) propose de comprendre l'adjectif *asomatos* employé ici en le rapprochant de la notion de « finesse » ou de « subtilité » exprimée dans d'autres textes par le terme *leptos*.

40. Sur la proximité entre ce passage des *Nuées* et la théorie de Diogène, *cf.* Noël 1997, p. 177 *sq.*

DK = 25D27 LM, trad. Laks et Most). Dans ce contexte, la *leptotes* est la subtilité qui permet au *nous* de traverser toutes choses sans y être mélangé. Comme l'écrivent A-L. Therme et A. Macé, cette qualité « (doterait) le corps qui la possède du plus haut degré d'ubiquité, et donc d'omniprésence (...), mais sans qu'il soit pour autant partout réparti de façon homogène. Car, paradoxalement, le νοῦς est simultanément diffus et concentré »[41]. Au vu de ce que l'on a analysé précédemment, cette description pourrait tout à fait s'appliquer à l'air de Diogène, dont la propriété est de pénétrer toutes choses et d'y produire des effets différents, selon que sa composition est concentrée ou raréfiée[42]. La *leptotes* constitue donc l'attribut permettant à une substance matérielle comme l'air d'hériter de la puissance de transformation et de manifestation qui caractérisait l'invisible divin.

Cette capacité de l'air à se manifester en produisant des effets multiples (et notamment en produisant différentes formes de pensée) a pu intéresser les penseurs dans une perspective non seulement philosophique mais encore médicale[43]. D'une part, l'ancrage biologique des réflexions de Diogène sur les processus cognitifs est probable[44]. Mais on trouve d'autre part dans la collection hippocratique de nombreux textes, d'auteurs et de sensibilités différents, faisant de l'air un élément central de leur théorie – à tel point qu'on a pu parler à leur sujet de « panpneumatisme »[45]. Parmi ces traités, *La Maladie sacrée* nous intéresse tout particulièrement, dans la mesure où elle présente une théorie de la pensée qui connaît de nombreux points communs avec celle de Diogène[46], et notamment le rôle important qui est reconnu à l'air dans ce processus. Pour le médecin, en effet, comme pour le philosophe, la pensée est une qualité intrinsèque de l'air[47] et est transmise aux êtres individuels lorsque cet air pénètre dans leur corps. Si la description de la manière dont la pensée se produit, une fois l'air parvenu à l'intérieur du corps, diffère entre les deux auteurs (le médecin attribuant un rôle central au cerveau, qu'il n'a pas dans les fragments du philosophe), l'auteur de *La Maladie sacrée*

41. Therme & Macé 2016, p. 11.

42. Outre la qualification du *nous*, on peut noter que l'adjectif *leptos* qualifie, chez Anaxagore, l'air, l'éther ou la vapeur (59A92 DK = 25D78 LM, 59A70 DK = 25D11 LM et 59A90 DK = 25D64 LM).

43. P. Demont (2015, p. 99-101) a mis en évidence l'origine médicale non moins que philosophique des théories et concepts caricaturés dans le passage des *Nuées* déjà cité, où Socrate s'élève dans les airs pour atteindre une forme plus haute de pensée.

44. *Cf.* le témoignage de Simplicius (64A4 DK = 28R7 LM), qui assure que c'est dans le même passage de son traité que Diogène expliquait le processus cognitif et proposait une description détaillée des vaisseaux sanguins par lesquels l'air s'introduit dans les corps.

45. L'expression est de Joly (1966, p. 87 *sq.*).

46. Sur les parallèles mais aussi les différences que l'on peut repérer entre les deux doctrines, *cf.* Jouanna 2003, p. LXII-LXX.

47. Pour *La Maladie sacrée*, *cf.* « L'air lui fournit (*i.e.* au cerveau) la pensée (τὴν δὲ φρόνησιν αὐτῷ ὁ ἀὴρ παρέχεται) » (XVI, 1) ; pour Diogène, *cf.* note 37 *supra*.

recourt néanmoins à la même idée selon laquelle la substance aérienne, dans son unité principielle, est susceptible de produire des effets et des manifestations sensibles plurielles :

> Lorsque l'homme reçoit le souffle (τὸ πνεῦμα) par la bouche et par les narines, tout d'abord ce souffle pénètre dans le cerveau (πρῶτον μὲν ἐς τὸν ἐγκέφαλον ἔρχεται), puis il va dans le ventre pour la plus grande partie, une partie allant, aussi, dans le poumon et une autre partie dans les vaisseaux (ἔπειτα δ'ἐς τὴν κοιλίην τὸ πλεῖστον μέρος, τὸ δ'ἐπὶ τὸν πλεύμονα, τὸ δ'ἐπὶ τὰς φλέβας). À partir de ces vaisseaux, le souffle se répand dans les autres parties du corps par les vaisseaux. La partie du souffle qui parvient dans le ventre rafraîchit le ventre et ne concourt aucunement à un autre usage (ὅσον μὲν ἐς τὴν κοιλίην ἔρχεται, τοῦτο μὲν τὴν κοιλίην διαψύχει, καὶ ἐς ἄλλο οὐδὲν συμβάλλεται). Il en est de même du souffle qui va dans le poumon. En revanche, l'air qui pénètre par les vaisseaux concourt (à un autre usage) en parvenant aux cavités et au cerveau (ὁ δὲ ἐς τὰς φλέβας ἀὴρ ξυμβάλλεται ἐς τὰς κοιλίας ἐσιὼν καὶ ἐς τὸν ἐγκέφαλον), et de la sorte il fournit l'intelligence et le mouvement aux parties du corps. (*Morb. Sacr.* VII, 3-4, trad. Jouanna)

Ce texte détaille avec précision les étapes au cours desquelles le même air (*pneuma*) inspiré produit des effets variables en fonction des organes ou des « lieux » du corps humain avec lesquels il interagit. Le contact avec le ventre actualisera la fonction refroidissante de l'air ; le contact avec le cerveau actualisera bien plutôt sa fonction intellective et motrice[48]. Ainsi, l'auteur de *La Maladie sacrée* semble tirer les conséquences et applications proprement biologiques de la capacité de transformation et de manifestation reconnue à l'élément aérien dans certains textes philosophiques.

La méthode de l'invisible : *Ancienne médecine* face aux médecins-novateurs

Au sein du corpus hippocratique, il est un autre texte probablement contemporain ou proche des pièces d'Aristophane[49] qui constitue un témoignage important de cette « querelle des anciens et des modernes » que nous retraçons. Le traité *Ancienne médecine* s'ouvre en effet sur une condamnation de ce qu'il qualifie d'innovations (*kaines*) et qui emprunte ses méthodes à

48. Le médecin semble accorder une valeur supérieure à cette dernière fonction, qui actualise « ce qu'il y a de plus actif (τὴν ἀκμὴν) » dans l'air (*Morb. Sacr.* XVI, 3, trad. Jouanna). Sur cette idée, *cf.* Lo Presti 2008, p. 166 *sq.* De même, Diogène établit une hiérarchie de valeur entre les différentes fonctions de l'air : les oiseaux ou les poissons sont des êtres inférieurs du fait que l'air qu'ils respirent se concentre dans la région du ventre, leur permettant d'avoir une bien meilleure fonction digestive mais une bien moindre fonction intellective que les humains par exemple (64A19, 44 DK = 28D44 LM).

49. Pour la datation d'*Ancienne médecine*, nous retenons l'estimation proposée par J. Jouanna dans ses éditions, à savoir « la fin du ve siècle ou (le) tout début du IVe siècle » (Jouanna 1990, p. 85).

l'étude des choses d'en haut (*peri ton meteoron*). Or, c'est là encore dans les termes du rapport à l'invisible que son auteur résume les problèmes qui sont, selon lui, posés par ce savoir :

> C'est pourquoi j'ai estimé, pour ma part, que (la médecine) n'a pas besoin d'innover en posant un postulat (Διὸ οὐκ ἠξίουν αὐτὴν ἔγωγε καινῆς ὑποθέσιος δεῖσθαι), comme on le fait pour les choses invisibles et douteuses (ὥσπερ τὰ ἀφανέα τε καὶ ἀπορεόμενα) ; car pour ces choses-là, il est nécessaire, si l'on entreprend d'en dire quoi que ce soit, de recourir à un postulat (ὑποθέσει), comme c'est le cas pour les choses qui sont au ciel ou sous la terre (οἷον περὶ τῶν μετεώρων ἢ τῶν ὑπὸ γῆν) : quand bien même quelqu'un les exposerait et les concevrait comme elles sont, ni celui qui expose lui-même ni ceux qui l'écoutent ne verraient clairement s'il est dans le vrai ou non ; car il n'y a pas de critère auquel on puisse se référer pour avoir une connaissance exacte. (*VM* I, 3, trad. Jouanna)

Les médecins-novateurs que combat l'auteur sont ici identifiés par leur méthode : il leur est reproché d'importer, dans l'art médical, un raisonnement que l'on réserve normalement à l'étude des choses invisibles et douteuses (*ta aphanea te kai aporeomena*) – comme c'est le cas, ajoute-t-il, des *meteora* et des choses qui sont sous la terre[50]. Dans ces domaines, l'auteur reconnaît qu'il est nécessaire d'en passer par la formulation de postulats (*hupotheseis*), parce qu'il est impossible d'obtenir une connaissance certaine à leur sujet[51] ; son intention est néanmoins de contester l'utilisation de cette méthode par hypothèses dans le champ médical. Les « postulats » sont des principes simples et peu nombreux (tels que le chaud, le froid, l'humide, le sec) qui permettent à ces savants de rendre compte d'une grande diversité de phénomènes ; le problème, aux yeux de l'auteur d'*Ancienne médecine*, est qu'ils en viennent, ce faisant, à « simplifier (ἐς βραχὺ ἄγοντες) » à outrance « la cause originelle (τὴν ἀρχὴν τῆς αἰτίης) » des maladies (*VM* I, 1).

Avant d'analyser plus en détail dans quelle mesure les penseurs « aériens » sont liés à cette critique d'*Ancienne médecine* – quoiqu'il ne soit pas fait mention spéciale de l'air dans ce traité –, il convient de préciser à quel type d'« invisible » nous avons affaire ici. Car en un certain sens, l'art médical dont se revendique l'auteur de ce texte s'est lui-même constitué en

50. La même symétrie est présente chez Aristophane (*Nub.* 187-192 et 228). *Cf.* déjà Homère (*Il.* VIII, 16), Hésiode (*Th.* 720-723) et Pindare (fr. 292 SM).

51. On peut reconnaître ici la distinction opérée par Alcméon dans le fragment cité au début de cette étude, entre la connaissance certaine des dieux et la connaissance seulement conjecturale des hommes, concernant notamment les « choses invisibles (περὶ τῶν ἀφανέων) » (24B1 DK = 23D4 LM). Comme l'a remarqué G. E. R. Lloyd, « l'auteur (d'*Ancienne médecine*) (...) concède, ironiquement, que les ὑποθέσεις ont une place dans l'étude des choses dans le ciel et sous la terre, qui sont au-delà de toute vérification empirique, tout en soutenant vigoureusement qu'elles devraient être exclues de l'étude de la médecine » (Lloyd 1963, p. 125 ; nous traduisons).

rapport avec l'invisible. Pour comprendre l'origine d'un problème médical quelconque, déclare-t-il en effet à la manière d'un précepte méthodologique, « il convient de se référer à ce qui est visible à l'extérieur (καταμανθάνειν δὲ δεῖ ταῦτα ἔξωθεν ἐκ τῶν φανερῶν) » (*VM* XXII, 3, trad. Jouanna). D'autres traités du corpus hippocratique sont parcourus par la même idée, selon laquelle l'art du médecin consiste à déterminer la cause (invisible, interne) de la maladie à partir de l'observation de ses symptômes (visibles, externes)[52]. Les médecins ne pratiquant pas de dissection humaine[53] et ne disposant pas non plus d'instruments permettant d'observer l'intérieur des corps, c'est en effet grâce à cette méthode dite « analogique »[54] que la médecine s'est constituée comme *tekhne*[55]. En ce sens, l'invisible se loge au cœur de l'art médical, de sorte que les médecins et les spécialistes des « choses d'en haut » l'ont – avec d'autres, parmi lesquels les magiciens et les devins – en partage[56].

Mais le texte d'*Ancienne médecine* ajoute une précision non négligeable : le domaine des choses « invisibles et douteuses », qu'il rapproche des « choses qui sont au ciel ou sous la terre », se distingue radicalement des causes internes dont s'occupe le médecin, bien qu'elles soient, d'une certaine manière, elles aussi invisibles. Les secondes sont simplement cachées à la vue (car situées à l'intérieur de l'enveloppe corporelle) mais demeurent potentiellement visibles[57], tandis que le premier ne relève tout simplement pas de ce qui est accessible aux sens. Un autre passage d'*Ancienne médecine* permet de le comprendre :

> Pour ma part, je me demande avec perplexité comment les gens qui professent cette thèse-là, et qui conduisent l'art hors de la présente voie vers un postulat (ἄγοντες ἐκ ταύτης τῆς ὁδοῦ ἐπὶ ὑπόθεσιν τὴν τέχνην), peuvent traiter les malades en conformité avec ce qu'ils postulent (ὥσπερ ὑποτίθενται).

52. Sur cette discussion, *cf.* Lo Presti 2010.

53. *Cf.* la note *ad. loc.* (Jouanna 1990, p. 215).

54. Comme l'écrit L. Gernet, cette méthode est « garante d'intelligibilité » : « en permettant l'inférence du connu au non-connu, le procédé de l'analogie assure la communication d'un monde à l'autre. (...) On est dans une ligne de pensée où pourrait s'inscrire la formule de M. Bachelard, qu'"il n'y a de science que de ce qui est caché" » (Gernet 1956, p. 80). Le texte le plus détaillé à ce sujet est la longue discussion que mène l'auteur du traité *De l'art* (dont le titre et l'objet sont à cet égard éloquents) aux chap. IX-XII.

55. Dans sa notice au traité *Du régime*, R. Joly rappelle que le traitement des maladies internes (par la diététique, notamment), qui a été rendu possible par cette méthode rationnelle de l'analogie, a constitué une nouveauté importante relativement à la médecine chirurgicale et pharmaceutique qu'on pratiquait depuis l'époque homérique et qui se limitait aux maladies externes. *Cf.* Joly 1967, p. IX *sq*. C'est cette histoire de la médecine comme *tekhne*, progressant par observations et par déductions, que relate *Ancienne médecine*.

56. Comme l'écrit L. Gemelli Marciano, « tous s'occupent des *adela* » (Gemelli Marciano 2006, p. 207 ; nous traduisons).

57. En ce sens, comme le fait remarquer M-L. Desclos, le médecin aurait probablement opposé aux *phanera*, aux choses « visibles à l'extérieur », non pas les *aphanea* (ce qu'il associe à un savoir douteux et qui est par nature non-manifeste) mais les *aorata* (Desclos 2013, p. 46).

> Car ils n'ont pas découvert, je pense, quelque chose qui soit chaud, froid, sec ou humide, en soi et à part soi, sans être associé à aucune autre sorte de qualité (οὐ γάρ ἐστιν αὐτοῖσιν, οἶμαι, ἐξευρημένον αὐτό τι ἐφ' ἑωυτοῦ θερμὸν ἢ ψυχρὸν ἢ ξηρὸν ἢ ὑγρὸν μηδενὶ ἄλλῳ εἴδει κοινωνέον). Mais je pense pour ma part qu'ils ont à leur disposition les mêmes aliments et les mêmes boissons que ceux dont nous usons tous (οἷσι πάντες χρεώμεθα). Seulement, ils assignent à l'un la qualité d'être chaud, à l'autre d'être froid, à tel autre d'être sec et à tel autre d'être humide. Car c'est à coup sûr une impasse que de prescrire au malade de prendre quelque chose de chaud (θερμόν τι προσενέγκασθαι) ; aussitôt en effet il demandera : « quelle chose ? (τί;) », si bien qu'ils seront contraints de répondre par du bavardage ou de recourir à l'une de ces choses chaudes qui sont connues (τούτων τι τῶν γινωσκομένων). (*VM* I, 3, trad. Jouanna légèrement modifiée)

L'erreur des médecins-novateurs consiste à attribuer la cause des maladies au chaud, au froid, au sec, à l'humide en soi (*auto eph' eoutou*)[58], c'est-à-dire à des qualité pures et sans mélange, dont on ne saurait trouver, pour cette raison même, aucun exemplaire dans la nature (ces médecins-novateurs ne les ont eux-mêmes pas « découvertes ») – tandis que les remèdes que prescrivent les véritables médecins sont des « choses connues », « dont nous usons tous ». Ainsi, les deux méthodes correspondent à deux types d'« invisible » et diffèrent totalement l'une de l'autre[59] : d'un côté, on a affaire à une méthode rationnelle « analogique » qui déduit une cause inaccessible à partir d'effets tangibles, de l'autre, à une méthode spéculative et « hypothétique » qui postule des principes « en soi et à part soi » – ce qui vaut à ses adeptes, comme c'était le cas de Socrate, d'être qualifiés de « bavards »[60].

Plusieurs éléments semblent finalement indiquer que les « innovations » théoriques dont il est question ici sont proches de celles qui étaient inspirées par les météorologues et moquées par Aristophane dans les *Nuées* : il s'agit dans les deux cas de spéculations qui s'apparentent à une recherche sur les « choses d'en haut » et qui postulent des principes « invisibles » pour rendre compte des phénomènes[61]. Ainsi, les médecins-novateurs expliquent

58. Il convient de noter ici que c'est cette expression qui est précisément employée par Anaxagore pour qualifier la nature propre (« non-mélangée ») du *nous* dans un fragment déjà cité (59B12 DK = 25D27 LM).

59. Sur ces deux méthodes et leur rapport à l'invisible, *cf.* Gemelli Marciano 2006, p. 210-211.

60. Comme le souligne J. Jouanna dans la note à ce passage, le verbe *lerein* est employé ailleurs dans le corpus hippocratique mais pour désigner un malade qui « divague » (1990b, p. 188, n. 1) ; ici, son emploi pour désigner le médecin lui-même ainsi que la méthode « par hypothèse » à laquelle il recourt pourrait avoir un lien avec le sens polémique du bavardage, tel qu'il est employé pour désigner les philosophes notamment dans la comédie.

61. C'est là un « mode » de raisonnement général que Simplicius retient des « philosophes de la nature (οἱ ἄλλοι φυσικοὶ) » tels qu'Empédocle et Anaxagore : « (ils) semblent nous transmettre l'idée que la génération des composés se fait à partir des simples

les maladies et la mort par « un ou deux principes (τὴν αὐτὴν ἓν ἢ δύο ὑποθέμενοι) » tels que « le chaud, le froid, l'humide, le sec (θερμὸν ἢ ψυχρὸν ἢ ὑγρὸν ἢ ξηρὸν) » (*VM* I, 1, trad. Jouanna) ; les météorologues rendent compte de phénomènes atmosphériques tels que la pluie (v. 368), le tonnerre (v. 374 et 382) et la foudre (v. 395) par une cause unique, les *Nuées* (*autai depou*, v. 369, puis 375 et 404), elles-mêmes décrites comme l'interaction entre l'eau ou l'humide (*hudor*, v. 376 et 383) et le feu ou le sec (*pur*, v. 395 et *xeros*, v. 404). Or, nous avons vu que le rôle central de l'air dans la comédie d'Aristophane, pouvait s'expliquer par sa conceptualisation, chez les philosophes tels qu'Anaximène ou Diogène, comme principe invisible unique, dont les interactions avec le chaud, le froid, l'humide et le sec permettent de rendre compte de la totalité des choses manifestes. Qu'ils soient médecins ou physiologues, les cibles d'*Ancienne médecine* comme celles des *Nuées* sont donc identifiables à leur « méthode de l'invisible » : tous recourent à des « postulats » dont la simplicité permet de rendre raison de l'ensemble des phénomènes visibles, tout en demeurant eux-mêmes hors des critères de vérification empirique.

Malgré ces similitudes, il convient de souligner que la perspective des deux auteurs sur ces innovations est très différente. D'abord, Aristophane se préoccupe essentiellement des conséquences sociales et religieuses du développement d'un tel savoir, là où l'auteur d'*Ancienne médecine* se situe plutôt sur un terrain épistémologique : à ses yeux, le problème de ces innovations réside avant tout dans le fait qu'elles érigent un savoir sur des fondements invérifiables et produisent ce faisant des discours douteux. Ensuite, alors que le comique insiste sur l'impiété et la témérité des théories philosophiques dans lesquelles l'invisible divin est réduit au rang d'« invisible matériel », le médecin regrette au contraire l'introduction de l'« invisible » et du « douteux » dans cette technique empirique et rationnelle qu'est la médecine. En d'autres termes, le jugement des deux auteurs relativement à l'invisible est opposé : l'un regrette la dégradation que subit l'invisible divin, l'autre regrette au contraire la revalorisation d'un invisible que son extrême simplicité et pureté rend incommensurable avec toute autre réalité matérielle. Enfin, alors qu'Aristophane établit un lien clair entre le développement de ces théories et la curiosité pour l'élément aérien, l'auteur du traité *Ancienne médecine* ne consacre pas de place spécifique à l'air.

(τὴν τῶν συνθέτων ἀπὸ τῶν ἁπλῶν γένεσιν), selon ce mode qui consiste à raisonner à partir des hypothèses (κατὰ τὸν ἐξ ὑποθέσεως τοῦτον τρόπον) » (31A52 DK, trad. Dumont).

Le traité *Des vents* : une approche aérienne de la médecine

Au sein même de la collection hippocratique, un traité a pourtant été rédigé pour montrer que l'air constitue le principe élémentaire et simple permettant de rendre compte de la totalité des maladies, aussi diverses soient-elles – ce qui correspond assez à la description de la méthode par « postulats » de l'*Ancienne médecine* ; il s'agit du traité *Des vents*[62]. Ce texte, dont la place au sein de la collection hippocratique est probablement marginale et dont la date de rédaction est incertaine[63], n'est probablement pas une cible directe de l'auteur d'*Ancienne médecine*. Néanmoins, son analyse est importante, au terme de notre étude, dans la mesure où il synthétise, dans une réflexion médicale précise sur la cause des maladies, l'ensemble des caractéristiques qui ont pu être attribuées à l'air par les différents penseurs et météorologues pour lui reconnaître le statut d'« invisible matériel ». Au début de son texte, l'auteur qui est à la fois médecin, orateur et adepte de philosophie naturelle[64] prend en effet soin de délimiter deux domaines de la médecine, dont l'un, guidé par le corps, relève du visible et l'autre, guidé par l'intelligence, relève de l'invisible :

> Dans tous les cas où le travail de la main est nécessaire, il convient d'en acquérir seulement l'habitude (...) ; en revanche, pour les maladies les plus cachées et les plus difficiles (περὶ δὲ τῶν ἀφανεστάτων καὶ χαλεπωτάτων), c'est par le jugement plus que par le savoir-faire que l'on tranche (δόξῃ μᾶλλον ἢ τέχνῃ κρίνεται). (*Flat.* I, 3, trad. Jouanna)

Une fois cette distinction établie, l'auteur annonce que « l'une des questions relevant de ce (dernier) domaine (ἓν δὲ δή τι τῶν τοιούτων) » concerne la « cause (τὸ ἄτιόν) » et l'« origine (ἀρχὴ) » des maladies (*Flat.* I, 4). Cette première association de la recherche des causes au domaine de l'invisible rappelle les termes dans lesquels l'auteur d'*Ancienne médecine* avait présenté la polémique au début de son propre traité. En outre, la thèse générale *des Vents*, selon laquelle « pour les êtres mortels, (...) ce principe (l'air) est la cause de la vie, et des maladies pour les malades (οὗτος αἴτιος τοῦ βίου καὶ τῶν νούσων τοῖσι νοσέουσι) » (*Flat.* IV, 1) illustre parfaitement la méthode des novateurs qui, dans le texte d'*Ancienne médecine*, expliquaient les maladies et la mort par le recours à « un ou deux principes ». Mais surtout, à l'autre extrémité de son discours, l'auteur du traité *Des vents* conclut en affirmant que « (son) hypothèse (ἡ ὑπόθεσις) s'est révélée vraie » (*Flat.* XV, 2, trad. Jouanna légèrement modifiée). Le substantif *hupothesis*, rare à cette période et plusieurs

62. Pour un parallèle entre *Ancienne médecine* et *Des vents*, *cf.* Vegetti 1999, p. 283 et Schiefsky 2005, p. 122-123.

63. Concernant la datation du traité *Des vents*, J. Jouanna, considère que ce traité peut « raisonnablement être situé dans le dernier quart du ve siècle » (Jouanna 2003, p. 49), quoiqu'il ait souvent été jugé plus tardif.

64. Sur ces différents aspects, *cf.* Jouanna 1988, p. 10-29.

fois employé dans *Ancienne médecine* pour désigner de manière critique la méthode des médecins-novateurs, n'apparaît à notre connaissance qu'ici[65] dans l'ensemble des autres traités du corpus hippocratique – et cette fois de manière positive, pour en revendiquer l'usage. La démarche de cet auteur semble donc s'inscrire dans une perspective méthodologique claire et assumée, appuyant sa démonstration sur des « postulats ».

Dans le texte, la puissance de l'air est rapportée de manière très classique – à la lumière de ce qu'on a vu précédemment – aux phénomènes d'« en haut », cet élément étant considéré comme la cause ultime de ces phénomènes :

> Tout l'espace entre la terre et le ciel est rempli de souffle (ἅπαν τὸ μεταξὺ γῆς τε καὶ οὐρανοῦ πνεύματος σύμπλεόν ἐστιν). Celui-ci est la cause (αἴτιον) de l'hiver et de l'été, devenant en hiver dense et froid, et en été doux et serein. En outre, la marche du soleil, de la lune et des astres s'effectue grâce au souffle (διὰ τοῦ πνεύματός ἐστιν) ; car pour le feu, le souffle est la nourriture ; et le feu, privé d'air, ne pourrait pas vivre ; en conséquence, ce qui assure au soleil une vie éternelle, c'est l'air qui est éternel et subtil (ὥστε καὶ τὸν τοῦ ἡλίου βίον ἀέναον ὁ ἀὴρ ἀέναος καὶ λεπτὸς ἐὼν παρέχεται). (*Flat.* III, 3, trad. Jouanna)

De même que dans les théories météorologiques ciblées par Aristophane, l'élément aérien est ici caractérisé par sa localisation (la région intermédiaire entre la surface de la terre et la voûte céleste) et par le pouvoir qui lui est reconnu, de ce fait, sur les phénomènes atmosphériques et astronomiques. Ce faisant, ce texte érige l'air en « invisible matériel » se substituant à l'invisible divin traditionnel[66]. Par ailleurs, c'est une fois encore grâce à sa *leptotes* que l'air acquiert le statut privilégié qui est le sien dans ce traité. Le rapport de l'air à l'invisible et au pouvoir suprême qu'il recèle est explicité dans les phrases qui précèdent :

> L'air est un souverain très puissant qui règne en tout et sur tout (Οὗτος [ἀήρ] δὲ μέγιστος ἐν τοῖσι πᾶσι τῶν πάντων δυνάστης ἐστίν). Il vaut la peine d'en contempler la puissance (τὴν δύναμιν). Le vent est un flux et un écoulement d'air. Quand donc l'air en grande quantité provoque un flux puissant (ὅταν οὖν πολλὸς ἀὴρ ἰσχυρὸν τὸ ῥεῦμα ποιήσῃ), les arbres sont arrachés jusqu'à la racine à cause de la violence du souffle, des navires de transport d'une taille immense sont projetés en tous sens. Telle est donc la puissance (δύναμιν)

65. Sur la correction nécessaire de ὑπόσχεσις (Wilamowitz, Nelson, Heiberg) par ὑπόθεσις (Littré, Ermerins, Jones) pour soutenir cette lecture, *cf.* Festugière 1948, p. 26, n. 1 et Jouanna 1988, p. 150, n. 2.

66. Il faut certes souligner, avec J. Jouanna, que malgré le fait que « l'air exerce (...) une puissance universelle » dans ce traité, « toute référence au divin est soigneusement évitée » (Jouanna 1984, p. 41) – et en ce sens « le discours des *Vents* (...) reste fidèle à l'esprit de la médecine hippocratique, qui est rationnelle » (*id.*). Il n'en demeure pas moins que les qualificatifs (*aenaos*, qui était déjà l'adjectif employé à propos des Nuées, v. 275) ainsi que les pouvoirs (météorologiques) associés à cet élément matériel renvoient clairement à ceux qui étaient traditionnellement attribués aux dieux.

qu'il détient dans ces domaines. Pourtant il est invisible pour l'œil, mais il est visible pour la raison (Ἀλλὰ μήν ἐστί γε τῇ μὲν ὄψει ἀφανὴς, τῷ δὲ λογισμῷ φανερός). » (*Flat.* III, 2-3, trad. Jouanna)

Dans ce texte, le privilège de l'air est très clairement justifié par la « puissance (δύναμιν) » qu'il exerce dans le monde ; par son caractère « puissant (δυνάστης) » et « fort (ἰσχυρὸν) ». D'autres médecins, comme l'auteur du traité *Airs, eaux, lieux*, ont intégré la force du vent à leur compréhension des causes des maladies. Néanmoins, ce n'est pas en tant qu'il constitue un facteur d'influence parmi d'autres (avec les eaux ou les lieux) que le vent intéresse notre médecin-orateur ; c'est bien plutôt en tant qu'il est un « flux et un écoulement d'air », c'est-à-dire une actualisation de cet élément au statut bien particulier, que la proximité avec l'invisible dote d'une puissance quasi-divine, quoique matérielle. Les descriptions de la violence avec laquelle l'air manifeste ses effets est construite de manière à souligner le paradoxe final : c'est une entité « invisible pour l'œil (ὄψει ἀφανὴς) » qui est responsable des plus grands effets. De même que le tonnerre de Zeus est d'autant plus impressionnant que sa cause est impénétrable, de même que le grondement des Nuées est d'autant plus spectaculaire que son origine est encore inconnue[67], de même l'action de l'air est d'autant plus puissante qu'il est lui-même imperceptible[68]. Cette dialectique de l'invisible et de la puissance est précisément ce que l'analyse de la *leptotes* avait permis à Anaxagore ou Diogène de mettre en évidence à propos du nous ou de l'air – les entités « les plus subtiles ». Par sa thèse tout autant que par son vocabulaire (la force, la puissance, l'éternité et la subtilité de l'air), l'auteur du traité *Des vents* illustre donc magistralement et doublement la « méthode de l'invisible » propre aux novateurs et dénigrée par *Ancienne médecine* : s'efforçant de rapporter la cause des phénomènes visibles à un principe simple, il choisit spécifiquement l'élément aérien pour remplir ce rôle.

67. *Cf.* le jeu de mise en scène (à partir du v. 275, puis plus explicitement v. 322 *sq.*) qui fait que les Nuées demeurent invisibles au moment de leurs premières manifestations sur scène.

68. Rapportant la doctrine du traité *Des vents* à celle de Diogène d'Apollonie, S. Menn en reconstitue – sur des bases néanmoins très incertaines – l'idée générale ; l'esprit de cette doctrine est très proche de la « méthode de l'invisible » dénoncée par l'auteur d'*Ancienne médecine* : « La plupart des gens pensent que les choses visibles qu'ils peuvent voir agir les unes sur les autres sont les causes principales des choses. Mais il n'en est rien : les différentes choses visibles ne pourraient pas agir les unes sur les autres du tout si elles ne provenaient pas d'une cause unique (frag. 2) [...]. Cette cause, c'est ce qui nous entoure en permanence, ce que les hommes appellent l'air ; mais parce qu'il ne se présente pas à leur vue, ils pensent qu'il a peu de pouvoir » (Menn 1995, p. 40 ; nous traduisons).

Conclusion

De la parodie des adorateurs des Nuées dans la comédie d'Aristophane à la théorie « aérienne » de la médecine dans le traité *Des vents*, nous avons donc retracé le parcours d'une tradition de pensée qui, à travers des questionnements cosmologiques et médicaux, a progressivement constitué l'élément aérien comme support matériel de l'invisible, se substituant dans ce rôle à la divinité elle-même. Cet « invisible » qui lui est associé est bien le domaine des *apahanea* et des *adela*, ce domaine qui s'oppose traditionnellement aux choses manifestes non seulement parce qu'il demeure imperceptible mais encore parce qu'il relève du « caché ».

Face à cette puissance (*dunamis*) immanente, face à cette entité qui, invisible en elle-même, a le pouvoir de faire advenir la totalité des effets visibles[69], certains « anciens » comme Aristophane, réfractaires à ce nouveau « style de savoir et de pensée »[70], y voient une marque d'impiété et fustigent la dévaluation qu'elle induit de la puissance des dieux ; d'autres y voient au contraire une « tendance à la philosophie » (*VM* XX, 1 ; nous traduisons), c'est-à-dire aux postulats et aux hypothèses invérifiables, qui portent atteinte à la rigueur de la science et de la pratique médicale. Pour les premiers, l'air n'est pas assez divin ; pour les seconds, il l'est trop. Les météorologues des *Nuées* et les médecins-novateurs d'*Ancienne médecine* ont néanmoins en commun de s'inspirer des « choses d'en haut » pour élaborer un savoir reposant sur l'invisible. Que ce dernier ait pu trouver dans l'élément aérien un support matériel privilégié n'est pas étonnant si l'on observe, comme Xénophon, que les réalités aériennes se comportent comme les dieux : invisibles au regard des hommes, elles sont à l'origine des phénomènes visibles les plus grands :

> Tu trouveras que même les serviteurs des dieux sont invisibles (καὶ τοὺς ὑπηρέτας δὲ τῶν θεῶν εὑρήσεις ἀφανεῖς ὄντας) ; il est en effet évident (δῆλον) que la foudre est lancée d'en haut et qu'elle l'emporte sur tout ce qu'elle frappe (πάντων κρατεῖ), mais on ne la voit (ὁρᾶται) ni s'approcher, ni s'abattre, ni s'éloigner. De même, les vents eux-mêmes ne sont pas visibles (καὶ ἄνεμοι αὐτοὶ μὲν οὐχ ὁρῶνται), mais leurs effets nous sont manifestes (ἃ δὲ ποιοῦσι φανερὰ ἡμῖν ἐστι), et nous sentons leur approche. Enfin, l'âme de l'homme, qui participe du divin plus que n'importe quelle autre

69. C'est en ce sens de « capacité à agir » (Macé 2010, p. 23) que l'on doit comprendre, selon A. Macé, la notion de *dunamis* chez Platon. L'invisible constitue donc l'une des caractéristiques propres de la *dunamis* : « Les puissances ne sont pas de ces propriétés qui se manifestent à nos yeux (...). Elles appartiennent à l'invisible : elles n'ont ni figure ni couleur » (Macé 2010, p. 28).

70. L'expression est de Vegetti 1998, p. 355 ; nous traduisons.

chose humaine, règne en nous (βασιλεύει ἐν ἡμῖν), c'est évident (φανερόν), bien qu'elle ne se voie pas non plus (ὁρᾶται δὲ οὐδ᾽ αὐτή). Il faut, en réfléchissant à cela, ne pas mépriser les choses invisibles (τῶν ἀοράτων), mais reconnaître leur puissance à leurs effets et honorer la divinité (ἀλλ᾽ ἐκ τῶν γιγνομένων τὴν δύναμιν αὐτῶν καταμανθάνοντα τιμᾶν τὸ δαιμόνιον). (*Mem.* IV, 3, 14, trad. Dorion légèrement modifiée)

BIBLIOGRAPHIE

Byl, S. 1994 : « La Parodie de Diogène d'Apollonie dans les *Nuées* », *Revue belge de philologie et d'histoire*, 72/1 (1994), p. 5-9.
DOI : https://doi.org/10.3406/rbph.1994.3923

Capelle, W. 1912 : « Μετέωρος - μετεωρολογία », *Philologus*, 71/1-4 (1912), p. 414-448.
DOI : https://doi.org/10.1524/phil.1912.71.14.414

Ciancaglini, C. A. 1993 : « Aria e vuoto nella speculazione greca antica fino al V secolo », dans *Ethnos, lingua e cultura: scritti in memoria di Giorgio Raimondo Cardona*, Rome, 1993 (Biblioteca di ricerche linguistiche e filologiche, 34), p. 73-100.

Corradi, M. 2018 : « L'aporie de Protagoras sur les dieux », *Philosophie antique*, 18 (2018), p. 71-103.
DOI : https://doi.org/10.4000/philosant.1016

Dalimier, C. 1998 (trad.) : Platon, *Cratyle*, introduction, notes et traduction, Paris, 1998 (GF, 954).

Debidour, V. H. 1987 (trad.) : Aristophane, *Les Grenouilles*, texte, traduction et notes, dans *Théâtre complet*, t. 2, Paris, 1987 (Le Livre de poche, 1545).

Demont, P. 2015 : « Socrate et le cresson (Aristophane, *Nuées*, v. 218-238) », *Cahiers du GITA*, 19 (2015), p. 95-104.

Desclos, M. L. 2013 : « Historiens, médecins et scientifiques : la polymathie comme nécessité heuristique ? », dans M.-L. Desclos et F. Fronterotta (éd.), *La Sagesse présocratique : communication des savoirs en Grèce archaïque : des lieux et des hommes*, Paris, 2013 (Armand Colin - Recherches), p. 37-60.

Diels, H. 1881 : « Über Leukipp und Demokrit », dans *Verhandlungen der 35. Vers. deutscher Philologen und Schulmänner in Stettin im September 1880*, Leipzig, 1881, p. 96-109.

Dodds, E. R. 1977 : *Les Grecs et l'irrationel*, Paris, 1977 (Champs, 28).

Dorion, L. A. 2014 (trad.) : Xénophon, *Mémorables*, t. II-2, texte établi par M. Bandini, traduction et notes par L.A. Dorion, Paris, 2014 (Collection des universités de France Série grecque, 478).

Dover, K. J. 1968 : Aristophanes, *Clouds, edited with introduction and commentary*, Oxford, 1968.

Ducatillon, J. 1977 : *Polémiques dans la collection hippocratique*, Lille-Paris, 1977.

Dumont, J.-P. 1988 (trad.) : *Les Présocratiques*, texte, traduction et notes, Paris, 1988 (Bibliothèque de la Pléiade, 345).

Edelstein, L. 1967 : *The Idea of Progress in Classical Antiquity*, Baltimore, 1967.

Festugière, A. J. 1948 (trad.) : Hippocrate, *L'Ancienne médecine*, introduction, traduction et commentaire, Paris, 1948 (Études et commentaires, 4).

Gemelli Marciano, L. 2006 : « Indovini, magoi e meteorologoi: interazioni e definizioni nell'ultimo terzo del V secolo a.C. », dans M. M. Sassi (éd.), *La Costruzione del Discorso Filosofico nell'Età dei Presocratici*, Pise, 2006 (Seminari e convegni, 5), p. 203-236.

Gemelli Marciano, L. 2010 : « Il ruolo della "meteorologia" e dei "discorsi sulla natura" negli scritti ippocratici. Alla ricerca di un "canone" per lo scritto medico ? », dans S. Giombini et F. Marcacci (éd.), *Il Quinto Secolo : Studi di Filosofia Antica in Onore di Livio Rossetti*, Pérouse, 2010, p. 179-198.

GERNET, L. 1956 : « Choses visibles et choses invisibles », *Revue Philosophique de la France et de l'Étranger*, 146 (1956), p. 79-86.
URL : https://www.jstor.org/stable/41088362

GOMPERZ, H. 1932 : « ΑΣΩΜΑΤΟΣ », *Hermes*, 67/2 (1932), p. 155-167.
URL : http://www.jstor.org/stable/4474256.

GRAHAM, D.W. 2003 : « A Testimony of Anaximenes in Plato », *The Classical Quarterly*, 53-2 (2003), p. 327-337.
URL : https://www.jstor.org/stable/3556205

GRAHAM, D.W. 2015 : « Plato and Anaximenes », *Études platoniciennes*, 12 (2015), p. 1-12.
DOI : https://doi.org/10.4000/etudesplatoniciennes.706

JAY-ROBERT, G. 2015 : « L'Imagination aérienne d'Euripide vue par Aristophane », dans J. Assaël (éd.), *Euripide et l'imagination aérienne*, Paris, 2015 (Thyrse, 6), p. 51-70.

JOLY, R. 1966 : *Le Niveau de la science hippocratique : contribution à la psychologie de l'histoire des sciences*, Paris, 1966.

JOLY, R. 1967 (trad.) : Hippocrate, *Œuvres complètes*, t. VI-1 : *Du régime*, introduction, texte, traduction et notes, Paris, 1967 (Collection des universités de France Série grecque, 181).

JOUAN, F. & H. VAN LOOY 2000 (trad.) : Euripide, *Tragédies*, t. VIII-2 : *Fragments*, texte et traduction, Paris, 2000 (Collection des universités de France Série grecque, 406).

JOUAN, F. & H. VAN LOOY 2003 (trad.) : Euripide, *Tragédies*, t. VIII-4 : *Fragments*, texte et traduction, Paris, 2003 (Collection des universités de France Série grecque, 426).

JOUANNA, J. 1984 : « Rhétorique et médecine dans la collection hippocratique. Contribution à l'histoire de la rhétorique au Ve siècle », *Revue des Études Grecques*, 97/460-461 (1984), p. 26-44.
DOI : https://doi.org/10.3406/reg.1984.1370

JOUANNA, J. 1988 (trad.) : Hippocrate, *Œuvres complètes*, t. V-1 : *Des vents*, introduction, texte, traduction et notes, Paris, 1988 (Collection des universités de France Série grecque, 320).

JOUANNA, J. 1990 (trad.) : Hippocrate, *Œuvres complètes*, t. II-1 : *L'Ancienne médecine*, introduction, texte, traduction et notes, Paris, 1990 (Collection des universités de France Série grecque, 333).

JOUANNA, J. 2003 (trad.) : Hippocrate, *Œuvres complètes*, t. II-3 : *La Maladie sacrée*, introduction, texte, traduction et notes, Paris, 2003 (Collection des universités de France Série grecque, 429).

JOUANNA, J. et MAGDELAINE, C. 1999 : *Hippocrate. L'Art de la médecine*, Paris, 1999 (GF, 838).

KAHN, C.H. 1960 : *Anaximander and the Origins of Greek Cosmology*, New-York, 1960.

LAKS, A. 2008 : « La Question de l'"influence" de Diogène d'Apollonie », dans A. Laks, *Diogène d'Apollonie. Édition, traduction et commentaire des fragments et témoignages*, Sankt Augustin, 2008 (International Pre-Platonic Studies, 6), p. 255-274.

LAKS, A. et G. W. MOST 2016 (trad.) : *Les Débuts de la philosophie. Des premiers penseurs grecs à Socrate*, texte et traduction, Paris, 2016 (Ouvertures bilingues).

LENFANT, D. 2002 : « Protagoras et son procès d'impiété : peut-on soutenir une thèse et son contraire ? », *Ktèma*, 27 (2002), p. 135-154.

LLOYD, G.E.R. 1963 : « Who Is Attacked in *On Ancient Medicine* ? », *Phronesis*, 8/2 (1963), p. 108-126.
URL : https://www.jstor.org/stable/4181720

LO PRESTI, R. 2008 : *In forma di senso: l'encefalocentrismo del trattato ippocratico* Sulla malattia sacra *nel suo contesto epistemologico*, 2008 (Studi e ricerche, Sezione greca, 10).

LO PRESTI, R. 2010 : « "Visible" and "Invisible" as Categories of Thought in the Hippocratics (*On regimen, On ancient medicine, On the art*) », *I Quaderni del Ramo d'Oro*, 3 (2010), p. 164-192.

MACÉ, A. 2010 : *L'Atelier de l'invisible : apprendre à philosopher avec Platon*, Alfortville, 2010 (Collection Chercheurs d'Ère).

MACÉ, A. 2013 : *L'Invention de la nature en Grèce ancienne*, Habilitation à diriger des recherches, Université Paris Sorbonne, Paris IV, (s.l.), 2013.

MEILLET, A. 1925 : « Remarques sur l'étymologie de quelques mots grecs », *Bulletin de la société de linguistique de Paris*, 26 (1925), p. 1-22.

MENN, S. P. 1995 : *Plato on God as Nous*, Carbondale, 1995 (Journal of the History of Philosophy Monograph Series).

NOËL, M. P. 1997 : « Mots nouveaux et idées nouvelles dans les *Nuées* d'Aristophane », *Ktèma*, 22 (1997), p. 173-184.

PELLEGRIN, P. 2000 (trad.) : Aristote, *Physique*, introduction, notes et traduction, Paris, 2000 (GF, 887).

SCHIEFSKY, M. J. 2005 (trad.) : Hippocrates, *On Ancient Medicine, translated with introduction and commentary*, Boston, 2005 (Studies in Ancient Medicine, 28).

SOMMERSTEIN, A. H. 1982 (éd.) : Aristophanes, *Clouds ; edited with translation and notes*, Warminster, 1982 (Classical texts).

THERME, A.-L. et A. MACÉ 2016 : « L'immanence de la puissance infinie. Le νοῦς d'Anaxagore à la lumière d'Homère », *Methodos*, 16 (2016), (en ligne).
DOI : https://doi.org/10.4000/methodos.4477

VAN DAELE, H. 1964 (trad.) : Aristophane, *Les Nuées*, texte établi par V. Coulon, traduction et notes par H. Van Daele, Paris, 1964 (Collection des universités de France Série grecque, 11).

VEGETTI, M. 1998 : « Empedocle "Medico e Sofista" (*Antica Medicina* 20) », *Elenchos*, 19-2 (1998), p. 345-360.

VEGETTI, M. 1999 : « Culpability, Responsibility, Cause : Philosophy, Historiography, and Medicine in the Fifth Century », dans A. A. Long (éd.), *The Cambridge Companion to Early Greek Philosophy*, Cambridge, 1999 (Cambridge Companions to Philosophy), p. 271-289.

LES « ÉLÉMENTS » (*ESṬUKSĒ / ĪTYĒ*) DANS LE SYSTÈME COSMOGONIQUE DE BARDESANE

Izabela JURASZ
Centre Léon Robin, Paris
izabela.jurasz@orange.fr

RÉSUMÉ. Comme l'attestent les textes relatifs à la cosmologie de Bardesane, le monde est venu à l'existence à partir des *esṭuksē / ītyē*, qui correspondraient aux éléments primordiaux de la tradition philosophique grecque. Bien que la cosmologie de Bardesane soit déjà étudiée, les témoignages au sujet des *esṭuksē / ītyē* contiennent des contradictions difficiles à expliquer. Le présent article propose une nouvelle interprétation de la doctrine de Bardesane, fondée sur la comparaison avec la cosmologie d'Aristote. L'approche aristotélicienne du mouvement des éléments, de leurs qualités et leurs actions réciproques, donne une meilleure compréhension des points obscurs de la doctrine bardesanite et permet de retrouver la cohérence de celle-ci. En outre, le débat engagé par Aristote avec les théories atomistes aide à comprendre la place des *perdē* – atomes – dans le système de Bardesane.

SUMMARY. *The texts relating to Bardaisan's cosmology testify that the world came into existence from the* esṭuksē / ītyē, *which would correspond to the primordial elements of the Greek philosophical tradition. Although Bardaisan's cosmology is already studied, the testimonies about the* esṭuksē / ītyē *contain some contradictions difficult to explain. The present article proposes a new interpretation of Bardaisan's doctrine, based on the comparison with Aristotle's cosmology. The Aristotelian approach to the movement of the elements, their qualities and their reciprocal actions gives a better understanding of the obscure points of the Bardaisanite doctrine and makes it possible to recover its coherence. Moreover, the debate engaged by Aristotle with the atomistic theories helps to understand the place of* perdē *- atoms - in Bardaisan's system.*

Philosophie antique, n°21 (2021), 147-175

Dans le vocabulaire de Bardesane (154-222), le premier philosophe syriaque, le terme *ītyā* (pl. *ītyē*) est un des plus importants. Il est considéré comme synonyme d'*esṭuksā* (pl. *esṭuksē*) qui traduit le στοιχεῖον grec. Ce rapprochement a été entériné par Éphrem le Syrien (m. 373) et ses polémiques antibardesanites, où les *ītyē* désignent les στοιχεῖα : les éléments cosmiques et les composants élémentaires des corps physiques*. Il est toutefois permis de penser que Bardesane avait une compréhension singulière de ce qui est un « élément primordial », qu'il soit appelé *esṭuksā* ou *ītyā*. Selon ses adversaires, le chrétien Bardesane donnait le nom d'*ītyā* à Dieu, affirmait que l'être humain est doté d'une âme composée des *ītyē* et attribuait aux *ītyē* de nombreuses qualités physiques et psychiques. En plus des moqueries, ces opinions lui ont valu l'accusation de polythéisme[1]. En raison de la connaissance incomplète du corpus bardesanite, aucune étude n'aborde l'ensemble des difficultés posées par la notion d'*ītyā* / *esṭuksā* qui, depuis l'étude de Giuseppe Furlani, a reçu une interprétation stoïcisante, inspirée par une remarque de Serge de Rešʿaina (m. 536) dans son commentaire sur les *Catégories* d'Aristote[2]. Selon Serge, Bardesane a déclaré que « les qualités sont des corps », suivant en cela les stoïciens et non les aristotéliciens. À notre avis, cette information peut éclairer la notion d'*ītyā* / *esṭuksā* si on la confronte aux témoignages anciens concernant les qualités des *ītyē* bardesanites et aux thèses cosmologiques et physiques d'Aristote concernant les qualités des éléments.

Malgré l'absence de données historiques sur la connaissance des écrits d'Aristote par Bardesane, la recherche des éléments aristotéliciens dans son enseignement n'est pas une hypothèse gratuite. Elle s'inspire de l'analyse des

* Je remercie les experts anonymes de la revue pour leurs remarques particulièrement utiles pour l'élaboration de la version finale du présent article. Les erreurs qui persistent sont les miennes.

1. Voir Jurasz 2020-2021.

2. Voir Furlani 1937 ; Teixidor 1994.

enseignements sur le destin et la liberté élaborés respectivement par Bardesane et son contemporain aristotélicien, Alexandre d'Aphrodise (150-215)[3]. Les points communs et les divergences entre eux montrent que Bardesane est entré en contact avec l'aristotélisme et qu'il s'en est assez librement inspiré. Reste à savoir si cette observation s'applique aussi à sa cosmologie[4].

La terminologie

Le terme *esṭuksā* est assez rare dans les textes bardesanites. Il est utilisé dans le *Livre des lois des pays* [= *LLP*], le plus ancien document émanant de l'école de Bardesane. On y trouve les deux termes : *esṭuksā*, pour désigner les éléments primordiaux au sens de στοιχεῖον[5] et *ītyā*, pour désigner le substrat matériel, l'état primordial de l'être ou la substance en puissance de devenir quelque chose[6]. Comme l'a observé Edmund Beck, le sens originairement attribué au pluriel *ītyē* par Bardesane pourrait être vaste et relatif aux οὐσίαι, ἀρχαί, ὄντα, εἴδη et aussi aux στοιχεῖα[7]. Cette observation illustre la manière dont Bardesane pensait les éléments primordiaux et leurs mélanges ; comment il a imaginé la genèse de l'univers et l'apparition des êtres vivants et raisonnables.

L'identification entre *ītyā* au sens bardesanite et le στοιχεῖον au sens d'élément primordial a été introduite par Éphrem. Si chez Bardesane les éléments primordiaux sont encore appelés *esṭuksē*, chez Éphrem et chez les auteurs médiévaux les termes *ītyē* et *esṭuksē* deviennent interchangeables ; ou plutôt les *ītyē* ont remplacé *esṭuksē*. Il est toutefois difficile de décider si la terminologie d'Éphrem atteste un processus déjà achevé ou bien si elle a contribué à son achèvement. Même s'il paraît conscient de simplifier la pensée de Bardesane, dans la grande majorité des cas, Éphrem entend par *ītyē* les quatre éléments : le feu, l'eau, l'air et la lumière, auxquels s'ajoute parfois l'obscurité[8]. Cette liste des éléments ne correspond pas à celle que les philosophes grecs retenaient depuis Empédocle, à savoir le feu, l'air, l'eau et la terre – en ajoutant parfois le cinquième élément, l'éther. Avec quelques simplifications, il ne serait pas erroné de considérer l'obscurité bardesanite comme équiva-

3. Au sujet du rapport entre Bardesane et Alexandre d'Aphrodise, voir Dihle 1987 ; Crégheur 2004 ; King 2011 ; Jurasz 2019 ; Porier & Crégheur 2020 ; Jurasz 2021b.

4. Voir King 2011, p. 192-194.

5. *LLP* 9 ; 19 ; 20 (trad. P.-H. Poirier & E. Crégheur). Le texte syriaque : *LLP* 548, 568, 572 (Nau 1907).

6. *LLP* 8 ; 9 ; 22 (trad. P.-H. Poirier & E. Crégheur). Voir Beck 1978, p. 273-280 ; Jurasz 2020-2021.

7. Beck 1978, p. 273-280 ; Jurasz 2021b.

8. Éphrem parle des quatre (le feu, l'air, l'eau, la lumière), cinq (quatre plus l'obscurité) ou six (cinq plus Dieu) *ītyē*, cf. *PR* II, 212-214 ; *Hymnes contre les hérésies* [= *HH*] III, 5-6 ; XLI 7 ; XLVIII 2.

lent de la terre et la lumière, de l'éther. Mais un tel rapprochement risque d'estomper l'originalité du bardesanisme, notamment le fait de compter Dieu parmi les *ītyē*[9].

La reconstruction de l'enseignement de Bardesane sur les éléments s'appuie sur les citations et résumés conservés par Éphrem et par quelques auteurs syriaques médiévaux. Les deux discours d'Éphrem : le *Memrā contre Bardesane* [= *MB*] et le *Discours contre Mani* [= *CM*][10], contiennent des polémiques contre l'anthropologie et la cosmogonie de Bardesane, tandis que les résumés de cette cosmogonie sont conservés par les auteurs médiévaux : Bardhadbešabba ʿArbaya (fin du VIe siècle), Théodore bar Qonai (VIIIe siècle) et Mosé bar Kepha (fin du IXe siècle)[11].

La cosmologie bardesanite – l'organisation des *ītyē*

Confrontés à la pluralité des témoignages médiévaux sur la cosmologie de Bardesane, les chercheurs posaient la question de leur fiabilité et leur rapport avec l'enseignement du Bardesane historique. Grâce aux travaux d'Alberto Camplani, on s'accorde à reconnaître dans la notice de Théodore bar Qonai (VIIIe siècle) un texte « unitaire » qui sert de référence pour étudier les autres témoignages[12]. Voici ce qu'il dit sur les *ītyē* :

> Il a dit, en fait : les cinq *ītyē* sont éternellement depuis toujours. Et ils étaient paisibles[13] et errants. Ensuite, ils ont été mis en mouvement, comme par quelque hasard. Et le vent[14] a soufflé avec sa violence ; et il a rampé et rejoint son compagnon. Le feu a brûlé dans la forêt (ou : la matière), et s'est levée la fumée noire qui n'était pas la géniture du feu. Et l'air pur a été troublé. Et ils se sont mélangés tous les uns avec les autres. Et leur force intérieure[15] a été meurtrie. Et ils ont commencé à se mordre les uns les autres, comme des bêtes sauvages. Et alors leur Seigneur a envoyé la Parole de la pensée. Il a commandé au vent et <celui-ci> s'est calmé et a fait revenir à soi son souffle.

9. Dans *LLP* 47, Dieu est appelé « Seigneur de toutes les natures ». Les appellations « le Seigneur des *ītyē* » (*mārhōn d-ītyē*) et « le Grand *Ītyā* », se trouvent chez Éphrem et les auteurs médiévaux, voir Beck 1978, p. 280-286 ; Camplani 1998.

10. Éphrem, *Prose Refutations*, vol. 2, p. 143-169 [= *MB*] et p. 190-229 [= *CM*] (éd. C. W. Mitchell, complétée par A. A. Bevan & F. C. Burkitt).

11. Certains témoignages se trouvent chez Nau 1907, p. 513-516 (Moïse bar Kepha), p. 517-518 (Théodor bar Qonai). H.J.W. Drijvers distingue entre la « première tradition cosmologique » (Bardhadbešabba et Mosé bar Kepha) et la « seconde tradition cosmologique » (Théodore bar Qonai), voir Drijvers 1966, p. 96-113 et 113-116. Voir aussi Camplani 1997 ; 1998.

12. Camplani 1997.

13. Le premier sens de la racine verbale *š-h-a* est « s'affaiblir » ou « s'éteindre ». Camplani traduit en italien par *deserti* ou *quieti*, voir Camplani 1997, p. 15-16.

14. Le mot *ruḥā* signifie « vent » et « esprit ». Camplani le traduit par *spirito*.

15. La traduction « force intérieure » (*rešanūthon gauwāitā*) est proposée par Davids 1970, p. 37-38. Voir Camplani 1997, p. 15-16.

> Et le vent des hauteurs a soufflé. Et le tumulte a été soumis à la puissance et jeté en bas, dans ses profondeurs. Et l'air est devenu [de couleur[16]] resplendissante. Et <tout> est devenu paisible et calme. Le Seigneur a été loué pour sa sagesse et l'action de grâce est montée vers sa miséricorde. À partir de ces mixtions et mélanges qu'il a obtenus <à partir> des *ītyē*, il a réalisé toute la création des êtres d'en haut et d'en bas. Et voici, toutes les natures et les créatures accourent pour se purifier et enlever ce qui s'est mêlé <à elles> de la nature mauvaise[17].

Prenant cette notice pour référence, il est néanmoins possible de la compléter avec les informations venant des autres témoignages, à commencer par le nombre et la disposition des *ītyē*. Théodore bar Qonai parle des cinq *ītyē* éternels, mais il en mentionne quatre : le vent (l'esprit), le feu, l'air et la fumée noire. Chez Mosé bar Kepha, on trouve les cinq : le vent (l'esprit), le feu, l'eau, la lumière et l'obscurité, leur ennemie[18]. Les courts témoignages postérieurs (entre X^{e} et XIIIe siècle) parlent des quatre « forces » (*ḥaylē*), de quatre *ītyē* ou quatre « principes, à savoir *ītyē* » : le feu, l'eau, la lumière et le vent, en ajoutant parfois l'obscurité[19]. Quant à la disposition, Théodore bar Qonai informe que les quatre *ītyē* ont été initialement disposés selon les points cardinaux – la lumière à l'est, le vent à l'ouest, le feu au sud et l'eau au nord –, tandis que l'obscurité a été située « dans les profondeurs ». D'après la notice de Bardhadbešabba ʿArbaya (VIe siècle), au-dessus de cette disposition se trouve Dieu, « Seigneur des *ītyē* » : « Celui <qui est> – disent-ils – le chef et le supérieur de toutes les choses n'est connu de personne ; et aussi ils donnent l'appellation *ītyē* aux éléments (*esṭuksē*) »[20].

Initialement, les *ītyē* demeuraient dans un état de séparation et immobilité ; Théodore bar Qonai les décrit comme « paisibles et errants ». Ensuite, ils ont commencé à se mélanger dans une série de mouvements dont on connaît les trois étapes : l'assaut du vent sur le feu, la descente du feu et la montée de l'obscurité. Bardhadbešabba dit qu'« il a rampé et rejoint son compagnon », mais sans préciser de quel élément il est question. Il ajoute aussi que « les lourds ont descendu et les légers ont monté ». Mosé bar Kepha met l'obscurité à l'origine de la confusion : elle est montée et a obscurci les *ītyē* qui s'enfuyaient devant elle. Ces informations retrouvent une certaine cohérence

16. Cette glose se trouve dans les deux manuscrits de Tübingen, voir Drijvers 1965, p. 105 ; Camplani 1997, p. 16.

17. Pour une nouvelle édition critique de la notice, voir Camplani 1997, p. 15-16 (traduction propre).

18. Nous connaissons deux notices de Mosé bar Kepha : l'une dans le *Commentaire sur Hexaemeron* et l'autre dans le *Traité sur la résurrection* (attribuée à Jean de Dara), voir Camplani 1997, p. 18-22.

19. Michel le Syrien, *Chronique*, p. 110 et 184 (trad. J.-B. Chabot) ; Barhaebreus, *Sur les hérésies*, p. 255 (trad. F. Nau) ; idem, *Le Candélabre des sanctuaires*, p. 547 (trad. J. Bakoš). Voir Drijvers 1966, p. 116-119.

20. Barhadbešabba ʿArbaya, *Histoire* II, p. 191-192 (éd., trad. F. Nau).

grâce à la critique de la cosmogonie bardesanite formulée par Éphrem dans le *Discours contre Mani* :

> En outre, il a mis l'obscurité, en raison de son poids, le plus bas de tous. Et si l'obscurité <est> lourde, sache que l'eau plus légère est au-dessus d'elle, dans sa région (*tḥumā*) ; et parce que le feu est plus léger que l'eau, il faut aussi qu'il soit au-dessus de l'eau. Et encore, parce que le vent est plus léger que le feu, il est clair qu'il est aussi au-dessus du feu ; et parce que la lumière est plus légère que le vent, il est manifeste qu'elle est au-dessus du vent. Car chacun d'eux est plus léger que le plus lourd en dessous de lui, mais plus lourd que le plus léger au-dessus. Et dans cette proportion correcte et <cet> équilibre juste, l'élément d'eau se trouve entre l'obscurité et le feu : l'un, le froid au-dessous et l'autre, le chaud au-dessus ; et c'est là que s'acheva la construction du philosophe araméen[21].

Si les notices médiévales nous ont appris la disposition horizontale des *ītyē* – selon les points cardinaux –, Éphrem y ajoute des informations sur la disposition verticale, selon leur poids, leur densité ou leur pureté[22]. Ces qualités décident de cette disposition dans laquelle Dieu est placé au plus haut, ensuite viennent la lumière, le vent, le feu, l'eau et l'obscurité. Éphrem mentionne également d'autres propriétés des éléments : le chaud, le froid et l'humidité, notamment dans le *Memrā* contre Bardesane :

> Quant aux *ītyē* que Bardesane a introduits, il doit être réprimé parce qu'il a enseigné que l'un est plus lourd que son compagnon et l'autre est plus léger que son compagnon. Il a posé les mauvais en bas, il a posé les bons en haut ; il a posé la lumière et l'air qui sont purs, le feu et l'eau qui sont lourds[23].

Éphrem accorde beaucoup d'importance à cette organisation, assez peu connue par les auteurs médiévaux qui insistent sur les places opposées de Dieu et de l'obscurité et la valeur morale de cette disposition ; seul Bardhadbešabba fait mention des *ītyē* « lourds » qui descendent et « légers » qui montent.

L'organisation des *ītyē* en fonction de leur consistance et leur poids renvoie à une théorie physique concernant la disposition des éléments dans le corps de l'univers qui constitue une sorte de bien commun de plusieurs doctrines philosophiques. On la trouve chez Platon, dans le *Timée* 31b-32c, qui décrit le corps du monde composé de deux éléments extrêmes, le feu visible et la terre tangible, unis par l'air et l'eau comme deux éléments inter-

21. *CM*, p. 224,36 - 225, 26 (traduction propre). Chez Bardesane, l'obscurité est lourde et froide, tandis que dans la tradition cosmologique grecque l'élément froid est plutôt l'air et l'élément lourd la terre qui est aussi l'élément sec. On pourrait alors comparer l'obscurité à la Nuit (νύξ) – le principe cosmologique de Parménide – qui est opposée au Feu / Lumière et possède un corps « dense et lourd », voir *Poème* 1, 9.11 ; 8, 59 ; 9, 1.3 ; 12.2.

22. Voir Bevan & Burkitt 1921, p. cxxiii-cxxiv.

23. *MB* 48, p. 155, 32-42 (trad. personnelle). Voir aussi les strophes 44, 49, 50, 61, 65.

médiaires[24]. Cette doctrine a été également connue par les stoïciens qui mettaient en évidence les caractéristiques physiques des éléments[25]. Le plus proche de la doctrine de Bardesane serait l'enseignement physique d'Aristote au sujet du « lieu naturel » que chaque élément possède dans l'univers, à savoir un lieu vers lequel il se porte naturellement de lui-même et qui résulte d'une relative stabilité des masses élémentaires. Ainsi, au centre et en bas de l'univers est située la terre, tandis que le haut de la région sublunaire est un lieu naturel du feu. Entre ces deux-là se trouvent l'eau et l'air[26]. L'essentiel de l'enseignement sur le « lieu naturel » se trouve dans le *Traité du ciel* qui parle des éléments « lourds » et « légers », et de leurs mouvements[27]. Toutefois, le but d'Aristote n'est pas de décrire un étagement cosmique des éléments comme une sorte d'état idéal statique, mais d'expliquer les mouvements des corps composés des éléments. La conception de « lieu naturel » a été évoquée comme argument contre la résurrection des corps – dans ce sens, elle est citée par Philon d'Alexandrie (*Aet.* 28-34). Cet argument est basé sur la thèse aristotélicienne selon laquelle les corps, étant des composés des éléments contraints à quitter leurs lieux naturels, sont soumis à la corruption qui n'est rien d'autre que le retour des éléments vers les lieux qui leur sont propres[28]. Étant donné que Bardesane estimait que le corps, une fois mort, « retourne à la poussière » [29], on peut supposer que son adhésion à la théorie des « lieux naturels » se manifestait autant dans sa cosmologie que dans son anthropologie.

L'intervention de Dieu dans l'organisation des *ītyē*

Pour le que monde puisse exister, les *ītyē* ont formé une sorte de substrat matériel : « une mixtion et un mélange », selon Théodore bar Qonai, à partir desquels Dieu « a réalisé toute la création ». Sur ce point, la doctrine de Bardesane montre une certaine proximité avec la théologie stoïcienne[30]. L'intervention divine dans les actions des *ītyē* est traitée différemment par Éphrem et par les auteurs médiévaux. Selon Théodore bar Qonai, Dieu a

24. Voir Pépin 1964, p. 426-428. La notion de « lieu propre » de chaque élément se trouve dans le *Timée* 57c.

25. Diogène Laërce, VII, 137.

26. Cette organisation a été exposée dans l'écrit *De philosophia*, le frag. 20 (éd. Rose), transmis par Philon d'Alexandrie, *Aet.* 28-34 (trad. J. Pouilloux).

27. *Cael.* I, 8 ; III, 2 ; IV, 1 et 3. Les mouvements des éléments sont décrits dans *Cael.* I, 2-4. Les « lieux naturels » ne sont aucunement des causes du mouvement des corps simples sublunaires ; cf. *Cael.* IV, 3 ; *Phys.* VIII, 4.

28. Philon s'appuie sur *De philosophia* (frag. 19 Ross). Voir Pépin 1964, p. 428-433.

29. Dans *MB*, Éphrem accuse Bardesane de nier la résurrection des corps, voir Possekel 2004 ; Jurasz 2021a ; Camplani 2015. Au sujet du retour des éléments semblables vers les semblables, cf. *CM* (*PR* II, p. 211-213).

30. Voir Jurasz 2020-2021a.

mis un terme au mouvement chaotique des *ītyē* et les a purifiés de l'obscurité qui représente une nature mauvaise. Les témoignages de Bardhadbešabba et Mosé bar Kepha affirment à l'unanimité que Dieu « retrancha du milieu des *ītyē* purs l'obscurité qui fut chassée <et> tomba à sa place inférieure »[31]. Quant aux autres *ītyē*, Théodor bar Qonai ne donne aucune information, tandis que Mosé bar Kepha précise que Dieu « a établi chacun des *ītyē* dans son propre ordre », et Bardhadbešabba ajoute : « dans le signe de la croix, il établit chacun d'eux à sa place »[32].

Faut-il comprendre que Dieu aurait renvoyé les *ītyē* mélangés vers leurs « lieux naturels », selon la disposition à la fois horizontale et verticale ? Car la mention d'un « signe de la croix » (interprétée théologiquement par les auteurs médiévaux) est une réminiscence de la disposition primitive selon les points cardinaux[33]. Cependant, le renvoi des *ītyē* selon leur disposition originelle serait impossible à concilier avec les affirmations unanimes au sujet du mélange des *ītyē* dont Dieu s'est servi pour créer le monde – dans toutes les notices, cette information vient immédiatement après la description de l'intervention divine qui calme leurs mouvements chaotiques[34]. Cette contradiction pourrait résulter de l'évolution de la doctrine du Bardesane historique. Comme l'attestent les auteurs médiévaux, les bardesanites ont insisté davantage sur le rôle de l'obscurité comme une force maléfique qui a causé le mélange des *ītyē*. Par conséquent, ce mélange leur est apparu comme quelque chose de néfaste. L'hypothèse du développement doctrinal correspond à l'attitude d'Éphrem qui traite l'obscurité comme un *ītyā* parmi d'autres, malgré de nombreuses tentatives de rapprocher Bardesane de Mani.

Éphrem élabore ses critiques autour de la question d'intervention divine dans l'organisation des *ītyē*. Parce que Bardesane enseigne que les *ītyē* sont éternels et non créés, ils ne peuvent pas être soumis à la puissance de Dieu. Et pourtant, ils en auraient eu besoin, car – selon Éphrem – les caractéristiques contraires les empêchent de former un corps quelconque. Dans le *Memrā contre Bardesane*, cet argument sert à montrer que les thèses bardesanites sont contradictoires et n'expliquent pas la génération de l'être humain à partir des *ītyē* :

31. Barhadbešabba 'Arbaya, *Histoire* II, p. 191-192 (éd., trad. F. Nau) ; Mosé bar Kepha, voir Camplani 1997, p. 19-20.

32. Bardhadbešabba, *op.cit.* ; Mosé bar Kepha, voir Camplani 1997, p. 19-20.

33. Dans *CM* (p. 24, 43) se trouve le terme *ṯḥumā*, « région » dans laquelle l'eau est limitée. Ce terme est rare pour désigner un lieu. En revanche, en voix renforcée (*Pa'el*) le verbe *tahhem* veut dire « marquer du signe de la croix », voir Costaz 2002^3, p. 390.

34. L'incohérence de cette interprétation est aperçue par Mosé bar Kepha qui, dans le *Commentaire sur l'Hexaemeron*, ajoute huit questions au résumé de la cosmologie de Bardesane. Deux de ces questions mettent en évidence les contradictions entre les agissements des *ītyē* et l'activité du Créateur à leur égard, voir Camplani 1997, p. 22-25.

> Si l'inférieur [...] n'adhère pas au plus sublime que lui, <alors> ni l'eau qui est corporelle ne s'unit au feu qui est léger, ni le feu à l'air pur, ni l'air ne se joint à la lumière ; et aussi aucun d'eux <ne s'unit> à Dieu qui est le plus sublime et épuré[35].

Et quelques lignes plus loin :

> Mais regarde alors dans l'homme et vois qu'ils <y> sont tous réconciliés : sa chaleur vient du feu, son froid de l'air, son humidité de l'eau, sa sécheresse de la poussière ; au milieu de lui abonde la vie, la puissance créatrice le tient[36].

Le but d'Éphrem est de prouver que les qualités contraires des *ītyē* rendent impossible la formation de l'être humain sans une intervention divine. Alors, si Bardesane ne soumet pas les *ītyē* à la puissance de Dieu, son enseignement n'a aucun sens : « Et si les choses ont été ainsi, elles sont absurdes ; car, si les *ītyē* existent, ils auraient dû être créés, <sinon> c'est absurde »[37].

Dans une perspective plus large, cet argument fait écho à une question qui occupait plusieurs philosophes de l'Antiquité, à savoir, comment les éléments primordiaux forment les corps. Est-il possible de savoir comment Bardesane résout cette difficulté ? La solution est suggérée par un passage du *Livre des lois des pays*, où Bardesane répond à la question sur la liberté des êtres aussi peu susceptibles d'exercer un acte de volonté que les éléments, les *estuksē*. Sa réponse vaut aussi pour la question d'Éphrem sur les *ītyē* :

> Ce n'est pas en vertu du fait qu'ils sont déterminés, Philippe, que les éléments (*estuksē*) seront jugés, mais en tant qu'ils détiennent une puissance (*mšallṭin*). En effet, les *ītyē* ne sont pas privés de leur nature lorsqu'ils sont ordonnés, mais du fait du mélange de l'un avec l'autre, ils sont déficients par rapport à la force qu'ils avaient quand ils étaient intacts ; et ils sont soumis à la puissance de leur Créateur[38].

Ce passage est l'un des plus difficiles à comprendre. Il est précédé par une remarque : « sachez toutefois que les choses aussi dont j'ai dit qu'elles sont assujetties à des commandements (ou : ordres, *puqdānē*), ne sont pas complètement privées de toute liberté » (*LLP* 9). Dans le cas des éléments, Bardesane distingue entre deux états : l'un, lorsqu'ils sont « déterminés, fixés », « ordonnés, établis » et possèdent leur propre nature[39], et l'autre, lorsqu'ils sont mélangés, en devenant ainsi soumis à la puissance du Créateur,

35. *CB* 49, p. 155, 43-156, 9 (trad. personnelle).

36. *CB* 52, p. 156, 34 -43 (trad. personnelle).

37. *CB* 53, p. 156, 43 -157, 3 (trad. personnelle).

38. *LLP* 10 (trad. Poirier & Crégheur).

39. P.-H. Poirier et E. Crégheur traduisent le participe *qbi'in* par « déterminés », tandis que F. Nau le traduit par « *immutabilis* ». Le participe *mtaqqnin* est traduit par « ordonnés » (Poirier & Crégheur) et « *in ordine posita fuerun*t » (Nau). L'expression « la force qu'ils avaient quand ils étaient intacts » traduit une description syriaque particulièrement obscure : « la force de leur exactitude » que F. Nau rend par « *vis integritatis* ». Ces termes cherchent à décrire ce qui est propre aux *ītyē*, voir Poirier & Crégheur 2020, p. 111, n. 40.

au détriment de la force qui leur est propre. La qualification des *ītyē* comme « puissants » (*mšalltin*) est significative, car ce participe vient de la racine *š-l-ṭ* qui est à l'origine du substantif « puissance, pouvoir » (*šulṭānā*). Dans le *LLP*, cette « puissance » est une prérogative divine, car il ne s'agit pas d'une potentialité, mais du pouvoir[40]. Paul-Hubert Poirier et Éric Crégheur signalent que Bardesane semble considérer cet état primitif des *ītyē* comme violent et dangereux, mais tempéré ensuite dans leur mélange[41]. Son attitude pourrait encore s'inspirer d'Aristote selon qui, dans le mélange, les éléments tempèrent les excès de leurs qualités contraires[42].

Selon le *LLP*, la force des *ītyē* séparés ne suscite aucune intervention de Dieu qui ne les oblige pas à se mélanger ; néanmoins, cette violence primitive expliquerait pourquoi Dieu n'a pas défait leur mélange non plus. Dans la conclusion du *Livre des lois des pays* (*LLP* 47), le mélange est présenté comme remède à la violence des « natures » et peut-être comme équivalent « de l'ordre et de la règle <à suivre> (*ṭaksā w-dubārā*) » donnés par Dieu aux créatures. Ce mélange serait alors quelque chose de positif, une expression de la liberté des *ītyē* et de leur pouvoir propre. Dieu agit seulement sur le mélange des *ītyē*, dont il se sert comme d'un substrat matériel de l'univers, ayant besoin d'être « purifié » ou organisé par un acte de création démiurgique.

Comme d'autres auteurs chrétiens de son époque, Bardesane attribuait la création du monde à l'organisation de la matière primordiale par le Créateur[43]. En revanche, l'apparition de la matière est due aux *ītyē* qui se mélangent sans avoir besoin d'une intervention divine directe[44]. Tout ce qui concerne les *ītyē* : leurs mouvements, leurs propriétés, leur façon de former le mélange, semble avoir été décrit par Bardesane avec l'aide des doctrines physiques empruntées aux philosophes grecs, principalement à Aristote.

Le principe d'action et de mouvement des *ītyē*

La conception bardesanite des *ītyē*, qui forment un mélange sans avoir besoin du Créateur, est restée incomprise et rejetée par les auteurs syriaques. Cette attitude apparaît dans leurs efforts à attribuer les mouvements des *ītyē* à une cause extérieure, en considérant comme impossible que les *ītyē* puissent agir les uns sur les autres. L'intervention du Créateur n'étant pas

40. Cf. *LLP* 19 ; 47.

41. Poirier & Crégheur 2020, p. 111 n. 39. Voir aussi *LLP* 47. Éphrem objecte que, même mélangés, les *ītyē* ne s'affaiblissent jamais, cf. *CM*, p. 214.

42. Cf. *GC* II, 7 (334b11-12). Voir aussi Rashed 2005, p. cxxii-cxxiii.

43. *Cf.* Justin, *Apol* I, 59 ; Tatien, *Orat.* 4, 3.

44. Tatien (120-180), un disciple syriaque de Justin, a professé la création de la matière par Dieu et ensuite la création du monde à partir de celle-ci, cf. *Orat.* 12, 1-2. À la différence de Bardesane, les deux étapes sont réalisées par le Dieu Créateur.

envisagée par Bardesane, les auteurs syriaques ont signalé ce point de sa doctrine comme obscur et contradictoire. Pour cela, ils attribuent l'origine de l'événement cosmogonique au hasard (*šegmā*), comme voici : 1) Théodore bar Qonai : « comme par quelque hasard (*ayk da-b-šegmā meddem*) » ; 2) Bardhadbešabba : « Le monde est devenu à partir du hasard (*men šegmā*) » ; 3) Mosé bar Kepha : « à partir du hasard et à partir de quelque accident » (*an men šegmā w-an men gedšā*)[45].

Le caractère provisoire de cette explication est dévoilé par Mosé bar Kepha, dans le commentaire qui suit le résumé de la cosmogonie bardesanite. Mosé examine les différentes causes possibles du mouvement des *ītyē*, pour conclure qu'il est absurde d'écarter l'intervention divine : il annonce que Dieu aurait dû être faible ou ignorant pour laisser l'obscurité envahir les *ītyē*[46]. De même, le hasard n'est pas une bonne solution : « Si alors on dit que le hasard les a fait mouvoir, nous disons que là où est Dieu, <le hasard> est absolument absent et n'existe pas[47]. » Reste la troisième possibilité, à savoir que les *ītyē* soient mus et mélangés par leur volonté propre ou une volonté d'autrui :

> En outre alors, nous disons au sujet de ces *ītyē* : ils désirent se mélanger les uns avec les autres par leur volonté ? ou ils se mélangent les uns avec les autres sous la contrainte d'autrui ? Si c'est par leur volonté propre, pourquoi se retournaient-ils en se réfugiant auprès du Très-Haut pour qu'il les délivre de l'obscurité ? Si c'est sous la contrainte d'autrui, les *ītyē* ne souffrent pas la contrainte. Et si c'est par le hasard, ils ne sont pas soumis au hasard non plus. Et si leur Seigneur a été dans les hauteurs, comme tu le dis, il est évident qu'il les a mélangés aussi. Car ils ne pouvaient ni <se comporter> en serviteurs désobéissants qui auraient abandonné leurs régions et leurs places sans commandement de leur maître, ni se laisser mettre en mouvement, se déplacer et se mélanger les uns avec les autres[48].

Par cette analyse, Mosé bar Kepha oppose la liberté des *ītyē* – affirmée par les bardesanites – à la toute-puissance divine. Il arrive aux mêmes conclusions qu'Éphrem et plaide la nécessité logique de soumettre les *ītyē* à Dieu. Ce témoignage montre la difficulté des polémistes antibardesanites à comprendre comment les *ītyē* peuvent être libres et éternels, se mouvoir sans y être contraints par une cause extérieure et se mélanger malgré les propriétés contraires. Pour expliquer tout cela, Bardesane pouvait aussi s'inspirer d'Aristote, notamment de son enseignement sur les éléments contenu dans les traités *De la génération et la corruption* et *Du ciel*, ainsi que dans la *Physique* et les *Catégories*.

45. Davids 1970, p. 35-36.
46. Camplani 1997, p. 23-24.
47. Camplani 1997, p. 23 (trad. personnelle).
48. Le texte syriaque révisé par Camplani 1997, p. 23 (trad. personnelle).

Dans le traité *De la génération et la corruption*, Aristote consacre plusieurs chapitres aux modes de génération que l'on peut qualifier de « faibles », concernant la génération relative (γένεσίς τις), à distinguer de la génération au sens absolu (γένεσις ἁπλῆ). Les modes en question sont l'altération (ἀλλοίωσις), l'augmentation (αὔξησις) et la mixtion (μίξις). Bien que ceux-ci concernent la génération à partir des corps déjà constitués, Aristote croit utile de rappeler que toutes ces transformations reposent sur les propriétés des éléments primordiaux :

> Puisque tout ce qui possède un lieu possède aussi une position et que la première différence du lieu, c'est haut-bas et les opposés de ce type, toutes les choses qui sont en contact les unes avec les autres possèderont pesanteur et légèreté, soit ces deux déterminations à la fois, soit seulement l'une des deux : or, de telles choses sont susceptibles d'être affectées et d'agir. Il suit manifestement que les choses naturellement aptes à se toucher sont des grandeurs séparées ayant leurs extrémités "ensemble" et qui sont capables de se mettre en mouvement et d'être mues les unes sous l'effet des autres[49].

En commentant ce passage, Marwan Rashed signale qu'il s'explique dans le contexte cosmologique, car il rattache les rapports entre les éléments pour ainsi dire « chimiques », ceux qui composent les corps, à un contexte cosmologique des « lieux » naturels de chaque élément dans l'organisation de l'univers[50]. Ce rappel de la disposition des éléments cosmiques et de leur mouvement naturel vers les lieux qui leur sont propres permettrait de comprendre ce qui se produit lorsque les corps chauds et froids, humides et secs se touchent et s'affectent mutuellement.

Arrivé à la question des éléments, Aristote décrit les conditions dans lesquelles peuvent se produire les changements conduisant à la génération. Ces conditions se résument en trois mots : toucher, agir et mouvoir (*GC* 322b26-323a34). Dans les chapitres suivants se trouvent de nombreuses précisions au sujet des conditions dans lesquelles le contact entre les corps, leurs mouvements et leurs affections mutuelles amènent à la génération d'une chose nouvelle. Aristote se penche sur l'importance des contraires comme les plus aptes à produire une affection mutuelle :

> On comprend dès lors aussitôt la raison pour laquelle le feu chauffe, le froid refroidit et, d'une façon générale, l'agent s'assimile ce qui est affecté : ce qui agit et ce qui est affecté sont des contraires, et la génération procède en direction du contraire. De sorte qu'il est nécessaire que ce qui est affecté change vers ce qui agit, car c'est ainsi que la génération procédera en direction du contraire[51].

49. *GC* I, 6, 323a6-12 (trad. M. Rashed).
50. Voir Rashed 2005, p. 130-131.
51. *GC* I, 7, 324a9-14 (trad. M. Rashed).

L'analyse des affections mutuelles des corps se poursuit dans l'analyse de leurs mouvements (cf. *GC* I 7, 324a24-26), notamment dans la recherche du principe des actions et mouvements. Selon Aristote, pour ce qui se meut comme pour ce qui agit, il y a toujours un principe : le premier moteur qui est sans mouvement et le premier agent qui n'est pas susceptible d'affection (*GC* 324b10-13). Dans la tradition d'interprétation théologique d'Aristote, le premier moteur est assimilé à un Dieu Créateur. Cependant, le premier moteur ou le premier agent dans le *GC* possède des caractéristiques gênantes pour les partisans d'une lecture théologique, car étant la cause première, il n'est pas la cause finale (cf. *GC* 324b14-15), conformément à la théorie exposée en *Metaph.* Λ 7[52]. Par conséquent, la description du premier moteur / premier agent dans un processus de génération ne répond pas à toutes les exigences théologiques d'un discours sur Dieu Créateur comme principe et fin.

L'interprétation théologique d'Aristote aurait pu donc donner raison aux adversaires de Bardesane, car, ultimement, son système ne pourrait pas se passer de Dieu comme principe d'action et de mouvement des *ītyē*. Cependant, ni Éphrem ni Mosé bar Kepha ne raisonnent de la sorte, en préférant défendre la toute-puissance de Dieu qui mélange les *ītyē* selon son bon vouloir et intervient sur leur disposition. Toutefois, Bardesane lui-même ne semble pas attribuer à Dieu le rôle du premier moteur ou premier agent – ce qui montre des incohérences de son aristotélisme. Les informations modestes, tirées souvent des critiques d'Éphrem, permettent de constater que le Dieu de Bardesane possède de nombreux traits stoïciens, notamment à cause de sa présence au monde et sa participation à la hiérarchie des *ītyē*[53]. Si l'idée de premier moteur / premier agent – telle qu'elle est exposée dans le *GC* – avait influencé la conception de Dieu comme « le Grand *ītyā* » ou « le Seigneur des *ītyē* », elle ne serait pas déterminante. En fait, dans le *GC*, Aristote souligne que les affections sont possibles entre les choses appartenant au même genre : « il est nécessaire que ce qui agit et ce qui est affecté soient une chose semblable et identique par le genre, mais dissemblable et contraire par l'espèce »[54]. Cette condition pourrait être révélatrice d'un aspect ignoré de l'emploi du terme *ītyā* par Bardesane, permettant d'inclure Dieu dans la γένεσις de l'univers. Le Créateur appartiendrait au genre *ītyā*, comme les autres, tout en restant unique de son espèce. Faute d'informations fiables, cette question ne peut pas être entièrement éclairée, même si le rapprochement avec les thèses d'Aristote facilite la compréhension des points obscurs de la cosmogonie et la théologie de Bardesane.

52. Voir Rashed 2005, p. 136 n. 5.
53. Jurasz 2020-2021.
54. *GC* I 7, 323b31-33 (trad. M. Rashed).

Les mouvements des *ītyē*

La description des mouvements des *ītyē* occupe une place importante dans les résumés de la cosmogonie bardesanite. On pourrait alors songer à une reconstruction de ces mouvements et actions des *ītyē* dans l'événement cosmogonique. Pour cela, il faut écarter les détails destinés à renforcer la dramatisation de l'événement, en gardant les informations sur les mouvements et actions des *ītyē* qui se retrouvent en plusieurs notices.

Les auteurs médiévaux décrivent les déplacements des *ītyē* de deux manières : 1) « il a rampé et rejoint son compagnon » (Théodore bar Qonai, Bardhadbešabba) – sans préciser de quel *ītyā* il est question ; 2) « l'obscurité est montée » (Bardhadbešabba, Mosé bar Kepha) ou « la fumée noire est montée » (Théodore bar Qonai) ; 3) « les lourds descendent et les légères montent » (Bardhadbešabba) et la mention de la montée des *ītyē* fuyant l'obscurité montante (Mosé bar Kepha). Le mouvement et l'action de l'obscurité sont mises en valeur dans les trois notices, tandis que les deux autres *ītyē* – le vent / esprit et le feu – sont explicitement mentionnés seulement par Théodore Qonai. Chez ce dernier, l'événement cosmogonique commence par le souffle violent du vent et la descente du feu vers l'obscurité. Cette information se retrouve chez Éphrem, dans le *Discours contre Mani* :

> Si alors quelque chose avait frappé par derrière et poussé l'élément (*esṭuksā*) de vent – comme a dit Bardesane – il l'aurait poussé en direction de ce qui était à son opposé (διάμετρος). Cela veut dire qu'il l'aurait poussé contre l'élément de lumière, car à l'opposé de cet <élément> occidental, est posé l'<élément> oriental. Si alors <en venant> du nord-ouest, cette chose avait heurté le vent et l'a poussé sur le feu, elle ne l'aurait pas fait descendre jusqu'à l'obscurité qui <est> au milieu ; elle l'aurait poussé vers le feu méridional, emporté et fait sortir dans l'espace vide[55].

Le premier *ītyā* à agir est le vent qui pousse le feu vers le bas, en direction de l'obscurité. Éphrem remarque que pour produire un mouvement pareil, le vent a dû effectuer un mouvement circulaire. Ce mouvement s'ajoute alors au mouvement rectiligne des éléments lourds et légers. On constate toutefois qu'Éphrem dénonce le mouvement circulaire comme incongru, en inscrivant ainsi sa critique sur la liste des malentendus qui entourent l'enseignement de Bardesane. En fait, le vent / esprit qui se meut d'un mouvement circulaire aurait pu être inspiré par la doctrine cosmologique d'Aristote.

Dans le traité *Du ciel*, Aristote attribue aux éléments (en tant que corps simples) deux mouvements simples : un mouvement circulaire autour du centre et un mouvement rectiligne, vers le haut ou vers le bas à partir du centre[56]. Le mouvement circulaire est antérieur au mouvement rectiligne

55. *CM*, p. 214, 24-46 (trad. personnelle). Voir Camplani 1997, p. 28-29.
56. Au sujet du mouvement des éléments, cf. *Cael.* I, 2-4 ; 8 ; II, 2-3 ; III, 2 ; IV, 1-4 ; 6.

(*Cael.* 269a25), parce qu'il appartient au « corps premier » (τὸ πρῶτον τῶν σωμάτων) au sens ontologique, voire à la première substance corporelle, dont la propriété est de se mouvoir naturellement en cercle. Dans la tradition aristotélicienne, ce corps est appelé « cinquième élément » ou « éther »[57], la substance du ciel et tout ce qu'il contient. Or le ciel, selon Aristote, est constitué des sphères homocentriques : son extrême circonférence est la sphère des étoiles fixes « dans laquelle réside tout ce qui est divin » (*Cael.* 278b15) qui se meut d'un mouvement circulaire régulier ; au-dessous se trouvent les sphères des planètes qui effectuent des mouvements plus complexes[58]. La dernière sphère porte la Lune et constitue la limite du monde sensible. Ce monde sublunaire est fait des quatre éléments – des corps naturels (τὰ φυσικὰ σώματα). Dans le monde sublunaire, le feu et la terre sont deux éléments contraires qui déterminent le mouvement rectiligne : le feu se meut vers le haut et la terre vers le bas. Chaque corps mixte, fait d'un mélange des éléments, effectue des mouvements mixtes, même s'il suit l'élément qui prédomine dans sa composition.

Les thèses cosmologiques exposées par Aristote sont, en grande partie, inspirées par l'enseignement des astronomes plus anciens, notamment d'Eudoxe de Cnide, pythagoricien et ami de Platon[59]. Aristote a adopté son modèle du ciel composé de sphères homocentriques qui ont la Terre pour centre, en lui apportant plusieurs corrections, venant principalement de l'étude de la physique. Ainsi, selon Aristote, les sphères mobiles sont en continuité les unes avec les autres, en recevant et en transmettant le mouvement. Comme le souligne Pierre Pellegrin, la notion de continuité – voire de continuité matérielle – est celle qui caractérise le mieux la conception aristotélicienne du « monde qui est un être animé »[60]. Cette continuité se manifeste surtout dans l'animation du monde, un « vivant » qui forme une sorte d'unité cosmobiologique. Le peu que nous savons au sujet de la cosmologie de Bardesane, permet néanmoins d'affirmer que son univers n'est pas étranger à l'idée de la continuité entre Dieu et les éléments primordiaux, exprimée par le fait de leur attribuer le nom commun d'*ītyē*. D'ailleurs, les critiques du présumé « polythéisme » de Bardesane confirment que Bardesane ne tient pas compte de la séparation entre le Créateur et la création.

La cosmogonie de Bardesane comporte néanmoins plusieurs caractéristiques propres. Selon Bardesane, l'univers est composé de cinq *ītyē* situés au-dessous de Dieu : la lumière, le vent / l'esprit, le feu, l'eau et l'obscurité.

57. Aristote parle d'éther, mais il ne donne pas ce nom au corps premier, cf. *Cael.* 270b21-25. Voir Dalimier & Pellegrin 2004, *ad. loc.*

58. Au sujet du ciel supra lunaire, cf. *Cael.* I, 8-9 ; II, 4-12.

59. Aristote cite les noms d'Eudoxe et de son élève, Callippe de Cyzique dans la *Métaphysique* Λ (chapitre 8). Voir Dalimier & Pellegrin 2004, p. 13-22.

60. Voir Dalimier & Pellegrin 2004, p. 25-30.

Si on se rapporte à des théories astronomiques de l'Antiquité, la lumière et le vent / l'esprit composeraient chez Bardesane le ciel supra-lunaire : la sphère des étoiles fixes et mobiles qui se meuvent d'un mouvement circulaire[61]. Grâce à Éphrem nous savons que le vent / esprit se meut, lui aussi, d'un mouvement circulaire et qu'il assure la translation du mouvement vers le monde sublunaire, en « poussant » le feu[62]. Les sources relatives à l'événement cosmogonique ne parlent explicitement que des trois *ītyē* : le vent / l'esprit, le feu et l'obscurité. Les activités de ces trois *ītyē* font penser à la manière dont Aristote présente les mouvements du ciel en se limitant aux trois : le corps premier (ou l'éther), le feu et la terre (cf. *Cael.* III-IV). Les mouvements de ces trois éléments sont suffisants pour mettre en mouvement les autres.

La place du feu, la frontière extérieure du monde sublunaire, est très significative. Elle montre, entre autres, que Bardesane aurait partagé avec les aristotéliciens l'idée que les astres ne sont pas faits de feu[63]. Mais au sujet du feu lui-même, Bardesane semble avoir tenu des propos particuliers, dénoncés par Éphrem :

> Ou dira-t-on que la vérité de ce feu n'est pas telle que Bardesane a dit ? Car, en vérité, il [= le feu] n'est pas tel. C'est comme si je disais à son sujet qu'il existe, mais <en même temps> j'affirmais qu'il n'existe pas [...] Car si <le feu> est celui de qui viennent la lumière, le vent et l'obscurité, et la tentation, et la vision – que l'on prouve alors qu'il existe par sa puissance propre, sans association avec quoi que ce soit d'autre. Et que l'on prouve qu'il [= le feu] allume le vent comme les brindilles, ou qu'il s'empare des ténèbres comme des roseaux. Et qu'avant il n'avait pas ce besoin qu'il a aujourd'hui, et <qu'> aujourd'hui il n'a plus son absence éternelle du besoin[64].

Alberto Camplani mentionne une partie de ce passage (216, 36-217, 5) et y voit une allusion à un texte de Bardesane qui parle de l'incendie du vent / esprit à partir du feu[65]. Cette thèse, observe Camplani, toute étrange qu'elle puisse paraître, s'accorde néanmoins avec une phrase de la notice de Théodore bar Qonai : « Le feu a brûlé dans la forêt (ou : la matière) »[66]. Là encore, Bardesane aurait pu s'inspirer d'Aristote qui affirme dans *De la génération et la corruption* :

> Il est d'emblée conforme à la raison que, comme disent nos prédécesseurs, seul d'entre les corps simples, le feu se nourrisse (τρέφεσθαι τὸ πῦρ) – même si tous les corps simples sont engendrés (γινομένον) les uns à partir des autres.

61. Au sujet de la lumière et du vent, *ruḥā*, chez Bardesane, voir III *Discours à Hypatios*, *PR* vol. 1, p. 52-57.

62. Voir III *Discours à Hypatios*, *PR* vol. 1, p. 55.

63. Voir *Cael.* 289a19-21 ; *Meteor.* I, 3.

64. *CM*, p. 216, 20-217, 12 (trad. personnelle).

65. Camplani 1997, p. 30.

66. *Op.cit.*

> Le feu est en effet le seul corps à ressortir de la forme, et il l'est au plus haut point, du fait que sa nature est de se transporter vers la limite[67].

Ainsi le feu, dans une certaine manière, se nourrit des trois autres éléments qui se comportent comme s'ils étaient sa « matière », parce que la nourriture peut être assimilée à la matière du corps qui l'absorbe[68]. En outre, le terme ὕλη en grec signifie à la fois « la matière » et « le bois, la forêt », tout comme en syriaque *ʿabā* que l'on trouve dans la notice de Théodore bar Qonai[69]. Si on adopte la perspective aristotélicienne, les propos sur le feu bardesanite qui « brûle » la matière ou les autres *ītyē* signifient que le feu se « nourrit » d'eux, il les assimile comme le corps assimile la nourriture pour la transformer. Par conséquent, ces *ītyē* sont un peu comme une « matière » pour le feu qui serait pour eux une « forme ». Cette singularité – explicitement formulée par Aristote – aurait pu se trouver dans l'enseignement de Bardesane, à qui Éphrem reproche une affirmation contradictoire que le feu existe et n'existe pas. Et il ajoute : « que l'on prouve alors qu'il existe par sa puissance propre, sans association (*šawtāputā*) avec quoi que ce soit d'autre ». Comme dans tout le passage cité plus haut, Éphrem reprend ici les propos bardesanites qu'il juge infondés. Le contexte polémique n'offre pas toutes les informations sur le rôle que Bardesane attribuait au feu, mais le rapprochement avec les textes d'Aristote aide à comprendre la métaphore de l'incendie des *ītyē*.

Les objections par rapport à l'action du feu concernent surtout son mouvement. Éphrem trouve sa descente jusqu'à l'obscurité impossible à cause de la présence de l'eau au milieu. Il en parle dans le *Discours contre Mani* :

> Si le vent frappait le feu qui était au-dessous de lui et le poussait vers le bas, vers l'obscurité, le feu ne l'aurait pas atteinte, car le grand élément de l'eau se tenait entre lui et l'obscurité. Et pour cela, l'extincteur intermédiaire n'aurait pas permis que l'obscurité se réveille, qu'il se frotte contre elle et que sa fumée se lève comme pour atteindre son compagnon[70].

De prime abord, l'objection paraît sensée : comment se fait-il que le feu n'ait pas rencontré l'eau sur son chemin de descente ? Cette question en soulève une autre : comment est-il possible qu'un élément léger descende et un élément lourd monte ? Si le feu n'est rien d'autre que le feu alors il devrait se comporter en conformité avec sa nature et tendre vers le haut :

> <Ceci> est donc nécessaire : si les natures des *ītyē* sont adéquates à leurs noms, et si le feu est un feu en vérité (et non un nom vide), l'eau aussi est l'eau, certainement. Et si l'eau est le contraire du feu, elle ne l'aurait pas laissé

67. *CG* II, 9, 335a16-20 (trad. M. Rashed).

68. Voir *Phys.* IV 5, 213a1-5 ; *DC* IV 3, 310b11-15. Voir aussi Rashed 2005, p. lxxv-lxxvi, p. 169.

69. Schaeder 1932, p. 51 ; Camplani 1997, p. 34 ; Camplani 1998, p. 549.

70. *CM*, p. 225, 27-41 (trad. personnelle). Voir Camplani 1997, p. 29-31.

> s'approcher de l'obscurité. Et parce que l'eau était la voisine de l'obscurité, <son> froid s'ajoutait encore au froid de l'obscurité. Cela va à l'encontre de ce qu'ils ont confectionné : « la chaleur – disent-ils – a fait fondre son froid [*i.e.* de l'obscurité] et sa fumée s'est levée », sinon « elle s'est levée et est montée ». Parce qu'ils [*i.e.* les *ītyē*] se tiennent l'un au-dessus de l'autre, comme nous apprennent leurs natures légères et lourdes, il est impossible qu'un « principe inférieur de chacun ait été seulement dissipé », comme a dit Bardesane. En fait, comment les êtres lourds et légers <séparés> d'un rang ou d'une frontière peuvent-ils tenir en équilibre ? Les plateaux d'une balance le prouvent : si l'eau et l'huile y sont placées dedans, le léger se tient au-dessus et le lourd en dessous[71].

Ce long passage aide à comprendre le mouvement des *ītyē*, souvent décrit comme violent et on ne peut plus chaotique. La critique d'Éphrem prend ici un autre angle d'attaque et insiste sur l'impossibilité pure et simple des interactions entre certains *ītyē*, venant du fait de leur disposition. La poussée du vent serait-elle donc assez puissante pour renverser l'ordre des *ītyē* ? Rien ne permet de le dire, car Éphrem s'insurge également contre l'idée que l'obscurité puisse monter – pour des raisons inconnues – et chercher « à atteindre les talons et les jupes de la lumière supérieure » ; et cela sans tenir compte de la présence de l'eau, du feu et du vent / esprit sur son passage[72]. À deux reprises, Éphrem cite une phrase bardesanite – « le principe inférieur (de chacun / de la lumière) a été seulement dissipé »[73] – qui lui paraît incompréhensible, parce qu'elle suppose que les *ītyē* peuvent agir les uns sur les autres en dépit des distances qui les séparent selon leur disposition initiale.

Dans la mesure où le mythe cosmogonique de Bardesane raconte la génération de la matière première et la formation du mélange des éléments, il serait normal que les *ītyē* quittent leur hiérarchie de lourds et légers. Néanmoins, cette réponse ne fait que déplacer le problème, parce qu'Éphrem veut savoir comment les *ītyē* ont quitté leur disposition initiale. La solution pourrait venir d'Aristote qui analyse les mouvements des éléments primordiaux avec l'aide de la science physique, en mettant en évidence les propriétés des éléments. Dans le *CG*, Aristote parle d'une génération continue des éléments les uns à partir des autres, selon le principe de circularité[74]. Ce type de transformation se fait grâce aux marques (σύμβολον) communes des éléments ; par exemple, l'humide est le « signe de ralliement » de l'air et de l'eau, le sec celui de la terre et du feu[75]. Entre les éléments ayant une marque en commun,

71. *CM*, p. 225, 42-226, 39 (trad. personnelle).

72. Cf. *CM*, p. 226, 39-227, 6. Voir Camplani 1997, p. 31.

73. *CM*, p. 226, 24-25 et 226, 47-227, 2. À rapprocher avec l'expression « le principe (ou : force) intérieur de chacun a été heurté » chez Bardhadbešabba et chez Théodore bar Qonai, voir Davids 1970, p. 37-39 ; Camplani 1997, p. 15-16.

74. *GC* II, 4. 10-11 ; *Cael.* III, 6-7.

75. Voir *GC* II, 4 et le commentaire de Rashed 2005, p. 159.

la transformation se fait plus rapidement qu'entre ceux qui n'en ont aucune (feu – eau et terre – air). Les éléments agissent les uns sur les autres en fonction de leurs qualités : le sec, l'humide, le froid et le chaud, et non en fonction de leur pesanteur et légèreté[76].

À l'évidence, Bardesane tient compte des propriétés des *ītyē* autres que le poids, comme le montre une phrase citée par Éphrem : « la chaleur – disent-ils – a fait fondre son froid ». Autrement dit, ce n'est pas le feu, en tant qu'une masse cosmique élémentaire, qui descend dans sa totalité, mais la chaleur du feu qui se propage sur d'autres *ītyē* en modifiant leurs qualités, jusqu'au point de « réchauffer » l'obscurité. Dans ce cas, le « principe inférieur, principe de descente » (*riš taḥtāyutā*) pourrait désigner une des marques, voire des qualités, que l'obscurité avait en commun avec certains *ītyē* et qui ont permis sa « montée ». Le chaos des *ītyē* ne serait donc pas dû uniquement à leurs mouvements liés à leurs poids, mais aussi à leurs agissements les uns sur les autres qui, eux, sont liés à leurs autres qualités.

Les qualités des *ītyē*

Quel est le rôle des qualités des *ītyē* dans la cosmogonie de Bardesane ? Parmi les auteurs qui cherchent la cause des mouvements des *ītyē*, Éphrem est le seul à remarquer l'importance de leurs caractéristiques naturelles, même s'il privilégie la distinction entre lourds et légers. En revanche, les auteurs médiévaux attribuent le mouvement des *ītyē* au *šegmā* qui veut dire « hasard » et « accident ». Le syriaque connaît le même phénomène que le grec, où τὰ συμβεβηκόντα correspondent aux « choses qui arrivent par hasard » dans la langue courante et aux « propriétés contingentes » dans le vocabulaire philosophique. Ainsi, συμβεβηκός est souvent traduit en syriaque par *gedšā* – le terme qui se retrouve chez Mosé bar Kepha pour désigner les causes du mélange des *ītyē* « à partir du hasard et à partir de l'accident » (*an men šegmā w-an men gedšā*)[77]. Cependant, sur trois manuscrits qui transmettent cette notice, deux portent la mention a*n men gušmā w-an men gedšā* – « à partir du corps et à partir de l'accident »[78]. Plusieurs chercheurs considèrent *gušmā* (le corps) comme une version corrompue du mot *šegmā* (le hasard)[79].

76. À la différence de *GC*, la pesanteur et la légèreté des éléments jouent un rôle important dans *Cael.* IV. Ces deux propriétés sont reconsidérées dans le commentaire de *GC* d'Alexandre d'Aphrodise, voir Gannagé 2005, p. 27-35 ; Rashed 2015, p. 130-134.

77. Hugonnard-Roche 1994. Sur les emplois de *gedšā* voir *Thesaurus syriacus* coll. 660-661. Le mot *šegmā* peut traduire ἀδιάφορος, voir *Thesaurus syriacus*, coll. 4051-4053.

78. La version avec *šegmā* se trouve dans Paris, BNF, Syr. 241, utilisé par Nau. En revanche, *gušmā* se trouve dans Mingana Syr. 65 (= Birmingham, Cadbury Research Libraries, Mingana collection, inédit, utilisé par Camplani 1997) et dans Vaticano, BAV, vat. syr. 100, où il est attribué à Jean de Dara, voir Baumstark 1933.

79. Davids 1970 ; Kruse 1987 ; Camplani 1997.

Si on tient compte des témoignages d'Éphrem, la version « à partir du corps » pourrait révéler un sens jamais bien compris par les opposants de Bardesane – à savoir, que les *ītyē* sont des corps naturels (φυσικὰ σώματα) au sens aristotélicien et que leurs mouvements dépendent de leurs qualités.

Attribuer le début du mouvement des *ītyē* aux corps et aux qualités permettrait de faire le lien avec l'information transmise par Serge de Reš'aina. Dans son *Commentaire aux* Catégories *d'Aristote*, Serge explique que les qualités sont soit dans des corps (comme formes, couleurs, saveurs) soit dans des incorporels (comme qualités morales) ; ces qualités disparaissent dès qu'elles s'éloignent du corps et ne peuvent pas exister par elles-mêmes. Mais certains sont d'un avis différent :

> Mais si quelques-uns des Stoïciens, qui pensent qu'il n'y a rien qui ne soit corporel et avec lesquels s'accorde, dans le discours sur les qualités (*b-šarbā d-ʿal znayē*), aussi le Syrien Bardesane, ont cru que les <qualités> aussi, desquelles nous avons dit qu'elles ont leur existence dans les corps, sont des corps, ils seront ouvertement blâmés par tout ce qu'on voudra utiliser pour leur incrimination[80].

Dans cette courte critique, Serge évoque une thèse stoïcienne bien connue et défendue de plusieurs manières, selon laquelle les qualités (ποιότητες) sont des corps[81]. Dans sa critique de Bardesane, Serge signale un accord entre celui-ci et les stoïciens sur ce point seulement, sans préciser sur quoi portait le « discours » bardesanite sur les corps et les qualités. En outre, Giuseppe Furlani a refusé l'idée que Bardesane puisse écrire un texte philosophique sur les incorporels, du fait qu'il « n'était pas philosophe pur ou un commentateur des œuvres d'Aristote »[82]. Ce jugement ignore le discours antibardesanite d'Éphrem consacré à l'examen de la notion d'incorporel[83], ainsi que les citations bardesanites où sont mentionnées de nombreuses qualités des *ītyē*. Cependant, dans ces fragments et les résumés de la doctrine bardesanite, il n'y a pas de mention explicite des qualités – que Serge appelle *znā* (pl. *znayē*)[84] – comme étant des corps ou corporelles (*gšimē*). Bardesane aurait donc utilisé un vocabulaire différent.

Dans le *Discours contre Mani*, Éphrem polémique contre l'enseignement de Bardesane au sujet de *perdē* (sg. *perdā*), littéralement « grains, parcelles de substance », qui dans le vocabulaire philosophique désignent des quantités insécables, des « atomes »[85]. Dans les travaux sur Bardesane, cette signification

80. Furlani 1937, p. 350 (trad. modifiée).

81. Voir Bréhier 1920 [1997], p. 3-13.

82. Furlani 1937, p. 352.

83. Il s'agit du *Discours contre le discours de Bardesane 'De Domnus'* (*PR* vol. 2, p. 1-50), voir Beck 1976 ; Possekel 1999, p. 155-184 ; Jurasz 2017 ; Rashed 2021.

84. Le terme ποιόν / ποιότης est traduit en syriaque par *znā* ou *aynā* / *aynāyūtā*, voir Hugonnard-Roche 1987 ; King 2010, p. 63-64.

85. *Thesaurus syriacus*, coll. 3237-3238.

de *perdē* est justifiée également par le recours aux arguments anti-atomistes dans les critiques d'Éphrem[86]. Néanmoins, les *perdē* pourraient être aussi des qualités, voire même les « qualités qui sont des corps ». Cette hypothèse ne rejette pas la présence des thèses atomistes chez Bardesane, mais permet d'en saisir les nuances.

La critique d'Éphrem porte sur la place des *perdē* dans la constitution des *ītyē* : lesquels des deux sont des corps simples et premiers constituants de la matière ? Les *ītyē*, les éléments, doivent-ils être considérés comme composés ou simples ? Ayant soulevé ces difficultés, Éphrem avance des arguments anti-atomistes portant sur la nature des *ītyē* et leur manière de se mélanger[87]. Bardesane fut-il donc adepte d'une théorie atomiste ou bien a-t-il essayé de concilier une approche atomiste avec une approche élémentale ?

Une certaine difficulté à propos de la simplicité des éléments se fait remarquer chez Aristote, qui reconnait l'existence des « grandeurs insécables et invisibles » (μεγέθη ἄτομα ἀόρατα) comme nécessaire pour que les corps élémentaires puissent s'associer et dissocier[88]. Parlant des composants élémentaires des corps ou de la matière, Aristote utilise toutefois le terme « élément », lequel – comme a montré Timothy Crowley – peut parfois désigner les qualités contraires[89]. Le passage discuté est le *GC* II 2-3, où Aristote décrit les quatre qualités en tant que différences premières (πρῶται διαφοραί) qui déterminent la formation des couples des éléments (αἱ τῶν στοιχείων συζεύξεις)[90]. À l'époque de Bardesane, le rôle des qualités – « différences qui affectent les formes des corps d'une nature » – a été mis en évidence par Alexandre d'Aphrodise[91]. L'enseignement de Bardesane pourrait s'inspirer de la réflexion aristotélicienne sur les éléments et leurs qualités, en penchant néanmoins du côté atomiste et en faisant des *perdē* les atomes et les qualités des *ītyē*. Cette conception ressemblerait aussi aux théories anciennes d'Héraclide du Pont (312 av. J.C.) et d'Asclépiade de Bithynie (40 av. J.C.) sur les qualités des « molécules indivisibles », ἄναρμοι ὄγκοι, bien connues aux IIᵉ et IIIᵉ siècles[92]. Il est impossible de déterminer si Bardesane a croisé ces théories, ou bien si la ressemblance est purement fortuite.

Une longue mais lacunaire section du *Discours contre Mani*[93] illustre la thèse selon laquelle les *perdē* désigneraient à la fois atomes et qualités des *ītyē*. Voici le début :

86. Voir Bevan & Burkitt 1921 ; Beck 1978, p. 309- 324 ; Possekel 1999, p. 113-126.
87. Voir Possekel 1999, p. 113-116.
88. Cf. *GC* 316b32-34. Voir Rashed 2005, p. 109 ; Groisard 2016, p. 25-48.
89. Crowley 2008 ; 2013.
90. Cf. *GC* II 2-3, 329b6-330b35. Voir Crowley 2013.
91. Citation d'après Gannagé 2002, p. 141. Voir aussi Gannagé 2005.
92. Voir Heidel 1909. Je remercie Marwan Rashed pour cette information.
93. *CM*, p. 214, 46-220, 33. Il manque un quart du texte.

> Et parce qu'il y a des *perdē* – comme a dit Bardesane – la différence (*puršānā*) de chacun d'entre eux[94] est saisie par l'intellect. Il est clair que les *ītyē* ne se sont pas heurtés (*ṭ-r-a*) les uns contre les autres comme les corps contre les corps. Et il faut comprendre symboliquement ce qui les concerne, d'où ils viennent et en quoi ils consistent, car le vent ne peut pas mettre en mouvement la lumière du soleil[95].

Au milieu d'une réflexion sur le mouvement des *ītyē*, Bardesane dit deux choses au sujet des *perdē* : qu'ils sont saisis par intellect (*b-tar'itā metdrek*) et que grâce à eux se fait la différence, très probablement entre les *ītyē*. On reconnait d'abord une allusion à la qualification des atomes comme νοητά, en raison de leur taille trop petite pour être saisie par les sens[96]. De plus, le terme *puršānā* a été utilisé par les traducteurs syriaques d'Aristote pour traduire διαφορά, la « différence » au sens catégorial[97]. Aristote identifie la qualité à la différence de substance et il l'appelle qualité à titre premier[98]. Dans ce sens, les *perdē* seraient décrits comme atomes et comme qualités permettant de faire la différence entre les *ītyē*. On suppose qu'Éphrem fait son résumé en utilisant des termes bardesanites, car la racine verbale *ṭ-r-a*, « heurter », se retrouve aussi dans les notices de Bardhadbešabba et de Théodore bar Qonai[99]. Éphrem cite alors des propos sur les *ītyē* qui ne se heurtent pas comme des corps qui se déplacent mutuellement et les trouve dénués de sens. Bien que l'on puisse penser que les *ītyē* agissent les uns sur les autres grâce à leurs qualités, Éphrem interprète « pas comme des corps » comme si les *ītyē* étaient formés des atomes :

> Et si le vent a soufflé, voilà, il aurait séparé les *perdē*, parce qu'ils n'étaient pas encore mélangés par la puissance créatrice. Et ce vent n'aurait même pas pu souffler, parce qu'il n'avait pas encore obtenu le souffle (*mašbā*) dans <sa> constitution (*tuqqānā*). Si, grâce à la puissance créatrice, le feu a obtenu la clarté, la lumière le rayonnement et l'eau la fluidité, il est clair qu'avant de les avoir obtenus, ils ne les avaient pas. Et les ténèbres non plus, parce qu'elles consistaient encore en *perdē* dispersés[100].

Fidèle à sa logique anti-atomiste, Éphrem estime absurde que les *ītyē* puissent exister sans que le Créateur ait assemblé les *perdē* qui les composent ;

94. D'après le contexte, il s'agit des *ītyē*, mais la référence aux *perdē* est possible.
95. *CM*, p. 214, 46-215, 13.
96. *Cf.* Sextus Empiricus, *Adv. Math.* VIII, 220. Voir Heidel 1909.
97. Outre *puršānā*, on trouve parfois *šuḥlāpā*, Hugonnard-Roche 1987 ; 1994 ; King 2010, p. 70.
98. *Metaph.* Δ 14, 1020b14 ; voir aussi *Metaph.* Δ 14, 1020a33–1020b15. Dans ce sens, la « différence de l'essence » (ἡ διαφορὰ τῆς οὐσίας) est une qualité première et distincte des autres.
99. Il s'agit de l'expression « le principe (ou : force) intérieur de chacun a été heurté », voir Camplani 1997, p. 15-16. Voir *supra* la note 73.
100. *CM*, p. 215, 22 -44 (trad. personnelle).

de surcroît, une telle conception est en contradiction avec la conception des *ītyē* éternels, immuables et impossibles à façonner[101]. Curieusement, Éphrem met en évidence les qualités, pour ainsi dire essentielles, des *ītyē* : la clarté, le rayonnement, la fluidité ou la faculté de souffler. La mention de la « constitution » (*tuqqānā*) n'est pas anodine, car elle peut renvoyer au vocabulaire aristotélicien qui distingue entre état (ἕξις) et disposition (διάθεσις). Dans les *Catégories*, Aristote décrit les états comme qualités que l'on possède de manière durable et stable (comme les sciences et les vertus) et qui ne peuvent pas être facilement mues ou changées ; en revanche, les dispositions sont des qualités qui peuvent facilement être mues et rapidement échangées – telles que la chaleur et le refroidissement, entre autres[102]. Cette distinction s'avère utile pour éclairer le passage cité, car ces qualités des *ītyē* ne sont mentionnées par aucune autre source – le souffle du vent, la clarté du feu, le rayonnement de la lumière, la fluidité de l'eau. Elles sont différentes des qualités échangées et modifiées entre les *ītyē* comme la chaleur, le froid, l'humidité et le sec ; cela fait supposer qu'il s'agit des qualités propres à un état, des qualités durables. Le terme *tuqqānā* correspondrait alors à ἕξις en grec[103]. Ce passage montre que Bardesane a considéré les *perdē* comme atomes et aussi comme qualités – et non quantités des *ītyē*.

La mention suivante des *perdē* se trouve dans un contexte différent :

> S'ils sont des *perdē* de l'essence (*perdē enen d-ītutā*), comme on dit, alors ils ne peuvent pas être dissouts, <mais> ils peuvent être rassemblés. Qu'ils persuadent celui qui voudra poser la question sans dispute : comment les natures non composées peuvent-elles être composées – à moins que ne soit dissout le fondement (*qbaʿā*) de leur essence, à savoir leurs *perdē*[104] ?

Ici, les *ītyē* sont désignés par l'expression « les natures non-composées ». Éphrem fait appel à un argument anti-atomiste connu et accuse Bardesane de professer les *ītyē* divisibles en atomes, *perdē*, jusqu'à l'infini[105]. La simplicité des *ītyē* reste un argument principal, utilisé pour désavouer l'enseignement de Bardesane à leur sujet. Si l'essentiel de la critique est fondé sur un argument anti-atomiste, une approche qualitative des *perdē* aide à comprendre l'expression « *perdē* d'essence » (*perdē d-ītutā*) ou le rôle des *perdē* comme « le fondement de l'essence » (*qbaʿā d-ītut*ā).

Du point de vue atomiste, l'expression « atomes de la substance » est banale. Leucippe et Démocrite admettaient l'existence d'une unique subs-

101. Cf. *CB* 53-55 ; voir *supra* la note 38.

102. *Cat.* I, 8b27-9a3, *Metaph* Δ 19, 20 et 21. Voir *GC* II 3 ; Crowley 2013.

103. Dans les traductions des *Catégories*, ἕξις et διάθεσις sont translittérés ʻ*eksis* et *diatsis*. Rares sont les tentatives de traduction : ἕξις par *msattuta* et διάθεσις par *sayyuma*, voir Hugonnard-Roche 2004, p. 43-46 ; King 2010.

104. *CM*, p. 217, 44 -218, 11 (trad. personnelle).

105. Cf. *CM*, p. 218, 12-219, 28. Éphrem montre que les atomes d'une substance ne peuvent ni tenir ensemble ni se transformer en un corps, voir Possekel 1999.

tance sous-jacente (ἡ ὑποκειμένη οὐσία) et tous les êtres étaient engendrés au moyen de leurs modifications[106]. Il n'y a que trois facteurs permettant ces modifications : la forme, l'ordre et la position, et ils s'appliquent aux atomes de nombre illimité, indivisibles et toujours en mouvement[107]. Or chez Bardesane se retrouve une conception atomiste des *ītyē* composés des *perdē* dont l'ordre, la position ou la forme ne sont pas mentionnés – en revanche, grâce à eux les *ītyē* sont ce qu'ils sont.

L'expression « *perdē* d'essence » renvoie sans doute à la notion aristotélicienne de qualité au sens premier qui est une « différence de l'essence » (ἡ διαφορὰ τῆς οὐσίας) ou la « qualité selon l'essence » (τῆς κατὰ τὴν οὐσίαν ποιότητος)[108]. Mais les qualités étant des accidents de la substance, comment doit-on considérer la différence (διαφορά) ou ce qui détermine (τόδε τὶ) l'essence[109] ? Il ne s'agit pas d'une qualité contingente, mais d'une qualité qui appartient en propre à l'essence / substance, une qualité « réelle » (οὐσιώδης)[110]. Dans ce sens, les *perdē* qui appartiennent à l'essence ou qui constituent le fondement de celle-ci, peuvent être compris comme des qualités « essentielles » des *ītyē*, celles qui les distinguent les uns des autres.

Parler de certains *perdē* qui seraient des qualités « essentielles » des *ītyē* permet de comprendre autrement les critiques d'Éphrem. Elles viseraient non seulement la division des *ītyē* en atomes mais aussi la parcellisation de leurs qualités, dont certaines « essentielles ». Cette particularité de l'enseignement de Bardesane évite à la critique d'Éphrem d'être idéologique au point de ne pas tenir compte de l'approche physique et biologique des éléments, en tant que premiers composants des corps. Néanmoins, si les *ītyē* apparaissent comme composés, Éphrem a raison de les compter parmi les êtres venant d'un autre principe, du pouvoir divin en l'occurrence :

> Si donc ces *perdē* des *ītyē* (*perdē d-ītyē*) peuvent aussi être fondus chacun d'entre eux, et leur essence (*ītutā*) sera détruite n'étant plus <leur> support (*metqnā*), et leur nature sera dissoute n'étant plus composée. Ils [*i.e.* les bardesanites] ont avoué malgré eux qu'ils n'étaient pas des *ītyē*, mais des choses faites, et pas des natures attachées à l'essence (*kyanē asirē d-ītutā*), mais des natures établies par le pouvoir créateur[111].

Cette critique d'inspiration anti-atomiste pourrait en cacher une autre : étant donné que les qualités sont des accidents, que reste-t-il des *ītyē* si toutes leurs qualités sont modifiées et échangées ? La difficulté soulevée

106. Cf. *Metaph.* A 4, 985b4-20 (= 67A6 Diels-Kranz).

107. *Cf.* Théophraste dans Simplicius, *In Phys.*, p. 28, 4-27 (= 67A8 Diels-Kranz) ; Simplicius, *In Phys.* p. 1318.31-1319.2 (A58 B168 Diels-Kranz).

108. *Metaph.* Δ 14, 1020a33–1020b15. Voir supra n. 93.

109. Cf. *Cat.* 5, 3a25-35.

110. *Cf.* Plotin, *Traité* 17 (II 6) 1 ; Porphyre, *In Cat.* 95.17-21. Voir aussi Alexandre d'Aphrodise, *Quaest. De la différence*, II (Rashed 2007).

111. *CM*, p. 219, 28-45 (trad. personnelle).

par l'enseignement de Bardesane relèverait alors d'une problématique philosophique plus générale, à savoir le statut des qualités, leur rapport à l'essence / substance et leur rôle dans la formation du mélange. L'interprétation des *perdē* comme atomes-qualités dévoile des traits propres de l'enseignement de Bardesane : un atomisme révisé en fonction d'une forte influence aristotélicienne. Cette influence est manifeste dans la cosmogonie bardesanite ainsi que dans sa manière d'expliquer comment les êtres vivants sont engendrés à partir des *ītyē* -éléments, conçus comme association des *perdē*-atomes et qualités.

Conclusion

Notre étude est partie d'une hypothèse selon laquelle la notion bardesanite des éléments, *ītyē*, eu égard à sa complexité, pourrait être éclairée par l'enseignement d'Aristote sur les éléments, formulé dans *De caelo* et dans *De generatione et corruptione*. La lecture aristotélicienne de la cosmologie bardesanite est justifiée par l'existence de plusieurs points communs entre Bardesane et Alexandre d'Aphrodise, dans leurs polémiques anti-fatalistes. Les deux auteurs abordent différemment les mêmes questions, dont l'origine reste aristotélicienne[112].

Notre étude de la cosmologie de Bardesane a pris en compte les témoignages médiévaux relatifs à la mythologie bardesanite, ainsi que les discours polémiques d'Éphrem dont les critiques serrées facilitent le rapprochement du bardesanisme avec la philosophie grecque. Mettant ensemble les deux types de témoignages, nous avons pu repérer les points sensibles de la théorie bardesanite des éléments, *ītyē* : l'origine de leur mouvement, le rôle de leurs qualités – notamment des qualités contraires – dans la formation de la matière et, enfin, la place des *perdē*, atomes. En réalité, ces thèses bardesanites, mal comprises par leurs adversaires, pourraient être éclairées grâce au rapprochement avec certains enseignements d'Aristote, concernant notamment le mouvement des masses élémentaires dans *De caelo*, les affections produites par les qualités des éléments dans *GC* et le rôle des qualités dans la composition des éléments, encore dans *GC*. On a pu remarquer également que Bardesane est susceptible de poursuivre sa porpre voie lorsqu'il est confronté aux problèmes de la philosophie naturelle. Ceci concerne surtout le statut des *perdē*-atomes, auxquels Bardesane attribue le rôle de qualités des éléments. Cette doctrine a sans doute attiré l'attention de Serge de Rešʿaina, qui accuse Bardesane de suivre les stoïciens en disant que les qualités sont des corps. Ce reproche montre que l'aristotélisme de Bardesane n'est qu'un composant d'une doctrine syncrétiste.

112. Voir King 2011 et Jurasz2021b.

BIBLIOGRAPHIE

BAUMSTARK, A. 1933 : « Iwannis von Dara über Bardaisan », *Oriens Christianus*, 30/8 (1933), p. 62-71.

BECK, E. 1976 : « Ephräms Rede gegen eine philosophische Schrift des Bardaisan », *Orient Christianus*, 60 (1976), p. 24-68.

BECK, E. 1978 : « Bardaisan und seine Schule bei Ephräm », *Le Muséon*, 91 (1978), p. 271-333.

BEVAN, A. A. & F. C. BURKITT 1921 (éd.) : Ephrem, *Prose Refutations of Mani, Marcion and Bardaisan*, vol. 2, London, 1921.

BRÉHIER, E. 1920 : *La théorie des incorporels dans l'ancien stoïcisme*, Paris, 1920 [1997].

CAMPLANI, A. 1997 : « Note bardesanitiche », *Miscellanea Marciana*, 12 (1997), p. 11-43.

CAMPLANI, A. 1998 : « Rivisitando Bardesane : Note sulle fonti siriache del bardesanismo et sulla sua collocazione storico-religiosa », *Cristianesimo nella storia*, 19/3 (1998), p. 519-596.

CAMPLANI, A. 2015 : « Bardaisan's Psychology. Known and Unknown Testimonies and Current Scholarly Perspectives », dans M. Doerfler, E. Fiano *et al.* (éd.), *Syriac Encounters. Papers from the Sixth North American Syriac Symposium, Duke University, 26-29 June 2011*, Louvain, 2015 (Eastern Christian Studies 20), p. 259-276.

COSTAZ, L. 2002 : *Dictionnaire syriaque-français*, Beyrouth, 2002[3] [1963].
URL : http://dukhrana.com/lexicon/Costaz/

CRÉGHEUR, E. 2004 : *Libre arbitre et fatalisme astral. Un commentaire du vocabulaire astrologique du Livre des lois des pays attribué à l'« école » de Bardesane, Mémoire ès arts (études anciennes)*, Faculté des lettres, Département des littératures, Université Laval, Québec.

CROWLEY, T. J. 2008 : « Aristotle's 'So-Called Elements' », *Phronesis*, 53/3 (2008), p. 223-242.
URL : https://www.jstor.org/stable/40387958

CROWLEY, T. J. 2013 : « '*De Generatione et corruptione*' 2.3 : Does Aristotle identify the contraries as elements ? », *The Classical Quaterly*, 63/1 (2013), p. 161-182.
URL : https://www.jstor.org/stable/23470080

DAVIDS, A. J. M. 1970 : « Zur Kosmogonie Bardaisans. Textkritische Bemerkungen », *Zeitschrift der Deutschen Morgenländischen Gesellschaft*, 120/1 (1970), p. 32-42.

DIHLE, A. 1987 : « Philosophische Lehren von Schicksal und Freiheit in der frühchristlichen Théologie », *Jahrbuch für Antike und Christentum* 30, p. 14-28.

DRIJVERS, H. J. W. 1966 : *Bardaiṣan of Edessa*, trans. by G. E. van Baaren-Pape, Assen 1966 (Studia Semitica Neerlandica, 6).

FURLANI, G. 1937 : « Sur le stoïcisme de Bardesane d'Édesse », *Archiv orientální*, 9/3 (1937), p. 347-352.

GANNAGÉ, E. 2002 : « Matière et éléments dans le commentaire d'Alexandre d'Aphrodise *In De Generatione et corruptione* », dans C. D'Ancona & G. Serra (éd.), *Aristotele e Alessandro di Afrodisia nella tradizione araba : atti del Colloquio « La ricezione araba ed ebraica della filosofia e della scienza greche », Padova, 14 - 15 maggio 1999*, Padoue, p. 133-149.

Gannagé, E. 2005 (éd.) : Alexander of Aphrodisias, *On Aristotle* On Coming-to-Be and Perishing *2.2-5*, London, 2005 (Ancient commentators on Aristotle).

Groisard, J. 2016 : Mixis. *Le Problème du mélange dans la philosophie grecque d'Aristote à Simplicius*, Paris, 2016 (Anagôgê, 9).

Heidel, W. A. 1909 : « The ἄναρμοι ὄγκοι of Heraclides and Asclepiades », *Transactions and Proceedings of American Philological Association*, 40 (1909), p. 5-21.
DOI : https://doi.org/10.2307/282621

Hugonnard-Roche, H. 1987 : « Sur les versions syriaques des *Catégories* d'Aristote », *Journal Asiatique*, 275/2 (1987), p. 205-222 [repris dans Hugonnard-Roche 2004, p. 23-37].

Hugonnard-Roche, H. 1994 : « Les traductions syriaques de l'*Isagoge* de Porphyre et la constitution du corpus syriaque de logique », *Revue d'Histoire des Textes*, 24 (1994), p. 293-312 [repris dans Hugonnard-Roche 2004, p. 79-97].
DOI : https://doi.org/10.3406/rht.1994.1411

Hugonnard-Roche, H. 2004 : *La logique d'Aristote du grec au syriaque. Études sur la transmission des textes de l'Organon et leur interprétation philosophique*, Paris, 2004 (Textes et traditions, 9).

Jurasz, I. 2017 : « Éphrem, Bardesane et Albinus sur les incorporels. Une confrontation entre le platonisme et le stoïcisme en milieu syriaque », *Philosophie Antique*, 17 (2017), p. 169-204.
DOI : https://doi.org/10.4000/philosant.292

Jurasz, I. 2019 : « Bardesane, un philosophe syriaque », dans Emiliano Fiori & Henri Hugonnard-Roche (éd.), *La philosophie en syriaque*, Paris, 2019, p. 1-64 (Études syriaques, 16).

Jurasz, I. 2020-2021 : « *Itutā - ītyā / ītyē* comme synonymes d'ousia dans la polémique d'Éphrem contre Bardesane », *Chôra. Revue d'études anciennes et médiévales* 18-19 (2020-2021), p. 515-544.

Jurasz, I. 2021a : « La mort du corps et la résurrection de l'âme selon Bardesane : lecture théologique de Jn 8, 51 », dans L. Mellerin (éd.), *Les sources des eaux vives. Cahiers de BIBLINDEX III*, Turnhout, 2021 (Cahiers de Biblia Patristica), p. 88-123.

Jurasz, I. 2021b : « Destiny - nature - freedom according to Bardaisan and Alexander of Aphrodisias. An unknown aspect of the controversy against determinism », dans I. Chouinard, Z. McConaughey et al. (éd.), W*omen's Perspectives on Ancient and Medieval Philosophy*, Cham, 2021 (Logic, Argumentation & Reasoning).

King, D. 2010 (éd.) : *The Earliest Syriac Translation of Aristotle's Categories*, text, translation and commentary, Leiden, 2010 (Aristoteles Semitico-Latinus, 21).

King, D. 2011 : « Origenism in Sixth Century Syria : The Case of a Syriac Manuscript of Pagan Philosophy », dans A. Fürst (éd.), *Origenes und sein Erbe in Orient und Okziden*t, Münster, p. 179-212.

Kruse, H. 1987 : « Die 'mythologische Irrtümer' Bar-Daisans », *Oriens Christianus*, 71 (1987), p. 24-52.

Mitchell, C. W. 1912 (éd.) : Ephrem, *Prose Refutations of Mani, Marcion and Bardaisan,* vol. 1., *The discourses addressed to Hypatius*, London, 1912.

Nau, F. 1907 (éd., trad.) : Bardesanes, *Liber legum regionum*, dans *Patrologia syriaca*, vol. I, 2, Paris, 1907, p. 490-658.

Nau, F. 1932 (éd.) : « La première partie de l'Histoire de Barḥadbešabba 'Arbaya », *Patrologia Orientalis,* vol. 23, Paris, 1932, p. 177-343.

Pépin, J. 1964 : *Théologie cosmique, théologie chrétienne (Ambroise,* Exam. *I 1, 1-4),* Paris, 1964 (Bibliothèque de philosophie contemporaine. Histoire de la philosophie et philosophie générale).

Poirier, P.-H. & E. Crégheur 2020 (trad.) : *Le Livre des lois des pays. Un traité syriaque sur le destin de l'« école » de Bardesane,* Paris, 2020 (Bibliothèque de l'Orient chrétien).

Possekel, U. 1999 : *Evidence of Greek Philosophical Concepts in the Writings of Ephrem the Syrian,* Louvain, 1999 (CSCO 580 / Subsidia 102).

Possekel, U. 2004 : « Bardaisan of Edessa on the Resurrection : Early Syriac Eschatology in its Religious-Historical Context », *Oriens Christianus,* 88 (2004), p. 1-28.

Rashed, M. 2005 (éd., trad.) : Aristote, *De la génération et la corruption,* Paris, 2005 (Collection des universités de France. Série grecque, 444).

Rashed, M. 2007 : *Essentialisme. Alexandre d'Aphrodise entre logique, physique et cosmologie,* Berlin, 2007 (Commentaria in Aristotelem Graeca et Byzantina, Bd. 2).
DOI : 10.1515/9783110901306

Rashed, M. 2015 (éd.) : Al-Ḥasan ibn Mūsā al-Nawbaḫtī, *Commentary on Aristotle* De generatione et corruptione, edition, translation and commentary, Berlin, 2015 (Scientia Graeco-Arabica, 19).

Rashed, M. 2021 : « Posidonius et le traité d'Albinus *Sur les incorporels* », *Elenchos,* 42 (2021), p. 165-198.

Schaeder, H. H. 1932 : « Bardesanes von Edessa in der Überlieferung der griechischen und der syrischen Kirche », *Zeitschrift für Kirchengeschichte,* 51 (1932), p. 21-73.

Teixidor, J. 1994 : « Bardesane de Syrie », in R. Goulet (éd.), *Dictionnaire des philosophes antiques. 2, De Babélyca d'Argos à Dyscolius,* Paris, 1994, p. 54-63.

Varia

L'ONTOLOGIE DU PLAISIR DANS LE *PHILÈBE* ET LE VOCABULAIRE PLATONICIEN DE L'ÊTRE

Roberto GRANIERI
KU Leuven - De Wulf-Mansion Centre
roberto.granieri@kuleuven.be

RÉSUMÉ. Dans cet article on se propose d'examiner les fondements ontologiques de l'argument anti-hédoniste de *Philèbe* 53c4-55a1. On soutiendra que l'usage des notions de γένεσις et οὐσία dans cet argument ne montre ni un abandon de la thèse de l'opposition du sensible à l'intelligible, ni, pour autant, une application mécanique de cette thèse. On souhaite montrer, en revanche, que ces notions jouissent d'une relativité sémantique telle que leurs significations varient en fonction des contextes argumentatifs, dont le passage retenu du *Philèbe* est un exemple particulièrement représentatif. Dans ce passage, en effet, elles désignent, principalement, pour la première un processus génétique et pour la seconde un tout qui est constitué par l'imposition causale d'une limite à ce qui est en soi illimité. Sur la base de cette première proposition, on défendra une nouvelle lecture de la relation entre *Phlb.* 53c4-55a1 et les caractérisations de chaque membre du « troisième genre » comme γένεσις εἰς οὐσίαν (26d8) et γεγενημένη οὐσία (27b8-9).

SUMMARY. *This paper examines the ontological foundations of the antihedonist argument at* Philebus *53c4-55a1. I shall argue that the use of the notions of γένεσις and οὐσία in this argument shows neither an alleged rejection of the opposition between sensibles and intelligibles; nor, on the other hand, a mechanical application of that very thesis. Instead, I aim at showing that these notions enjoy a semantic relativity such that their meaning varies depending on the different argumentative contexts and that, in this* Philebus *passage, they respectively designate a genetic process and a whole that is constituted by the causal imposition of a limit to what is itself unlimited. Based on this solution, I shall propose a new reading of the relationship between* Phlb. *53c4-55a1 and the characterization of each member of the 'third genus' as* γένεσις εἰς οὐσίαν *(26d8) and* γεγενημένη οὐσία *(27b8-9).*

Philosophie antique, n°21 (2021), 179-203

Introduction*[1]

Le *Philèbe* contient un célèbre argument anti-hédoniste de nature ontologique (53c4-55a1)[2]. Cet argument, que j'appellerai PG (plaisir-*genesis*), vise à nier l'identité du plaisir et du bien, en les situant dans deux domaines ontologiques distincts, respectivement celui de la γένεσις et celui de l'οὐσία. L'interprétation de PG a posé au moins trois problèmes épineux, tant au niveau de sa signification philosophique que de sa contextualisation historique :

1) Comment faut-il comprendre l'usage des notions de γένεσις et οὐσία dans ce contexte ?

2) Quelle est la fonction de PG dans l'architecture interne du dialogue ?

3) Comment PG s'inscrit-il dans le débat intra-académique sur la nature du plaisir ?

Dans cet article, j'aborderai principalement la première de ces trois questions et ferai certaines remarques sur la deuxième, tandis que je laisserai

*Cet article fait partie d'un projet financé par le European Research Council (ERC) dans le cadre du programme de recherche et d'innovation Horizon 2020 de l'Union européenne (grant agreement n° 885273).

Des versions antérieures de ce texte ont été présentées à la Villa Vigoni (Menaggio), l'Università Statale di Milano et l'Université Paris 1 Panthéon-Sorbonne. Je suis reconnaissant à tous ceux qui, par leurs questions et suggestions, m'ont permis d'améliorer ma communication. Je remercie également mon ami Clément Heidsieck pour la révision de mon français, et tout particulièrement le Professeur Sylvain Delcomminette et les deux relecteurs anonymes pour leurs précieuses remarques critiques. Toutes les erreurs qui subsistent sont les miennes.

1. Je me suis appuyé, pour les textes grecs des dialogues de Platon, sur les éditions de Duke *et alii* 1995 pour les deux premières tétralogies, et de Burnet 1900-1907 pour les autres dialogues. Quant aux traductions, je cite celles contenues dans Brisson 2008 (la traduction du *Philèbe* reproduit celle qui est publiée dans Pradeau 2002), sauf indication contraire.

2. La séquence 54d4-55a11 donne un corollaire à l'argument, comme le note Cherniss 1957, p. 237 n. 32 (qui pense pourtant à tort que l'argument se termine en 54d7). Sur le terme « anti-hédonisme », voir *infra* n. 13.

de côté la troisième, à propos de laquelle, par ailleurs, on peut déjà lire plusieurs études détaillées[3]. Après un bref aperçu de la structure, la finalité et le contexte de PG, nécessaires pour donner un cadre à mon enquête, je défendrai deux thèses. La première est que l'usage des notions de γένεσις et d'οὐσία dans PG n'implique ni un abandon de la thèse métaphysique de l'opposition du sensible à l'intelligible, ni pour autant une application mécanique de cette thèse. Je voudrais montrer, en revanche, que ces deux notions jouissent d'une relativité sémantique telle que leurs significations varient en fonction des contextes argumentatifs et que dans PG elles désignent, pour la première, un processus génétique, et pour la seconde un tout qui est produit par l'imposition causale d'une limite à ce qui est en soi illimité.

Sur la base de cette première proposition, je proposerai une nouvelle lecture de la relation entre PG et les caractérisations de chaque membre du « troisième genre » comme γένεσις εἰς οὐσίαν (26d8) et γεγενημένη οὐσία (27b8-9). D'où ma deuxième thèse : dans la mesure où cette caractérisation laisse ouverte la question de savoir si un membre du troisième genre est *stricto sensu* une γένεσις ou une οὐσία, il paraît possible, en nous appuyant sur PG, que *les deux* réponses peuvent être considérées comme correctes, sous réserve de certaines conditions qui seront précisées.

Structure, finalité et contexte de PG

Je commence par fournir une reconstruction schématique de la structure de PG. Elle s'articule en six étapes :

> [1] Il existe deux classes[4] d'entités, mutuellement exclusives (sous le même rapport)[5] : a) ce qui est en soi-même et par soi-même (τὸ μὲν

3. Mon but n'est donc pas de fournir une analyse systématique du passage et moins encore d'en lever toutes les obscurités. Sur la troisième question je signale Phillipson 1925, Diès 1941, p. liii-lxx, Warren 2009, Tarrant 2010, Berti 2011, p. 173-199, Murgier 2016 et Fronterotta 2018. La mise de côté de cette question implique en outre que je ne discuterai pas la critique aristotélicienne, sur laquelle on peut utilement consulter la récente discussion de Murgier 2013, p. 69-121.

4. J'utilise le terme « classe » dans un sens minimal, et de manière interchangeable avec les termes « domaine » ou « ordre », pour rendre le grec μοῖρα (utilisé en 53a7, 54c10, d2, 60b4, et déjà en 20d1).

5. Si (a) et (b) n'étaient pas conçues par Socrate comme mutuellement exclusives, il ne pourrait pas légitimement tirer sa conclusion, *cf.* Cherniss 1957, p. 237-238 et Benitez 1989, p. 104. Néanmoins, le fait que les deux catégories d'entités ne soient pas exclusives sans qualification est prouvé par 54c1-4 : chaque γένεσις est à la fois ceci en vue de quoi (ἕνεκα) « tous les ingrédients, tous les instruments et tous les matériaux sont toujours employés », mais aussi ce qui est « en vue de telle ou telle être particulier » (ἄλλην ἄλλης οὐσίας τινὸς ἑκάστης ἕνεκα γίγνεσθαι). Chaque γένεσις peut être donc, sous différents rapports, un membre de (a) et ou

αὐτὸ καθ'αὑτό) ; (b) ce qui tend perpétuellement vers autre chose que soi-même (τὸ δ'ἀεὶ ἐφιέμενον ἄλλου) [53d3-4].

* P. ex. : Les aimés et leurs amants [53d9-10].

[2] Les membres de la classe (b) sont toujours en vue des membres de la classe (a) ; réciproquement, les membres de la classe (a) sont toujours ce en vue de quoi se produisent les membres de la classe (b) [53e5-7][6].

[3] La génération (γένεσις) appartient à (b) ; tandis que l'être (οὐσία) à (a) [54a7-c5][7].

Par conséquent, selon [1], l'être et la génération, considérés sous le même rapport, s'excluent mutuellement ; et, selon [2], la génération est en vue de l'être et non *vice versa*[8].

* P. ex. : La construction des navires a lieu en vue des navires [54b2-5].

[4] Seule la fin de chaque génération, l'être, fait partie de l'ordre du bien [54c9-12].

[5] Le plaisir est une génération ; il n'est donc pas un être, mais en vue de l'être [53c4-5 ; 54c6-7].

[6] Par conséquent, selon [4], le plaisir ne peut pas faire partie de l'ordre du bien [54d1-3].

de (b). Voir infra n. 64. Cette déclaration peut sembler controversée à ce stade. Les pages suivantes la rendront, je l'espère, moins étonnante.

6. Les propositions [1] et [2] semblent évoquer une perspective téléologique, qui, comme on le sait, est développée beaucoup plus largement dans le *Timée* (voir notamment *Phlb.* 53e5-6 : τὸ μὲν ἕνεκά του…τὸ τινὸς ἕνεκα ; plus généralement, il y a jusqu'à treize occurrences de la préposition ἕνεκα dans notre passage). Il est peut-être risqué d'exclure totalement que cette perspective puisse opérer dans le sous-texte de ce passage. Après tout, dans le *Philèbe* l'imposition d'une limite à ce qui est en soi illimité coïncide avec l'action d'une cause intelligente appelée νοῦς, τὸ δημιουργοῦν et τὸ ποιοῦν (26e6-27b2, 30c6). Il convient toutefois de noter que, bien que PG place le discours sur la nature du plaisir dans une perspective ontologique plus large, la question de la finalité est ici toujours au service d'un objectif argumentatif psychologique et moral et non pas cosmologique. Ce point semble clair à la lumière de l'utilisation du participe ἐφιέμενον (53d4) que Platon emploi presque toujours dans des contextes de psychologie morale (cf. *Cra.* 384c5, 411e4, 420a1, a7, c4 ; *Phlb.* 20d8 ; *Phdr.* 237d9 ; *Euth.* 272d3 ; *R.* 357b6, 433e6, 437b2, c2, 495d7, 555d3, 558e2, 611e2, *Lg.* 731d4). Sur le sens de l'expression αὐτὸ καθ'αὑτό dans ce contexte, voir *infra* n. 54.

7. Le terme γένεσις est le plus souvent traduit par « devenir » ou « processus » (voir entre autres Hackforth 1945, p. 110 ; Taylor 1956, p. 178 ; Pradeau 2002, p. 199-201), ce qui est légitime en paraphrase ou exégèse (je ne m'abstiendrai pas moi-même de les utiliser en ce sens). Néanmoins, en 55a5, γένεσις est expressément opposée à φθορά, de sorte que « génération » semble être une traduction plus appropriée. J'ai également traduit οὐσία par « être » et non par « substance » ou « essence », parce qu' « être » préserve mieux, dans son indétermination, la plurivocité qui caractérise à mes yeux οὐσία en PG.

8. Voir aussi Aristote *GA* 640a18 ; *PA* 775b5.

Le sens général de l'argument semble, au premier abord, assez clair. Platon dit que le plaisir, en tant que génération, est un processus qui tend vers une fin[9]; mais puisque seule la fin d'une génération, et non la génération elle-même, appartient à l'ordre du bien, Platon conclut que le plaisir ne peut pas appartenir à l'ordre du bien, et que la poursuite du plaisir comme si c'était une fin implique une erreur catégoriale.

Malgré sa clarté apparente, la finalité de l'argument nécessite des explications. On pourrait en effet objecter qu'un processus est digne d'être poursuivi précisément en vertu de son orientation vers sa propre fin. En d'autres termes, le plaisir, tel qu'il est orienté vers le bien, est lui-même bon, bien que de manière dérivée. On peut répondre à cette objection que τοῦ ἀγαθοῦ μοῖρα indique ici plus précisément l'ordre du bien *non dérivé*, de ce qui est digne d'être poursuivi pour lui-même et rien d'autre[10]. En 20d1-10 Socrate avait remarqué que l'ordre du bien (τοῦ ἀγαθοῦ μοῖρα) est par nécessité « parfait » (τέλεος) et « suffisant » (ἱκανός) : il est complet en lui-même et n'a besoin de rien d'autre. C'est cela, répond Protarque, qui le distingue de toutes les autres choses (d5-6) et, comme le dira Socrate un peu plus tard (22b3-5), qui le rend digne d'être choisi pour toute une vie (αἱρετός [...] ἀεὶ διὰ βίου)[11]. Ainsi, l'inscription d'une valeur uniquement subordonnée au plaisir, en raison de son orientation, ne suffit pas à l'élever au rang de bien, puisque ce qui est en question (et nié par PG) est de savoir si le plaisir constitue une fin non subordonnée[12]. Le but de l'argument est donc de démontrer, sur la base d'une distinction ontologique, que le plaisir n'est pas un bien *en soi* et que « bon » et « plaisant » ne sont

9. Delcomminette 2006, p. 494-497 et Carpenter 2011, p. 75-76 ont justement souligné que le couple moyen-fin, bien que largement utilisé par les commentateurs, ne peut pas rendre compte de l'exemple des amoureux en 53d9-10. Il n'est donc pas approprié pour expliquer la distinction présentée en [1] et [2], entre les entités qui sont dans un état de complétude et d'autosuffisance et les entités qui sont dans un état de manque et de subordination ou de dépendance. Néanmoins, je crois qu'il est légitime de parler d'opposition entre processus (et non pas moyen) et fin avec les deux *caveat* suivants : (a) cette opposition doit être considérée comme un cas particulier de l'opposition, à laquelle Socrate se réfère en premier lieu, entre ce qui est dans un état d'autosuffisance et ce qui est dans un état de subordination ; (b) les paroles de Socrate ont ici la priorité sur celles de Protarque (et donc l'exemple des amants sur celui des navires), mais lorsque Protarque reformule le point de Socrate avec l'exemple concret de la construction des navires (54b1-4), qui fait clairement référence à l'opposition processus-fin, Socrate répond en donnant son assentiment (b5) : « c'est exactement ce que je dis, Protarque (Λέγω τοῦτ' αὐτό, ὦ Πρώταρχε) ».

10. Voir déjà Damascius *In Phlb.* 217.1-3 (p. 71 Van Riel) ; plus récemment, Bury 1897, p. 211-214, Delcomminette 2006, p. 493-494 et Evans 2008, p. 132-134.

11. Sur ce point, et pour une comparaison avec Aristote *EN* A7, voir Cooper 2003.

12. Cette conclusion semble incompatible avec la place finale des plaisirs (les plaisirs purs uniquement) dans la hiérarchie des biens. Pour une solution à ce problème, que je ne peux que mentionner ici, voir Auferheide 2013.

pas deux mots qui désignent la même nature, comme le soutient Philèbe[13]. Par conséquent, le plaisir ne peut pas être le principe directeur d'une vie achevée.

La description du plaisir comme γένεσις est essentielle à la réussite de l'argument et il faut désormais s'interroger sur son sens. Pour aborder ce point, quelques mots de contexte sont utiles. Il s'agit de la troisième caractérisation principale du plaisir qui apparaît dans le dialogue. Elle est précédée par celles du plaisir comme ἄπειρον (26b8-9, 28a3-4, 31a8-9) et comme πλήρωσις (31b2-32b8, 42c9-d8). La première caractérisation est déduite du classement du plaisir au sein de la division quadripartite des êtres présentée en 23c4-27c2. Le plaisir – autant que la douleur – est « illimité » parce que, considéré en lui-même, il est susceptible de variation quantitative ou intensive sans mesure[14]. La deuxième caractérisation, celle du plaisir-πλήρωσις, est une thèse récurrente dans le corpus platonicien. On la retrouve, au moins dans ses éléments fondamentaux, dans le *Gorgias* (493d-494a, 496e), dans la *République* (IX 580c9-88a11) et dans le *Timée* (64a2-5b3)[15]. Selon cette doctrine le plaisir est associé à certains processus dits de « remplissage » (πλήρωσις), à savoir des modifications (corporelles ou psychiques[16]) dans un organisme vivant qui visent à combler un manque ou une absence dans celui-ci afin de reconstituer sa *condition naturelle optimale* (φύσις ou τὸ κατὰ φύσιν) ou son *harmonie* (ἁρμονία)[17].

13. *Cf.* 60a9-11 (mais Philèbe est en fait le porte-parole de l'opinion commune, cf. *Phlb.* 67b1-7, *R.* 505b5-6 et *Prt.* 351c5-6, e5-6). Un mot sur le terme « anti-hédonisme » : je l'utilise, suivant un usage conventionnel dans les études platoniciennes (et malgré le fait que le terme « hédonisme » ne soit introduit dans le vocabulaire philosophique qu'au XIXe siècle, *cf.* Ritter 1974, p. 1023-1026), pour dire que Platon s'oppose à la thèse selon laquelle le plaisir est le bien en soi, et non pour dire qu'il défend l'idée que tout plaisir est mauvais ou qu'aucun plaisir n'est bon. Mon désaccord avec Vogt 2018 – qui préfère parler de « non-hédonisme » plutôt que d'« anti-hédonisme » – est donc essentiellement verbal.

14. Voir Delcomminette 2006, p. 260-262, 301-302 pour plus de détails.

15. Son origine se trouve probablement dans les doctrines médicales du Ve siècle avant J.-C. sur l'équilibre des humeurs dans l'organisme vivant, voir p. ex. Alcméon 24 B 4 DK, *Hp.* VM 14-5, *Aph.* I 3-4, II 22 et les remarques de Taylor 1928, p. 448-449. Sur l'analogie médicale voir *infra* n. 31.

16. Le modèle du « remplissage » n'est pas limité aux changements corporels, comme boire et manger, mais concerne aussi les changements psychiques comme l'apprentissage, cf. *Phlb.* 51e7-52a3 (τὰς περὶ τὰ μαθήματα ἡδονάς [...] μαθημάτων πληρωθεῖσιν). Voir déjà *R.* 585b-d, où l'apprentissage – qui produit le plaisir de la partie rationnelle de l'âme (d11) – est également un processus de remplissage (b9 : πλήρωσις ; d11 : τὸ πληροῦσθαι), à savoir la transition d'un état d'ignorance – un manque de l'âme (b3-5 : ἄγνοια [...] κενότης ἐστὶ τῆς περὶ ψυχὴν) – à celui de la connaissance (désignés ici par une pluralité de termes, voir 585b14-5 : τὸ δόξης ἀληθοῦς εἶδος καὶ ἐπιστήμης καὶ νοῦ καὶ συλλήβδην αὖ πάσης ἀρετῆς).

17. Voir notamment *Phlb.* 32a9-b3, 42cd5-7 et *Ti.* 64d2 pour les deux premières expressions ; et *Phlb.* 31c11, d4 pour la troisième. À mon avis, le champ d'application du schéma général du « remplissage » s'étend, avec les adaptations nécessaires, à tous les types de plaisirs : (i) les plaisirs qui relèvent de l'union de l'âme et du corps, qu'ils soient mélangés (comme ceux de l'anticipation ou de la mémoire, qui ne résultent pas de restaurations réelles, mais de

Cette description très dense du plaisir-πλήρωσις appellerait plusieurs remarques explicatives[18]. Je me contenterai d'en formuler deux.

(1) Premièrement, Platon suggère que le plaisir n'est pas *identique* au processus de remplissage lui-même, mais est un phénomène *psychique* simultané et corrélé à celui-ci[19]. En *Philèbe* 31d4-9 Socrate remarque que la douleur *survient simultanément* au processus de dissolution de l'harmonie naturelle ; et le plaisir à celui de son rétablissement[20]. Cette corrélation est précisée en 43c4-6 en termes causaux : les modifications dans lesquelles les remplissages et les videments ont lieu *produisent* (ποιοῦσιν) en nous les plaisirs et les douleurs[21]. À coup sûr, Socrate s'exprime parfois de manière lâche et semble identifier bel et bien le plaisir au remplissage[22]. Mais il s'agit probablement de formules abrégées[23] et Socrate ne manque pas de mentionner occasionnellement ces simplifications[24]. Le plaisir est donc un phénomène *psychique* produit par certains processus. De quel genre de phénomène s'agit-il ? Nous pouvons commencer à répondre à cette question à partir de *République* IX. Le plaisir – comme la douleur – est ici qualifié comme un « certain mouvement dans l'âme » (583e9-10 : ἐν ψυχῇ [...] κίνησίς τις)[25]. Ce passage, qui

certaines représentations mentales de ces restaurations, *cf.* en particulier 35b11-c1), ou qu'ils soient purs (comme ceux pris aux belles formes ou couleurs, qui génèrent des « remplissages sensibles et plaisants », *cf.* 51b3-7) ; (ii) les plaisirs qui relèvent de l'âme seulement, qu'ils soient mélangés (comme les affects produits par la comédie, qui eux aussi ne résultent pas de restaurations réelles, mais de certaines représentations mentales de ces restaurations, à partir de la jalousie, *cf.* 48b8-c1), ou qu'ils soient purs (comme ceux de l'apprentissage, *cf.* en particulier 51e7-52a3 et la note précédente). Sur ce point, je suis Frede 1992 (en particulier p. 440-444) et surtout Tuozzo 1996 et Van Riel 2000, p. 20-29, Delcomminette 2006, p. 493-494, Evans 2008, p. 125-126, Harte 2008 (avec quelques réserves) ; *contra* Hackforth 1945, p. 105-106 ; Gosling 1975, p. 20-22 ; plus récemment Fletcher 2014, en particulier p. 133-135 et Rangos 2019, p. 13-5.

18. Voir Van Riel 2000, p. 7-42 et Wolfsdorf 2013, p. 40-102 pour des vues d'ensemble sur cette doctrine.

19. Voir *Grg.* 493a3-4 ; *R.* 583e9-10 ; *Phlb.* 43b1-c7, 55b2-3 ; *Ti.* 64a2-65b3, 69c7-d1 ; *Lg.* 896e8-897a2 ; avec Tuozzo 1996, p. 498-504, Van Riel 2000, p. 20-21, 40-42 et Delcomminette 2006, p. 299-300.

20. Λέγω τοίνυν τῆς ἁρμονίας μὲν λυομένης ἡμῖν ἐν τοῖς ζῴοις ἅμα λύσιν τῆς φύσεως καὶ γένεσιν ἀλγηδόνων ἐν τῷ τότε γίγνεσθαι χρόνῳ. [...] Πάλιν δὲ ἁρμοττομένης τε καὶ εἰς τὴν αὐτῆς φύσιν ἀπιούσης ἡδονὴν γίγνεσθαι λεκτέον.

21. Voir aussi 43b9 : ἀπεργάζονται. Le même point ressort, me semble-t-il, de *R.* 585d11 (τὸ πληροῦσθαι τῶν φύσει προσηκόντων ἡδύ ἐστι) et *Ti.* 64c8-e1 (part. d1-2 : τὸ δ' εἰς φύσιν ἀπιὸν πάλιν ἀθρόον ἡδύ).

22. *Cf.* p. ex. 31e10-32b4 ; et déjà en *Grg.* 496e1-2, comme le note Irwin 1979, p. 202.

23. Après tout, on trouve aussi des traces de ces fluctuations linguistiques dans le langage ordinaire. En disant par exemple que « le vin est un plaisir de la vie », on ne veut pas dire que le vin s'identifie au plaisir, mais qu'il le provoque.

24. *Cf.* 31e3-4 ; 32a8. Dans le *Philèbe*, ces simplifications sont peut-être aussi motivées par le manque de perspicacité notoire de Protarque (*cf.* Tuozzo 1996, 499-500).

25. Voir Bravo 2003, p. 43-55 sur ce passage.

reconnaît explicitement le statut psychique du plaisir, le qualifie en outre comme un phénomène dynamique : le plaisir est lui-même un processus (qui accompagne et résulte d'autres processus). Nous verrons que cela aura des implications importantes pour l'interprétation de PG.

(2) Deuxièmement, qu'est-ce que la « condition naturelle optimale » ou « harmonie » ? Platon est particulièrement avare de détails sur cette notion. Néanmoins, en 32a9-b3, il nous dit que le remplissage (qui procure le plaisir) tend à restaurer la « forme animée » (ἔμψυχον εἶδος) qui résulte de l'union conforme à la nature de l'illimité et de la limite[26]. Il s'agit donc évidemment d'un membre du troisième genre, un μεικτόν[27]. Cela suggère que la « condition naturelle optimale » est donc la correcte combinaison (25e7 : ὀρθὴ κοινωνία) des éléments constitutifs d'un organisme vivant, qui en fait une unité harmonieuse. Cette combinaison est produite grâce à l'imposition d'une mesure limitant ce qui est en soi illimité[28]. La notion de « nature » a donc ici un sens principalement *normatif* et indique l'optimum d'un organisme vivant, son ordre interne et l'équilibre de ses parties (psychiques et corporelles)[29]. Cet optimum se manifeste dans la santé, qui désigne l'organisation et le bon fonctionnement des parties anatomiques, et est accompagné par la beauté et la force[30]. Il se manifeste aussi probablement dans la vertu, qui consiste en la répartition correcte des rôles de contrôle et de subordination des parties de l'âme[31].

Si je me suis attardé sur certains aspects de la doctrine du « remplissage », c'est parce qu'il a été remarqué à juste titre que la description du plaisir comme γένεσις est le pendant métaphysique de la conception du plaisir-πλήρωσις. Par exemple, selon Burnyeat '*the* Philebus *is the dialogue in which the* 'replenishment' *theory of pleasure gets its most metaphysical treatment, with replenishment subsumed under the wider category of γένεσις or becoming (53c-54d)*'[32]. Il n'est toutefois pas clair (y compris dans les remarques de Burnyeat) si, en caractérisant le plaisir comme génération, Platon fait référence au processus qui produit la sensation de plaisir (et donc identifie, sous forme abrégée, plaisir et remplissage), ou au processus psychique dans lequel cette sensation

26. *Cf.* en particulier a9-b1 : τὸ ἐκ τῆς ἀπείρου καὶ πέρατος κατὰ φύσιν ἔμψυχον γεγονὸς εἶδος.

27. Cf. *Phlb.* 25d11-26c3.

28. Voir Krämer 1959, p. 178-194.

29. Sur le sens normatif de κατὰ φύσιν voir Mannsperger 1969, p. 64-74.

30. Voir 26b6 ; pour d'autres occurrences importantes d'ὑγίεια *cf.* 25e8, 31c11.

31. Cf. *R.* 444d3-11 qui identifie l'équilibre psychique avec la justice. Ce parallèle âme-corps est basé sur la célèbre analogie médicale, à propos de laquelle les observations de Jaeger 1973[4], p. 832-835 et de Vegetti 1995, p. 40-43, 66-67, 87-89 restent fondamentales. Plus récemment, voir Ayache 1999.

32. Burnyeat 2004, p. 86 ; voir aussi entre autres Frede 1993, p. lv et Tuozzo 1996, p. 503.

consiste[33]. J'ai pour ma part tendance à penser que c'est à ce dernier cas que Platon fait référence, et que γένεσις n'est rien d'autre qu'un synonyme de κίνησις, que l'on a rencontré en *R.* 583e9-10, où le plaisir était présenté, dans une description très générale, comme un *mouvement dans l'âme*[34]. Si cela est exact, il s'ensuit que, selon PG, le plaisir est un processus psychique qui est perçu au cours des processus de restauration de la condition naturelle optimale et qui tend donc, lui aussi, vers elle comme sa fin.

Mais il faut relever une autre implication. En effet, la correspondance entre la conception du plaisir-πλήρωσις et celle du plaisir-γένεσις suggère également que l'οὐσία à laquelle, selon PG, le plaisir tend, n'est rien d'autre que la condition naturelle optimale – qui, rappelons-le, appartient au troisième genre ou, autrement dit, est un μεικτόν. Le dialogue nous donne une confirmation explicite de cette conclusion en 32b3 : au sujet de l'illustration de la conception du plaisir-πλήρωσις, Socrate déclare qu'il s'agit d'un « chemin vers l'être » (εἰς τὴν [...] οὐσίαν ὁδόν)[35]. Cette remarque ouvre le champ à certaines difficultés ontologiques intéressantes que nous allons traiter dans ce qui suit.

Platon a-t-il abandonné l'opposition entre devenir et être dans les dialogues « tardifs » ?

Une fois que la structure, l'objectif et le contexte de PG ont été clarifiés, il faut aborder la question de savoir comment comprendre, d'un point de vue spécifiquement métaphysique, la mobilisation des notions de γένεσις et d'οὐσία dans ce contexte. Il est bien connu que cette paire de notions est d'une importance centrale dans les dialogues dits « intermédiaires », notamment la *République*, par rapport à l'opposition ontologique entre sensible et intelligible[36]. On peut dès lors se demander si elles sont évoquées dans PG avec la même signification.

Owen, comme il est bien connu, a répondu négativement à cette question, en affirmant que Platon, dans son œuvre tardive, abandonnerait sa

33. Tuozzo 1996, p. 503 soulève ce problème, mais remarque à juste titre que PG est efficace dans les deux cas.

34. Sur la relation entre κίνησις et γένεσις chez Platon, voir Solmsen 1960, p. 20-67. Le fait que les deux termes sont ici synonymes ressort également de la critique aristotélicienne, cf. *EN* K 3.1173a30 (τὴν ἡδονὴν κίνησιν καὶ γένεσιν ; le καὶ est épéxégétique) et plus généralement l'ensemble du chapitre 3, où Aristote utilise indistinctement les deux termes ; voir aussi *Top.* Δ 1.121a30-9. Il est remarquable que les *Définitions* pseudo-platoniciennes définissent la γένεσις comme κίνησις εἰς οὐσίαν· μετάληψις οὐσίας· πόρευσις εἰς τὸ εἶναι (411a5-6).

35. Voir Peipers 1883, p. 95 sur l'identification d'οὐσία et φύσις dans ce passage. Peipers pense à juste titre que l'οὐσία en question renvoie à la γεγενημένη οὐσία de 27b8-9. J'y reviendrai.

36. Voir notamment *R.* 523a3, 525b5, c6, 526e6, 534a3.

doctrine de l'incompatibilité entre devenir et être[37]. Après avoir compris les apories de cette doctrine, exposées dans la première partie du *Parménide* et dans le *Théétète*, Platon aurait mis de côté cette pierre angulaire de sa métaphysique et reconnu que la réalité véritable fait partie du monde de l'expérience. Et si le *Timée* insiste sur la répétition de cette incompatibilité (27d5-28a4), il conviendra de l'antidater et de le considérer dans la continuité chronologique et doctrinale des dialogues de la maturité, comme « *the crowning work of the Republic group* », et *précédant* ainsi les dialogues dits « critiques ».

Dans ce cadre interprétatif, PG offrirait une preuve de ce développement théorique. L'orientation téléologique de la γένεσις vers l'οὐσία est interprétée dans le sens où le premier conduit à la seconde : le devenir n'exclut pas l'être mais s'accomplit en lui. En d'autres termes, l'interprétation owenienne lit la conjonction des propositions [2] et [3] dans le schéma de l'argument proposé ci-dessus comme une admission de la compatibilité de la γένεσις et de l'οὐσία et un rejet de leur différence ontologique qui imprègne la métaphysique des dialogues de la maturité. Ce point serait en outre corroboré, d'une part, par les expressions de γένεσις εἰς οὐσίαν et γεγενημένη οὐσία, évoquées respectivement dans 26d8 et 27b8-9 ; et d'autre part, par des exemples comme la construction des navires proposée par Protarque en 54b1-4 pour expliquer concrètement comment l'opposition entre γένεσις et οὐσία converge vers l'opposition entre les entités en soi et les entités qui tendent toujours vers autre chose.

Bien qu'influente, cette thèse révisionniste est pourtant peu convaincante[38]. Cherniss avait déjà objecté que, même en acceptent l'antidatage

37. Voir Owen 1953, p. 85-86. Cette thèse n'était en fait pas véritablement une nouveauté, ayant été soutenue, bien avant Owen, p. ex. par Tocco 1876, p. 40-42, Bury 1897, p. 210-211, Gomperz 1925[4], p. 444-445 et n. 2 (qui, contrairement à ses héritiers oxoniens, l'a jugé comme étant une « *Rückbildung* »), Taylor 1928, p. 86-87 et Solmsen 1942, p. 77-79.

38. Un/une relecteur/relectrice anonyme m'a objecté que l'interprétation owenienne de ce passage du *Philèbe* ne lui paraît pas aujourd'hui aussi influente. Je n'en suis pas sûr. Il y a sans doute des exceptions louables (p. ex. Benitez 1989, p. 92-108 ; Carone 2005, p. 92-96 ; Delcomminette 2006, p. 493-506 ; Van Riel 2008), mais on peut faire remarquer que plusieurs commentateurs, en particulier anglophones, soit partagent cette interprétation, soit éludent la question. Ainsi, Tuozzo 1996, Evans 2008, Harte 2008, Meinwald 2008, Auferheide 2013 et Van Zoonen évitent d'aborder le problème ; Rangos 2019, p. 205 affirme que la « *distinction between* genesis *and* ousia *in this section of the* Philebus *is not the metaphysically loaded opposition between sensible particulars and intelligible Forms that we find in middle-period dialogues* », ce qui est acceptable, mais laisse entièrement indéterminée la question de savoir si cela implique également un abandon de cette opposition ; même Carpenter 2011 (en particulier p. 77-78) n'explique pas comment relier le passage à l'opposition *genesis-ousia* de la période « intermédiaire » (en réalité Owen n'est jamais mentionné ni par elle, ni par aucun ni aucune d'entre Tuozzo, Evans, Harte, Meinwald, Auferheide, Rangos et Van Zoonen). Gill 2012, p. 9-10 n. 26, 202-203 n.1 et *passim* adopte une position singulière. Elle n'aborde pas notre passage du *Philèbe*, mais affirme (avec Owen) que dans les dialogues « tardifs » Platon

invraisemblable du *Timée* relancé par Owen[39], l'opposition ontologique entre les entités sensibles en devenir et les entités intelligibles stables est réitérée sans aucune possibilité de doute dans le *Philèbe* lui-même[40]. En 59a7-c6 on retrouve l'opposition entre « les choses qui existent toujours » (τὰ ὄντα ἀεί) et « les choses qui deviennent, qui deviendront ou qui sont devenues » (τὰ γιγνόμενα καὶ γενησόμενα καὶ γεγονότα). Seules les premières sont – comme d'habitude – les objets de la science plus haute et véritable, à savoir la dialectique[41]. En revanche, au sujet des secondes, qui constituent ce monde-ci (τὸν κόσμον τόνδε), on ne peut rien dire de précis et avec la plus exacte vérité (τι σαφὲς ἂν φαῖμεν τῇ ἀκριβεστάτῃ ἀληθείᾳ). De même, en 61d10-e4 Socrate réitère la distinction entre la connaissance qui porte sur « les choses qui naissent et périssent » (τὰ γιγνόμενα καὶ ἀπολλύμενα) ; et celle qui porte « sur des choses qui ni ne naissent ni ne meurent, mais restent toujours identiques à elles-mêmes et sont toujours dans le même état » (τὰ μήτε γιγνόμενα μήτε ἀπολλύμενα, κατὰ ταὐτὰ δὲ καὶ ὡσαύτως ὄντα ἀεί)[42]. En outre, le vocabulaire de la génération et de la corruption nous ramène finalement à 15a1-7, qui discutait déjà de certaines ἑνάδες (p. ex. τὸ καλόν ou τὸ ἀγαθόν) qui n'appartiennent pas au domaine de la génération et de la corruption (μὴ τῶν γιγνομένων τε καὶ ἀπολλυμένων).

Ces trois passages restent les arguments textuels les plus forts, car internes au dialogue, contre un abandon de la distinction sensible-intelligible dans les dialogues « tardifs ». Ce que l'on remarque rarement, et même Cherniss avait négligé de le souligner, c'est que des références claires aux Idées sont également présentes dans d'autres dialogues communément considérés

rejette son dualisme entre sensible et intelligible ; puis que, après le *Parménide*, les Formes seraient des natures stables immanentes aux choses sensibles (explicitement rapprochées par elle des formes aristotéliciennes). Néanmoins, elle rejette à la fois la révision owenienne de la datation du *Timée*, et accorde que les Formes séparées seraient réintroduites dans ce dialogue « *for a special reason: the Demiurge looks to these objects in fashioning the world* » (p. 10 n. 26). Je ne trouve pas cette explication satisfaisante : pourquoi le démiurge devrait-il viser précisément ces objets ? Et comment cela s'inscrirait-il dans le cadre du rejet précédent de l'opposition sensible-intelligible ? Plus généralement, j'avoue que l'attribution de ces multiples fluctuations doctrinales à Platon me semble peu convaincante. Quoi qu'il en soit, ce bref aperçu de la littérature suggère qu'il est utile de revenir sur la question.

39. Owen n'a évidemment pas été le premier à le proposer, *cf.* Cherniss 1957, p. 226 n. 3.

40. Voir Cherniss 1957, p. 236-247.

41. *Cf.* 57e6-58a6, en particulier 58a2-3, qui identifie l'objet de la science véritable, à savoir « la puissance de la dialectique » (τοῦ διαλέγεσθαι δύναμις, voir n. 48), avec « ce qui est, ce qui est réellement et par nature toujours parfaitement identique à soi » (περὶ τὸ ὂν καὶ τὸ ὄντως καὶ τὸ κατὰ ταὐτὸν ἀεὶ πεφυκὸς πάντως).

42. En 61b10, même l'état cognitif inférieur qui concerne les entités évolutives est appelé ἐπιστήμη. Cela a suggéré à certains, p. ex. Shiner 1974, p. 53-60, la confirmation d'un changement de perspective par Platon. Mais il est plus probable qu'ici, comme ailleurs (p. ex. *R.* 522c2, 8 ; *Ion* 536c1), Platon utilise simplement ἐπιστήμη de manière vague, signifiant quelque chose comme « forme de cognition ».

(même par Owen) comme « tardifs » et postérieurs au *Parménide*[43]. En *Plt.* 269d5-7, l'Étranger répète le contraste entre « les choses les plus divines de toutes, [auxquelles il convient de] rester identique et conserver toujours une même et pareille manière d'être (τὸ κατὰ ταὐτὰ καὶ ὡσαύτως ἔχειν ἀεὶ καὶ ταὐτὸν εἶναι τοῖς πάντων θειοτάτοις προσήκει μόνοις) » et « les choses corporelles, dont la nature n'est pas de cet ordre (σώματος δὲ φύσις οὐ ταύτης τῆς τάξεως) ». On sait suffisamment pour ne pas trop s'y attarder que le syntagme τὸ κατὰ ταὐτὰ καὶ ὡσαύτως ἔχειν ἀεὶ καὶ ταὐτὸν εἶναι (ou *similia*) est classique dans les dialogues pour indiquer les Formes intelligibles[44], qui, ici, se réfère manifestement à des réalités *incorporelles.* Ce point contredit nettement la thèse révisionniste selon laquelle les dialogues tardifs seraient purgés de cette « *commonplace distinction between* ὡσαύτως ὄντα ἀεί and τὰ γιγνόμενα [...] *which is refuted in the* Tht. »[45]. De même, les réalités incorporelles (ἀσώματα) évoquées en 285d9-286b1, dont on dit qu'elles ont plus d'importance, de valeur et de beauté (τοῖς δ'αὖ μεγίστοις οὖσι καὶ τιμιωτάτοις [...] κάλλιστα ὄντα καὶ μέγιστα), si elles ne constituent pas une référence directe et exclusive aux Formes, devraient au moins les inclure[46].

En outre, il est vrai que les *Lois* sont particulièrement avares de références explicites à la théorie des Idées, mais il faut aussi noter qu'en 963c5-965e5, probablement parmi les derniers mots écrits par Platon, l'Étranger parle de la connaissance λόγῳ, par les gouvernants, des ἀρετῆς εἴδη, dont il faut reconnaître l'unité véritable (ὡς ὄντως ὄντα οὐ πολλὰ ἀλλ'ἓν τοῦτο μόνον, ἀρετήν). Bien entendu, le terme εἴδη (963c5) doit probablement être compris au sens générique de *type* ou de *classe*[47] et, en 963d1-2, l'adverbe d'intensité

43. Il ne sera donc d'aucune utilité d'antidater aussi le *Philèbe*, comme le propose Waterfield 1980 (en particulier p. 284-285), pour sauver le récit de l'évolution doctrinale de Platon.

44. Voir p. ex. *Phd.* 8c6, d2, d6, d8, 79e4-5 ; *R.* V 479a2-3 ; *Crat.* 439e3-4 ; *Sph.* 249b12-c1 ; *Ti.* 29a1-2. On trouve une formule similaire également en *Phlb.* 59c2-3 : περὶ τὰ ἀεὶ κατὰ τὰ αὐτὰ ὡσαύτως ἀμεικτότατα ἔχοντα ; et 61e2-3 : κατὰ ταὐτὰ δὲ καὶ ὡσαύτως ὄντα ἀεί.

45. Owen 1953, p. 85 n. 2. Les choses corporelles mentionnées dans *Plt.* 269d6-7 ne sont que τὰ γιγνόμενα, dans la mesure où ce qui participe au corps « ne saurait être totalement exempt de changement (μεταβολῆς) ».

46. Voir Dixsaut *et alii* 2018, p. 431-443 pour un aperçu des différentes interprétations de ce passage controversé et une critique opportune de l'interprétation intenable de Owen 1973. *Nota bene* : Dixsaut critique également l'« interprétation ontologique » (défendue récemment par Kahn 1995) selon laquelle le contraste, au sein des τὰ ὄντα, entre ceux qui ont des « représentations perceptibles par les sens » (αἰσθηταί τινες ὁμοιότητες) et les ἀσώματα qui n'ont pas d'images claires (ou bien n'ont pas d'image du tout), serait le contraste entre sensible et intelligible. Néanmoins, même dans le cadre de l'« interprétation dialectique » défendue par Dixsaut, les ἀσώματα, sans avoir une référence exclusive aux Idées (car ils font également référence aux puissances), du moins les incluent. Je resterai neutre quant à l'interprétation la plus convaincante. Dans les deux cas, les Idées, par opposition aux sensibles, sont évoquées.

47. Sur la variété des significations de εἶδος et ἰδέα voir l'étude classique de Ritter 1910.

ὄντως n'a pas la valeur métaphysique qu'il a par exemple en *Phdr.* 247e2, 249c4. Néanmoins, il ne faut pas négliger l'insistance de l'Étranger sur la nécessité pour les gouvernants du Conseil Nocturne d'acquérir la capacité, qui est la pierre angulaire de leur éducation avancée (ἀκριβεστέραν παιδείαν)[48], de voir une pluralité (τὰ πολλὰ βλέπειν) et de savoir saisir cognitivement l'unité (τὸ ἓν)[49], à savoir la μίαν ἰδέαν[50] qui reste identique (ταὐτὸν) dans toutes ses instanciations (ici les quatre vertus), obtenant ainsi une connaissance indispensable à la réalisation de la vertu. Le principe doit en outre être étendu au-delà du discours particulier sur les quatre vertus, et s'appliquer également à d'autres *investiganda,* par exemple τὸ καλόν et τὸ ἀγαθόν[51].

Ces références sont suffisantes pour conclure que la thèse évolutionniste qui établit l'abandon par le vieux Platon de l'écart ontologique entre le sensible en devenir et les réalités intelligibles stables n'est pas acceptable. Cela dit, la tâche de comprendre l'usage de γένεσις et οὐσία dans PG n'est pas encore accomplie[52].

48. La classification des sciences qui se développe à partir de *Phlb.* 55c fait de la « précision » (ἀκρίβεια) son critère fondamental (ce terme et ses dérivés sont très souvent utilisés dans ces pages, *cf.* 56b5, c5, c8, 57c3, d1, e3, 58c3, 59a11, 61b8). Plus la précision d'une science est grande, plus le rang de cette science est élevé. Le développement de l'argument suggère que le « pouvoir de la dialectique » (τοῦ διαλέγεσθαι δύναμις), qui porte sur les entités éternelles et immuables (58a2-3), est la plus précise et la plus haute des sciences. L'allusion à la *République* est évidente (511b4, 532d8, 533a8, 537d5) où la dialectique est, on le sait, la science propre aux gouvernants.

49. Voir encore *Phlb.* 15a1-7 cité supra n. 34. Ces deux passages peuvent être comparés à *Phdr.* 249b6-c1, où Socrate insiste sur l'importance de comprendre l'εἶδος en passant d'une multiplicité de sensations à une unité saisie par le raisonnement (δεῖ γὰρ ἄνθρωπον συνιέναι κατ' εἶδος λεγόμενον, ἐκ πολλῶν ἰὸν αἰσθήσεων εἰς λογισμῷ συναιρούμενον).

50. Pour l'expression μίαν ἰδέαν voir encore *Phdr.* 265d3, *R.* 507b6, *Prm.* 132a1-3, *Sph.* 253d5, *Phlb.* 16d1, 60d5.

51. Voir *Lg.* 966a5-6. Il faut noter à nouveau que τὸ καλόν et τὸ ἀγαθόν sont des exemples des ἑνάδες en *Phlb.* 15a1-7. L'étude la plus détaillée sur la présence de la théorie des Idées dans les *Lois* reste Brochard 1912, qu'il faut consulter pour une analyse d'autres passages ; voir également Stefanini 1949, p. 315-324.

52. Ce problème est laissé, me semble-t-il, sans solution par Cherniss 1957 (et déjà par Damascius *In Phlb.* 216.1-9 (p. 71 Van Riel), voir *infra*). Cherniss essaye plutôt, comme Benitez 1989, p. 92-108, de souligner que le passage est sans doute compatible avec la métaphysique des Formes et ne prouve pas, par conséquent, un changement d'attitude de Platon, *pace* Owen. Ce faisant, il laisse toutefois indéterminé la question de savoir comment interpréter précisément PG par rapport à l'opposition « standard » *genesis-ousia* : si ce n'est pas un abandon, alors qu'est-ce que c'est ? Voir la prochaine note.

La relativité sémantique du couple γένεσις-οὐσία et la description du troisième genre

Faut-il conclure, à partir des observations précédentes, que Platon utilise en PG le couple γένεσις-οὐσία pour renvoyer à l'opposition ontologique « standard » entre sensible et intelligible[53] ? Je ne le crois pas. L'expression αὐτὸ καθ'αὑτό (53d3) pourrait à première vue le suggérer. Bien que Platon utilise souvent cette formule en référence aux Formes, elle a sans doute un sens plus large[54]. Mais surtout on a vu que la condition naturelle optimale, à savoir le référent d'οὐσία en PG, n'est pas une Forme intelligible[55]. Elle est une « union conforme à la nature de l'illimité et de la limite » (32a9-b1), et donc un μεικτόν, tandis que les Formes sont ἀμεικτότατα (59c4).

Mais si l'opposition γένεσις-οὐσία ne doit être comprise ni comme un prétendu abandon de la thèse de l'opposition du sensible à l'intelligible, ni comme une application mécanique de cette thèse, comment faut-il alors interpréter cette opposition ?

Certains pourraient prétendre d'emblée qu'il s'agit en réalité d'un pseudo-problème. Socrate introduit PG en reconnaissant qu'il est emprunté à « certains ingénieux » (53c6 : κομψοί [...] τινες)[56]. L'argument et la distinction qu'il comporte ont donc une provenance explicitement étrangère. En outre, la qualification de κομψός (ou κομψότερος) est utilisée par Platon avec différentes tonalités[57]. Elle indique une certaine subtilité intellectuelle mais, même s'il ne manque pas de cas où elle a une acception positive (p. ex. *Plt.*

53. En complément de la note précédente, il faut noter que Cherniss 1944, p. 218 rapproche *Phlb.* 53-54 et *Phd.* 75b, où Platon dit que les sensibles aspirent (ὀρέγεται) à l'être véritable et même s'efforcent (προθυμεῖται) de lui rassembler. Cherniss évoque ces deux passages, parmi d'autres, pour prouver que Platon avait « *an ontological [...] reason for positing eternal, unchanging entities apart from the sensible particulars* ». Il semble donc parfois succomber à la tentation d'une interprétation ontologique forte de PG.

54. Voir Ademollo 2013, p. 47-51 et El Murr 2014.

55. Et les passages du *Phédon* mentionnés dans la n. 53 ne sont pas une contre-épreuve : selon toute vraisemblance, le langage de l'aspiration est métaphorique.

56. Évoqués par la suite au singulier, comme un « celui-ci » (54d6 : οὖτος) ou « celui-ci même » (54e1 : αὐτὸς οὗτος). Les hypothèses d'attribution ont été nombreuses (*cf.* Rangos 2019, 203 n. 1). Selon moi, Platon fait référence à Speusippe, *cf.* p. ex. Gosling & Taylor 1982, 231-240 et les études de Berti et Fronterotta mentionnées à la n. 3.

57. Voir p. ex. *Hp. ma.* 288d4, *Grg.* 493a5, *Lys.* 216a1, *Tht.* 156a3 et les clarifications de Frede 1997, p. 306-308 et Rangos 2019, p. 203 n. 1. Ce dernier souligne à juste titre que l'occurrence la plus proche est *R.* 505b5-6, où les κομψότεροι sont ceux qui, contre l'opinion commune, disent que la meilleure vie n'est pas celle du plaisir, mais de la pensée (φρόνησις). Une analyse détaillée de ce passage et une comparaison avec PG m'emmèneraient trop loin. Mais je ne m'abstiendrai pas de dire que même si Platon rejette cette position à la fois en *R.* 505b et en *Phlb.* 21d-e (mais pour des raisons différentes dans les deux cas), cela ne signifie pas qu'il ne peut pas partager les arguments avec ses partisans. Il peut tout à fait soutenir à la fois qu'une vie de pure pensée n'est pas souhaitable et que le plaisir n'est pas bon en soi.

285a1), elle est parfois employée dans un sens ironique et, plus généralement, n'implique pas nécessairement la vérité de la thèse exprimée. On pourrait donc objecter que, puisque Platon attribue à d'autres l'origine de PG au moment même où il l'invoque, nous ne devrions pas trop nous inquiéter si l'usage de γένεσις et οὐσία en PG ne coïncide avec l'usage platonicien « standard ».

Cette solution semble pourtant trop hâtive pour au moins deux raisons. Tout d'abord, Socrate exprime par *deux* fois sa gratitude aux « ingénieux » (53c7, 54d6). Cela suggère qu'il partage leur position, y compris la terminologie dans laquelle elle est exprimée. En outre, on a déjà vu que la description du plaisir-γένεσις a un précédent en *R.* 583e9-10 (κίνησίς τις). Nous avons donc aussi une preuve au dehors de notre dialogue pour écarter une explication déflationniste.

Par conséquent, notre problème exégétique demeure. En effet, il semble avoir déjà embarrassé les anciens commentateurs. Damascius, par exemple, propose une solution plutôt vague, qui révèle presque son intention de rester aussi neutre que possible sur le sens exact du passage. Il liste quatre façons dont γένεσις s'oppose à οὐσία[58]:

1) Le sensible est une génération et l'intelligible une essence ;
2) Ce qui est en dessous du ciel est une génération et ce qui est céleste une essence ;
3) Ce qui progresse vers la Forme est une génération, et la Forme elle-même une essence ;
4) Le changement qui concerne un substrat est une génération et le substrat lui-même une essence, comme par exemple la qualité qui concerne un corps.

Sans préciser lequel de ces sens serait opérant en PG, Damascius se contente de suggérer que, dans tous ces cas, « la génération se produit en vue de l'essence, puisque l'essence est la cause de la génération ». Cette suggestion peut être bien vraie sur un plan philosophique général, mais ne nous aide pas beaucoup à comprendre dans quel sens, précisément, Platon évoque les notions de γένεσις et d'οὐσία dans notre passage[59].

Je propose la solution suivante. Il convient d'abord de noter que les notions de γένεσις et d'οὐσία n'ont jamais été *rigidement* liées au sens qui leur est attribué dans les livres centraux de la *République*. Les passages où Platon utilise librement ces notions avec des significations différentes ne manquent pas. Comme on le sait, en *Sph.* 219b4-6 Platon écrit qu'un producteur « conduit à l'οὐσία ce qu'il n'existait pas avant (μὴ πρότερόν τις

58. *In Phlb.* 71.1-9 (p. 216 Van Riel et trad. Van Riel).

59. Nous verrons dans la suite (*infra* p. 196-198), qu'il faut probablement être plus généreux avec Damascius et voir quelque chose de plus profond dans cette indétermination.

ὂν ὕστερον εἰς οὐσίαν ἄγῃ) »[60]. De même en *Symp.* 205b8-c1 et *Plt.* 258e1-2. En *Ti.* 35a2-3, le fameux « être divisible qui devient dans les corps (τῆς [*scil.* οὐσίας] αὖ περὶ τὰ σώματα γιγνομένης μεριστῆς) » se trouve parmi les constituants de l'âme cosmique et est mentionné à nouveau en 37a5 (οὐσίαν σκεδαστὴν)[61]. L'âme cosmique elle-même est dotée d'un type particulier d'οὐσία, issu de la synthèse des οὐσίαι indivisible et divisible (35a3-4 : τρίτον ἐξ ἀμφοῖν ἐν μέσῳ συνεκεράσατο οὐσίας εἶδος). En *Sph.* 250b9, 251e11, 252a2, οὐσία ne désigne pas la totalité du domaine eidétique, ni une entité sensible, mais seulement l'un des γένη, à savoir le μέγιστον γένος de l'être. D'autre part, déjà en *Chrm.* 168d2-3, οὐσία est cela vers quoi une δύναμις est à l'œuvre (et ici l'exemple est celui de la relation entre le son et l'audition, de sorte que le contexte est, bien sûr, celui du domaine sensible). En *Phd.* 76d7-9, Socrate fait référence à la Forme comme étant une τοιαύτη οὐσία, en suggérant ainsi la possibilité qu'il existe un autre type d'οὐσία, qui n'est pas parfait et qui ne représente pas l'objet réel auquel une réponse satisfaisante à la demande définitionnelle socratique peut être donnée[62]. Mais surtout, le même contraste entre γένεσις et οὐσία établi en PG se retrouve en *Sph.* 245d4-6, dans le cadre de la critique du monisme éléatique, sans aucun rapport avec la doctrine des Formes : οὐσία désigne le tout (ὅλον) dans lequel ce qui devient s'accomplit (τὸ γενόμενον). La notion d'οὐσία a donc une valeur sémantique relative qui empêche de lui attribuer un sens parfaitement univoque et constant[63].

Mais l'équation rigide γένεσις-sensible et οὐσία-intelligible non seulement n'est pas nécessaire, mais en outre n'est même pas conseillée. En réalité, la quadripartition ontologique mobilisée en *Phlb.* 23c4-27c2 fournit le cadre conceptuel approprié pour expliquer la démarche de PG sans conséquences embarrassantes. Comme on l'a vu, la condition naturelle optimale est un μεικτόν, un produit résultant de l'imposition d'une limite à l'infinité du plaisir. En 27b8-9, chaque μεικτόν est décrit comme un « être advenu »

60. Voir aussi *Sph.* 265b8-10 qui reprend le concept, mais sans mentionner le mot οὐσία, ce qui suggère qu'il est utilisé en 219b4-6 avec un sens générique et sans référence stricte à l'être éminent de la Forme.

61. Pour ces quatre passages, voir Cherniss 1957, p. 240 et n. 42-45.

62. Voir sur ces différents passages les remarques de Aronadio 2020-2021 (je remercie le Professeur Francesco Aronadio de m'avoir permis de lire cet article avant sa publication). Voir aussi *Prm.* 135a8-b1 dans lequel γένος (qui est équivalent à εἶδος, *cf.* 129c2) est identifié avec οὐσία αὐτὴ καθ'αὑτήν. Si γένος/εἶδος et οὐσία étaient sémantiquement équivalents, il n'y aurait pas besoin de la qualification αὐτὴ καθ'αὑτήν. Sur la plurivocité d'οὐσία, dans le contexte d'autres passages (notamment en *R.*, *Prm.* et *Tht.*), voir Ferrari 2017, dont je partage plusieurs conclusions.

63. Des Places 1961 et déjà Peipers 1883 (qui est injustement tombé dans l'oubli) avaient commencé à explorer ce point (qui est brièvement mentionné par Pradeau 2002, p. 251-252) et ses conséquences philosophiques. Mais, comme on le verra plus loin, ma lecture de *Phlb.* 53c4-55a1 et de sa relation avec la caractérisation de chaque membre du troisième genre (μεικόν) comme γένεσις εἰς οὐσίαν (26d8) et γεγενημένη οὐσία (27b8-9) diffère de la leur.

(γεγενημένη οὐσία) à partir de la limite et de l'illimité. Par conséquent, l'οὐσία qui constitue la fin du chemin (ὁδός) du plaisir (32b3), est une γεγενημένη οὐσία. En distinguant dans PG le plaisir comme γένεσις de la condition naturelle optimale comme οὐσία, Platon ne fait rien de plus, me semble-t-il, que de dire que le plaisir appartient au premier genre, l'ἄπειρον, tandis que la condition naturelle optimale appartient au troisième, le μεικτόν.

Par conséquent, si οὐσία ne désigne pas la Forme intelligible dans ce contexte, elle n'est pas pour autant incorporée dans l'horizon de la γένεσις, et le passage ne montre, par conséquent, aucune subversion de la métaphysique platonicienne. L'argument est cohérent (ce qui ne signifie pas, bien sûr, qu'il est irréfutable) dans la mesure où Platon dispose d'outils conceptuels qui lui permettent de distinguer un processus de sa fin, y compris dans le cadre du monde physique[64].

De manière générale, on a donc un premier niveau de distinction entre le domaine sensible du devenir (γένεσις) et le domaine intelligible de l'être (οὐσία) ; et un niveau subordonné, interne au domaine du devenir, dans lequel interviendrait à nouveau (mais dans un sens diffèrent) la distinction entre γένεσις (un pur processus) et (γεγενημένη) οὐσία, relevant du genre du μεικτόν (et qui est donc une réalité qui a un certain degré de stabilité, produit par l'imposition d'une limite à ce qui est en soi illimité). Ce dernier niveau permet d'expliquer PG.

On peut se demander à ce stade s'il y a une relation entre ces deux niveaux. On peut d'abord noter qu'une γεγενημένη οὐσία, même en bénéficiant d'une plus grande stabilité qu'un pur processus de γένεσις[65], ne jouit pas de la perfec-

64. Ainsi, Cherniss 1957, p. 238 a certainement raison de noter que si PG devait stipuler que l'οὐσία est le terminus auquel la γένεσις arrive en fait seule et dans laquelle la γένεσις s'accomplit en la comprenant effectivement en soi, l'argument serait non seulement évidemment inefficace, mais même contre-productif (cf. *supra* n. 5). Cela ne signifie toutefois pas (et Cherniss a omis de l'éclaircir suffisamment) que la distinction nette entre γένεσις et οὐσία dans ce passage doit nécessairement être expliquée en référence à l'opposition standard qui caractérise ces notions dans les dialogues intermédiaires. Selon Frede 1993, p. lvii cet élargissement de la valeur sémantique de γένεσις et d'οὐσία est un « *considerable change of mind in Plato, because it allows him to make distinctions between the ontological status of different kinds of sensible objects* » (Van Riel 2008, p. 170-173 parle également d'un « changement spectaculaire » et d'une « modification révolutionnaire »). Mais ce point me semble contredit par des passages comme *Chrm.* 168d2-3, où οὐσία est ce vers quoi s'exerce toute δύναμις (et notons encore qu'ici l'exemple est celui de la relation entre le son et l'audition, de sorte que le contexte est, évidemment, celui de la sphère sensible). Ce que l'on peut certainement accorder, et qui était déjà bien mis en évidence par Robin 1957, c'est que, plutôt qu'un changement de perspective, les derniers dialogues attestent d'un nouvel accent sur la question de la connaissabilité du monde physique, pour lequel les mathématiques offrent des outils conceptuels pertinents.

65. On peut penser, à cet égard, à l'imposition démiurgique de l'ordre mathématique sur la χώρα dans le *Timée*, qui donne une certaine stabilité à ce qui est en soi purement chaotique. Il s'agit finalement de l'activité cosmogénétique. En outre, il a été suggéré à juste titre que l'une des fonctions assignées à la dynamique de la μέθεξις est de garantir la stabilité du

tion et de l'autosuffisance ontologique que Platon reconnaît aux Formes intelligibles, dans la mesure où elle est sujette au devenir et au mélange. On peut donc supposer que, pour Platon, une γεγενημένη οὐσία est à son tour dépendante d'une οὐσία qui n'est pas « advenue » ou « mélangée » et qui, au contraire, est parfaitement stable et dépourvue de *toute* forme de variation[66]. En d'autres termes, dans des contextes où l'ordre sensible est opposé à l'intelligible, le domaine de ce que le *Philèbe* appelle γεγενημένη οὐσία peut lui-même être désigné métonymiquement comme γένεσις (et chaque γεγενημένη οὐσία comme un γιγνόμενον[67]) par rapport à l'οὐσία intelligible qui est libre de tout changement et de toute altération[68].

Cette solution, en plus d'intégrer la caractérisation plus fréquente du contraste γένεσις-οὐσία (sensible-intelligible) avec celui évoqué ici dans PG, pourrait offrir une explication à une donnée textuelle qui a, à juste titre, laissé certains interprètes perplexes. Revenons à la caractérisation des membres du troisième genre. Chaque μεικτόν est décrit non seulement comme une γεγενημένη οὐσία mais aussi comme une γένεσις εἰς οὐσίαν (26d8). Quelques lignes plus tôt, Socrate avait déjà suggéré que les produits de chaque type de mélange sont des γενέσεις (25e4). Le problème qui se pose est alors de savoir s'il s'agit *stricto sensu* d'une γένεσις ou d'une οὐσία. Comme le note avec justesse Delcomminette[69], *Phlb.* 26d8-27b9 ne permet pas de répondre avec certitude à ces questions. En outre, Platon avait probablement déjà averti le lecteur des pièges de la notion de γένεσις en 26c9, lorsque Socrate remarque, avec une formule suspecte, que Protarque est « surpris par la multiplicité du devenir (γενέσεως) du troisième genre ».

Quel est, en définitive, le statut ontologique propre d'un membre du troisième genre ? Est-ce celui d'une réalité ou d'un devenir orienté vers la réalité ? Si mes observations précédentes sur le vocabulaire platonicien de l'être sont correctes, il paraît possible, en s'appuyant sur mon analyse de PG, que *les deux* réponses puissent être considérées comme correctes. Selon moi, un membre du troisième genre peut être considéré de deux façons différentes, et ce, *selon le contexte*. D'une part, il est une (γεγενημένη) οὐσία dans des contextes où il est opposé à une γένεσις pure. Par exemple, la condition naturelle optimale est une οὐσία (32b3), qui s'oppose au plaisir, lequel n'est

monde physique (voir par exemple Cherniss 1936, p. 452-456 et, plus récemment, Fronterotta 2001, p. 66-79). Le modèle mathématique spécifie les modalités cosmologiques avec lesquelles cette fonction est effectivement réalisée (cette question a été récemment abordée par Rashed 2013). Je n'entends pas pour autant soutenir l'identité de la quadripartition des genres du *Philèbe* avec le cadre onto-cosmologique du *Timée*, mais je pense qu'il est tout aussi problématique de croire qu'ils n'ont aucun lien entre eux.

66. Voir *Phlb.* 15b3 et 59c1-6.

67. *Cf.* 59a7-8 et 61e1.

68. Pour une lecture similaire voir Carone 2005, p. 93-96.

69. *Cf.* Delcomminette 2006, p. 495-496.

qu'une pure γένεσις. Il s'agit du sens dégagé dans PG. Mais, d'autre part, un membre du troisième genre, tout en ayant une plus grande forme de stabilité qu'un processus pur, peut être considéré également comme une γένεσις (ou plus exactement un γιγνόμενον[70]), dans des contextes où il est opposé à l'οὐσία ἀμεικτή, dépourvue de toute forme de γένεσις et à l'égard de laquelle il est ontologiquement défectueux et subordonné. La valeur sémantique est, encore une fois, relative au contexte.

Mon explication du passage diffère donc de celle proposée par Delcomminette, pour qui la clarification apportée par *Phlb.* 53c4-55a1 sur la question du statut ontologique des membres du troisième genre consiste à « décomposer » les deux moments constitutifs des expressions γένεσις εἰς οὐσίαν et γεγενημένη οὐσία, en déclassant la γένεσις au premier genre et en renforçant l'affirmation selon laquelle chaque membre du troisième genre est à proprement parler une οὐσία, certainement susceptible de devenir (γεγενημένη), mais οὐσία quand même[71]. Ma solution est plus économique d'un point de vue interprétatif, car elle dispense Platon de la tâche de corriger des formules prétendues trompeuses qu'il a avancées dans les sections précédentes du dialogue. La caractérisation des membres du μεικτόν entre 26d8 et 27b8-9 est ambiguë mais, selon moi, elle n'a pas besoin d'être corrigée. Au contraire, l'ambiguïté est féconde, car elle peut être exploitée en fonction des différents contextes du discours[72].

Si l'analyse menée jusqu'à présent est correcte, on est finalement en mesure de reconnaître aussi une plus grande unité interne au dialogue, et de rejeter par suite l'opinion répandue selon laquelle PG serait un simple appendice introduit *ex abrupto,* sans lien avec les sections précédentes du dialogue. Même si le schéma explicatif de la doctrine du plaisir-γένεσις ne s'étendait pas à toutes sortes de plaisirs – et je ne le crois pas[73] – les implications rétrospectives de PG sur l'interprétation du statut ontologique des membres du troisième genre que j'ai essayé de montrer dans les pages précédentes, permettent d'exclure que PG soit une simple interpolation. Il fait partie intégrante du dialogue et permet d'en clarifier des problèmes saillants.

70. Γένεσις et γιγνόμενον sont utilisés de manière interchangeable en PG : *cf.* p. ex. 54c6 et c9-11.

71. *Cf.* n. 69.

72. Cette lecture permet aussi d'être plus généreux avec Damascius (voir *supra* p. 193 et n. 54). L'indétermination entre les quatre façons dont γένεσις s'oppose à οὐσία, qu'il explique dans *In Phlb.* 71.1-9 (p. 216 Van Riel) pourrait être réhabilitée si elle entend mettre l'accent sur cette valeur sémantique relative.

73. Voir supra n. 7.

Conclusions

Dans l'un de ses très utiles essais inclus dans son édition commentée de la *République* composée avec Benjamin Jowett, Lewis Campbell formulait cette mise en garde :

> *In Plato, philosophical terminology is incipient, tentative, transitional. And although this remark applies with especial force to what have been called the 'dialogues of search' where the method is 'peirastic' or 'maieutic', leading to an avowedly negative result, it is a serious error even in dealing with the more positive and constructive dialogues to assume strict uniformity of expression*[74].

Campbell avait raison et, malgré les efforts de Platon pour structurer la philosophie comme un savoir autonome distinct de tous savoirs particuliers, il est probablement naïf de prétendre qu'une terminologie technique qui ne laisse aucune marge de variation sémantique selon le contexte est déjà impeccablement opérante dans les dialogues, surtout si l'on considère que beaucoup de ces termes étaient largement utilisés dans la langue grecque courante.

Dans cet article, j'ai montré comment une telle prudence permet de mieux expliquer des arguments comme PG. Après un bref aperçu de la structure et de l'objectif de l'argument, j'ai d'abord expliqué dans quel sens il nous donne le pendant métaphysique de la doctrine du plaisir-πλήρωσις, qui était importante pour l'identification de l'οὐσία évoquée en PG et la « condition naturelle optimale ». Ensuite, j'ai critiqué l'interprétation évolutive selon laquelle l'usage des notions de γένεσις et οὐσία en PG montre un abandon de la thèse métaphysique de l'opposition du sensible à l'intelligible. Il ne s'agit pas, toutefois, d'une application mécanique de cette thèse-même. J'ai plutôt essayé de montrer que les notions de γένεσις et d'οὐσία jouissent d'une valeur sémantique relative telle que leurs significations varient en fonction des différents contextes argumentatifs, et que dans ce passage du *Philèbe,* elles désignent, principalement, l'une un processus génétique, l'autre un tout qui est constitué par l'imposition causale d'une limite à ce qui est en soi illimité. Cette lecture m'a permis également d'éclaircir certains points problématiques de la description des membres du troisième genre et de reconnaître ainsi une plus grande cohésion argumentative dans le dialogue.

74. Campbell 1894, p. 292. Sur les caractéristiques du « *technical language* » (notamment la '*context-independence*'), je recommande également les remarques précises de Willi 2003, p. 51-95 (qui portent sur Aristophane, mais qui, me semble-t-il, peuvent être généralisées).

BIBLIOGRAPHIE

Ademollo, F. 2013 : « Plato's Conception of the Forms : Some Remarks », dans R. Chiaradonna & G. Galluzzo (éd.), *Universals in Ancient Philosophy*, Pisa, 2013 (Seminari e convegni, 33), p. 41-86.

Aronadio, F. 2020-2021 : « Neither Substance nor Essence : The Basic Meaning of *Ousia* in Plato's Use », *Chora*, 18-19 (2020-2021), p. 19-40.

Auferheide J. 2013 : « An Inconsistency in the *Philebus* ? », *British Journal for the History of Philosophy*, 21/5 (2013), p. 817-837.
DOI : https://doi.org/10.1080/09608788.2013.825230

Ayache, L. 1999 : « Le fonds médical du *Philèbe* », dans M. Dixsaut & F. Teisserenc (éd.), *La Fêlure du plaisir : Études sur le* Philèbe *de Platon. II : Contextes*, Paris, 1999 (Tradition de la pensée classique), p. 35-60.

Benitez, E. 1989 : *Forms in Plato's* Philebus, Assen & Maastricht, 1989.

Berger, H. H. 1961 : Ousia *in de dialogen van Plato : Een terminologisch onderzoek*, Leiden, 1961.

Berti, E. 2011 : Sumphilosophein : *La vita nell'Accademia di Platone*, Roma-Bari, 2011.

Bravo, F. 2003 : *Las Ambiguedades del Placer : Ensayo sobre el Placer en la Filosofía de Platon*, Sankt Augustin, 2003 (International Plato Studies, 17).

Brisson, L. 2008 (dir.) : Platon, *Œuvres complètes*, Paris, 2008.

Brochard, V. 1912 : « Les *Lois* de Platon et la théorie des Idées », dans *Études de philosophie ancienne et de philosophie moderne,* recueillies et précédées d'une introduction de V. Delbos, Paris, 1912 (Bibliothèque de philosophie contemporaine), p. 151-168.

Burnet, J. 1900-1907 (éd.) : *Platonis Opera*, Oxford, 1900-1907.

Burnyeat, M. 2004 : « Fathers and Sons in Plato's *Republic* and *Philebus* », *Classical Quarterly*, 54/1 (2004), p. 80-87.
URL : http://www.jstor.org/stable/3556284

Bury, R. G. 1897 (éd.) : *The Philebus of Plato*, introduction, édition et notes, Cambridge, 1897.

Campbell, L. 1894 : « Essay III. On Plato's Use of Language », dans B. Jowett & L. Campbell, *Plato's* Republic, édition, notes et essais, vol. II, Oxford, 1894, p. 165-340.

Carone, G. R. 2005 : *Plato's Cosmology and its Ethical Dimensions*, Cambridge, 2005.

Carpenter, A. 2011 : « Pleasure as *genesis* in Plato's *Philebus* », *Ancient Philosophy*, 31/1 (2011), p. 73-94.
DOI : https://doi.org/10.5840/ancientphil20113114

Cherniss, H. 1936 : « The Philosophical Economy of the Theory of Ideas », *The American Journal of Philology*, 57/4 (1936) , p. 445-456.
URL : https://www.jstor.org/stable/290396

Cherniss, H. 1944 : *Aristotle's Criticism of Plato and the Academy,* vol. 1, Baltimore, 1944.

Cherniss, H. 1957 : « The Relationship of the *Timaeus* to Plato's Later Dialogues », *The American Journal of Philology*, 78/3 (1957), p. 225-266.
URL : https://www.jstor.org/stable/292120

Cooper, J. 2003 : « Plato and Aristotle on 'Finality' and '(Self-)Sufficiency' » dans R. Heinaman (éd.), *Plato and Aristotle's Ethics*, London, 2003 (Ashgate Keeling series in ancient philosophy), p. 117-147 (repr. dans *id.*, *Knowledge, Nature and the Good*, Princeton, 2004, p. 270-308).

Delcomminette, S. 2006 : *Le* Philèbe *de Platon : Introduction à l'agathologie platonicienne*, Leyde, 2006 (Philosophia antiqua, 100).

Des Places, E. 1961 : « La langue philosophique de Platon : le vocabulaire de l'être », *Comptes rendus de l'Académie des Inscriptions et Belles-Lettres*, 105/1 (1961), p. 88-94 (repr. dans *id.*, *Études Platoniciennes*, Leyde, 1981, p. 49-55).
DOI : https://doi.org/10.3406/crai.1961.11275

Diès, A. 1941 (éd.) : Platon, *Oeuvres complètes*, *IX*, 2ème partie, *Philèbe*, introduction, édition, traduction et notes, Paris, 1941 (Collection des Universités de France).

Dixsaut, M. *et al.* 2018 (trad.) : Platon, *Le Politique*, introduction, traduction et commentaire, Paris, 2018 (Bibliothèque des textes philosophiques).

Duke, E.A. *et al.* 1995 (éd.) : *Platonis Opera. Tomus I, Tetralogias I-II continens*, Oxford, 1995 (Scriptorum classicorum bibliotheca Oxoniensis).

El Murr, D. 2014 : « Αὐτὸ καθ'αὑτό : la genèse et le sens d'un philosophème platonicien », dans D. Doucet & I. Koch (éd.), Autos, idipsum. *Aspects de l'identité d'Homère à Augustin*, Aix-en-Provence, 2014 (Episteme), p. 39-56.

Evans, M. 2008 : « Plato's Anti-Hedonism », dans John J. Cleary & Gary M. Gurtler (éd.), *Proceedings of the Boston Area Colloquium of Ancient Philosophy*, XXIII, 2007, Leiden, 2008, p. 121-145.

Ferrari, F. 2017 : « La traduzione nella lingua filosofica di Platone : alcune riflessioni sul significato di *ousia* », dans M. Taufer (éd.), *Tradurre classici greci in lingue moderne*, Freiburg, 2017 (Rombach Paradeigmata, 44), p. 67-85.

Fletcher, E. 2014 : « Plato on Pure Pleasure and the Best Life », *Phronesis*, 59/2 (2014), p. 113-142.
DOI: https://doi.org/10.1163/15685284-12341263

Frede, D. 1992 : « Disintegration and Restoration : Pleasure and Pain in Plato's *Philebus* », dans R. Kraut (éd.), *The Cambridge Companion to Plato*, Cambridge, 1992 (Cambridge companions to philosophy), p. 425-463.

Frede, D. 1993 (éd.) : Plato, *Philebus*, introduction, traduction et notes, Indianapolis-Cambridge, 1993.

Frede, D. 1997 (éd.) : Platon, *Werke*, 3. 2, *Philebos*, Übersetzung und Kommentar, Göttingen, 1997.

Fronterotta, F. 2001 : *ΜΕΘΕΞΙΣ : La teoria platonica delle idee e la partecipazione delle cose empiriche. Dai dialoghi giovanili al* Parmenide, Pisa, 2001 (Pubblicazioni della Classe di Lettere e Filosofia / Scuole Normale Superiore, Pisa, 23).

Fronterotta, F. 2018 : « Eudoxe et Speusippe sur le plaisir (selon Aristote) : un débat dans l'ancienne Académie », *Revue de philosophie ancienne*, 36/1 (2018), p. 39-72.
DOI : https://doi.org/10.3917/rpha.361.0039

Gill, M.-L. 2012 : Philosophos. *Plato's Missing Dialogue*, Oxford, 2012.

Gomperz, T. 1925[4] : *Griechische Denker*, 2. *Eine Geschichte der antiken Philosophie*, Berlin, 1925[4] [1902].

GOSLING, J. C. B. 1975 (trad.) : Plato, *Philebus*, introd., trans. and comm., Oxford, 1975 (Clarendon Plato series).

GOSLING, J. C. B. & C. C. W. TAYLOR 1982 : *The Greeks on Pleasure*, Oxford, 1982.

HACKFORTH, R. W. 1945 : *Plato's Examination of Pleasure*, Cambridge, 1945.

HARTE, V. 2008 : « Comments on Evans », dans John J. Cleary & Gary M. Gurtler (éd.), *Proceedings of the Boston Area Colloquium of Ancient Philosophy*, XXIII, 2007, Leiden, 2008, p. 146-153.

IRWIN, T. 1979 (trad.) : Plato, *Gorgias*, Oxford, 1979.

JAEGER, W. 1973[4] : Paideia. *Die Formung des griechischen Menschen*, Berlin-New York, 1973[4].

KAHN, C. H. 1995 : « The Place of the *Statesman* in Plato's Later Work », dans C. J. Rowe (éd.), *Reading the* Statesman. *Proceedings of the Third Symposium Platonicum*, Sankt Augustin, 1995 (International Plato studies, 4), p. 49-60.

KRÄMER, H. 1959 : *Arete bei Platon und Aristoteles : zum Wesen und zur Geschichte der platonischen Ontologie*, Heidelberg, 1959 (Heidelberger Akademie der Wissenschaften / Philosophisch-Historische Klasse, 1959.6).

MANNSPERGER, D. 1969 : *Physis bei Platon*, Berlin, 1969.

MARTEN, R. 1962 : ΟΥΣΙΑ *im Denken Platons*, Meisenheim, 1962 (Monographien zur philosophischen Forschung, 29).

MEINWALD, C. 2008 : « The *Philebus* », dans G. Fine (éd.), *The Oxford Handbook of Plato*, Oxford, 2008, p. 484-503.

MURGIER, C. 2013 : *Éthiques en dialogue. Aristote lecteur de Platon*, Paris, 2013 (Textes et traditions, 24).

MURGIER, C. 2016 : « Polemical Arguments about Pleasure : The Controversy within and around the Academy », dans S. Weisser & N. Thaler (éd.), *Strategies of Polemics in Greek and Roman Philosophy*, Boston-Leiden, 2016 (Jerusalem studies in religion and culture, 21), p. 71-92.

OWEN, G. E. L. 1953 : « The Place of the *Timaeus* in Plato's Dialogues », *The Classical Quarterly*, 3/1-2 (1953), p. 79-95.
URL : https://www.jstor.org/stable/637166

OWEN, G. E. L. 1973 : « Plato on the Undepictable », dans E. N. Lee, A. P. D. Mourelatos & R. M. Rorty (éd.), *Exegesis and Argument : Studies in Greek Philosophy Presented to Gregory Vlastos*, Assen, 1973 (Phronesis. Supplementary volume, 1), p. 349-361.

PEIPERS, D. 1883 : *Ontologia Platonica ad notionum terminorumque historiam symbola*, Leipzig, 1883.

PHILLIPSON, R. 1925 : « Akademische Verhandlungen über die Lustlehre », *Hermes*, 60/4 (1925), p. 444–481.
URL : https://www.jstor.org/stable/4473976

PRADEAU, J.-F. 2002 (trad.) : Platon, *Philèbe*, introduction, traduction et notes, Paris, 2002.

RANGOS, S. 2019 : « The Final Attack on Hedonism : *Philebus* 53c-55c », dans P. Dimas, R. E. Jones & G. R. Lear (éd.), *Plato's* Philebus. *A Philosophical Discussion*, Oxford, 2019, p. 202-218.

RASHED, M. 2013 : « Plato's Five Worlds Hypothesis (*Ti.* 55cd), Mathematics and Universals », dans R. Chiaradonna & G. Galluzzo (éd.), *Universals in Ancient Philosophy*, Pisa, 2013 (Seminari e convegni, 33), p. 87-112.

Ritter, C. 1910 : « Εἶδος, ἰδέα und verwandte Wörter in den Schriften Platons mit genauem Nachweis der Stellen », *Neue Untersuchungen über Platon*, München, 1910, p. 228-326.

Ritter, J. 1974 : *Historisches Wörterbuch der Philosophie*, 3. G-H, Basel-Stuttgart, 1974.

Robin, L. 1957 : *Les rapports de l'être et de la connaissance d'après Platon*, Paris, 1957 (Publications de la Faculté des Lettres de Paris, 3).

Shiner, R. 1974 : *Knowledge and Reality in Plato's* Philebus, Assen, 1974.

Solmsen, F. 1942 : *Plato's Theology*, Ithaca (NY), 1942 (Cornell Studies in Classical Philology, 27).

Solmsen, F. 1960 : *Aristotle's System of the Physical World : a comparison with his predecessors*, Ithaca NY, 1960 (Cornell Studies in Classical Philology, 33).

Tarrant, H. 2010 : « 'A Taste of the Doctrines of Each Group of Sages': Plato's Midwifery at Work in the Academy », dans J. Dillon & L. Brisson (éd.), *Plato's* Philebus *: Selected Papers from the Eight Symposium Platonicum*, Sankt Augustin, 2010, p. 110-119.

Taylor, A. E. 1928 : *A Commentary on Plato's* Timaeus, Oxford, 1928.

Taylor, A. E. 1956 (trad.) : Plato, *Philebus* and *Epinomis*, Oxford, 1956.

Teloh, H. 1981 : *The Development of Plato's Metaphysics*, University Park, 1981.

Tocco, F. 1876 : *Ricerche platoniche*, Catanzaro, 1876.

Tuozzo, T. M. 1996 : « The General Account of Pleasure in Plato's *Philebus* », *Journal of the History of Philosophy*, 34/4 (1996), p. 495-513.
DOI : https://doi.org/10.1353/hph.1996.0084

Van Riel, G. 2000 : *Pleasure and the Good Life : Plato, Aristotele, and the Neoplatonists*, Leiden-Boston-New York, 2000 (Philosophia antiqua, 85).

Van Riel, G. 2008 : « *Philèbe* », dans A. Motte & P. Sommville (éd.), Ousia *dans la philosophie grecque des origines à Aristote*, travaux du Centre d'études aristotéliennes de l'Université de Liège, Louvain-La-Neuve, 2008 (Aristote : Traductions et études), p. 165-174.

Van Zoonen, D. 2021 : « Problems with the Life of Pleasure : the Γένεσις Argument in Plato's *Philebus* (53c4-55a12) », *Journal of the History of Philosophy*, 59/2 (2021), p. 167-191.

Vegetti, M. 1995 : *La medicina in Platone*, Venezia, 1995 (Il cardo : saggi).

Vogt, K. 2018 : « What is Hedonism ? », dans W.V. Harris (éd.), *Pain and Pleasure in Classical Times*, Leiden-Boston, 2018 (Columbia Studies in the Classical Tradition, 44), p. 93-110.

Warren, J. 2009 : « Aristotle on Speusippus on Eudoxus on Pleasure », dans B. Inwood (éd.), *Oxford Studies in Ancient Philosophy*, 36 (2009), p. 249-281.

Willi, A. 2003 : *The Languages of Aristophanes : Aspects of Linguistic Variation in Classical Attic Greek*, Oxford, 2003 (Oxford classical monographs).

Wolfsdorf, D. 2013 : *Pleasure in Ancient Greek Philosophy*, Cambridge, 2013 (Key Themes in Ancient Philosophy).

LA STRUCTURE DE L'IDÉE DANS LE *PARMÉNIDE* DE PLATON

Gianmarco Minesi
gianmarco.minesi@gmail.com

Résumé. Qu'est-ce que l'un qui fait l'objet de la deuxième partie du *Parménide* ? C'est-à-dire le long « exercice » que l'Éléate entreprend pour « muscler » le jeune Socrate ? Cet article vise à montrer qu'une réponse attentive et articulée à cette question épineuse mais absolument centrale est en mesure de définir les traits principaux d'une lecture unitaire du *Parménide* de Platon, capable non seulement de raccorder de manière efficace les deux parties de l'œuvre mais aussi de rendre raison de la grandiose complexité de la deuxième partie, à commencer par ce qu'on appelle traditionnellement la « deuxième hypothèse ». J'entends à cette fin montrer que l'un peut être assimilé à l'idée, comme de plus en plus de chercheurs semblent l'affirmer, mais tout en soulignant qu'il est aussi et à la fois le premier nombre, la monade, et l'être monadique que le Parménide historique décrit dans son poème. Ce qui en ressort est une conception de l'un qui, en plus de permettre l'unification de trois domaines d'étude apparemment différents, la mathématique, l'ontologie et la dialectique, est en mesure d'éclairer d'un jour nouveau notre compréhension de la notion d'idée, de sa genèse et des nombreuses difficultés qu'il fallait résoudre pour arriver à la perfectionner.

Summary. *What is exactly the meaning of the one in the second part of Plato's* Parmenides, *namely in the context of the long "exercise" that Parmenides devises to "train" the young Socrates? The purpose of this article is to show that a comprehensive answer to these thorny but pivotal question can help us not only to define the key points of a unitary interpretation of Plato's* Parmenides, *but also to give an account of the great complexity of its second part, starting with the so called "second hypothesis". For this purpose, it has to be proven, as more and more scholars seem to argue, that the one corresponds with the idea itself, while emphasizing that the one is at the same time the number 'one' or the 'monad' and the monadic being that the historical Parmenides describes in his* Poem. *What will emerge as a result is therefore a conception of the one that allows the unification of three seemingly different fields of study, we could say mathematics, ontology and dialectic, and sheds new light on our understanding of the notion of idea, from its genesis to the difficulties that had to be solved in order to improve it.*

Philosophie antique, n°21 (2021), 205-232

Le présent article se propose d'interroger la signification de l'un qui fait l'objet de la deuxième partie du *Parménide*, avec la conviction que, sans cela, on n'arrivera jamais à défaire ce véritable « nœud gordien » de la pensée platonicienne. Plus précisément, nous explorerons de façon originale la possibilité d'assimiler l'un à l'idée, ce qui apparaît aujourd'hui comme l'axe fondamental de la majorité des interprétations récentes, afin d'en tirer des suggestions utiles pour mieux comprendre le sens général et unitaire de l'œuvre. En effet, si cette clé de lecture centrée sur l'identité de l'un à l'idée semble avoir jeté les bases d'une lecture unitaire du *Parménide*, capable d'expliquer de manière efficace le lien entre les deux parties de ce dialogue, il reste à faire toute la lumière sur la deuxième, qui demeure souvent entourée de mystère. Pour contribuer à rendre raison de l'extraordinaire complexité de la deuxième partie et renforcer la thèse de l'unité fondamentale du *Parménide*, j'entends donc questionner de près le sens de l'identité entre l'un et l'idée, en essayant d'abord de déployer ce que je définis comme la *structure* de l'idée platonicienne et ensuite de mettre en lumière, sur cette base, la relation très particulière qui lie l'un à l'être.

Dans la première partie de l'article, qui présente la forme générale d'un *status quaestionis*, je montre que les lectures les plus récentes du *Parménide* se fondent sur l'assimilation de l'un à l'idée et que cette démarche permet de rattacher ces lectures à l'ancienne interprétation « ontologique », mentionnée par Proclus dans son commentaire, en le distanciant définitivement du paradigme herméneutique néoplatonicien. Dans la deuxième partie, après avoir argumenté en faveur de cette solution herméneutique, je cherche à démontrer que l'idée peut être reconduite à l'*un qui est*, c'est-à-dire à une synthèse entre l'un et l'être, où l'un est aussi bien « le premier et le plus petit entre les nombres » que l'unité fondamentale de l'être, l'être monadique qui fait l'objet du poème du Parménide historique. Dans la troisième partie j'essaye essentiellement de comprendre en quoi l'être parménidien diffère de l'idée platonicienne et à quel type de « réforme » l'ontologie parménidienne devrait être soumise pour qu'il soit vraiment possible d'identifier l'être parménidien à l'idée. Sur ce fondement, j'entends finalement tracer les lignes de force d'une nouvelle lecture de ce qu'on appelle traditionnellement la « deuxième hypothèse », à savoir la section la plus longue et articulée de la deuxième partie, dans l'intention de comprendre le sens général de ses antinomies et de tirer les conséquences quant à la relation entre Platon et le Parménide historique. En conclusion, je résume les résultats acquis pour montrer comment ils peuvent aider à avancer dans la compréhension de ce dialogue extrêmement complexe.

L'un comme « idée »

Vers un nouveau paradigme herméneutique

Depuis une vingtaine d'années, la recherche contemporaine sur le *Parménide* est en passe de trouver un nouveau terrain d'entente, dont le cœur est justement constitué par la tentative de résoudre le problème plurimillénaire de l'unité entre les deux parties de l'œuvre. À cette fin, de nombreuses lectures récentes du *Parménide* ont élaboré une ligne herméneutique commune, qui consiste essentiellement à assimiler l'un à l'idée, c'est-à-dire à la réalité intelligible en tant que telle. Selon cette ligne herméneutique, le problème de l'unité serait résolu en constatant que l'un de la deuxième partie ne désigne donc que la nature même des idées, laquelle semble effectivement constituer l'objet de la première partie, où Parménide relève les nombreuses difficultés résultant de la conception des idées encore embryonnaire du jeune Socrate.

Dans le cadre de l'histoire moderne de l'interprétation de ce dialogue, la première tentative en ce sens remonte à la fin du XIXe siècle, où Zeller propose d'identifier l'un du *Parménide* au « véritable être », celui de l'idée, alors qu'en 1921, dans son étude sur la doctrine platonicienne des idées, Natorp affirme que l'un désigne ce qu'il appelle la « fonction noétique »[1]. Il s'agit, évidemment, de deux lectures qui en dépit de leurs différences se caractérisent par la tentative commune d'assimiler en quelque manière l'un à l'idée. Mais ce n'est pas avant la fin du dernier siècle que ce type de lecture commence à s'imposer, dès que Fronterotta, en 1998, publie une interprétation du *Parménide* qui se déroule de bout en bout autour de l'assimilation de l'un à la « sphère des idées »[2]. Plus précisément, Fronterotta lit le *Parménide* comme une longue exploration, dont la nature serait ultimement aporétique, des nombreuses problématiques qui ressortent de la participation, à savoir de la relation que la sphère intelligible des idées (l'un) entretient avec la sphère

1. Voir Zeller 1888, p. 251-253 et Natorp 1999a, p. 299-301.
2. Fronterotta 1998.

sensible (les « autres que l'un »)[3]. Il faut dire que la lecture de Fronterotta est en quelque sorte préparée par celle de Miller de 1986, qui assimile également l'un à la « forme » et les « autres que l'un » à ses participants sensibles[4], bien qu'aux yeux de Miller cette assimilation ne soit légitime que dans le cadre des « hypothèses » concernant les « autres que l'un » (la troisième et la quatrième)[5].

De toute façon, le succès de cette orientation herméneutique a été consacré par l'un des travaux les plus récents dédiés au *Parménide*, à savoir l'étude de Hermann de 2010, où l'auteur déclare, comme s'il s'agissait désormais d'une évidence, que la deuxième partie de ce dialogue constitue une tentative de résoudre les nombreuses difficultés posées dans la première au sujet de la question du lien entre le sensible et l'intelligible[6], c'est-à-dire, en fait, la question de la participation[7]. À présent, le défi herméneutique auquel la recherche contemporaine doit encore se confronter est de comprendre de façon détaillée comment exactement la deuxième partie essaye de résoudre ces difficultés, pour arriver éventuellement à rendre raison de ses passages les plus complexes. De ce travail, qui à mon avis reste encore à faire, j'entends donc tracer, étape par étape, les coordonnées fondamentales.

3. Fronterotta 1998, p. 101, 104-105.

4. Miller 1986, p. 124-126. Wyller 1962, p. 637, identifie l'un à la forme platonicienne la plus importante (*the highest platonic form*) et les « autres » à la « matière de la forme » (*formal matter*). En revanche, Brumbaugh 1961, p. 189-192, voit dans l'un le « modèle formel » des idées : les « hypothèses » de la deuxième partie sont pour lui des systèmes formels dont la fonction est de lier, chacun de manière différente, le monde des idées et le monde sensible, afin d'élaborer plusieurs « *world hypotheses* ». Cette lecture est en quelque sorte partagée par Dixsaut 2003, p. 257 et El Murr 2010, p. 160, qui voient chaque « hypothèse » comme la description d'un « monde possible ».

5. Pour Miller, l'un de la deuxième « hypothèse » désigne en effet la réalité sensible. Voir Miller 1986, p. 91-99.

6. Hermann 2010, p. 17-20 et p. 57.

7. Cette déclaration, qu'Hermann ne s'occupe pas de justifier, signe un point de rupture avec le passé, car elle lit la deuxième partie du *Parménide* comme une tentative réussie, non aporétique, de rendre raison des difficultés que Parménide soumet au jeune Socrate dans la première partie du dialogue. Les autres lectures contemporaines qui mettent l'accent sur l'identité entre l'un et l'idée partagent, en effet, une conception assez rigide du statut de l'idée, qui les forcent à interpréter la question du raccord entre le sensible et l'intelligible de manière aporétique. C'est le cas de la lecture de Fronterotta 1998, qui est convaincu que la nature transcendante de l'idée ne peut pas s'engager dans la sphère spatio-temporelle (p. 96-97). Il est intéressant de noter que sur la même base Ferrari 2002, p. 97-98 et 2004, p. 127, refuse d'identifier l'un à l'idée. Il observe en effet que tout au long de la deuxième partie du dialogue l'un est décrit par des catégories spatio-temporelles, ce qui, à son avis, rend cette identification fortement problématique. Sur ce point, voir aussi Hägler 1983, p. 108 et Miller 1986, p. 100. *Cf.* Zeller 1888, p. 335-336. Bien plus radicalement, Brisson 1996, p. 70-73, identifie l'un à l'univers physique.

La renaissance de la lecture « ontologique »

En 2001, lors d'un colloque international dédié à l'histoire des interprétations du *Parménide*[8], Steel essaye de reconstruire la lecture perdue que Proclus mentionne et critique dans son commentaire. Selon cette lecture, pour citer les mots de Steel, la deuxième partie du *Parménide* n'aurait été qu'« une manière de résoudre les apories de la première partie, qui toutes concernent la relation (participation) entre l'un (la forme) et les autres (la multiplicité) »[9]. Ce sont les lignes convergentes d'une interprétation que Steel définit comme « ontologique »[10], puisqu'elle ne se limitent pas à assimiler l'un de la deuxième partie à l'idée (à la forme) mais affirment qu'il est en fait l'être « entendu comme l'entend Parménide »[11]. Proclus précise aussi quel est le rapport que pour ces interprètes l'un-être ou l'*un qui est* (τὸ ἓν ὂν) entretient avec les autres idées, lorsqu'il affirme que « la pluralité des idées a son hypostase dans l'un-être (καὶ γὰρ τὸ πλῆθος τῶν ἰδεῶν ἐν τῷ ἑνὶ ὄντι τὴν ὑπόστασιν ἔχειν) »[12]. Comme l'observe Brisson dans une étude postérieure, Damascius nous suggère que même Longin assimilait l'un à l'être parménidien – ou mieux, à ce qu'il réinterprétait d'un point de vue platonicien comme le véritable être (l'οὐσία), c'est-à-dire l'être intelligible – mais il ajoutait aussi que les « autres que l'un » sont identiques aux choses sensibles, qui se limitent à *participer* de l'être intelligible[13].

Ces réflexions nous donnent l'occasion de mieux comprendre que l'assimilation de l'un à la réalité intelligible, en plus de ne pas être une invention moderne, n'est pas possible, sinon dans le cadre d'une interprétation « ontologique » du *Parménide*, à savoir d'un type d'interprétation qui s'oppose de manière radicale à l'interprétation « hénologique » des néoplatoniciens. Car l'interprétation néoplatonicienne se distingue par le fait qu'elle conçoit l'un comme une réalité à la fois sur-essentielle et sur-idéale[14].

L'assimilation de l'un à l'idée n'est en effet possible que dans le cadre d'une lecture « ontologique » semblable à celle dont parle Proclus, qui identifie l'un à l'être sans avoir à distinguer entre plusieurs degrés de cet être. Cela explique la raison pour laquelle même aujourd'hui la tendance commune à assimiler l'un à l'idée, s'accompagne souvent de la remise au jour de la question de la relation qui lie le *Parménide* de Platon au poème de Parménide. C'est le cas, entre autres, de l'étude de Palmer, *Plato's reception of Parme-*

8. Il s'agit du troisième Colloque International du Centre de Recherche sur le Néoplatonisme, organisé à Catane en 2001, voir Steel 2002.

9. Steel 2002, p. 33.

10. En ce qui concerne la question de l'identité des partisans de cette lecture, voir Steel 2002, p. 34.

11. *In Parm.*, I, 636, éd. Steel.

12. *Ibid.*

13. Brisson 2008, p. 52-53.

14. Voir aussi Brisson 1996, p. 69.

nides[15], et du commentaire sur le *Parménide* de Scolnicov, dont le grand mérite est d'avoir recentré l'attention du lecteur aussi bien sur la dimension ontologique de ce dialogue que sur son héritage parménidien[16].

La structure de l'idée

Si l'un est

Nous assistons donc aujourd'hui à l'émergence d'un nouveau paradigme herméneutique, qui tend à remplacer le paradigme néo-platonicien. Celui-ci, en effet, bien qu'il ait dominé l'histoire de l'interprétation du *Parménide* et qu'il ait aussi connu une période de renaissance dans la première moitié du dernier siècle[17], est confronté à une crise qui semble irréversible[18]. L'assimilation de l'un à l'idée est, après tout, la clé de voûte qui autorise finalement une lecture unitaire de ce dialogue.

Dans le texte du *Parménide*, il n'est jamais dit de manière explicite que l'un de la deuxième partie coïncide avec l'idée, sauf dans un passage assez controversé de la deuxième partie, où Platon affirme que les « autres que l'un » (158b : τὰ δ' ἕτερα τοῦ ἑνὸς / τἆλλα τοῦ ἑνός[19]) ont littéralement « une nature différente de l'idée » : οὐκοῦν οὕτως ἀεὶ σκοποῦντες αὐτὴν καθ' αὑτὴν τὴν ἑτέραν φύσιν τοῦ εἴδους ὅσον ἂν αὐτῆς ἀεὶ ὁρῶμεν ἄπειρον ἔσται πλήθει (158c)[20]. Par ailleurs, la première partie du *Parménide* se limite à attirer l'attention du lecteur sur le fait que l'idée est une (comme c'est le cas en 131a-c, 132a-c, 133b, 153b), ce qui n'est pas la même chose. Seulement dans le *Philèbe* Platon affirme de manière explicite que toute idée est essentiellement une unité, ce qui implique logiquement que l'idée elle-même coïncide avec l'un. En *Philèbe* 15a, Platon précise qu'une idée n'est qu'une unité intelligible qui, en raison de cette intelligibilité, ne se transforme pas

15. Palmer 1999.

16. Scolnicov 2003.

17. Voir notamment les lectures de style hégélien de Wahl 1926, Moreau 1944 et, partiellement, de Robin 1935, qui concordent sur plusieurs points avec la lecture néo-platonicienne (*cf.* Fronterotta 1998, p. 111-113). En revanche, les lectures de Wundt 1935, Huber 1951, Hardie 1936, Speiser 1937, Paci 1938, Turolla 1953 et Wyller 1962 s'accordent avec les néoplatoniciens principalement sur le fait que l'un de la première hypothèse est une réalité inconnaissable, au-dessus de l'être.

18. Le travail assez récent de J. Halfwassen et l'originalité de sa défense de l'interprétation néoplatonicienne de l'un, dont il antidate l'origine de Plotin à Speusippe, constitue une remarquable exception. Voir Halfwassen 1992 et 1993.

19. *Cf.* 146b, 153a, 157b-159b, 160e.

20. La plupart des interprètes contemporains s'accordent sur cette traduction, à l'exception notable de Brisson 2018, p. 214, n. 394, pour qui le génitif τοῦ εἴδους est référé à l'ἕν de la phrase précédente et signifie l'« espèce de l'un », et Zekl 1972, p. 165, n. 224, qui traduit « l'autre nature de l'idée ».

ni ne périt (τὸ ἓν μὴ τῶν γιγνομένων τε καὶ ἀπολλυμένων). Ainsi, les idées de l'homme, du bœuf, du beau et du bien identifient l'homme en tant qu'unité, le bœuf en tant qu'unité, le beau en tant qu'unité, le bon en tant qu'unité (15a : ἕνα ἄνθρωπον [...] καὶ βοῦν ἕνα καὶ τὸ καλὸν ἓν καὶ τὸ ἀγαθὸν ἕν). En revanche, l'homme sensible, le bœuf sensible et les choses sensibles qui sont bonnes ou belles constituent des multiplicités illimitées dont l'unité observable relève tout simplement de la participation à l'idée[21].

Une idée est donc principalement l'unité qui se dit d'une réalité intelligible, c'est-à-dire d'une réalité qui contrairement aux réalités sensibles « est parfaitement et peut être parfaitement connue (ὅτι τὸ μὲν παντελῶς ὂν παντελῶς γνωστόν) » (*République* V, 477a). On peut dire donc que cette réalité est une unité intelligible, tout comme les choses sensibles sont des unités sensibles. Mais si *une* idée est *une* unité intelligible, alors *l'*idée ne sera effectivement que *l'*unité intelligible, c'est-à-dire rien moins que l'un de la deuxième partie du *Parménide* !

Si cette interprétation est correcte, alors les deux hypothèses que *Parménide* examinera dans la deuxième partie, à savoir « si l'un est » (première hypothèse) et « si l'un n'est pas » (deuxième hypothèse), portent respectivement sur l'hypothèse de l'existence de la réalité intelligible et sur l'hypothèse de son inexistence. Les deux hypothèses sont examinées à plusieurs reprises, pour vérifier les conséquences qui en découlent (aussi bien pour l'un que pour les « autres que l'un »), et chaque examen (σκέψις) correspond à ce qu'on appelle traditionnellement une « hypothèse »[22]. De ce point de vue, la fonction du long « exercice » dans lequel Parménide s'engage tout au long de la deuxième partie, consiste donc principalement à questionner l'existence de la réalité intelligible pour vérifier si elle est ou si elle n'est pas[23], en examinant toutes les conséquences qui résultent de chaque hypothèse. Bien sûr, Platon aurait tout intérêt à démontrer que l'un (l'idée) *est*, mais pour atteindre ce but il faut d'abord montrer que les quatre examens de la deuxième hypothèse conduisent tous à des conséquences inacceptables, absurdes ou incohérentes[24]. Si telle est

21. *Philèbe* 15b, 16c-e. On pourrait dire, en effet, que chaque réalité sensible, en tant qu'elle est une unité (elle est déterminée) participe en premier lieu de l'un, à savoir de l'idée en tant que telle. Cf. *Phédon* 101b-c.

22. Dans le cadre de la deuxième partie il n'y a que deux hypothèses au sens propre, dont chacune est l'objet de plusieurs « examens ». À mon avis, le terme « examen » est plus approprié au terme « hypothèse », comme l'atteste l'emploi des verbes σκοπεῖν (157b, 160b) et ἐπισκοπεῖν (159b), que nous retrouvons aussi dans la première partie (135e, 136a, 136c) où Parménide décrit la nature de son « exercice », mais aussi du verbe λέγειν (155e, 160d, 163b), qui se répète là où il s'agit moins spécifiquement de « dire » ce qui résulte d'une hypothèse.

23. Cf. *Philèbe* 15b1, voir p. 8.

24. Ce qui semble justement être le cas. Déjà Proclus observe que toutes les « hypothèses » négatives parviennent à des conclusions absurdes (*In Parm.* VI, 1059.18-1060.8 éd. Steel). Cette thèse est défendue aussi par des commentateurs modernes comme Apelt 1879, p. 7-8, Niewöhner 1971, p. 277 et Reale 2010, p. 384.

l'intention de Platon, alors l'« exercice » de Parménide peut être lu comme une longue démonstration *ad absurdum* de l'existence de la réalité intelligible.

Il faut dire que cette lecture s'accorde très bien avec la conclusion du long dialogue entre Parménide et Socrate dans la première partie, après que Parménide a réfuté la manière dont Socrate entend la participation et mis en cause la « doctrine des idées ». L'Éléate est toutefois convaincu qu'on ne peut pas accepter les conséquences catastrophiques qui résulteraient de l'éventualité où quelqu'un, sur la base des nombreuses difficultés qu'il vient de soulever, serait contraint d'admettre que les idées n'existent pas ou qu'elles ne peuvent être connues par la nature humaine (135a). C'est probablement la raison pour laquelle, juste après, Parménide semble faire allusion à la nécessité de démontrer l'existence des idées, à savoir de la réalité intelligible, pour réduire au silence ceux qui la remettent en question :

> [...] si, Socrate, il se trouve quelqu'un qui, au vu de toutes les difficultés qui viennent d'être soulevées et d'autres du même genre, n'admette point qu'il y ait des idées des choses, quelqu'un qui refuse de poser à part une idée pour chaque chose (τι ὁριεῖται εἶδος ἑνὸς ἑκάστου), cet individu ne saura de quel côté tourner sa pensée, parce qu'il n'admet point que pour chaque chose il a une idée qui est toujours la même ; et, par suite, il détruira toute possibilité de pratiquer la dialectique [...]. Que feras-tu alors de la philosophie ? Où tourneras-tu, si tu n'as pas de solution à ces problèmes ?[25] (135a-c)

Il semble donc que la deuxième partie du *Parménide* puisse effectivement être lue comme une tentative grandiose de démonter l'existence de la réalité intelligible. Mais il faut aussi observer que l'« exercice » de Parménide ne se concentre pas exclusivement sur l'un mais aussi et surtout sur la relation que l'un entretient avec les « autres que l'un ». Dans chaque examen il s'agit, en effet, de tirer les conséquences qui découlent de l'existence de l'un aussi bien pour l'un que pour les « autres que l'un » (voir 136b-c, 157b), tantôt dans leurs rapports avec eux-mêmes tantôt dans leurs rapports réciproques (voir par exemple 146b, 158b, 159b-e)[26]. Cela suggère que la deuxième partie peut être également interprétée comme une tentative d'affronter et de résoudre les problèmes soulevés par la première partie du dialogue, qui relèvent pour la plupart de la difficulté de rendre raison de la participation, à savoir de la relation qui lie la multiplicité sensible à l'unité de l'idée. Cette difficulté relève principalement de la nécessité d'admettre que l'idée, en tant qu'elle est partagée et divisée par la multiplicité de ses participants sensibles, est à la fois une et divisible :

> PARMÉNIDE – Admettras-tu donc, Socrate, que l'idée qui est une (τὸ ἓν εἶδος), se divise (μερίζεσθαι), en vérité, pour nous, tout en demeurant encore une (καὶ ἔτι ἓν ἔσται) ? SOCRATE – Pas du tout. (131c)

25. Trad. Brisson, légèrement modifiée.
26. Voir Meinwald 1991, p. 46-75.

En effet, l'idée peut-elle conserver son unité et en même temps se trouver dans chacune des choses multiples (ἐν ἑκάστῳ [...] τῶν πολλῶν) qui en participent, c'est-à-dire « en plusieurs choses séparées (ἐν πολλοῖς καὶ χωρὶς οὖσιν) » (131a-b)[27] ? La réponse de Socrate est négative : l'idée ne peut absolument pas être une si elle est divisée en parties par ses participants. Or, il me semble que ce refus d'admettre la possibilité que l'unité des idées soit partagée par les choses sensibles, dont la nature diffère radicalement de l'idée (158c), constitue la racine de toutes les difficultés concernant la participation que Parménide s'apprête à montrer à son interlocuteur. D'autre part, même en *Philèbe* 15a-b nous sommes confrontés aux difficultés qui surviennent précisément lorsqu'on entreprend de poser les idées comme autant de monades[28]. Car là il ne faut pas simplement se demander « si de telles monades existent réellement (εἴ τινας δεῖ τοιαύτας εἶναι μονάδας ὑπολαμβάνειν ἀληθῶς οὔσας) », mais il faut aussi examiner si chacune d'elles est capable de conserver l'unité même une fois qu'elle se trouve dans la pluralité de ses participants sensibles, à savoir dans la pluralité des « choses qui deviennent et sont illimitées (μετὰ δὲ τοῦτ' ἐν τοῖς γιγνομένοις αὖ καὶ ἀπείροις) ».

Ce passage du *Philèbe* rappelle de près et approfondit *Parménide* 131c. Il recèle à mon avis le vrai programme de la deuxième partie du *Parménide*, où cette même pluralité semble être représentée par les « autres que l'un ».

L'un qui est

En dépit de son pouvoir explicatif, la lecture générale que nous venons de dégager soulève une question fondamentale. Si l'un est l'idée, pourquoi Platon a-t-il choisi, tout au long de la deuxième partie du dialogue, de traiter de l'un et non directement de l'idée ? Le Maître de l'Académie aurait été beaucoup plus clair si au lieu de faire porter les examens de Parménide sur l'un, il les avait fait porter directement sur l'idée. *A fortiori*, si l'un est l'idée, pour quelle raison Platon a-t-il choisi, dans la deuxième partie du *Parménide*, d'examiner l'hypothèse que « l'un est » au lieu de l'hypothèse beaucoup plus simple que « l'idée est » ?

Bien que nous arrivions à donner une réponse efficace à cette question en conclusion de ce parcours, nous pouvons commencer par observer qu'en *Philèbe* 15a-b Platon suggère que les idées de l'homme, du bœuf, du beau et du bien (l'homme en tant qu'unité, le bœuf en tant qu'unité et ainsi de

27. La préposition ἐν laisse entendre que l'idée est littéralement présente dans les choses qui en participent. Voir Fronterotta 1998, p. 40-43. Cf. *Lysis* 217b et 217 d-e, *Gorgias* 497e, *Sophiste* 247a, 48d-249a, *Phédon* 100d.

28. Sur ce point je souscris à Fronterotta 1998, p. 89-90.

suite) sont à concevoir comme des unités (hénades) ou des monades[29], tant et si bien que le terme « idée » (εἶδος ou ἰδέα) n'est même pas mentionné. Mais si on peut penser aux idées comme à des unités ou des monades, alors la notion complexe d'idée, dont on ne voit pas bien la signification effective, peut être reconduite à la notion générale d'un (ἓν)[30], c'est-à-dire à une notion bien plus simple et élémentaire. Qu'est-ce qu'une idée ? *Une* idée est essentiellement *une* unité, ce qui implique que *l'*idée ne peut qu'être *l'*unité : voici ce que Platon semble avoir à l'esprit.

Mais on a vu qu'une idée n'est pas simplement une unité, elle est une unité *intelligible*, c'est-à-dire une unité qui est parfaitement et peut être parfaitement connue (*Philèbe* 15a, *République* V, 477a). Cela signifie qu'à chaque unité intelligible convient l'être parfait et parfaitement connaissable, à savoir l'être en tant que tel, en sorte que l'idée semble être conçue comme une synthèse entre l'un et l'être. Si tel est le cas, on peut identifier l'idée à l'*un qui est* (τὸ ἓν ὂν) qui fait l'objet du deuxième examen de la première hypothèse (142d-143a, 144e-145a), comme Proclus lui-même semble faire lorsqu'il témoigne que τὸ ἓν ὂν, à savoir « l'un entendu comme l'entend Parménide », est l'hypostase des idées, littéralement ce qui réside en dessous de toute idée, leur « substance ».

Examiner l'hypothèse que l'un est au lieu de l'hypothèse que l'idée est, permet alors de comprendre ce que l'idée signifie et comment s'articule sa structure, à savoir quelles sont les notions plus simples et élémentaires qui la constituent. À cet égard, il faut d'abord observer que l'un et l'être, ces deux « éléments » de l'idée, sont les termes indissociables d'une synthèse qui présente des caractères très particuliers :

> Si l'être se dit de l'un qui est (εἰ τὸ ἔστι τοῦ ἑνὸς ὄντος λέγεται), et un de l'être un, et si l'être et l'un ne sont pas identiques, mais s'ils conviennent tous les deux à cette réalité que nous avons envisagée, à savoir l'un qui est, n'est-il pas nécessaire que cet un qui est soit un tout (ὅλον), dont l'un et l'être sont les parties (μόρια) ? (142d)

L'un et l'être sont autant de parties inséparables d'un tout qui constitue leur synthèse et qui coïncide avec l'*un qui est*, car l'un se dit de l'être et l'être se dit de l'un. D'ailleurs, puisqu'il est impossible de les séparer, l'un et l'être ne sont jamais « purs » mais toujours réciproquement « mêlés ». La preuve de cela apparaît lorsque l'on essaye de scinder l'un de l'être, car là on obtient une dyade dont chaque élément, aussi bien l'un que l'être, est censé inclure

29. [...] περὶ τούτων τῶν ἑνάδων καὶ τῶν τοιούτων ἡ πολλὴ σπουδὴ μετὰ διαιρέσεως ἀμφισβήτησις γίγνεται [...] πρῶτον μὲν εἴ τινας δεῖ τοιαύτας εἶναι μονάδας ὑπολαμβάνειν ἀληθῶς οὔσας, *Philèbe* 15a-b. *Cf.* 16d-e.

30. Les termes ἓν et μονάς étaient pour Platon synonymes, voir par exemple les glissements terminologiques entre ἓν et μονάς en *Phédon* 101b-c et *Philèbe* 56e.

l'autre, en sorte que chaque élément de la dyade se constituera à son tour comme une dyade, et ainsi à l'infini (142e-143a). Or, la prolifération infinie de ces dyades ne fait que marquer l'impossibilité de séparer l'un de l'être. Ces deux « éléments » peuvent être séparés seulement « par la pensée (τῇ διανοίᾳ) » (143a), mais non effectivement, ce qui démontre aussi que l'idée, en tant que leur synthèse, a une nature éternelle.

L'un comme « nombre »

La raison fondamentale pour laquelle l'un et l'être forment une synthèse repose sur le fait que l'un *est*. Car, s'il est, alors il doit participer de l'être (142c). Mais pour pouvoir participer de l'être, il doit avoir une signification différente de celui-ci, car autrement, comme Parménide le fait remarquer, ce serait la même chose de dire « l'un est » et « l'un un » (142b-c)[31].

Qu'elle est donc exactement la signification de l'un ? Dans un passage assez peu exploré du deuxième examen de l'hypothèse que l'un est (la première hypothèse), Parménide affirme que l'un est aussi bien le premier que le plus petit entre les nombres :

> PARMÉNIDE – Dirons-nous que dans le nombre (ἀριθμοῦ) c'est le plus grand ou le plus petit qui vient en premier (τὰ πλείω γίγνεσθαί τε καὶ γεγονέναι πρότερον, ἢ τὰ ἐλάττω ;) ? ARISTOTE – Le plus petit. PARMÉNIDE – Le plus petit et le premier (τὸ ὀλίγιστον ἄρα πρῶτον), tel est justement l'un (τοῦτο δ' ἔστι τὸ ἕν). (153a-b)

Avec ce passage nous comprenons que l'un peut être conçu comme un nombre, ce qui ne nous étonne pas, car, pour nous modernes, il s'agit effectivement de la signification la plus évidente et immédiate du terme « un ». Si l'un signifie l'unité arithmétique, ou bien ce que les grecs appelaient aussi la « monade »[32], alors il est un nombre. Curieusement, même de nos jours les interprètes tendent à oublier ce passage, ce qui est dû probablement au malentendu selon lequel les grecs voyaient dans l'un tout au plus le principe des nombres mais non un nombre lui-même[33]. Il s'agit, d'ailleurs, d'un préjugé que le platonicien Théon de Smyrne contredit explicitement, lorsqu'il affirme que la monade, tout en étant le « principe et l'élément des nombres (ἀπχὴ καὶ στοιχεῖον τῶν ἀριθμῶν) » est lui-même un nombre (ἄρα ἡ μονὰς ὡς ἀριθμός)[34].

31. Οὐκοῦν καὶ ἡ οὐσία τοῦ ἑνὸς εἴη ἂν οὐ ταὐτὸν οὖσα τῷ ἑνί· οὐ γὰρ ἂν ἐκείνη ἦν ἐκείνου οὐσία, οὐδ' ἂν ἐκεῖνο, τὸ ἕν, ἐκείνης μετεῖχεν, ἀλλ' ὅμοιον ἂν ἦν λέγειν ἕν τε εἶναι καὶ ἓν ἕν.

32. Voir n. 28.

33. C'est le cas de la lecture de Sayre 1983, qui reconnaît dans l'un la monade pythagoricienne mais qui distingue entre la monade et les nombres, et de la lecture de Graeser 1999, p. 21 et 2003, p. 41-51, selon laquelle l'un du *Parménide* est la monade de Speusippe, qui n'est pas un nombre mais le principe formel des nombres.

34. Éd. Dupuis, trad. J. Delattre Biencourt, p. 28.

Or, en tant que nombre la monade en question pourrait être interprétée comme le type d'entité qu'Aristote qualifiera de « nombre idéal », à savoir une idée qui possède la même nature que l'« idée du trois » (ἡ τῶν τριῶν ἰδέα) dont Platon parle en *Phédon* 104d[35]. À la rigueur, on pourrait comprendre l'un comme un nombre « mathématique » seulement en tant qu'il est séparé « par la pensée » de l'être dont il participe, car là on aurait affaire à une monade isolée de son véritable être intelligible, donc à une monade qui en quelque sorte n'a plus la nature de l'idée. En revanche, l'idée de la monade coïnciderait avec l'*un qui est*, et donc elle ne serait pas une idée comme les autres mais pourrait être assimilée à l'idée en tant que telle. Si tel était le cas, l'*un qui est*, en tant que véritable essence intelligible de la monade, coïnciderait à la fois avec l'idée de la monade et avec l'idée en tant que telle.

Selon cette hypothèse, ce qui s'ensuit est que la monade, et donc le nombre, n'est pas seulement immanente à l'idée, mais identique à celle-ci. Telle est la raison pour laquelle, comme nous l'apprenons de *Philèbe* 15a-b, les idées (à savoir l'homme comme unité, le bœuf comme unité et ainsi de suite) doivent être comprises comme des monades. Mais il faut noter que même dans les livres IV et V de la *République* les idées sont conçues comme autant de monades qui s'opposent à la multiplicité des choses qui portent le même nom[36].

L'un comme « être »

Pour comprendre la nature de l'*un qui est* du *Parménide* il n'est pas nécessaire de s'engager dans une longue reconstruction de la signification de l'être, une tâche extrêmement complexe que Platon essayera d'affronter dans le *Sophiste*[37]. Ce qui compte est de réaliser que l'être ne signifie pas l'un, mais il se dit nécessairement de l'un (si l'un est), en sorte que l'être est toujours l'être de l'un (ἡ οὐσία τοῦ ἑνὸς, 142b), ce qui implique que c'est justement l'être de l'un qui diffère de l'un[38]. Car, s'il se dit de l'un, l'être coïncide avec l'être de l'un, c'est-à-dire que l'être en tant que tel n'est pas autre chose que l'être de l'un. Cela s'explique par le fait qu'il est impossible d'isoler l'être de l'un. On ne

35. Peu avant, en *Phédon* 101b-c, Socrate dit en effet que c'est à la monade (μονάδος) que doivent participer (μετασχεῖν) les choses qui « deviennent un », ce qui laisse entendre que la monade est aussi bien un nombre qu'une idée (la monade idéale ou l'idée de l'un).

36. Voir 476a, 479a, 507b-c et 596a. Ce n'est encore qu'une suggestion à développer, mais à cet égard il est intéressant de noter les témoignages d'Aristote (*Métaphysique*, A, 6, 987b, 18-22), Alexandre d'Aphrodise (*In Metaph.* 55,20-56,35) et Théophraste (*Metaph.* 6b11-16), qui affirment que Platon assimilait et réduisait les idées à des nombres, car l'assimilation entre l'idée et le nombre « un » semble aller dans la même direction. Voir notamment le témoignage d'Aristote, qui affirme que pour Platon les idées sont des nombres en raison de leur participation à l'un.

37. Voir notamment *Sophiste* 247d.

38. Οὐκοῦν καὶ ἡ οὐσία τοῦ ἑνὸς εἴη ἂν οὐ ταὐτὸν οὖσα τῷ ἑνί, 142b.

peut le faire, même « par la pensée », du fait que l'être ainsi isolé serait quand même « un », c'est-à-dire qu'il serait quand même déterminé dans la pensée[39].

Quand nous pensons à l'être, nous pensons donc nécessairement à l'un : l'un est le sujet auquel nous prédiquons le verbe « être » et c'est grâce à l'un que nous pouvons substantiver ce verbe et penser à « *l*'être » (l'article est le déterminant, donc il est référé à l'un)[40], à τὸ ἔστι, à τὸ εἶναι ou à ἡ οὐσία (142d). Ainsi, lorsque nous réfléchissons sur l'être, ce que nous avons à l'esprit est toujours l'*un qui est*[41]. On pourrait aussi dire que l'un diffère de l'être dont pourtant il participe, c'est-à-dire de l'être même de l'un (ἡ οὐσία τοῦ ἑνὸς), comme une forme diffère de son contenu (à la condition que forme et contenu soient inséparables). L'unité, ce en quoi toute idée consiste (l'homme en tant qu'unité, le bœuf en tant qu'unité, le beau en tant qu'unité et ainsi de suite), serait alors l'idée en tant que pure forme (εἶδος), alors que l'être serait plutôt le contenu de cette forme. Par exemple, l'idée de la justice serait la synthèse entre la forme de la justice (le juste en tant qu'unité[42]) et l'être, ce qui nous suggère qu'une idée particulière n'est qu'une forme particulière attachée à l'être, alors que la monade en est, pour ainsi dire, la forme absolue et commune à toutes les idées[43].

Il s'ensuit que l'un et l'être sont vraiment inséparables, et parce qu'on est toujours forcé à concevoir l'être comme un, et parce que, comme Parménide le démontre en conclusion du premier examen de l'hypothèse que l'un est, si l'un ne participait pas à l'être, il ne pourrait même pas être un et il serait donc tout à fait inconcevable (141e-142a)[44].

Si l'on veut comprendre la deuxième partie du *Parménide*, il est donc absolument central d'identifier la monade à la « monade de l'être »[45]. Celle-ci n'est en effet que l'unité fondamentale de l'être, ce que P. Natorp appelle l'« unité pure de l'οὐσία »[46]. Voilà probablement la raison pour laquelle les partisans de la lecture « ontologique » mentionnée par Proclus, assimilaient l'un du *Parménide* (τὸ ἓν ὂν) à l'être « entendu comme l'en-

39. Cf. *Sophiste* 237d

40. C'est la raison pour laquelle on peut sans doute dire que « l'être est un » mais à condition de ne pas oublier que l'unité est déjà comprise dans le sujet (l'être). Ce n'est pas l'être qui participe de l'un (il est déjà un), ce qu'en effet Platon n'affirme nulle part dans le *Parménide*, mais l'un qui participe de l'être. Il me semblerait pertinent de relier cela avec le *Sophiste* où l'un n'est pas compté parmi les genres suprêmes (254d).

41. Rien d'étonnant si τὸ ἔστι se dit de l'*un qui est* (τοῦ ἑνὸς ὄντος λέγεται), 142d.

42. Cf. *Philèbe* 15a.

43. *Cf.* Aristote, *Métaphysique* A 6, 987b18-22, 988a8-13 et 988b5-6.

44. Il n'a en effet « ni nom ni définition ni science ni sensation ni opinion (οὐδὲ λόγος οὐδέ τις ἐπιστήμη οὐδὲ αἴσθησις οὐδὲ δοξα) », 142a.

45. Je reprends l'expression de Steel 2002, p. 34.

46. Voir Natorp 1999b, p. 63-64, bien qu'il ne se réfère pas ici à l'un du *Parménide* mais à l'un en général.

tend Parménide »[47]. D'ailleurs, comment ne pas voir que cette « monade de l'être » est justement l'être monadique, un et continu (ἕν, συνεχές) que Parménide décrit dans son poème (DK 28 B 8, 6) ?

Le texte du *Parménide* semble aller dans la même direction, puisqu'avant de faire preuve de son long « exercice », l'Éléate annonce qu'il va justement commencer « par lui-même et par sa propre hypothèse » (137b : ἀπ' ἐμαυτοῦ ἄρξωμαι καὶ τῆς ἐμαυτοῦ ὑποθέσεως), c'est-à-dire par l'hypothèse de l'un lui-même (περὶ τοῦ ἑνὸς αὐτοῦ). Cela signifie que Parménide va appliquer à l'un la méthode qu'il vient d'expliquer à Socrate, pour examiner ce qui résulte si l'un *est* ou bien *s'il n'est pas* (εἴτε ἕν ἐστιν εἴτε μὴ ἕν, τί χρὴ συμβαίνειν)[48]. En réalité, il n'est pas difficile de voir que l'hypothèse de Parménide (« l'hypothèse de l'un lui-même ») coïncide avec l'hypothèse qui affirme que l'un est, mais peu avant l'Éléate avait précisé qu'il ne faut pas se limiter à avancer l'hypothèse qu'un certain objet est, mais qu'il faut examiner les conséquences qui résultent aussi bien de cette hypothèse que de l'hypothèse contraire, c'est-à-dire de l'hypothèse que le même objet n'est pas (135e-136a). Parménide ajoute aussi que les conséquences examinées doivent porter à la fois sur l'objet en question et sur les « autres choses (τἆλλα) », c'est-à-dire sur les réalités qui constituent, pour ainsi dire, le champ de son contradictoire, et qu'il faut toujours tenir compte aussi bien de la relation que chacun de ces deux termes entretient avec lui-même que de leur relation réciproque (136a-c).

Le fait que Parménide défende l'hypothèse que l'un est, ne signifie donc pas qu'il peut éviter de tirer les conséquences qui dérivent de cette hypothèse et de l'hypothèse contraire à la sienne, aussi bien pour l'un que pour les « autres que l'un ». Parménide, qui aurait tout intérêt à démontrer que l'un est, semble avoir réalisé que la façon la plus efficace pour atteindre ce but est de réduire à l'absurde l'hypothèse contraire. Une démonstration par l'absurde[49] de l'hypothèse que l'un est, permettrait aussi à Parménide de valider

47. Cf. *In Parm.* 1, 15, 636. Notons que déjà Mélissos semble se référer à l'être parménidien comme à l'un (ἓν), voir notamment DK 30 B8.

48. Dans la conditionnelle εἴτε ἕν ἐστιν εἴτε μὴ ἕν, ἐστιν peut avoir aussi un sens prédicatif, l'un dans la phrase περὶ τοῦ ἑνὸς αὐτοῦ serait alors le sujet de la prédication, et l'on pourrait ainsi traduire « si l'un est un et s'il n'est pas un ». C'est pourquoi parmi les commentateurs il n'y a jamais eu d'accord sur la traduction correcte. Je me contente d'observer, à cet égard, que si l'un n'est pas un (s'il est plusieurs), alors il n'est pas du tout (vice versa : s'il est un, alors il est). Pour une reconstruction précise du débat concernant ce passage voir Meinwald 1991, p. 40-45.

49. La méthode de la démonstration par l'absurde, qui est largement employée dans les *Éléments* d'Euclide, remonte probablement aux pythagoriciens anciens. En effet, la démonstration de l'incommensurabilité de la diagonale du carré de côté unitaire, qui est traditionnellement attribuée aux pythagoriciens, est une démonstration par l'absurde (voir Szabó 2007 p. 239-240). Il est donc probable que la structure de la deuxième partie du *Parménide* soit au moins partiellement empruntée à ce type de démonstration mathématique.

l'ensemble des conséquences cohérentes qui en résultent[50] et, par conséquent, de définir les propriétés fondamentales de l'un. D'autre part, s'il est vrai que dans le contexte du *Parménide*, démontrer que l'un est, c'est démontrer l'existence même de l'idée, alors définir les propriétés fondamentales de l'un équivaut à définir les propriétés fondamentales de l'idée. Sous cet angle, nous verrons bientôt que Platon se sert de Parménide pour atteindre ses propres objectifs.

En conclusion, l'un du *Parménide* n'est pas seulement la monade, mais il est aussi la « monade de l'être », c'est-à-dire l'être monadique qui fait l'objet du poème parménidien (τὸ ἐὸν). Or, comme la « monade de l'être » n'est que la véritable essence de la monade, il est impossible de définir les propriétés de l'être sans auparavant avoir défini les propriétés de la monade, ce qui démontre, en fait, la nécessité de développer une compréhension de l'un qui soit à la fois mathématique et ontologique. On pourra alors expliquer efficacement la raison de la coprésence, dans plusieurs passages du *Parménide*, y compris 153a-b, de deux registres philosophiques et terminologiques fondamentaux, l'un lié à la mathématique (principalement à l'arithmétique mais aussi à la géométrie[51]) et l'autre à l'ontologie.

De l'être à l'idée

L'être parménidien, modèle ontologique de l'idée

Nous venons de montrer qu'il est vraiment possible d'assimiler l'un de la deuxième partie du *Parménide* à l'être « entendu comme l'entend Parménide ». Mais si l'être de Parménide, en tant que « monade de l'être », est la synthèse originaire de l'un et de l'être, qu'en est-il de l'identité entre cet être et l'idée ? Si non seulement l'idée mais aussi l'être parménidien peut être conçu comme une synthèse entre l'un et l'être, peut-on alors assimiler celui-ci à l'idée ?

Plusieurs études ont mis en évidence, à cet égard, que l'être parménidien a été le véritable modèle ontologique de l'idée platonicienne, autrement dit le « prototype » d'où Platon semble tirer son ontologie de l'idée, au moins dans sa période de jeunesse et sa période intermédiaire[52]. Par exemple, Solmsen a

50. Cet ensemble cohérent se compose, à mon avis, de toutes les conséquences qui résultent du deuxième, du troisième et du quatrième examen de l'hypothèse que l'un est, où le troisième, qu'avec Séguy-Duclot 1998, p. 85-97 et Gourinat 2001, p. 255-259 je considère comme indépendant du deuxième, est celui qui traite de la figure de l'instant (155e-156e). Le premier et le cinquième examen, en revanche, présentent des conséquences qui s'enchainent pour conduire à des conclusions inacceptables, que même Parménide semble rejeter.

51. Voir 145b, où Parménide démontre la participation de l'un à la figure géométrique.

52. Voir Liebrucks 1949, p. 37-38, Gadamer 1950, p. 60, Curd 1998, p. 228-241, Solmsen 1971, p. 64-70 et Palmer 1999, *passim*.

montré que la description des propriétés essentielles de la beauté idéale en *Banquet*, 211a-e rappelle fortement la manière dont Parménide décrit les propriétés de l'ἐὸν[53]. La beauté y est décrite, en effet, comme une réalité qui *est toujours* (ἀεὶ ὄν), qui ne naît ni ne périt (οὔτε γιγνόμενον οὔτε ἀπολλύμενον), qui n'augmente ni ne diminue (οὔτε αὐξανόμενον οὔτε φθίνον) et qui n'est pas belle dans un rapport et laide dans un autre, ni belle à un certain moment et laide à un autre moment. Le beau idéal est uniforme (μονοειδὲς), c'est-à-dire qu'il a une seule forme, ce qui implique qu'il est un et non plusieurs[54], et de plus il est pur (καθαρόν) et non mêlé (ἄμικτον), toujours « soi-même, en soi-même, avec soi-même (αὐτὸ καθ' αὑτὸ μεθ' αὑτοῦ) », de manière que même s'il est participé par les choses belles, il ne devient ni plus grand ni plus petit et ne change d'aucune autre manière. Pareillement, l'ἐὸν du poème est entier, un, continu (B8, 6 : πᾶν, ἕν, συνεχές)[55] et indivisible (B8, 22 : οὐδὲ διαιρετόν), immobile (ἀκίνητον) et inchangeable (B8, 26), toujours identique à soi-même, dans le même lieu, en soi-même (B8, 29 : ταὐτόν τ' ἐν ταὐτῷ τε μένον καθ' ἑαυτό τε κεῖται), renfermé dans ses limites (B8, 31), semblable à une sphère « bien arrondie » (B8, 43-45). L'ἐὸν n'est né (ὡς ἀγένητον) ni ne périra (B8, 4-5 ; 10-15 ; 19-22 ; 32-33), comme il est toujours dans le temps présent (οὐδέ ποτ' ἦν οὐδ' ἔσται, ἐπεὶ νῦν ἔστιν), en étant donc toujours du même âge (B8, 5). Il est partout égal à soi-même (B8, 22-25 : πᾶν ἐστιν ὁμοῖον ; B8, 49 : πάντοθεν ἶσον), n'étant ni moins ni plus que soi-même (B8, 20-25 ; 48) car il est tout à fait plein de soi-même (πᾶν δ' ἔμπλεόν ἐστιν ἐόντος) et ne touche qu'à soi-même (ἐὸν γὰρ ἐόντι πελάζει) ; c'est-à-dire qu'exactement comme le beau idéal il est toujours « avec soi-même » ou « en contact » avec soi-même (B8, 24-25 ; B4).

Or, il n'est pas difficile de voir que cet ensemble de propriétés coïncide de manière assez précise avec la moitié des propriétés que Parménide assigne à l'un au cours du deuxième examen de la première hypothèse[56], lorsqu'il s'agit justement de caractériser l'*un qui est*, c'est-à-dire de déduire, à partir de la simple hypothèse qu'il est, comment il est fait, quelles sont ses propriétés. Le deuxième examen s'occupe en effet, exactement comme le premier et le troisième, de tirer les conséquences qui résultent de l'hypothèse que l'un est (la première hypothèse) pour l'un lui-même[57], alors que le quatrième

53. Solmsen 1971, p. 64-70

54. Cf. *Philèbe* 15a.

55. *Cf.* B8, 25

56. Halper 1990, p. 39, Gourinat 2001, p. 241-243 et Ferrari 2004, p. 144, pensent que ces propriétés sont empruntées au livre de Zénon, alors que pour Palmer 1999, p. 221-254, Peck 1953, p. 149 et Coxon 1999, p. 129-154, elles sont empruntées directement au *Poème*.

57. De mon point de vue, le deuxième et le troisième sont les seuls qui conduisent à des résultats positifs concernant l'un, ce qui nous permet de comprendre comment l'un est fait. Si donc il était possible de démontrer que l'un est, tout en démontrant que de l'hypothèse que l'un n'est pas ne résultent que des conséquences absurdes et incohérentes, alors il serait

et le cinquième s'occupent de tirer les conséquences qui résultent pour les « autres que l'un ». C'est donc dans le deuxième examen que l'Éléate essaye de démontrer que l'un (aussi bien par rapport à soi-même que par rapport aux « autres que l'un ») possède à la fois les propriétés qui caractérisent l'être parménidien et les propriétés contraires.

Il s'avère, en effet, que l'un est à la fois un et (infiniment) multiple (145a), limité et illimité (144e-145a), en soi-même et en autre chose (145b-146a), en repos et en mouvement (145e-146a), tout en étant aussi (tantôt par rapport à soi-même tantôt par rapport aux « autres ») identique et différent (146a-147b), semblable et dissemblable (147c-148b), en contact et non en contact (148d-149d), égal et inégal (149d-151e), du même âge et d'un âge différent (151e-155c).

Mais quelle est la raison pour laquelle Platon laisse Parménide caractériser l'un de cette manière, tout en contredisant la description de l'être que nous lisons dans le poème ? À mon avis, la réponse la plus efficace à cette question est que Platon semble avoir réalisé que si l'idée possédait seulement des propriétés « parménidiennes », alors la participation serait impossible. Ces propriétés se prêtent, en effet, à décrire ce que l'idée est « en soi-même », en tant qu'elle transcende la réalité sensible, mais elles ne se prêtent point à décrire l'idée en tant qu'elle est immanente à cette réalité, c'est-à-dire en tant qu'elle est présente dans les choses qui en participent.

Comment se fait-il, en effet, que la beauté idéale puisse conserver ses propriétés « parménidiennes » lorsqu'elle se trouve dans les choses sensibles, dont la nature diffère radicalement de celle de l'idée ? Car, lorsque l'idée est présente dans les réalités sensibles, elle est présente dans une nature « autre que l'idée », qui est en effet une multiplicité illimitée dépourvue d'unité (158c)[58] de même que ses infinis éléments, les « autres que l'un ».

Dans la perspective parménidienne du poème, les « autres que l'un » ne sont que des apparences dépourvues d'être, car ils n'ont pas la capacité de participer de l'un-être, mais dans la perspective platonicienne les choses sont différentes. Dans cette perspective, en effet, l'un-être (l'idée) est participé par les réalités sensibles, ce qui signifie que les « autres que l'un » ne sont pas de simples apparences (B8, 38 ; 50-60), comme c'est le cas dans le poème parménidien, mais des êtres selon tous leurs effets. Les « autres que l'un » participent de l'un-être (157c, 157e-158e et 159d), bien que leur nature propre diffère radicalement de celle de l'un (158c-d).

Cela étant dit, la thèse que j'entends étayer dans les pages qui suivent est que la présence de l'un dans les « autres », qui renvoie à la présence de

également possible de démontrer que l'un possède effectivement les propriétés que Parménide lui attribue au cours du deuxième et du troisième examen. Voir n. 33.

58. Cf. *Philèbe* 15b. Cette nature est celle du « non-un » (μὴ ἕν), voir 160b-c. C'est pourquoi les « autres que l'un » sont aussi appelés les « non-uns » (τὰ μὴ ἕν), voir 146e, 147a et 147b.

l'idée dans les réalités sensibles, semble être la véritable source de toutes les antinomies que Platon fera littéralement déduire à Parménide au cours du deuxième examen de la première hypothèse (à partir de l'hypothèse que l'un est). Voilà pourquoi ces antinomies ne sont pas à concevoir comme des contradictions[59].

Les antinomies de l'un, aperçu général

Dans les lignes qui suivent je montrerai quelques points-clés qui peuvent servir à mieux comprendre le sens général des antinomies qui caractérisent l'un dans le deuxième examen. Naturellement, ce n'est pas le lieu d'approfondir en détail la signification effective de chaque antinomie, car il est en effet impossible, sans s'engager dans un long et minutieux travail d'interprétation, d'analyser les stratégies très complexes dont Platon se sert pour déduire ces antinomies, les très nombreux et ardus arguments et tous les passages problématiques au niveau herméneutique, philologique et philosophique.

Ce qui compte le plus est que les antinomies semblent dépendre essentiellement de la tentative de concilier la description parménidienne de l'un-être avec la doctrine de la participation, ce qui soulève des questions générales concernant la nature de la participation[60]. D'une part, comment est-il possible que l'un soit présent dans une pluralité de réalités de nature contraire à la sienne sans avoir en lui-même rien de multiple et de non-un, c'est-à-dire en étant absolument un et non multiple[61] ? D'autre part, le premier examen de l'hypothèse que l'un est (ce qu'on appelle traditionnellement la « première hypothèse ») semble constituer une tentative très élaborée de démontrer de façon indirecte que l'un ne peut pas être exclusivement un, car autrement il ne pourraient point être, ni être pensé (141e-142a). C'est sur cette base que, dans le deuxième examen, Parménide arrive à démontrer que l'un, même si nous le séparons de l'être « par la pensée » (143a-144e)[62], est multiple et infini. Contrairement à l'un-être parménidien, qui est indivisible (B8, 22), l'idée platonicienne est à la fois une et infiniment multiple, car infiniment divisible (145a), ce qui apparaît en effet comme la condition préalable de la

59. *Cf.* Rickless 2007, p. 246-248.

60. Ces questions relèvent d'une série de difficultés concernant la participation dont certaines sont reprises et discutées par Alexandre d'Aphrodise (*In Metaph.* 97, 27-98, 21). *Cf.* Robin 1908, p. 78-79.

61. Dans le *Poème* parménidien, nous ne lisons nulle part que l'un est multiplicité, mais, comme Platon le fait remarquer dans *Sophiste*, 245a-b, si l'être a la forme d'une « sphère bien arrondie », alors il doit avoir des parties.

62. En tant qu'il est séparé de l'être, à savoir de sa véritable essence, à mon avis cet un peut être exclusivement conçu comme un « nombre mathématique ».

participation[63]. En étant *à la fois un et infiniment multiple,* l'un est à la fois limité et illimité et peut donc être conçu comme un tout ayant un nombre infini de parties. Ainsi, l'un peut participer de la figure, soit de la figure ronde (la figure sphérique de l'être parménidien), soit de la figure droite (le dodécaèdre décrit dans le *Phédon* et dans le *Timée*[64]), soit d'une figure mixte entre les deux (145b)[65]. Ces résultats présentent, à mon avis, des implications mathématiques remarquables, qu'il faudrait approfondir séparément, en premier lieu parce qu'ils démontrent la nécessité de dépasser la conception traditionnelle de la monade comme indivisible, que Szabó et Caveing font remonter aux pythagoriciens et que Platon lui-même semble défendre en *République* VII, 525d-e[66].

Par ailleurs, si l'idée doit être présente dans les réalités qui en participent, alors l'un n'est pas seulement « en soi-même » (ἐν ἑαυτῷ) mais aussi « en autre chose » (145b-e : ἐν ἄλλῳ ; ἐν ἑτέρῳ). Et cela signifie que l'idée est présente dans la nature intrinsèquement illimitée des choses sensibles, dont elle est le facteur déterminant, ce qui leur apporte la détermination comme limite réciproque :

> [...] quelque chose de différent (ἕτερόν τι) naît dans les autres (γίγνεσθαι ἐν ἑαυτοῖς) qui, à ce qu'il semble, leur procure effectivement une limite réciproque (ὃ δὴ πέρας παρέσχε πρὸς ἄλληλα) : mais leur nature (ἡ δ' ἑαυτῶν φύσις), en tant qu'ils sont ce qu'ils sont (καθ' ἑαυτὰ), leur procure l'illimitation (ἀπειρίαν). (158d)

On peut alors expliquer de manière plus précise la raison pour laquelle l'un se meut lorsqu'il est « en autre chose » (ἐν ἑτέρῳ), car Parménide se limite à affirmer que, comme il est toujours en autre chose, il n'est jamais dans le même endroit, donc il n'est jamais en repos :

63. La question, en effet, est de savoir s'il y a une possibilité pour l'un d'être seulement un et non multiple (143a). La réponse à cette question s'avère être négative : même si nous le considérons tout seul, isolé de l'être (et donc de son propre être), il n'y a aucune manière pour l'un d'être exclusivement un, ce qui prouve que la multiplicité de l'un n'est point une conséquence de sa participation à l'être (bien que celle-ci soit absolument nécessaire), n'est pas une propriété qu'il possède en vertu de l'être dont il participe mais une propriété qu'il possède en vertu de soi-même.

64. Voir *Phédon* 110b et *Timée* 55c.

65. On peut penser que la figure évoquée est la figure solide et non la figure plane, car l'être parménidien a une figure sphérique. Pour Platon cette figure peut être aussi un polyèdre ou un solide « mixte » ayant au moins une surface qui n'est pas un polygone.

66. Voir Szabó 2007, p. 285, et Caveing 1997, p. 183-185, qui conçoit l'indivisibilité comme un « axiome » de l'arithmétique pythagoricienne. Dans le passage mentionné Socrate essaye de prouver l'indivisibilité en soulignant que lorsqu'on cherche à diviser l'« unité elle-même » au lieu de l'unité qui est dans les corps, ce qu'on obtient n'est jamais un fractionnement mais toujours une multiplication. Un argument semblable peut être trouvé dans l'*Exposition* de Théon de Smyrne, voir éd. Dupuis, trad. J. Delattre Biencourt, p. 28.

> Et alors, du moment qu'il est toujours en autre chose (τὸ ἐν ἑτέρῳ ἀεὶ ὂν), n'est-il pas nécessaire, au contraire, qu'il ne soit jamais dans le même (μηδέποτ' ἐν ταὐτῷ εἶναι) et que, du moment qu'il n'est jamais dans le même, il ne soit jamais en repos (μηδὲ ἑστάναι), en sorte que s'il n'est pas en repos il soit en mouvement (μὴ ἑστὸς δὲ κινεῖσθαι;) ? (146a)

Parce qu'il « naît dans les autres » (158d), l'un en tant que limite se trouve nécessairement en autre chose[67], c'est-à-dire dans l'illimité, mais ce dernier ne pourra à aucun moment le « contenir ». La présence de la limite dans l'illimité, qui est impliquée par la participation en tant que présence de l'idée dans la chose sensible, explique la raison pour laquelle l'un est toujours en autre chose, donc en mouvement.

En *Philèbe* 24a-25a, Platon mettra en évidence que l'opposition illimitée entre le plus et le moins, qui caractérise la nature même de l'illimité, fait disparaître la quantité déterminée, le « combien » (τὸ ποσὸν), qui a une nature stable (τὸ δὲ ποσὸν ἔστη). Si donc dans le *Philèbe* la nature de l'illimité fait disparaître le ποσὸν, dans le *Parménide* elle reçoit l'un en tant que limite et le fait mouvoir, empêchant non seulement la formation du ποσὸν (du « combien ») mais en général de la détermination permanente (du « ceci »). Il faut donc concevoir le mouvement de l'un comme l'altération constante, aussi bien au sens cinétique qu'au sens qualitatif (138c), qui relève de l'instabilité de la détermination sensible en tant que telle[68]. La nature illimitée des « autres que l'un » est le *medium* de ce mouvement, qui rend raison du fait que l'idée, en tant qu'elle se trouve dans ses participants sensibles, perd nécessairement la stabilité, l'immobilité et l'immutabilité que Parménide attribue à l'être dans son poème.

Mais si l'idée doit être aussi « en soi-même », car autrement sa transcendance par rapport à la réalité sensible serait « épuisée » à cause de la participation, elle est alors également dans un état de repos, c'est-à-dire qu'elle est « toujours dans le même » (146a : ἐν τῷ αὐτῷ ἀεὶ ὂν). Il s'ensuit que l'idée passe de l'être immobile à l'être en mouvement lorsqu'elle commence à être participée par la chose sensible, pour retourner dans un état de repos lorsque la participation vient à cesser. Pour preuve, Parménide met en premier lieu en évidence qu'il y a un moment où les « autres » commencent à parti-

67. Même si dans ce passage Parménide n'identifie pas explicitement l'ἕτερον où l'un vient à se trouver aux « autres que l'un », il faut observer que, comme « il n'y a rien en dehors de l'un et des autres » (151a : μηδὲν εἶναι ἐκτὸς τοῦ ἑνός τε καὶ τῶν ἄλλων), l'un qui se trouve ἐν ἑτέρῳ se trouve alors nécessairement dans la multiplicité illimitée des « autres que l'un ». En 148d, Parménide affirmera très clairement que l'un se trouve dans les « autres » au pluriel (ἐν τοῖς ἄλλοις).

68. Dans le *Timée* (49c-50a), Platon affirme qu'à cause de cette même instabilité et impermanence, il ne faut jamais dire « *celle-ci* est l'eau » ou « *ceci* est le feu », mais « *telle* est l'eau » et « *tel* est le feu ». En somme, la détermination sensible (donc l'idée qui se trouve dans la réalité sensible), n'est jamais un « ceci » et pour cela *s'enfuit* (49d : φεύγει).

ciper de l'un (158c : ὅτε μεταλαμβάνει αὐτοῦ), lequel, en tant qu'il est leur limite (πέρας), est quelque chose de différent des « autres » (ἕτερόν τι), qui pourtant « naît chez eux (γίγνεσθαι ἐν ἑαυτοῖς) » (158d). En second lieu il précise, au cours du troisième examen, que l'un ne se contente pas de passer du repos au mouvement mais qu'il passe aussi du mouvement au repos (156c).

Cela montre que la participation est un processus qui a lieu dans le temps, ce qui explique la raison pour laquelle l'idée participe du « temps qui passe » (152a : πορευομένου τοῦ χρόνου), c'est-à-dire de la durée, contrairement à l'un-être parménidien, qui est tellement immuable qu'il ne peut même pas avoir une durée (B8, 5). L'idée platonicienne a donc un « âge » (ἡλικία). Or, puisque le temps passe, cet âge est toujours différent : l'idée est alors toujours plus jeune et plus vieille que soi-même, mais à chaque moment elle est aussi contemporaine à soi-même (152a-e). Pareillement, l'idée est plus vieille que les choses qui en participent (153b-d), parce qu'elle est antérieure à celles-ci, mais en tant qu'elle est l'unité ultime qui tient ensemble la multiplicité des choses qui en participent au cours du temps, l'idée est tout à fait postérieure à celle-ci et donc plus jeune (153d). D'ailleurs, d'un point de vue encore différent, l'idée n'est ni plus vieille ni plus jeune mais toujours contemporaine des choses qui en participent (153e-154a), car celles-ci ne sont en aucun moment dépourvues de l'idée dont elles participent.

Ensuite, la structure de la participation implique que la relation que l'idée entretient avec les choses sensibles n'est point réductible à la seule différence, à l'absolue dissemblance, à l'inégalité et à la séparation entendue comme absence de contact, ce qui en revanche semble caractériser la relation que l'être entretient avec les apparences sensibles dans le poème de Parménide (bien qu'aucun fragment ne se concentre explicitement sur cette relation), mais qu'elle entraîne aussi l'identité, la ressemblance, le contact et l'égalité[69]. Par conséquent, même la relation que l'idée entretient avec soi-même n'est plus caractérisée par la seule identité, par l'absolue ressemblance, l'absence de séparation interne (le fait de « toucher à soi-même ») et l'absolue égalité à soi-même[70] qui, au contraire, décrivent assez bien la relation de l'être parménidien avec soi-même. Si l'idée, en effet, doit être à la fois « en soi-même » et « en autre chose » (dans les choses sensibles qui en participent), alors elle diffère de soi-même à plusieurs égards (elle sera dissemblable, inégale à soi-même et séparée d'elle-même). L'idée conserve néanmoins l'identité avec soi-même (de même que la ressemblance, le contact et l'égalité), car elle change ses propriétés à cause de la participation mais elle ne change pas sa nature, c'est-à-dire qu'elle ne se transforme pas en quelque chose de différent de ce qu'elle est.

69. Voir 147a-b, 148a, 148e, 150d-e, 151d-e.
70. Voir 146c, 148d, 149a, 150e-151a, 151c-d.

Cet aperçu préliminaire sur le deuxième examen suggère donc clairement que toutes les antinomies de l'un relèvent de la structure même de la participation. Un rapide panorama sur les autres examens de la même hypothèse semble confirmer ce diagnostic. Dans le troisième examen, qui mériterait d'être soigneusement commenté, il s'agit, en effet, avant tout d'approfondir le sens dynamique de toute antinomie où l'on a affaire à des propriétés contraires qui ne peuvent pas convenir à l'un simultanément[71]. En revanche, d'après la conclusion du quatrième examen (159a-b), qui concerne les « autres » dans leurs rapports avec eux-mêmes et avec l'un, il ressortira que ces mêmes antinomies, pour des raisons différentes mais toujours reconductibles à la participation, caractérisent l'ensemble des propriétés qu'il faut attribuer aux « autres que l'un »[72].

En conclusion et en résumé, nous pourrions donc dire que dans le cadre du poème parménidien, où la participation n'a aucune raison d'être, l'un-être (le modèle de l'idée), possède des propriétés qui ne lui permettent pas d'être participé par d'autres réalités. C'est pourquoi les propriétés « parménidiennes » de l'un sont inconciliables avec la participation, bien qu'elles soient tout aussi nécessaires que les propriétés « non-parménidiennes », car la présence de l'idée dans ses participants sensibles n'entraîne ni la négation ni l'« épuisement » de sa transcendance. L'être parménidien, l'*un qui est*, ne peut donc pas être assimilé à l'idée, sauf à réformer profondément l'ontologie du poème, à la fois en validant et contredisant la description parménidienne des propriétés de l'être.

Vers le « parricide »

Toutefois, il y a une conséquence très grave que nous devons considérer. Si l'un a plusieurs propriétés contraires, alors il *est* et *n'est pas* à plusieurs égards (par exemple, il est et n'est pas identique à soi-même, il est et n'est pas immobile, et ainsi de suite). Mais comme l'un est l'être « entendu comme l'entend Parménide », nous sommes ici confrontés à une violation de l'interdiction parménidienne d'affirmer que l'être n'est pas (B2, B6, B8).

Cela ne peut que préparer la voie au célèbre « parricide » du *Sophiste*, qui est sans doute l'issue la plus dramatique qui résulte de cette réforme de l'ontologie parménidienne que Platon inaugure dans le *Parménide*, dont le *Sophiste* tirera les extrêmes conséquences. Cependant, une telle réforme devient nécessaire justement à cause du rapport très étroit qui lie l'idée platonicienne à l'être parménidien, qui en est en quelque sorte le modèle ontolo-

71. Pour des raisons que Parménide n'explique pas et qu'il faudrait reconstruire de manière approfondie, celles-ci sont respectivement : l'unité et la multiplicité, la ressemblance et le dissemblance, l'égalité et l'inégalité, le repos et le mouvement (156b-c).

72. Ce dernier est un résultat moins remarquable, car il ne concerne pas l'idée mais uniquement la réalité sensible.

gique. Si Platon ne s'était pas engagé dans une réforme de l'ontologie parménidienne, probablement n'aurait-il pas pu faire évoluer sa compréhension de l'idée. Aussi, de mon point de vue, le sens du « parricide » contribue à mettre en lumière, plutôt que la discontinuité, la *continuité* entre Platon et Parménide.

Conclusion

À la lumière de ce qui précède on peut conclure que la deuxième partie du *Parménide* a deux finalités que Platon ne révèle pas : la première, de démontrer par l'absurde l'hypothèse que l'un est, à savoir l'hypothèse que la réalité intelligible (l'idée) existe réellement ; la seconde, de redéfinir les propriétés fondamentales de l'un-être parménidien (l'*un qui est*), qu'il fait coïncider avec l'idée, en fonction de la nécessité de les harmoniser avec la participation. Cela permet à Platon non seulement de démontrer l'existence des idées, mais aussi de donner une formulation rigoureuse de la participation, tout en résolvant les difficultés fondamentales qui la concernent.

Nous pouvons alors expliquer de manière convaincante la raison pour laquelle la deuxième partie porte sur l'« hypothèse de Parménide » (137b) : traiter de l'un, c'est traiter tout à la fois de la monade pythagoricienne (le plus petit entre les nombres) et de l'être parménidien, c'est déployer la structure même de l'idée. L'un du *Parménide* s'avère donc un objet d'étude très atypique et certainement très complexe, notamment car il se situe exactement à l'intersection de la mathématique et de l'ontologie. En ce sens, l'on pourrait dire que la deuxième partie du *Parménide* célèbre le mariage entre deux des courants philosophiques fondamentaux qui caractérisent l'héritage philosophique de Platon : le pythagorisme et le parménidisme. Le premier se lie aux notions d'unité et de nombre et, notamment, à celles de limite (πέρας) et d'illimité (ἄπειρον), qu'on retrouve partout dans la deuxième partie et qui relèvent probablement de l'influence de Philolaos[73], alors que le second se rapporte plutôt au langage du poème parménidien.

D'ailleurs, comme l'un coïncide avec l'idée et comme la relation entre l'un et les « autres que l'un » renvoie par conséquent à la relation entre l'idée et la multiplicité sensible, on pourrait dire que le *Parménide* possède une signification éminemment dialectique. C'est en effet la dialectique qui s'occupe plus proprement de la relation que chaque idée entretient avec la multiplicité sensible, tant et si bien qu'en *Phèdre* 265c-266d Platon attribue à la dialectique la fonction suprême de joindre la multiplicité sensible à l'unité de l'idée, c'est-à-dire tantôt celle d'unifier la multiplicité sensible dans une seule unité idéale (εἰς μίαν τε ἰδέαν), tantôt celle de diviser cette idée unique

73. *Cf.* DK 44 B1, B2, B3, B6, B11.

selon ses espèces et son articulation, jusqu'à redescendre vers la multiplicité sensible[74]. Et l'on voit bien que tel est l'enjeu principal du *Parménide*, où la question de la participation et plus généralement de la relation entre l'unité et la multiplicité, joue un rôle central aussi bien dans la première que dans la deuxième partie. C'est pour toutes ces raisons que je suis convaincu qu'une relecture du *Parménide* centrée sur le paradigme « ontologique » et sur l'un comme clé de voûte du rapport entre mathématique, ontologie et dialectique, pourrait nous aider à progresser considérablement dans le déchiffrage de ce dialogue.

74. *Cf.* Séguy-Duclot 1998, p. 54.

BIBLIOGRAPHIE

Apelt, O. 1879 : *Untersuchungen über den Parmenides des Plato*, Weimar, 1879.

Brisson, L. 1996 : « Une nouvelle interprétation du *Parménide* de Platon » dans P. M. Morel & J. F. Balaudé, *Platon et l'objet de la science : six études sur Platon*, Talence, 1996 (Histoire des pensées).

Brisson, L. 2008 : « The Reception of the *Parmenides* before Proclus », *Zeitschrift für Antikes Christentum,* 12/1 (2008), p. 99-113. DOI : https://doi.org/10.1515/ZAC.2008.008

Brisson, L. 2018 (trad.) : Platon, *Parménide*, traduction inédite, introduction et notes par Luc Brisson, Paris, 2018[4].

Brumbaugh, R. S. 1961 : *Plato on the One. The Hypothesis in the* Parmenides, New Haven, 1961.

Caveing, M. 1997 : *La constitution du type mathématique de l'idéalité dans la pensée grecque*, 2 : *La Figure et le Nombre. Recherches sur les premières mathématiques des Grecs,* Villeneuve d'Ascq, 1997 (Histoire des sciences).

Coxon, A. H. 1999 (trad.) : *The Philosophy of Forms : an analytical and historical commentary on Plato's* Parmenides, *with a new English translation*, Assen, 1999.

Curd, P. K. 1998 : *The Legacy of Parmenides : Eleatic Monism and Later Presocratic Thought*, Princeton, 1998.

Dixsaut, M. 2003 : « Le temps qui s'avance et l'instant du changement (*Timée*, 37 C-39 E, *Parménide*, 140 E-141 E, 151 E-155 E) », *Revue Philosophique de Louvain*, 101/2 (2003), p. 236-264. URL:https://www.persee.fr/doc/phlou_0035-3841_2003_num_101_2_7489

El Murr, D. 2010 : « Les Formes sans l'âme : *Parm.* 131a-133a est-il une critique de la Participation ? », *Antiquorum Philosophia,* 4 (2010), p. 137-160. URL : http://digital.casalini.it/10.1400/152278

Ferrari, F. 2002 : « Unità e oggetto del Parmenide. Problemi e proposte », dans M. Barbanti & F. Romano (dir.), *Il* Parmenide *di Platone e la sua tradizione. Atti del III colloquio internazionale del Centro di Ricerca sul Neoplatonismo,* Università degli Studi di Catania, 31 maggio-2 giugno 2001, Catania 2002, p. 85-107.

Ferrari, F. 2004 : « L'enigma del *Parmenide* », dans Platone, *Parmenide*, a cura di F. Ferrari, Milano, 2004 (BUR. Classici greci e latini).

Fronterrota, F. 1998 : *Guida alla lettura del* Parmenide *di Platone*, Roma-Bari, 1998 (Guide ai classici, 5).

Gadamer, H.-G. 1950 : « Zur Vorgeschichte der Metaphysik », dans *Anteile : Martin Heidegger zum 60. Geburtstag*. Frankfurt, 1950, p. 51-79.

Graeser, A. 1999 : *Prolegomena zu einer Interpretation des zweiten Teils des Platonischen* Parmenides, Bern-Stuttgart, *1999 (*Berner Reihe philosophischer Studien, 25).

Graeser, A. 2003 (trad.) : *Platons* Parmenides, Stuttgart, 2003 (Abhandlungen der Geistes- und Sozialwissenschaftlichen Klasse / Akademie der Wissenschaften und der Literatur in Mainz, 3).

Gourinat, J.-B. 2001 : « La dialectique des hypothèses contraires dans le *Parménide* de Platon », dans M. Fattal (éd.), *La Philosophie de Platon*, Tome I, Paris, 2001 (Collection Ouverture philosophique), p. 233-261.

Hägler, R.-P. 1983 : *Platons Parmenides : Probleme der Interpretation*, Berlin, 1983 (Quellen und Studien zur Philosophie, 18).

Halfwassen, J. 1992 : *Der Aufstieg zum Einen : Untersuchungen zu Platon und Plotin*, Stuttgart, 1992 (Beiträge zur Altertumskunde, 9).

Halfwassen, J. 1993 : « Speusipp und die metaphysische Deutung von Platons 'Parmenides' », dans L. Hagemann & R. Gley (éd.), *Hen kai Plethos / Einheit und Vielheit: Festschrift für Karl Bormann zum 65 Geburtstag*, Würzburg, 1993 (Religionswissenschaftliche Studien, 30), p. 330-373.

Halper, E. 1990 : « A Note on the Unity of the *Parmenides* », *Hermes*, 118/1 (1990), p. 31–42.

Hermann, A. & S. Chrysakopoulou 2010 (trad.) : *Plato's* Parmenides *: Text, Translation and Introductory Essay*, Las Vegas, 2010.

Huber, G. 1951 : *Platons dialektische Ideenlehre nach den zweiten Teil des Parmenides*, Wien, 1951.

Meinwald, C. C. 1991 : *Plato's* Parmenides, New York, 1991.

Miller, M. H. Jr. 1986 : *Plato's* Parmenides *: The Conversion of the Soul*, Princeton, 1987.

Moreau, J. 1944 : « Sur la signification du *Parménide* », *Revue Philosophique de la France et de l'étranger*, 134/4-6 (1944), p. 97–131.

Natorp, P. G. 1999a : *Dottrina Platonica Delle Idee. Una introduzione all'Idealismo*, introd. di G. Reale, trad. it. V. Cicero , Milano, 1999 (Temi metafisici e problemi del pensiero antico, 72), (= *Platons Ideenlehre. Eine Einführung in den Idealismus*, Leipzig [1903]).

Natorp, P. G. 1999b : *Logos-Psyche-Eros. Metacritica alla « Dottrina platonica delle idee » ; con in appendice il saggio « Sulla dottrina platonica delle Idee »*, trad. it. par V. Cicero, Milano, 1999 (Temi metafisici e problemi del pensiero antico, 73), (= *Logos-Psyche-Eros. Metakritischer Anhang*, Leipzig [1921]).

Niewöhner, F. W. 1971 : *Dialog und Dialektik in Platons* Parmenides. *Untersuchungen zur sogennanten platonischen Esoterik*, Meisenheim, 1971 (Monographien zur philosophischen Forschung, 78).

Palmer, J. A. 1999 : *Plato's Reception of Parmenides*, Oxford, 1999.

Peck, A. L. 1953 : « Plato's *Parmenides* : Some Suggestions for its Interpretation », *Classical Quarterly*, 3/3-4 (1953), p. 126-150.
DOI : https://doi.org/10.1017/S0009838800003074

Reale, G. 2010 (éd.) : *Per una nuova interpretazione di Platone alla luce delle «Dottrine non scritte», con i testi greci di tutti passi citati*, Milano, 2010[22] (Il pensiero occidentale).

Rickless, S. C. 2007 : *Plato's Forms in Transition. A Reading of the* Parmenides, Cambridge, 2007.

Robin, L. 1908 : *La Théorie Platonicienne des Idées et des Nombres d'après Aristote : étude historique et critique*, Paris, 1908.

Robin, L. 1935 : *Platon*, Paris, 1935 (Les grands philosophes).

SayreE, K. 1983 : *Plato's Late Ontology: a Riddle Resolved*, Princeton, 1983.

Scolnicov, S. 2003 (trad.) : *Plato's* Parmenides, transl. with introd. and commentary, Berkley, 2003 (The Joan Palevsky imprint in classical literature).

Séguy-Duclot, A. 1998 : *Le* Parménide *de Platon ou le jeu des hypothèses*, Paris, 1998 (L'Extrême contemporain).

SOLMSEN, F. 1971 : « Parmenides and the description of perfect beauty in Plato's *Symposium* », *American Journal of Philology*, 92/1 (1971), p. 62-70.
DOI : https://www.jstor.org/stable/293280

SPEISER, A. 1937 : *Ein Parmenideskommentar : Studien zur platonischen Dialektik*, Stuttgart, 1937.

STEEL, C. 2002 : « Une histoire de l'interprétation du *Parménide* dans l'Antiquité », dans M. Barbanti & F. Romano (dir.), *Il* Parmenide *di Platone e la sua tradizione. Atti del III colloquio internazionale del Centro di Ricerca sul Neoplatonismo*, Università degli Studi di Catania, 31 maggio-2 giugno 2001, Catania, 2002, p. 11-40.

SZABÓ, A. 2007 : *Anfänge der griechischen Mathematik*, München, 2007 [1969] (= *Les débuts des mathématiques grecques*, trad. franç. par M. Federspiel, Paris, 2007).

WAHL, J. 1926 : *Étude sur le* Parménide *de Platon*, Paris, 1926 (Philosophie, 2).

WUNDT, J. 1935 (éd.) : *Platons* Parmenides, Stuttgart, 1935 (Tübinger Beiträge zur Altertumswissenschaft, 25).

WYLLER, E. A. 1962 : « Plato's *Parmenides* : another interpretation », *The Review of Metaphysics*, 15/4 (1962), p. 621-640.
URL : https://www.jstor.org/stable/20123909

ZEKL, H. G. 1972 (éd.) : *Platon Parmenides*, Hamburg, 1972 (Philosophische Bibliothek, 279).

ZELLER, E. 1888 : *Plato and the Older Academy*, trans. with the author's sanction from the german by S. F. Alleyne and A. Goodwin , London-New York, 1888, (= *Die Philosophie der Griechen in ihrer geschichtlichen Entwicklung dargestellt*, Section 2, part 2, vol. 2: *Plato und die* ältere *Akademie*).

POURQUOI N'Y A-T-IL PAS D'ÂME DU MONDE DANS LE DIALOGUE DE NUMÉNIUS *SUR LE BIEN* ?

La non-identification du « troisième » dieu à l'âme du monde dans le Περὶ τἀγαθοῦ

Fabienne JOURDAN

UMR 8167 « Orient et Méditerranée », Laboratoire Antiquité classique et tardive

RÉSUMÉ. Dans son dialogue *Sur le Bien* (19 F = fr. 11 dP), Numénius écrit que le dieu qui est « deuxième et troisième est un ». Par là, il désigne un dieu considéré selon deux aspects qui correspondent à la double orientation de son attention. Dans le second, il est tourné vers le monde et joue le rôle de démiurge. Selon la plupart des chercheurs, ce démiurge serait à identifier à l'âme du monde que les fragments parvenus du dialogue ne mentionnent pas. L'article montre que cette interprétation ne rend peut-être pas compte du propos de Numénius. Il indique les raisons théoriques et polémiques expliquant qu'en réalité, même si le démiurge a la fonction de l'âme du monde, Numénius ne l'identifie pas avec celle-ci. Il veut définir les principes qu'il identifie à l'être, conçu comme incorporel. Le mouvement intrinsèque à l'âme et l'immanence qui la caractérise, d'après la tradition platonicienne que suit Numénius et la tradition stoïcienne à laquelle il s'oppose, interdisent de donner à cette âme le statut de pur intelligible – le lui accorder serait précisément céder à l'immanentisme et au corporalisme stoïciens. Enfin, il n'est pas davantage utile de reconnaître dans le second aspect du deuxième dieu, un moment nommé « troisième dieu » dans le dialogue, le troisième dieu que Numénius aurait identifié au monde d'après le témoignage de Proclus (29 T = fr. 21 dP). Ce troisième dieu-là peut réellement correspondre au monde dont Platon fait un dieu, à condition que ce monde soit considéré comme le produit du seul intellect, ordre (κόσμος) qui comporte certes une âme, et même un intellect en elle, mais qui n'est réduit ni à l'une ni à l'autre.

SUMMARY. *In his dialogue* On the Good *(19 F = fr. 11 dP), Numenius writes that the God who is "second and third is one". Through this phrase, he designates a God with two aspects that correspond to the double direction of his attention. In the second one, he is turned towards the world and plays the role of a demiurge. Accor-*

*ding to most scholars, this demiurge could be identified with the World Soul, that the fragments we have of the dialogue do not mention. The paper shows that this interpretation may not take into account what Numenius actually says and highlights the theoretical and polemical reasons why, in fact, even if the demiurge acts as the World Soul, Numenius does not identify him with it. He wants to define the principles that he identifies with Being, conceived of as incorporeal. The innate movement of Soul and the immanence that characterizes it according to the Platonic tradition which he follows and according to the Stoic tradition he stands against, prevent the Soul from getting this status of pure intelligible. If Numénius granted it, he would yield to Stoic immanentism and corporealism. Finally, it appears that it is not useful either to identify the second aspect of the second God, designated as "third God" at one moment in the dialogue, with the third God Numenius reportedly identified with the world according to the testimony of Proclos (29 T = fr. 21 dP). This third God could really correspond to the world that Plato turns into a god, provided that this world is considered as the product of the intellect only, as the order (*κόσμος*) that certainly contains a soul, even its own intellect, but is reduced neither to the one nor to the other.*

Dans son dialogue *Sur le Bien* (19 F = Fr. 11 dP *[1]), Numénius pose deux dieux qu'il distingue par leur type d'unité : le premier est simple et indivisible, le deuxième est un, mais, qualifié de « deuxième et troisième », il est marqué par une apparente division. Cette division a un caractère modal et non unitaire. Elle renvoie vraisemblablement à deux aspects distincts que le dieu prend selon l'orientation de son attention. Le second de ces aspects, qui correspond à ce que Numénius nomme un moment « troisième » dieu, a souvent été identifié à l'âme du monde que le Περὶ τἀγαθοῦ tel qu'il est parvenu ne mentionne pas. Or cette interprétation ne semble pas rendre compte de l'intention de Numénius. Nous tenterons de montrer pourquoi, selon nous, loin d'identifier à l'âme du monde ce « troisième » dieu qui joue le rôle de démiurge, Numénius lui donne le rôle de celle-ci pour mieux l'éliminer quant à elle du rang des principes. Cette démonstration nécessite une définition préalable du « troisième » dieu tel que Numénius l'entend dans le fragment concerné. Elle sera donnée en guise de préliminaire.

Préliminaire : « le dieu qui est le deuxième et troisième est un » : à quoi renvoie le « troisième dieu » dans le fragment 19 F ?

Dans son dialogue *Sur le Bien,* rédigé vraisemblablement dans la seconde moitié du IIe siècle, Numénius part en quête d'une définition du Bien qui passe par une définition de l'être. Il distingue progressivement deux niveaux de l'être, séparés hiérarchiquement et représentés par deux entités : au

* Je remercie G. Boys-Stones et le second rapporteur, resté anonyme, pour leur lecture de mon article ; j'espère avoir répondu à leurs remarques. Je sais également gré à Angela Ulacco pour sa réponse à l'exposé qui est à l'origine de ce texte et fut présenté au Centre Léon Robin le 19 avril 2019. Toutes les positions ici adoptées, avec les erreurs associées, sont les miennes.

1. La numérotation des fragments et témoignages de Numénius est celle de notre propre édition, traduite et commentée, à paraître aux Belles Lettres, dans la collection « Fragments ». La première fois que nous mentionnons l'un d'eux, nous indiquons entre parenthèses la numérotation correspondant dans l'édition de É. des Places, Numénius, *Fragments*, Paris, Les Belles Lettres, 1973.

sommet, il situe le Bien lui-même (τὸ αὐτοάγαθον), qui est également l'Être lui-même (αὐτοόν), le premier intellect, le premier dieu, la pensée par excellence identifiée au φρονεῖν et sans doute enfin la Forme elle-même ou par excellence qui correspond à la Forme spécifique qu'est le Bien ; au-dessous de lui, il place une deuxième Figure[2] qui a la première comme père (20 F = Fr. 12 dP) et paradigme (27-28 F = Fr. 19-20 dP), ce qui lui assure des traits semblables aux siens, mais à un deuxième niveau qui explique leur moindre perfection. Elle sert de relais au Bien lui-même en transmettant ses effets au monde sensible et garantit par répercussion sa parfaite transcendance cosmologique. Ce « deuxième » est plus précisément conçu comme le deuxième dieu, le deuxième intellect, le démiurge exerçant l'intellection, tant dans son activité purement contemplative, sous un mode noétique, que dans son activité démiurgique, sous un mode discursif, et enfin comme le bon (démiurge) qui participe au Bien. Sa bonté est exprimée par l'adjectif ἀγαθός emprunté au *Timée* qui l'applique précisément au démiurge, ce qui laisse penser que Numénius a pu envisager cette deuxième figure comme représentant « le Bon » ou plus exactement « Celui qui est bon » par excellence, à la fois par analogie et par contraste avec le Bien lui-même (τὸ ἀγαθόν, τὸ αὐτοάγαθον)[3]. La relation entre ces deux dieux se résume ainsi : même s'il n'est sans doute pas identifié à l'Un[4], le premier se caractérise par une simplicité (ἁπλοῦς, 19 F), une unité (ἕν au sens de μόνος, 27 F = Fr. 19 dP) et une indivisibilité (μὴ [...] διαίρετος, 19 F) incompatibles avec toute forme d'action (du moins démiurgique, 20 F) et avec toute pensée que nous qualifierions de « transitive », c'est-à-dire de pensée ayant un objet, comme c'est le cas de la saisie intuitive de l'intelligible et de la pensée discursive qui constituent la double activité intellective du deuxième dieu (24 F = Fr. 16 dP) ; ce dernier, en revanche, se caractérise certes par une forme d'unité en tant qu'être proprement dit, mais cette unité est susceptible de division, ne serait-ce que d'un

2. Le deuxième dieu est en quelque sorte un « deuxième Bien ». Numénius évite l'expression parce qu'il veut affirmer l'unicité du Bien, représenté par le seul Bien lui-même et non par le démiurge qui est bon, même si le commun des hommes aura pu confondre les deux (cf. 25 F = Fr. 17 dP). Il souhaite par là aussi éviter d'identifier le Bien de *République* VI et le démiurge du *Timée* contrairement à Plutarque et Atticus. Sa définition du deuxième dieu comme le démiurge qui est bon, dans l'économie du Περὶ τἀγαθοῦ qui le nomme encore deuxième dieu et deuxième intellect, suggère néanmoins que ce dieu représente un « deuxième bien », tout comme il est sans doute le deuxième « être » au sens où il est le deuxième dans le domaine de l'être véritable, le premier rang étant occupé par le Bien lui-même identifié à l'Être lui-même. Pour éviter l'expression problématique, il emploie l'adjectif ἀγαθός et conçoit sans doute ce deuxième comme « Celui qui est Bon (par excellence) ». Voir la suite de notre propos.

3. Le jeu consiste à employer le même adjectif tantôt sous sa forme substantivée au neutre (τὸ ἀγαθόν) pour désigner le Bien lui-même, tantôt comme adjectif au masculin (ἀγαθός) pour qualifier le deuxième dieu (27-28 F = Fr. 19-20 dP).

4. Sur ce sujet, voir Jourdan 2017-2018.

point de vue logique. Cette division renvoie selon nous à une différence dans l'orientation de son attention et s'observe tant dans son mode d'action (contemplation pure d'un côté / activité démiurgique de l'autre[5]) que dans le type de pensée correspondant[6]. Numénius décrit cette situation dans la deuxième partie du fragment 19 F :

> Le dieu qui est le premier, parce qu'il demeure en lui-même, est simple du fait que, se trouvant complètement uni à lui-même, il ne peut jamais subir de division. Le dieu qui est le deuxième et troisième, quant à lui, est un, mais quand il a des relations avec la matière qui est dyade, d'un côté il l'unifie, de l'autre, il est partagé en deux par elle, parce que le caractère de celle-ci est marqué par les désirs physiques et qu'elle s'écoule. Comme donc il n'est pas concentré sur l'intelligible – ce qui reviendrait en effet à être concentré sur lui-même – du fait qu'il regarde la matière, en s'occupant d'elle, il perd toute attention pour lui-même. Il s'attache alors au sensible, l'entoure de soins et va jusqu'à l'élever vers son propre caractère parce qu'il s'est mis à rechercher le contact avec la matière[7].

La division subie par le deuxième dieu ne semble pas essentielle à celui-ci. Elle est le fruit de sa rencontre avec la matière et relève d'une orientation de son regard et de son activité. S'il reste concentré sur lui-même, tourné vers l'intelligible qu'il est tout comme l'est le premier dieu qui sert de modèle à son être véritable et le fait être, il reste pleinement soi et donc indivis. Lorsqu'il rencontre la matière et s'occupe d'elle pour « élever » le sensible vers lui, c'est-à-dire pour lui conférer l'ordre qui le fait advenir en monde et le doter ainsi de la divinité qu'il est capable de recevoir, ce dieu perd son attention à soi et se laisse « partager », « diviser » par la matière, dont l'identification à la dyade exprime justement le caractère diviseur[8].

5. Chacune de ces activités est elle-même dédoublée, ce qui réunit contemplation et action démiurgique là où elles semblaient un moment distinguées. Dans son premier aspect, en effet, le deuxième dieu contemple purement le Bien, ce qui a deux conséquences indissociables : il devient ce qu'il est (19 F, « Celui qui est Bon ») et il produit la forme de lui-même (24 F) ; dans son second aspect, d'une part, il contemple le Bien lui-même, ce qui donne sa bonne direction à son activité ; d'autre part, pour ordonner la matière, il utilise les formes intelligibles, sans doute situées dans cette forme de lui-même qu'en tant cette fois qu'intellect discursif il divise en autant de formes que nécessaires à la production du monde (voir les fragments 24 F et 26 F et leur commentaire dans notre édition à paraître).

6. L'intellection implique un objet distinct de son sujet, ne serait-ce que d'un point de vue logique ; la pensée discursive plus encore (voir le fragment 24 F).

7. Ὁ θεὸς ὁ μὲν πρῶτος ἐν ἑαυτοῦ ὤν ἐστιν ἁπλοῦς, διὰ τὸ ἑαυτῷ συγγιγνόμενος διόλου μή ποτε εἶναι διαιρετός· ὁ θεὸς μέντοι ὁ δεύτερος καὶ τρίτος ἐστὶν εἷς· συμφερόμενος δὲ τῇ ὕλῃ δυάδι οὔσῃ ἑνοῖ μὲν αὐτήν, σχίζεται δὲ ὑπ' αὐτῆς, ἐπιθυμητικὸν ἦθος ἐχούσης καὶ ῥεούσης. τῷ οὖν μὴ εἶναι πρὸς τῷ νοητῷ (ἦν γὰρ ἂν πρὸς ἑαυτῷ) διὰ τὸ τὴν ὕλην βλέπειν ταύτης ἐπιμελούμενος ἀπερίοπτος ἑαυτοῦ γίνεται. καὶ ἅπτεται τοῦ αἰσθητοῦ καὶ περιέπει ἀνάγει τε ἔτι εἰς τὸ ἴδιον ἦθος ἐπορεξάμενος τῆς ὕλης, Numénius, Περὶ τἀγαθοῦ, extrait de 19 F (fr. 11. 11-20 dP) chez Eusèbe, *PE* XI 18, 3-5.

8. Sur ce point, voir par ex. Plutarque, *De def. orac.* 35, 429 A-D.

Ainsi, ce que Numénius nomme un moment « deuxième et troisième » dieu ne renvoie qu'à une seule entité (« il est un, εἷς »)[9] : chacun représente l'un de ces deux aspects du deuxième dieu proprement dit. Le premier est celui où le dieu reste tourné vers soi et advient ce qu'il est authentiquement : l'image et le fils du Bien, selon nous « Celui qui est Bon par excellence », intellect contemplatif pleinement uni à soi et que cette contemplation fait être tout comme elle produit l'image de lui-même qui servira de paradigme à ce qui le suit (*cf.* 24 F) ; le second est l'aspect où il exerce une Fonction démiurgique et par suite la bonté qui le caractérise. Telle est du moins notre interprétation, le fait de ne pas voir ici la désignation de deux dieux distincts correspondant à la lecture la plus courante du passage[10].

9. C'est l'interprétation la plus souvent retenue, voir par ex. Beutler 1940, col. 671 ; Festugière 1954, p. 128 ; Merlan 1967, p. 100 ; Frede 1987, p. 1057-1059 et 1064, suivi par Tarrant 2004, p. 186-187 et Reydams-Shils 2007, p. 252-255 ; Zambon 2002, p. 223-229 ; Baltes 1975 et dans Dörrie, Baltes & Pietsch 2008, p. 472-482 ; Opsomer 2005a, p. 66 et 73, n. 23 ; Staab 2013, col. 1183 ; Ferrari 2014, p. 62 ; 2015 p. 327 ; Boys-Stones 2018b, p. 191. Si Numénius parle ici de deux dieux plutôt que d'un seul qui changerait d'état ou d'activité, c'est selon nous parce que la distinction entre ces deux états, liés à deux types d'activités, change réellement le type d'être qui le caractérise dans chaque cas : dans le premier, le dieu est entièrement uni au Bien, d'une manière purement contemplative ; dans le second, il rencontre la matière et se fait démiurge, rôle qui implique une contemplation à visée pratique suivie d'une mise en œuvre des Formes contemplées (26 F = Fr. 18 dP). La division, selon nous métaphorique ou logique, permet de penser séparément et donc clairement deux modes d'action équivalant à deux modes d'être. Elle ne conduit pas à une division réelle, alors que Numénius en opère une entre le Père et le fabricant du *Timée* (28 c 3-5 ; ici en 20 F = Fr. 12 dP ; cf. 29 T = Fr. 21 dP) qu'il fait respectivement correspondre au premier et au deuxième dieu. Dans la suite des fragments parvenus du dialogue, il ne mentionne d'ailleurs plus ce troisième dieu de 19 F. En réalité, il tend peut-être moins à diviser son dieu qu'à montrer en lui seul l'existence de ces deux aspects apparemment contradictoires. Voilà pourquoi il insisterait sur l'unité du dieu dans la division. Son but peut être d'éviter la distribution de ces deux activités à deux entités d'essence distincte, comme pourraient l'être l'intellect et l'âme, et de considérer deux aspects d'un même intellect, pouvant être tantôt noétique, tantôt discursif. C'est ainsi qu'il situe au niveau du deuxième dieu l'association d'une Forme de transcendance et d'activité démiurgique que Plutarque et Atticus unissaient dans le Bien lui-même.

10. M. Frede (1987, p. 1057-1059 et 1064) a tenté de montrer que Numénius distingue réellement trois dieux ici. Selon lui, l'expression ὁ θεὸς μέντοι ὁ δεύτερος καὶ τρίτος ἐστὶν εἷς indique non pas l'unité du deuxième dieu avec le troisième, au sens où ils feraient un, mais l'unité de ce qui est désigné comme « dieu qui est deuxième et troisième ». La traduction est juste, mais ce que veut dire par là M. Frede est moins sûr : selon lui, de même que, d'après le témoignage de la doctrine numénienne rapportée par Jamblique (*Sur l'âme*, § 50, p. 72, 19-26 Finamore-Dillon, cité par Jean Stobée, I 49, § 67, 22-31, vol. I p. 458, 3-12 W. ± Fr. 42 dP), l'âme est une et identique avec ses principes, de même, le troisième dieu serait identique au deuxième en tant que celui-ci est son principe, ce qui ne les empêcherait pas d'être numériquement distincts. M. Frede en appelle en outre à l'autre témoignage de Jamblique (*Sur l'âme*, § 6, p. 30, 1-13 Finamore-Dillon, cité par Jean Stobée, I 49, § 32, 61-77, vol. I p. 365, 5-21 W. ± fr. 41 dP) portant cette fois, selon sa lecture, sur l'âme aux parties homéomères pour dire que le troisième dieu, qui apparaîtrait par division du deuxième, est un avec lui

Nombre de chercheurs en sont venus à identifier le second aspect du dieu à l'âme du monde. Une fois leur argumentation explicitée, nous montrerons pourquoi, selon nous, mieux vaut renoncer à cette identification pour saisir l'intention profonde de Numénius lorsqu'il définit les principes. Une étude des fragments proprement dits et de leur réception chrétienne permettra cette démonstration. Nous pourrons peut-être mieux comprendre ensuite ce que Proclus a quant à lui perçu comme le troisième dieu chez Numénius.

Disons avant toute discussion que Numénius ne distingue pas systématiquement les deux aspects du deuxième dieu évoqués en 19 F et compte sur la sagacité du lecteur pour le faire. Il nomme ensuite ce dieu le plus souvent « démiurge », selon nous pour deux raisons : d'une part, il le fait par métonymie et par référence à la figure qui lui correspond généralement dans le *Timée* ; d'autre part, il conçoit ce dieu comme démiurge dans l'un et l'autre de ses deux aspects, mais en un sens différent : dans le premier, il est démiurge en tant que producteur de la Forme de lui-même qui va selon nous servir de modèle intelligible au monde lorsqu'elle est contemplée à cette fin par le démiurge proprement dit (26 F = Fr. 18 dP), second aspect du dieu ici appelé « troisième dieu » ; dans ce second aspect, il est ce démiurge proprement dit, c'est-à-dire celui qui produit ou Forme le monde sensible en contemplant l'intelligible[11]. Nous traiterons ici essentiellement de l'identification du *second* aspect de ce dieu à l'âme du monde.

au sens où il lui est identique, ce qui n'empêcherait pas là non plus qu'ils soient distincts, le troisième étant essentiellement le deuxième, mais non l'inverse. Voir aussi Frede 2000 où M. Frede n'est pas plus modéré, mais envisage différemment ces trois dieux, le troisième conçu comme intellect, image dianoétique du deuxième, le deuxième comme intellect, image noétique du premier.

11. Cette double démiurgie, considérée d'un côté comme production de la forme du démiurge et, de l'autre, comme production du monde, est décrite en 24 F. En 19 F, c'est toutefois selon nous uniquement dans son second aspect, en tant que « troisième dieu » qui s'occupe du sensible, que le deuxième dieu de Numénius est démiurge proprement dit, non dans son premier aspect où il ne s'occupe pas du monde, mais reste tourné vers lui-même. C'est pourquoi nous ne croyons pas que ce soit le « deuxième » dieu de ce fragment (ce que nous considérons en réalité comme le premier aspect du deuxième dieu) qui est le démiurge proprement dit et nous ne pensons pas avisé de vouloir absolument faire correspondre le propos de 19 F avec celui de 29 T (fr. 21 dP) où le deuxième dieu est le démiurge et le troisième son produit. En 27-28 F (fr. 19-20 dP), Numénius fait certes de son deuxième dieu en tant que démiurge le produit immédiat de l'activité causale du premier qu'est le Bien, mais parce qu'il envisage la qualité de « bon » appliquée au démiurge dans le *Timée* et l'explique par le fait que le Bien soit pour lui modèle et cause (27-28 F). Cela ne signifie ni qu'il réduise ce deuxième dieu en son ensemble au démiurge proprement dit, ni qu'il le considère comme tel dans son premier aspect : la qualification de démiurge s'applique au deuxième dieu sous ses deux aspects d'une part par métonymie et par référence au *Timée* ; d'autre part parce que chacun de ces aspects peut être considéré comme démiurgique en un sens différent (voir l'explication donnée plus haut).

Le second aspect du deuxième dieu, le démiurge proprement dit, paraît être l'âme du monde

Il y a plusieurs raisons de penser que Numénius associe le second aspect de son deuxième dieu à l'âme du monde[12]. Cet aspect du dieu, avons-nous vu, est tourné vers la matière et prend soin du sensible et du corporel (20 F et 26 F), ce qui rappelle le rôle de l'âme du monde, notamment chez Platon et Plotin. Lorsque le dieu est désigné seulement comme deuxième dieu ou démiurge, mais qu'en vertu du propos du fragment 19 F nous pensons que c'est son second aspect qui est essentiellement évoqué, le rapprochement avec cette âme paraît aussi évident : le fragment 20 F le montre traverser le ciel, selon une image qui peut faire songer au déploiement de l'âme du monde à travers lui dans le *Timée* ; le fragment 23 F (fr. 15 dP) prête au dieu envisagé dans son unité un mouvement autour des intelligibles et des sensibles qui s'apparente à la double orientation de l'âme elle-même ; en 26 F, le démiurge joue le rôle de mainteneur de la cohésion de la matière et des corps (*cf.* 13 F = Fr. 4a dP), rôle habituellement confié à l'âme du monde depuis le *Timée* et surtout depuis l'interprétation stoïcienne de ce dialogue ; enfin, d'après le témoignage de Proclus (*In Tim.* III 103. 28-32 = 30 T = Fr. 22 dP), Numénius distinguerait un troisième intellect, qu'il faut sans doute identifier au second aspect du deuxième dieu et auquel il prêterait une forme de pensée discursive, activité intellectuelle qui caractériserait opportunément l'âme du monde organisatrice. Outre ces arguments tirés de la seule lecture de Numénius, on pourrait ajouter avec Jan Opsomer[13] que Platon lui-même semble faire de l'âme du monde un démiurge dans les *Lois*, qu'il est en cela suivi par l'auteur de l'*Epinomis* (981 b 8), et que les stoïciens font correspondre l'âme du monde au démiurge, qui est dieu suprême

12. Dodds 1960, p. 13-14 ; Krämer 1967², p. 75-76 ; Baltes 1975, p. 265-267 et 2008 [dans Dörrie, Baltes & Pietsch 2008], p. 475-476, 479 ; Deuse 1983, p. 67 ; Frede 1987, p. 1058 et 1068, qui reste toutefois nuancé ; Kenney 1991, p. 60 ; 1992 p. 220 ; Petty 1993, p. 112-113 ; Strutwolf 1999, p. 140 ; Pradeau 2003, p. 35, n. 2 ; Opsomer 2005a, p. 63, 95 ; Edwards 2010, p. 124 ; Müller 2011, p. 70, n. 71 ; Staab 2013, col. 1183 et 1185 ; C. S. O'Brien 2015, p. 145 ; Boys-Stones 2018b, p. 191 suggère le rapprochement avec l'âme du monde, mais identifie plus précisément le troisième dieu à la seule *bonne* âme du monde (*ibid.* p. 192-193 ; voir semblable raisonnement dans Boys-Stones 2018a, p. 224 puis 225-226). Nous ne commenterons pas ici la lecture de H. J. Krämer 1967², p. 63-92 qui identifie le deuxième dieu à la dyade (déterminée) de Xénocrate, effectivement associée à l'âme du monde dans le fragment 15 Heinze (= 213 I. P.) et de là à celle des *Oracles chaldaïques* (le deuxième dieu étant alors selon H. J. Krämer l'âme qui pense, le troisième l'âme inférieure immanente aux corps) : elle tend à démontrer de manière trop forcée l'emprunt de Numénius à l'Académicien avant de vouloir expliquer la pensée de ce dernier par celle de Numénius et des *Oracles*.

13. 2005a, p. 63, avec la note 55.

immanent[14]. Paolo Impara[15] rappelle quant à lui que, dans le platonisme en général, l'incorporel immanent au corps est toujours considéré comme une âme.

Ces arguments conduisent plus précisément certains chercheurs à identifier le troisième dieu de 19 F à la *bonne* âme du monde[16] évoquée dans le témoignage de Calcidius (*In Tim.* ccxcv-ccxcix = Fr. 52 dP) ou à l'intellect de l'âme du monde[17]. Dans l'un et l'autre cas, on en viendrait à une position proche de celle de Plutarque qui confie la tâche démiurgique à l'âme du monde et plus précisément à son intellect[18].

Werner Deuse[19] étaie semblable lecture par une interprétation ingénieuse du témoignage de Proclus relatif à l'exégèse numénienne du mélange à l'origine de l'âme du monde en *Timée* 35a (*In Tim.* II 153, 17-25 Diehl = Fr. 39 dP). Là, Numénius est compté parmi ceux qui font de l'âme une réalité mathématique composée à partir de la monade, conçue comme indivisible, et de la dyade indéterminée, conçue comme divisible. Selon W. Deuse, Numénius identifie la monade non pas au premier dieu, mais au deuxième dont la *rencontre* avec la dyade indéterminée, identifiée à la matière, *ferait advenir* le troisième dieu en tant que l'âme *bonne* du monde résultant du mélange évoqué par Platon[20]. Numénius n'aurait donc pas interprété le

14. *Cf.* Diogène Laërce, *Vies et doctrines,* VII 88 et 134-136 ; Cléanthes, *SVF* I, 537 [Hymne à Zeus] ; Philodème, *De pietate*, col. 11 ; voir Krämer 1967², p. 296, n. 407 ; Reydams-Schils 1999, p. 42-51 et 55-56 ; Opsomer 2005a, p. 63, n. 56.

15. 1980, p. 49.

16. Voir par ex. Impara 1980, p. 50, n. 65, qui identifie le troisième dieu de 19 F au deuxième envisagé dans sa fonction ordonnatrice et à l'âme bonne du monde comme se préoccupant de tout avec ordre et rationalité ; Deuse 1983, p. 65-73, surtout p. 72, qui fait de ce troisième dieu le démiurge en contact avec la matière et l'identifie lui aussi à l'âme bonne du monde, comprise comme l'âme du monde dans laquelle domine le bien ; Boys-Stones 2018a, p. 225-226 et 2018b, p. 193-194, qui opère semblable identification, mais fait quant à lui du deuxième dieu le démiurge, compris comme les Formes, et du troisième le modèle intelligible du monde, ordre qu'est le deuxième lui-même se manifestant cette fois dans la matière. Selon lui, la bonne âme du monde que serait le troisième dieu ne serait pas en mouvement ni même principe de mouvement, contrairement à l'âme mauvaise comprise comme seul principe de mouvement, mais serait principe de stabilité et représenterait ce qu'il y a de bon dans le mouvement (voir 2018a, p. 225-226, bien qu'en 2018b, p. 194 il fasse du troisième dieu l'ordre qu'est le deuxième « *insofar as it is a principle of the movement displayed by matter* »).

17. Voir par ex. Baltes 1975, p. 267 ; voir aussi Frede 1987, qui fait en outre l'hypothèse d'une identité entre le troisième dieu et le principe de l'âme qui se séparerait ensuite en âme du monde et âme individuelle ; Edwards 2010, p. 124 qui parle de partie inférieure de l'intellect. Nous reviendrons sur cette position *infra*, p. 256 et svtes..

18. *De an. procr.* 33, 1030 C ; sur un tel rapprochement, voir Baltes 1975, p. 267 ; sur la relation entre intellect et âme dans la démiurgie selon Plutarque, voir Opsomer 2005a, p. 87-95.

19. 1983, p. 71-73.

20. Pareille interprétation permet de ne pas attribuer à Numénius l'idée d'une composition de l'âme du monde à partir de l'ingrédient nuisible qu'est la dyade indéterminée, identi-

mélange du *Timée* comme provoquant la « fusion » d'éléments destinée à produire une nouvelle entité, mais comme une rencontre *féconde* (son lexique comporte parfois des connotations sexuelles) et plus précisément comme le développement (« *Entfaltung* »), sous la forme de l'âme du monde, de l'intellect qu'est le deuxième dieu entrant en contact avec la matière.

Cette interprétation est séduisante, mais comporte une faiblesse : l'identification de la monade en tant qu'*indivisible* (ἀμέριστος dit Proclus) au deuxième dieu. Nous avons certes nous-même proposé de lire le *singularitas* de Calcidius comme une traduction de μονάς chez Numénius et comme une désignation de son deuxième dieu conçu comme démiurge[21]. Mais *singularitas* désigne l'unité ou l'unicité, non l'indivisibilité. En outre, dans l'exposé sur la cosmologie pythagoricienne rapporté par Calcidius, Numénius ne parle pas du mélange à l'origine de l'âme du monde ni de l'indivisibilité du dieu *digestor*. Dans le fragment 19 F, en revanche, l'indivisibilité est présentée comme le propre du premier dieu (διόλου μή ποτε εἶναι διαίρετος) par opposition à l'unité divisible que constitue le deuxième. Il paraîtrait étrange que Numénius ait ailleurs identifié ce dieu à une monade *indivisible*. L'interprétation de W. Deuse mérite donc des réserves, tout comme plus généralement le témoignage de Proclus. Celui-ci paraît rendre davantage compte de la doctrine de Xénocrate sur l'âme comme nombre composé par l'indivisible et le divisible[22], étayée par la définition du nombre comme être intermédiaire entre les intelligibles et les sensibles qu'Aristote prête à Platon (*Metaph.* A 6, 987b15-20) : Proclus précise en effet que, d'après ses prédécesseurs, l'âme est une réalité intermédiaire « entre les réalités relevant de la nature et celles qui la dépassent » (ὡς μέσην τῶν τε φυσικῶν καὶ τῶν ὑπερφυῶν). Numénius peut certes avoir repris et développé la pensée de Xénocrate ou de la tradition vétéro-académicienne sur l'âme, mais il n'aura pas nécessairement parlé de deux ou trois dieux dans ce cas.

On pourrait encore tenter de résoudre la difficulté en envisageant la relation inverse. Ce ne serait pas le second aspect du deuxième dieu ou « troisième dieu » qui serait l'âme du monde, mais celle-ci ne serait pas différente de lui. Un témoignage de Jamblique (fr. 41 dP[23]) étaierait cette lecture. Il affirme que, d'après Numénius, l'âme a ses principes supérieurs en elle. Cela expliquerait ici l'identité l'âme du monde avec l'intellect démiurgique. Mais cela n'impliquerait pas que ce dernier lui soit identique – de même que faire de l'âme un démiurge n'est pas faire du démiurge une âme.

fiée à la matière (19 F) ainsi qu'à l'âme mauvaise (voir Calcidius, *In Tim.* CCXCVII = Fr. 52, 65-68 dP. Sur ce témoignage et la question des deux âmes du monde chez Numénius, voir Jourdan 2014a, p. 145-189 et 2014b).

21. Voir Jourdan 2017-2018, p. 147-150.

22. Voir Plutarque, *De an. procr.* 2, 1012 E.

23. Sur l'âme, § 6, p. 30, 1-13 Finamore-Dillon, cité par Jean Stobée, I 49, § 32, 61-77, vol. I p. 365, 5-21 W. ± fr. 41 dP.

Si les deux dernières interprétations évoquées suggèrent la réserve, l'argumentation précédente, en revanche, fondée directement sur les fragments, paraît plus convaincante. Elle suscite malgré tout notre hésitation. Voici pourquoi.

Le « troisième dieu » de 19 F ou : le second aspect du deuxième dieu n'est pas l'âme du monde

L'âme ne relève pas du domaine de l'être proprement dit et n'est pas identifiée par Numénius à son troisième dieu

Des doutes naissent à la lecture des textes. Les premiers s'élèvent avec le fragment 14 F (fr. 5. 19-28 dP). Dans le Περὶ τἀγαθοῦ, Numénius cherche à définir le Bien et fait passer cette définition par celle de l'être. Il distingue progressivement différents niveaux de l'être constituant les différents principes de la réalité. Parmi eux, il compte le Bien lui-même, puis le deuxième dieu, c'est-à-dire le démiurge qui est bon, et enfin l'οὐσία qui représente le monde des formes (24 F = Fr. 16 dP) – le quatrième niveau est quant à lui représenté par le monde qui, en réalité, n'est pas être proprement dit, mais participe à l'être. Or, quand il définit l'être proprement dit, en 14 F, Numénius explique que celui-ci est privé de tout mouvement. Ses termes sont les suivants :

> [...] L'être est donc à la fois éternel et stable, toujours dans le même état et identique à soi ; il n'est pas né et il ne périt pas, il ne croît et ne décroît pas non plus, ni il ne devient plus ou moins, en aucune façon. En somme, il ne sera assurément soumis à aucun type de mouvement et surtout pas au mouvement selon le lieu – il ne lui est en effet pas permis non plus, c'est la loi divine, d'être mû : jamais, par une course en avant ni en arrière, en haut ni en bas, vers la droite ni vers la gauche, jamais, l'être ne sera soumis au changement et jamais il ne sera mû autour de son propre centre. Bien plutôt, il se tiendra en repos et sera ferme et fixe, se maintenant toujours de façon identique et de la même manière[24].

L'idée que l'être « jamais ne sera mû autour de son propre centre » (οὔτε περὶ τὸ μέσον ποτε ἑαυτοῦ κινηθήσεται) met le soupçon à l'oreille : une entité qui se meut autour de son propre centre fait songer à une sphère et plus spécifiquement à la terre ; mais pour un lecteur du *Timée* (36 e) aussi passionné que Numénius, c'est avant tout l'âme du monde qui se meut autour de son propre centre, cette âme que le démiurge place justement au centre de celui-ci avant de le lui faire entourer, si bien qu'elle lui imprime son mouvement de rotation uniforme. Numénius peut donc, dès ces lignes et même avant[25],

24. Numénius, Περὶ τἀγαθοῦ, chez Eusèbe, *PE* XI 10, 4-5 = 14 F (extrait)/ Fr. 14, 19-28 dP.

25. Voir aussi le fragment précédent (13 F = Fr. 3 dP) où tout mouvement est exclu de l'être, alors que l'âme est chez Platon principe du mouvement.

chercher à évincer l'âme du rang de l'être proprement dit. Dans ce contexte (12-17 F = Fr. 3-7 dP) où il associe l'être et l'incorporel, il peut même avoir intégré la critique d'Aristote (*De anima*, I 3, 407 b 2-3) à l'égard de l'âme du monde dans le *Timée* : d'après elle, le mouvement, même automoteur, associe étroitement l'âme au corps en lui assignant un lieu, en lui imposant de sortir de soi et de pouvoir être mue par autre chose ou par accident, tous traits que Numénius refuse à l'être jusqu'en 17 F. Voulant exempter celui-ci de toute compromission avec le corporel, il aura sans doute évité de l'associer à l'âme et, à l'inverse, d'identifier l'âme à un être authentique.

Certes, dans ce passage, Numénius vise d'abord, contre les Fils de la Terre du *Sophiste* (246 a-247 d) et sans doute contre les stoïciens qui s'appuient sur leur raisonnement, à refuser le statut d'être à la matière et au corps. Par répercussion néanmoins, ces lignes en viennent peut-être aussi à évincer l'âme de ce rang, ce qu'un texte non transmis aurait pu expliciter.

La remarque a deux conséquences :

1) Quand, peu avant, Numénius explique que le rôle de l'être est d'assurer le maintien de la cohésion du monde sensible (13 F = Fr. 4a, 23-32 dP), dans une représentation à dessein toute stoïcienne, il ne songe vraisemblablement pas à confier ce rôle à l'âme. Nous verrons que le propos de 26 F confirme cette intuition.

2) La deuxième conséquence concerne la présentation des fragments dans l'édition d'Édouard des Places : il n'est pas certain qu'il faille comme lui rapprocher immédiatement le fragment que nous avons lu du passage de Némésius qui associe Numénius et Ammonius dans une même démonstration de l'incorporéité de l'âme[26]. Certes, contre les stoïciens, Numénius a pu entreprendre une démonstration semblable, mais sans doute pas dans le même cadre que celui où il démontre l'absence de tout rapport entre l'être et le corps.

La validité de nos doutes sur l'identification du démiurge ou du « troisième dieu » de 19 F à l'âme du monde doit toutefois être démontrée par d'autres arguments.

Nous venons de faire allusion au silence de Numénius sur pareille identification. L'argument *e silentio* est certes le plus fragile, d'autant plus qu'Eusèbe qui transmet son texte ne s'intéresse guère au « troisième dieu » du fragment cité plus haut : son but est de montrer que la conception chrétienne de la relation entre le Père et le Fils a un parallèle chez Platon, Numénius étant par lui conçu comme le meilleur de ses interprètes étant donné qu'il connaît la valeur de Moïse et du Pentateuque[27]. Eusèbe se sera donc concentré sur le

26. Fr. 4 b chez des Places = Némésius, *De la nature de l'homme*, section 2, p. 17, 15-18, 15 Morani. E. A. Leemans (1937) donne le texte parmi les témoignages (29, p. 89-90).

27. Voir *PE* XI 9, 8 où Eusèbe présente Numénius comme un homme illustre (ἐπιφανής) parmi les interprètes de Platon.

premier et le deuxième dieu de Numénius. Comme il traite de la « deuxième cause », il peut avoir aussi associé implicitement le « troisième » dieu de 19 F, conçu comme second aspect du deuxième, avec le second aspect qu'il distingue lui-même dans le *Logos* chrétien – du moins se sert-il sans doute de Numénius pour préciser ce pan de sa doctrine[28].

Le désintérêt apparent d'Eusèbe pour le « troisième dieu » et surtout pour une éventuelle identification de celui-ci à l'âme du monde ne relève toutefois peut-être pas tant d'Eusèbe que de Numénius lui-même dont les textes ne se prêtent pas à une telle interprétation. En réalité, Eusèbe est loin de se désintéresser à une possible identification d'un troisième dieu à l'âme du monde. Il la cherche au contraire pour élaborer un parallèle entre la conception chrétienne de la Trinité et une conception platonicienne triadique de la divinité. Un troisième dieu identifiable à l'âme du monde lui aurait permis de montrer, chez Numénius, la présence secrète de l'Esprit Saint. Ce qui nous en convainc est qu'il découvre lui-même ce parallèle dans un passage qui intervient deux chapitres avant une longue série de citations de Numénius. Ce texte mérite lecture. Eusèbe vient de citer le passage de la *Lettre II* pseudo-platonicienne où sont évoqués les trois rois[29]. Il en tire ceci :

> Ces mots, ceux qui cherchent à éclairer Platon les rapportent au premier dieu, à la cause seconde et à la troisième, l'âme du monde, qu'ils définissent elle aussi comme un dieu, le troisième. Quant aux Paroles divines, elles mettent au rang de principe la Trinité sainte et bienheureuse du Père, du Fils et du Saint Esprit, selon ce qui a été expliqué[30].

Selon Eusèbe, les interprètes de Platon rattachaient les trois rois à trois dieux, ou plutôt, comme il n'envisage qu'un seul et unique dieu, à un dieu et à deux causes dérivées, trois entités qu'il associe quant à lui aux trois personnes de la Trinité. On pourrait alors être tenté de penser que Numénius est l'un de ces interprètes qui identifient la troisième cause à l'âme du monde aussi nommée troisième dieu.

La formulation du passage, tout comme son contexte, interdisent cette conclusion. Contrairement à son habitude, Eusèbe ne nomme pas Numénius, mais évoque de manière anonyme « ceux qui cherchent à éclairer Platon » (οἱ τὸν Πλάτωνα διασαφεῖν πειρώμενοι). Il peut faire une synthèse plutôt que renvoyer à une interprétation unique. Ensuite, même si Numénius a lui-même utilisé la *Lettre II* (*cf.* 1 F et 23 F), l'exégèse qui associe le troisième roi à une âme alors identifiable à l'Esprit Saint a d'autres origines. Chez les chrétiens eux-mêmes, Justin[31] voit dans le troisième roi une allusion à cet Esprit qu'il associe par ailleurs au troisième principe entrant dans la composition de

28. Sur ce sujet, voir Strutwolf 1999, p. 147-161, 176-179 et 188-192 et Jourdan 2021b.
29. *PE* XI 20, 2 = *Lettre II*, 312d-e 6.
30. Eusèbe, *PE* XI 20, 3. Le texte est étudié en détail dans Jourdan 2021b.
31. I *Apol.* 60, 7.

l'âme du monde selon le *Timée*[32] – un raccourci pouvait être effectué. Mais Eusèbe semble lire la *Lettre II* à travers le prisme de Plotin. Trois chapitres plus haut, avant une longue série de citations de Numénius (*PE* XI 18), il cite le passage du traité *Sur les trois hypostases qui ont rang de principes*[33] où est commenté l'extrait de la *Lettre II* sur les trois rois[34]. Plotin se sert de cette lettre comme témoin de l'ancienneté platonicienne (et donc de la justesse) de sa propre doctrine des trois « hypostases »[35]. Il identifie les trois rois au Bien, à l'Intellect et à l'Âme. C'est donc chez Plotin plutôt que chez Numénius qu'Eusèbe trouve l'identification du troisième roi à l'Âme qui lui permet le lien avec l'Esprit Saint. Qu'il la nomme « âme du monde » plutôt qu'âme (universelle) est dû soit à une simplification du propos de Plotin, soit à une synthèse de celui-ci avec l'enseignement de ses prédécesseurs ou d'autres platoniciens : Porphyre identifie la troisième hypostase avec l'âme du monde[36] dans un même contexte d'interprétation de la *Lettre II* qui semble s'approprier le passage de Plotin[37]. Du troisième roi à l'âme du monde, il manque toutefois à Eusèbe la médiation du troisième dieu, puisque Plotin ne parle pas de trois dieux. Malgré sa teneur polythéiste, cette conception de trois divinités plaît à Eusèbe qui veut assurer la divinité des trois personnes de la Trinité[38]. Soit donc il emprunte, sans le nommer, au passage de Porphyre mentionné qui prête à Platon l'identification à trois dieux des trois rois de la *Lettre* (fr. 222 F) et des trois « hypostases » que sont selon lui le Bien, le démiurge et l'âme du monde (221 F) – exégèse à la fois plotinisante et médioplatonisante. Soit, ce qui n'est pas à exclure, comme en témoignerait à la fois le caractère imprécis de la désignation des exégètes platoniciens concernés et la précision, que l'on sent ajoutée dans le texte, d'une identification du troisième dieu à l'âme du monde, Eusèbe fait lui-même une synthèse entre Numénius et Plotin. Il reprendrait à Numénius l'association du troisième roi à un troisième dieu, qui est suggérée par l'exégèse implicite du passage de la *Lettre II* dans le pamphlet contre les académiciens[39] et dans le fragment 23 F[40], ainsi que plus généralement dans la désignation de trois dieux dans le Περὶ τἀγαθοῦ ; il reprendrait à Plotin l'identification de ce

32. Sur ce point, voir Saffrey & Westerink 2003, p. xxxix-lx.

33. *PE* XI 17, 1-7 = *Enn.* V 1 [10], 1-8.

34. Voir plus exactement PE XI 17, 9-10 = *Enn.* V 1 [10], 8.

35. *Enn.* V 8 [31], 1-4 ; III 5 [50] 8, 8. Voir le commentaire sur la réception plotinienne de la *Lettre II* dans Saffrey & Westerink 2003, p. xliii-xlix.

36. Fr. 221 F Smith = Cyrille, *CJ* VIII 271 a, 916 B 3-15 et I 34, 553 B 9-14, 2-6.

37. Fr. 222 F Smith = Cyrille, *CJ* I 34 c, 553 C 9-D 8 ; *cf.* Plotin, *Enn.* V 1 [10] 8, 1-5.

38. Voir par ex. *DE* V 4, 9-11 où Eusèbe utilise lui-même les expressions « premier dieu » et « deuxième dieu ».

39. 1 F (fr. 24 dP) = Eus. *PE* XIV 5, 6.

40. Au début de ce fragment, Numénius réécrit le passage de la *Lettre II* en changeant la portée de la préposition περί.

roi à une âme. Plotin qualifiant ses trois hypostases de divines[41], la synthèse envisagée peut être née du propos de Plotin lui-même et en constituer une adaptation inspirée par la lecture de Numénius.

Cette identification entre le troisième dieu et l'âme exprimerait ainsi l'interprétation de Plotin adoptée par Eusèbe, passée par une lecture de Numénius[42] ou de Porphyre[43]. Elle ne relève pas d'une interprétation directe de Numénius. Si Numénius avait lui-même opéré cette identification, elle aurait été si opportune pour Eusèbe qu'il l'aurait sans doute rapportée[44].

Un autre argument *e silentio* pourrait être constitué par le témoignage de Proclus (29 T = Fr. 21 dP) selon lequel Numénius aurait nommé un troisième dieu identifié au monde. Nous y reviendrons à la fin de cet article.

Les arguments *e silentio* nous interdisant la certitude, la démonstration doit être approfondie.

Le second aspect du deuxième dieu, le démiurge, n'est pas immanent ; il n'entre pas dans le monde mais élève le monde à lui et dirige son âme

Une des caractéristiques de l'âme du monde, avons-nous signalé plus haut, est son immanence. Cette caractéristique ne lui est certes pas toujours reconnue et, dans les *Lois* (X 899 a 9-10), Platon envisage lui-même la possibilité que l'âme du monde soit séparée du corps du monde. Néanmoins, même si elle est produite avant ce corps[45], l'âme du monde est immanente dans le *Timée* à partir duquel Numénius pense ici et, surtout, elle est telle selon les stoïciens qui sont ses adversaires privilégiés dans l'interprétation de ce dialogue. C'est pourquoi, bien que consciente du fait que ce point pourra être discuté, nous partons ici de l'hypothèse que Numénius envisage l'âme comme telle et qu'il s'agit de l'une des raisons pour lesquelles il l'exclut de son système de principes[46].

41. *Enn.* V 1 [10] 7, 47.

42. Eusèbe a tendance à numéniser Plotin, voir Jourdan 2021b.

43. Il est quant à lui cité par Cyrille qui transmet les deux fragments parvenus.

44. Voir les éventuelles objections à cette lecture et leur réponse dans Jourdan 2021b. Théodoret (*Thérapeutique des maladies helléniques*, II 84-86), juste après avoir cité les passages plotiniens du traité *Sur les trois hypostases* cités par Eusèbe, prétend sans plus aucune précaution que Numénius, comme Platon et Plotin, pose l'âme du monde comme troisième principe qu'il identifie quant à lui à l'Esprit Saint : il n'est pas exclu qu'il simplifie le discours d'Eusèbe où il aura perçu une synthèse entre Plotin et Numénius, sans être conscient d'un éventuel chaînon porphyrien. Dans l'*Histoire philosophique*, Porphyre achève son propos avec Platon. Il ne peut avoir explicitement cité Numénius. En outre, Théodoret (393-457) est certes un contemporain plus jeune que Cyrille (376-444) qui nous transmet les fragments de Porphyre, mais il ne semble pas lui emprunter.

45. *Timée*, 34c ; *Lois* X, 896c.

46. Voir plus haut les défauts qu'Aristote (*De anima* I 3, 406b26-407b27) pointait déjà dans la conception platonicienne de l'âme du monde.

Dans le contexte spécifique du Περὶ τἀγαθοῦ, il paraît erroné de comprendre le démiurge ou second aspect du deuxième dieu comme immanent[47]. Si le premier dieu est absolument transcendant à l'égard de la sphère cosmologique, le deuxième, bien que chargé de la régir, ne la pénètre pas davantage, pas même dans son second aspect. Pour s'en convaincre, il suffit de reprendre les textes évoqués plus haut.

En 19 F, d'abord, le second aspect du dieu dirige certes son attention sur la matière et le sensible pour en prendre soin, mais il ne s'abaisse pas vers eux ; au contraire, il *élève* (ἀνάγει) le sensible vers son propre séjour ou caractère, selon la manière dont on veut traduire le terme ἦθος qui désigne ici ces deux facettes d'une même notion. Dans le fragment suivant (20 F), le deuxième intellect est certes envoyé à travers le ciel. Mais d'une part le voyage ici-bas ensuite décrit est celui de notre intellect, envoyé par ce deuxième intellect divin (21 F = Fr. 13 dP). D'autre part, celui-ci reste dans le ciel comme le pilote reste sur son navire en 26 F : le ciel symbolise moins le monde sensible qu'un entre-deux, sans doute intelligible, entre le premier dieu et le monde – en 26 F, d'ailleurs, le ciel devient clairement une représentation du monde intelligible métaphoriquement identifié au premier dieu lui-même. Le fait en outre de montrer le dieu transmettre la vie par son regard dirigé vers les corps (20 F) plutôt que par une pénétration de ceux-ci semble clairement indiquer un processus de vivification différent d'une pénétration de l'âme dans les corps qui suppose une forme d'immanence. Est ici soulignée l'efficacité démiurgique de la seule attention de l'intellect. Le fragment le plus éloquent sur le sujet est le fragment 26 F. En voici les termes :

> Un pilote, emporté quelque part au milieu des flots, dirige son navire avec la barre, trônant au-dessus du gouvernail, assis sur un banc. Mais ses yeux et son

47. Dans notre article consacré au témoignage de Porphyre qui évoque l'Esprit de *Gn* 1, 2 (*De antro* § 10 = Numénius, Fr. 30 dP, voir Jourdan 2015a), nous avons supposé que Numénius faisait de cet Esprit une image de l'intellect démiurgique considéré comme partiellement immanent. Par une manipulation du texte biblique, il décrit en effet l'Esprit comme étant à la fois au-dessus des eaux et à l'intérieur de celles-ci, ce qui nous semblait renvoyer à la présence de l'intellect démiurgique à la fois au-dessus et à l'intérieur du monde. Une relecture du passage à la lumière d'une étude plus approfondie du Περὶ τἀγαθοῦ nous permet d'affiner cette interprétation : il nous paraît d'abord très vraisemblable que Numénius ait un moment associé l'intellect démiurgique et l'intellect de l'âme du monde ou cette âme du monde elle-même, une précision ou modification de son propos en passant d'un ouvrage à l'autre étant très vraisemblable puisque, dans le Περὶ τἀγαθοῦ, il distingue justement pas à pas les figures qu'il finit par désigner comme principes. Si l'on tenait à harmoniser le texte ou nos interprétations, nous pourrions dire alors que la présence de l'intellect démiurgique dans le monde, telle qu'elle nous a semblé représentée là, n'implique pas une immanence réelle de celui-ci, mais une situation au-dessus du monde semblable à celle du pilote à la barre. Sa présence à l'intérieur des eaux renverrait à l'ordre ou à l'harmonie par lui donnée au monde sensible – à la Forme de lui-même (24 F) telle qu'elle est imprimée dans ce monde, ou encore à son relais, que peut être l'âme du monde avec son propre intellect ou cet intellect lui-même.

> intellect sont ensemble tendus tout droit vers l'éther, en direction des cieux : sa route à lui, elle est en haut, elle prend son départ dans le ciel qu'il traverse, tandis qu'il navigue en bas, sur la mer. Le démiurge fait exactement de la même façon avec la matière : pour éviter qu'elle ne rompe les amarres et ne s'en aille à la dérive, une fois qu'il l'a enserrée dans les liens de l'harmonie, il siège lui-même sur elle comme sur un navire en mer, tandis qu'il dirige l'harmonie en gouvernant avec les Formes ; ses regards, au lieu du ciel, il les porte vers le dieu d'en haut qui attire ses yeux, tirant sa faculté de discernement de sa contemplation et sa faculté motrice de son désir[48].

Ce passage décrit l'activité démiurgique en termes de maintien de la cohésion du monde à l'aide de l'harmonie. La figure de l'âme du monde et son rôle dans le *Timée* ou chez les stoïciens paraît plus que jamais à l'arrière-plan. Pourtant, là encore, le démiurge qui exerce cette cohésion n'est pas immanent et c'est là subtilement que Numénius s'oppose à l'interprétation stoïcienne du *Timée*. Selon une image très platonicienne[49], il le représente par un pilote et toute la première phrase insiste sur la position éminente de celui-ci au-dessus du bateau que représente le monde : il est juché dessus (ὑπὲρ πηδαλίων ὑψίζυγος), assis à la barre (ἐφεζόμενος). Contrairement à ἐπί[50], la préposition ὑπέρ n'indique pas une supériorité avec contact, mais une supériorité absolue, sans contact, et même si Numénius emploie ἐφεζόμενος pour dire l'assise, le sème de cette supériorité parfaite traverse le texte dans les expressions ὑψίζυγος, ὑπὲρ ταύτης ἵδρυται et οἷον ὑπὲρ νεώς ; seul le bateau est ἐπὶ θαλάττης, sur la mer dont il ne diffère pas en nature, non le démiurge. Ainsi, bien que ce dernier soit d'abord décrit comme emporté par les flots (ἐν μέσῳ πελάγει φορούμενος), l'expression est avant tout inspirée par l'image et progressivement corrigée : le seul objet emporté est le bateau-monde que le démiurge dirige en tournant ses regards vers le premier dieu et en s'aidant des formes pour y introduire l'ordre[51]. Voilà qui conduit à penser que Numénius ne l'envisage pas comme immanent au monde.

48. Κυβερνήτης μέν που ἐν μέσῳ πελάγει φορούμενος ὑπὲρ πηδαλίων ὑψίζυγος τοῖς οἴαξι διιθύνει τὴν ναῦν ἐφεζόμενος, ὄμματα δ' αὐτοῦ καὶ νοῦς εὐθὺ τοῦ αἰθέρος ξυντέταται πρὸς τὰ μετάρσια καὶ ἡ ὁδὸς αὐτῷ ἄνω δι' οὐρανοῦ ἄπεισι, πλέοντι κάτω κατὰ τὴν θάλασσαν· οὕτω καὶ ὁ δημιουργὸς τὴν ὕλην, τοῦ μήτε διακροῦσαι μήτε ἀποπλαγχθῆναι αὐτήν, ἁρμονίᾳ ξυνδησάμενος αὐτὸς μὲν ὑπὲρ ταύτης ἵδρυται, οἷον ὑπὲρ νεὼς ἐπὶ θαλάττης, [τῆς ὕλης]· τὴν ἁρμονίαν δὲ ἰθύνει, ταῖς ἰδέαις οἰακίζων, βλέπει τε ἀντὶ τοῦ οὐρανοῦ εἰς τὸν ἄνω θεὸν προσαγόμενον αὐτοῦ τὰ ὄμματα λαμβάνει τε τὸ μὲν κριτικὸν ἀπὸ τῆς θεωρίας, τὸ δὲ ὁρμητικὸν ἀπὸ τῆς ἐφέσεως, Numénius, Περὶ τἀγαθοῦ, chez Eusèbe, *PE* XI 18, 24 = 26 F.

49. *Politique*, 272e3-4 ; *Timée*, 42e3 ; *Phèdre*, 247c3-d1.

50. Voir l'expression ἐποχούμενον ἐπὶ τῇ οὐσίᾳ en 11 F (*PE* XI 22, 1 fin = Fr. 2 dP) qui exprime certes la supériorité du Bien à l'égard de l'οὐσία, mais aussi le fait qu'il n'est pas ontologiquement distinct d'elle (sur ce sujet, voir Jourdan 2017-2018 et 2021a). Ici, la préposition ὑπέρ indique au contraire la séparation ontologique.

51. Dans ce fragment, les formes sont les instruments de la démiurgie, non les modèles contenus dans le premier dieu.

Le rapport du démiurge à l'âme du monde paraît à présent plus clair. Dans ce fragment, il rappelle celui du démiurge du *Timée* à l'égard de l'âme du monde dont il diffère : c'est lui qui dirige l'harmonie à laquelle, dans un esprit pythagorisant[52], l'âme est associée et à laquelle le *Timée* dit justement qu'elle prend part (37a1). Il ne s'identifie pas à elle et l'on pourrait même se demander si, étant donné le parallélisme entre les expressions διιθύνει τὴν ναῦν et ἁρμονίαν δὲ ἰθύνει, le bateau ne représente pas plutôt l'âme que le corps du monde, celui-ci étant représenté avec la matière par l'eau, ou plutôt si ce bateau ne représente pas le corps du monde avec son âme. C'est donc un démiurge non immanent qui réalise ici le rôle confié à l'être dans le fragment 13 F.

Le fragment 21 F montre quant à lui comment le démiurge de Numénius non seulement se distingue d'une âme, mais entretient à son égard un rapport de supériorité évident. Lorsqu'il identifie le deuxième dieu (vraisemblablement le second aspect de ce dieu, étant donné la tâche qui lui est donnée) au législateur qui distribue la semence de toute âme, c'est-à-dire leur intellect, Numénius lui donne le rôle du démiurge du *Timée* qui distribue les âmes aux différents astres, puis qui légifère, pour ainsi dire, en leur découvrant par avance les *lois* que leur réserve la destinée selon leur attitude[53]. Dans cette action, il paraît difficile de l'identifier à l'âme du monde elle-même. Même si, dans le *Timée*, celle-ci n'est pas de même nature que les autres âmes en ce qu'elle est faite d'un matériau plus parfait, elle est vraisemblablement ici concernée par le même processus de distribution, le terreau où elle est quant à elle semée étant le monde plutôt qu'un astre ou un individu.

Ainsi, les textes du Περὶ τἀγαθοῦ et leur réception, d'une part, ne cautionnent pas l'identification du second aspect du deuxième dieu, le démiurge, à l'âme du monde, et semblent d'autre part chercher à préserver une forme de transcendance propre à cet aspect dieu qui s'oppose à pareille identification. Son statut d'intellect y contribue éminemment.

Tentons à présent de comprendre pourquoi Numénius aurait tenté d'éviter cette identification et comment il aurait alors envisagé la relation de cet aspect du dieu à l'âme du monde.

52. Voir l'argumentation de Simmias dans le *Phédon*, 84b-85b. L'identification de l'âme à une harmonie est rejetée par Socrate parce qu'elle fait intervenir le corps. Platon n'en recourt pas moins à l'association de l'âme avec l'harmonie, non seulement dans le *Timée*, mais implicitement dans le raisonnement sur la justice qui se déploie dans la *République*.

53. *Timée*, 41d-42a. En 21 F, Numénius répartit les rôles du démiurge platonicien entre ses deux premiers dieux. Le premier fournit la semence (la partie divine qu'est l'intellect nommée dans le *Timée*, 41b-d), le second la sème (cf. *ibid.* 41d-42 a). On pourrait aussi rapprocher le démiurge de ce passage avec le roi de *Lois*, X 904a-b. Sur ce fragment, voir Jourdan 2021c.

Pourquoi cette non identification ? Comment l'éviter ?

Raisons théoriques et polémiques

La question peut être formulée autrement : pourquoi Numénius aurait-il évité d'intégrer l'âme du monde dans sa « triade » divine ? Une raison doctrinale et un esprit polémique motivent conjointement ce choix.

Le Περὶ τἀγαθοῦ veut parvenir à une définition du Bien qui passe par une définition de l'être, identifié à l'incorporel qu'est l'intelligible. Or l'âme a un statut ambigu à cet égard. Elle est certes immortelle et incorporelle, mais, malgré sa ressemblance avec l'intelligible, elle n'est pas une réalité intelligible proprement dite et préserve avec le corps un contact qui peut l'y enchaîner[54]. Dans le *Timée* (36e), la perfection de sa production n'empêche pas l'âme du monde d'avoir, situé à l'intérieur d'elle, tout le corps du monde, son centre coïncidant alors avec celui du monde qu'elle pénètre tout comme elle l'enveloppe de l'extérieur : comment ne pas soupçonner son rapport inévitable au corps qu'Aristote a justement dénoncé chez Platon[55] ? Numénius a sans doute conscience que l'âme du monde telle que l'envisage le *Timée* est sujette à cette critique, complétée par celle que nous avons vu adressée à son automotricité : le mouvement essentiel à chaque âme selon Platon[56] est contradictoire avec l'immobilité que Numénius attribue à l'être (13-15 F) – la rotation caractéristique de l'âme du monde l'est tout autant.

L'âme du monde telle que l'envisageait Platon ne pouvant être sans ambiguïté considérée comme ce que Numénius entendait par un être proprement dit, il aura certainement eu soin de ne pas entacher le démiurge de ses défauts, qu'il savait indépassables, pour l'ériger à ce rang d'être tout comme à celui d'intellect. Plutôt que de la repenser pour faire d'elle une entité non immanente ou de ne considérer à cet effet que son intellect issu du Bien (21 F)[57],

54. Sur ce sujet, voir le *Phédon*, 79d-81e. On pourrait certes nous objecter que l'âme n'est pas forcément immanente, surtout si l'on envisage l'âme bonne du monde ou l'intellect de l'âme du monde, et que cette entité n'est pas forcément en mouvement, ainsi que le propose G. Boys-Stones (2018a, p. 225-226). Nous pensons simplement que, dans le contexte scolaire et polémique où il écrit, Numénius la conçoit sans doute ainsi ou du moins pense que ses adversaires stoïciens et aristotéliciens la conçoivent ainsi, ce qui le conduit à leur répondre en préservant leurs propres prémisses, là aussi nées de la lecture de Platon. Voilà pourquoi, plutôt que de redéfinir cette âme, il ne tiendrait pas à l'intégrer dans son système de principes ici et qu'il ne semble pas utile de l'y intégrer là où aucun texte ni témoignage ne le fait (celui de Calcidius ne se prête pas directement à une telle interprétation et ne relève pas du même contexte).

55. *De anima*, I 2, 404b16-17 ; 3, 407b2-3.

56. *Phèdre*, 245e-246a ; *Lois*, X 896a.

57. La critique d'Aristote contre l'âme du monde platonicienne s'adresse justement à la situation dans laquelle est mis l'intellect de celle-ci (*De anima*, I 3, 407a5-b12) – d'autant plus urgent est-il pour Numénius de dégager de cette âme l'intellect qu'il veut identifier à l'être et donc libérer de tout lien avec le corporel et la *psuche* qui le régit.

dans le cadre scolaire et polémique qui est le sien, il aura sans doute été fidèle au Platon pythagorisant du *Timée* qui considère l'âme du monde comme un *produit* du démiurge auquel le dialogue ne l'identifie pas. Il envisage peut-être simplement qu'elle prend son relais dans le maintien de l'ordre du monde, grâce à l'intellect issu du premier dieu. Tel serait alors le rôle qu'il donnerait à l'âme *bonne* du monde évoquée dans son compte-rendu de la cosmogonie pythagoricienne.

La deuxième raison pour laquelle Numénius n'identifie pas le démiurge à l'âme du monde est sans doute à la fois doctrinale et polémique. Numénius écrit dans un contexte scolaire où l'âme est conçue comme immanente. Nous avons vu que cette relation avec le corps empêche d'en faire un être proprement dit et de la situer au niveau des principes. L'y placer serait en outre et surtout faire une concession inacceptable à l'immanentisme stoïcien qui conçoit le démiurge comme un intellect immanent qu'il identifie volontiers à l'âme du monde[58]. Pour préserver l'artificialisme qui, comme l'a montré Alexandra Michalewski[59], est le meilleur outil des platoniciens de ce temps contre le corporalisme et l'immanentisme stoïcien, Numénius aura selon nous résolument évité d'identifier son démiurge à l'âme du monde.

Deux objections à ce raisonnement peuvent encore être élevées.

1) En 23 F, ce dieu est doté d'un mouvement qui pourrait l'assimiler à une âme et contredire notre hypothèse qu'en refusant le mouvement à l'être, en 13 F, Numénius refuse implicitement ce statut d'être à l'âme.

2) Au fragment 26 F, Numénius prête même au démiurge deux facultés psychiques : le discernement (τὸ κριτικόν) et l'impulsion motrice (τὸ ὁρμητικόν).

Ces objections peuvent être levées ainsi.

1) Le mouvement évoqué en 23 F est un mouvement de l'attention : c'est celui de l'intellect qu'est le dieu, tourné tantôt vers les intelligibles, tantôt vers les sensibles, selon une double orientation qui, dans ce contexte, n'est pas tant celle qui le divise, que celle qui le caractérise lorsqu'il s'occupe du seul monde : là, comme le montre le Fragment 26 F, il porte ses regards vers l'intelligible pour assurer la cohésion de celui-ci[60]. Si pareil mouvement le distingue du premier dieu et intellect qui est immobile (bien que pas complètement comme l'indique la suite du fragment[61]), il ne contribue toutefois

58. Numénius peut aussi avoir voulu par là distinguer son enseignement de celui qui était prêté à Xénocrate (fr. 15 Heinze = 213 I.P.) et du système de principes propre à Plutarque.

59. 2014, p. 95.

60. Le dédoublement du deuxième dieu dans son ensemble se reflète dans le dédoublement de l'attention du second aspect de ce dieu lui-même décrit en 26 F, où il tourne son attention vers l'intelligible tout en s'occupant du sensible.

61. Le repos inhérent au premier dieu (τὴν προσοῦσαν τῷ πρώτῳ στάσιν) est un mouvement qui lui est par nature associé (κίνησιν σύμφυτον). Ce mouvement correspond à un type de penser particulier, le φρονεῖν.

pas à en faire une âme. Il s'agit d'un mouvement de pensée qui caractérise l'intellect doublement orienté qu'il est. Le mouvement de l'âme du monde, quant à lui, est certes aussi mouvement de pensée d'après le *Timée* et le livre X des *Lois*, mais pas uniquement : sa rotation a une dimension ou efficacité physique qui se manifeste dans la rotation ordonnée de l'univers[62].

2) Concernant les deux facultés habituellement considérées comme psychiques et dont le démiurge est doté en 26 F, Numénius recourt à des expressions familières et marquées par le stoïcisme pour décrire une entité qui n'est pas une âme. L'analyse de détail[63] découvre qu'il se sert justement de ces notions pour suggérer l'absolue rationalité de l'intellect démiurgique dont le désir n'a rien de sensible et l'élan rien d'irrationnel : dans l'un et l'autre cas, ils consistent en une tension pour élever le sensible vers l'intelligible.

Si l'on tient enfin à faire de ce démiurge l'intellect de l'âme du monde[64], rien ne l'empêche absolument : Numénius fait de son deuxième dieu un intellect et envisage un moment un troisième intellect discursif (30 T = Fr. 22 dP). Il peut avoir conçu celui-ci comme régissant à la fois l'univers et l'âme de celle-ci en tant que son intellect non immanent. Cette conception serait explicitée dans des textes non parvenus. Mais dans le contexte de recherche de l'être et des principes caractéristique du Περὶ τἀγαθοῦ, elle n'est

62. Le livre X des *Lois* distingue d'ailleurs l'âme de l'intellect qu'elle s'adjoint et dote l'âme du monde d'un mouvement seulement similaire à celui de cet intellect (897c).

63. Voir le commentaire au fragment dans notre édition à paraître.

64. Ce troisième dieu peut aussi être envisagé comme l'âme bonne du monde (l'âme rationnelle de ce monde), à condition selon nous de considérer celle-ci comme l'intellect de l'âme du monde. La notion d'intellect permet d'envisager plus aisément la séparation d'avec le monde et l'absence de mouvement autre que celui de la pensée. Pour un platonicien de l'époque de Numénius, la notion d'âme véhicule avec soi celle de mouvement, ce qui explique la répugnance de Plutarque à associer âme et Formes, répugnance qu'aurait selon nous partagée Numénius (*contra* Boys-Stones 2018a, p. 226). Voilà pourquoi nous privilégierions l'association du troisième dieu de 19 F avec le troisième intellect de 30 T, l'intellect discursif qui pense en démiurge. Concernant la bonne âme du monde évoquée dans le témoignage de Calcidius, d'une part nous ne sommes pas sûre que Numénius la distingue réellement de l'âme du monde elle-même où domine le bien (voir Jourdan 2014a, p. 188 avec la note 258) ; d'autre part, il n'est pas évident qu'il l'identifie à un intellect (*ibid.* p. 179-181, avec la note 226). Lorsque G. Boys-Stones (2018a, p. 224-226 et 2018b, p. 192-194) identifie le troisième dieu de 19 F avec l'âme bonne du monde, il prend quant à lui celle-ci dans le sens particulier de l'ordre qu'est le deuxième dieu, qu'il identifie aux Formes (2018b, p. 193). Il la fait correspondre à ce qui est bon dans le mouvement cosmique et se manifeste comme tel dans ce mouvement, l'âme mauvaise du monde représentant selon lui le principe du mouvement en général (à nuancer toutefois avec le propos de 2018b, p. 194). Même s'il est vrai que l'âme n'a pas à être nécessairement considérée comme immanente, ce qui est peut-être encore moins le cas de l'âme bonne du monde telle que G. Boys-Stones la définit (il s'agit selon lui d'une réalité non immanente et stable), dans le contexte heuristique, scolaire et polémique du Περὶ τἀγαθοῦ, nous préférons simplement ne pas l'introduire : parler d'intellect nous semble plus adéquat.

selon nous pas privilégiée par Numénius qui ne souhaite pas y faire entrer l'âme au statut ambigu eu égard à l'intelligible, pas même en tant que « résidence » de l'intellect universel. Nous préférons donc nous en tenir au silence d'un texte qui, selon nous, évite de mentionner une entité dont la nature met en danger la cohérence de l'enseignement métaphysique. Dans le contexte précis du Περὶ τἀγαθοῦ, nous envisagerions de préférence l'intellect de l'âme du monde comme le relais de l'intellect démiurgique et discursif qu'est le troisième dieu de 19 F.

Si Numénius n'identifie pas son démiurge, second aspect de son deuxième dieu, à l'âme du monde[65], les arguments donnés plus haut suggérant au contraire cette identification ne sont pas à dénigrer pour autant. Voyons donc à présent ce qu'il fait de ce qu'il semble en revanche clairement concevoir comme un *intellect.*

Le démiurge prend partiellement la charge de l'âme du monde, se laissant relayer par l'intellect de celle-ci dans les tâches qui imposent une certaine immanence

Selon nous, Numénius confie à son démiurge le rôle de l'âme du monde sans l'identifier à celle-ci pour ne pas laisser de place à l'âme parmi les principes[66]. Les fragments semblent en effet décrire une appropriation, par le démiurge identifié à un intellect, du rôle habituellement confié à cette âme : en 26 F, il assure la cohésion du sensible ; en 20 F, c'est lui en tant qu'intellect, et non lui assimilé à une âme ou à l'intellect de l'âme du monde, qui traverse le ciel ; dans le même fragment, il est donné comme le principe de la vie : il la donne en tant qu'intellect, dont l'action est représentée de manière métaphorique par le regard, et non en tant qu'âme qui pénètre les corps ; de même, il la retire lorsqu'il détourne son attention des corps, non sa présence. Dans ce rôle de principe de vie, il n'est aucunement assimilé à une âme dont le *Phédon* suggère pourtant que c'est le rôle ; il est seulement décrit comme un intellect.

Cet intellect est alors implicitement rattaché à la figure de Zeus, conçu comme intellect qui dispense la vie. Voici comment. Le *Cratyle* (396 a-b) exploite un double jeu étymologique sur le nom de ce dieu, qui, à l'accusatif, se dit en grec Δία et sonne comme la préposition διά qui introduit une cause et qui, au nominatif Ζεῦς est un homophone du verbe ζῆν, qui signifie

65. En renonçant à cette identification, nous rejoignons Waszink 1966, p. 40, n. 4 et p. 73 ; Dillon 1973, p. 179 ; 1996[2], p. 374 ; 2000, p. 341-342 et 2007, p. 400 ; Halfwassen 1994, p. 42.

66. Semblable position aurait peut-être pour antécédents les réflexions aristotélisantes du Pseudo-Archytas (*Sur les principes*, p. 20. 11-14 Thesleff, Ulacco) sur l'intellect se mouvant lui-même et assumant la charge qui devrait revenir à l'âme ainsi que celles du *Pseudo-Timée* de Locres chez lequel l'âme, composé hylémorphique, est produite par l'activité de l'intellect divin. Je remercie A. Ulacco pour ce rapprochement. Voir aussi Jourdan 2020 sur les rapports entre Numénius et la tradition néopythagoricienne telle que l'éclaire A. Ulacco.

« vivre ». On retrouve subtilement ce jeu étymologique dans le même fragment 20 F : il comporte la préposition διά, signalant que c'est à la fois *grâce à l'intellect* et *à travers le* ciel, διὰ τούτου, que se fait le voyage de notre intellect ; il comporte aussi le verbe ζῆν, sans compter que l'image qui suit des traits du dieu peut faire penser à la foudre de Zeus. Numénius reprend vraisemblablement ce jeu étymologique du *Cratyle* qui associe ensuite Kro-nos et Oura-nos à deux Formes de l'intellect en raison du sème νοός qui termine leur nom : il a donc pu vouloir suggérer ici que leur fils, Zeus, est une troisième forme d'intellect, l'intellect qui dispense la vie[67]. Plotin identifiera certes parfois son Âme hypostase à Zeus[68], mais, d'une part, l'âme hypostase n'est pas l'âme du monde (elle en dérive comme on pourrait dire que l'âme du monde dérive sans doute du démiurge numénien) ; d'autre part, Plotin identifie aussi parfois Zeus à l'Intellect, voire à l'Un[69] ; enfin, le propos de Numénius est autre : tout, dans le fragment cité, montre que le Zeus implicite de Numénius est un intellect qui finit par retourner à soi, en tant que le « troisième » dieu qui se réunit au deuxième pour ne former vraiment qu'un avec lui, dans une unité cette fois indivise.

Ces considérations ne signifient pas que Numénius évince complètement l'âme du monde de sa cosmologie. Il ne l'aura simplement pas située au niveau des principes, parmi lesquels il compte le second aspect de son deuxième dieu. Il aura sans doute suivi le *Timée* en estimant que l'âme du monde elle-même est un produit de la démiurgie et en précisant que l'intellect de cette âme vient du premier dieu puis a été installé en elle par le deuxième. Il aura alors sans doute conçu cette âme et son intellect comme les relais de l'intellect démiurgique dans le maintien de l'ordre et de la cohésion du monde, une fois cet intellect enfin réuni à soi, dans une contemplation parfaite lui assurant l'union indivisée avec son premier aspect.

La dernière question qui se pose concerne le troisième dieu que Numénius identifierait au monde d'après le témoignage de Proclus[70] : ce monde renvoie-t-il à l'âme du monde comme le pensent souvent les chercheurs qui tentent de l'identifier au « troisième dieu » de 19 F[71] ?

67. L'hypothèse peut être étayée par les vues d'Harpocration qui emprunte à Numénius (voir notre commentaire à 29 T). Sur Numénius et les trois dieux hésiodiques, voir aussi de Ley 1972, p. 56-59 ; Longo 2017.

68. *Enn.* V 8 [31] 10-13 ; V [10] 7 ; III 8 [30] 11. 33-45 ; V 5 [52] 3. 20-23.

69. Voir Pépin 1955, p. 25.

70. Νουμήνιος μὲν γὰρ τρεῖς ἀνυμνήσας θεοὺς πατέρα μὲν καλεῖ τὸν πρῶτον, ποιητὴν δὲ τὸν δεύτερον, ποίημα δὲ τὸν τρίτον· ὁ γὰρ κόσμος κατ' αὐτὸν ὁ τρίτος ἐστὶ θεός, « Numénius, par exemple, ayant exalté trois dieux, appelle le premier "père", le deuxième "producteur" et le troisième "produit". Le monde est en effet selon lui le troisième dieu », Proclus, *In Tim.* I 303. 27-304. 1 Diehl = 29 T (extrait) = Fr. 21.1-3 dP.

71. Voir par ex. Krämer 19672, p. 81 ; Frede 1987, p. 1069 ; Opsomer 2005a, p. 65 ; 2006 p. 269-270 ; Baltes 1975 et Baltes dans Dörrie, Baltes & Pietsch 2008, p. 476-477 ; Edwards

Et le troisième dieu du témoignage de Proclus (29 T) ?

Pour harmoniser le témoignage de Proclus et le fragment 19 F, il peut paraître tentant d'identifier le « troisième » dieu de 19 F au monde que ce dieu organise et d'associer ensuite l'un et l'autre à l'âme du monde et à l'ordre qu'elle insère dans celui-ci[72]. Cependant, d'une part, dans les fragments parvenus (19 F, 20 F, 24 F, 26 F), Numénius distingue nettement le monde sensible du démiurge, l'emploi du verbe (αὐτο-)ποιεῖν pour décrire la production du premier par le deuxième servant peut-être justement à marquer la distinction ontologique entre l'artisan et son produit (24 F) ; d'autre part, si, d'après le témoignage de Proclus, Numénius distingue le ποιητής (le démiurge) qu'est le deuxième dieu du ποιημά qu'est le monde, il est difficile de lui prêter l'identification des deux sans forcer les textes : le Περὶ τἀγαθοῦ le montre identifier lui-même son deuxième dieu, considéré dans ses deux aspects, à un ποιητής (19-20 F). Enfin, en vertu de cette harmonisation, comme « le dieu qui est deuxième et troisième » est un, ce dieu dans son ensemble serait lui-même identifié au monde, ce qui rendrait le propos de 19 F contradictoire.

Interpréter le terme κοσμός au sens d'âme du monde pourrait certes lever une part des difficultés. Mais rien n'y invite dans le témoignage. En revanche, dans le *Timée*, Platon qualifie lui-même le monde de dieu[73]. Pour lever les objections liées à la désignation comme dieu du monde sensible grevé de matière, deux solutions semblent se présenter. Il serait d'abord possible de prendre le terme κόσμος comme renvoyant au monde *intelligible*[74] dont la

2010, p. 124 ; Staab 2013, col. 1183 ; Ferrari 2014, p. 61-62.

72. Voir les interprétations signalées dans la note précédente.

73. *Timée*, 34b1 et 8 ; 92c7.

74. G. Boys-Stones adopte une lecture de cet ordre qui vise à harmoniser le propos de 19 F avec celui de 29 T. Selon lui, le deuxième dieu de 19 F est le démiurge évoqué en 29 T et le troisième le modèle intelligible du monde. Cette lecture, dont il nous fait part dans son rapport, est pleinement valable selon nous à cette condition : définir le deuxième dieu de 19 F comme démiurge uniquement au sens de producteur de la forme de soi puis des Formes déterminées (24 F), et non au sens de démiurge du monde sensible. Cette seconde fonction démiurgique semble clairement attribuée au troisième dieu de 19 F, tourné vers le monde dont il s'occupe, et qui, selon nous, ne peut être par suite identifié au modèle intelligible dont il se sert pour ordonner ce monde. Le deuxième dieu de 19 F est certes un démiurge dans ses deux aspects : démiurge des Formes déterminées dans le premier (*cf.* 24 F, sur cette fonction, voir Jourdan 2021a), démiurge du monde sensible dans le second (19 F ; 24 F ; cf. 23 F). Il peut en cela être généralement appelé démiurge. Mais le second aspect du dieu, le troisième dieu de 19 F, ne peut selon nous être identifié au modèle intelligible produit par le premier aspect et dont il se sert en 26 F. En outre, la division décrite en 19 F ne suggère pas la production d'un modèle intelligible. Elle décrit, au contact de la matière, l'apparition d'une figure artisanale qui pourrait se servir d'un tel modèle pour conduire cette matière à sa propre divinité. Numénius tient selon nous trop à cette métaphore artisanale, qui distingue producteur et modèle d'une part, producteur et produit (même intelligible, 24 F), d'autre part, pour identifier démiurge

forme de soi produite par le démiurge en 24 F semble être le paradigme, ensuite divisé en autant de Formes que nécessaires à la production du monde. Cette première interprétation pourrait être étayée ainsi : le ποίημα que Numénius décrirait comme troisième dieu pourrait renvoyer à la production de cette forme de soi attribuée au deuxième dieu en 24 F, dieu considéré là comme démiurge de cette forme selon nous à l'origine des formes déterminées. Cette solution serait parfaitement adéquate si nous pouvions être sûr soit que Numénius entendait κόσμος en ce sens précis sans le qualifier de νοητός, soit que ce terme κόσμος vient en réalité de Proclus réduisant le ποίημα de Numénius au produit du démiurge conçu comme monde sensible[75]. En outre, en recourant au vocabulaire de la ποίησις, en 24 F, Numénius semble distinguer cette forme de soi du démiurge lui-même qui la produit ; même si elle est le produit du dieu considéré dans son premier aspect, elle ne semble pas pouvoir être identifiée au même dieu dans son second aspect : le fait que ses deux aspects ne constituent en réalité qu'un seul dieu interdit selon nous d'identifier l'un d'eux au produit de l'autre qui paraît être clairement distinct de lui. L'interprétation de ποίημα comme renvoyant au monde intelligible ne permettrait donc pas, selon nous, d'identifier le troisième dieu de 19 F avec celui de 29 T.

Une deuxième solution nous semble plus respectueuse à la fois des termes et du contexte de pensée numénien : elle consiste à penser que ce κόσμος, dont le nom proviendrait réellement de Numénius et de sa lecture du *Timée*, renvoie au monde dans lequel nous vivons, mais tel qu'il manifeste en lui le modèle intelligible, autrement dit au plan, réalisé, de l'intellect démiurgique qu'est le deuxième dieu. Voici comment nous y parvenons. En restant dans

(que le premier ou le deuxième aspect du dieu soit ainsi considéré) et Formes, comme le veut G. Boys-Stones dans ses études de 2018a, p. 225-226 et 2018b, p. 191-194 qui identifient ultimement deuxième et troisième dieu aux Formes : celles-ci sont d'une part, dans leur aspect déterminé, le produit du deuxième dieu dans son premier aspect (le deuxième dieu proprement dit de 19 F dont cette production est évoquée en 24 F et qui fait de lui le démiurge d'une Forme intelligible spécifique) et d'autre part le modèle utilisé par ce deuxième dieu dans son second aspect, le démiurge proprement dit et troisième dieu de 19 F (représenté en 26 F). C'est pourquoi, même si la lecture de G. Boys-Stones nous semble très ingénieuse pour harmoniser le propos de 19 T et 29 T et identifier le deuxième et le troisième dieu évoqués là, l'harmonisation ne nous semble pouvoir aboutir si elle revient à identifier le troisième dieu de 19 T, selon nous démiurge au sens cosmologique du terme, avec le modèle intelligible utilisé par ce dieu et produit par le deuxième dieu de 19 T qui n'est autre que lui-même dans son premier aspect.

75. Il le fait selon nous en redésignant plus bas le troisième dieu comme correspondant au δημιουργούμενον, littéralement « au produit de la démiurgie ». Cette reformulation éclaire le sens en lequel Proclus invite à comprendre κόσμος. Elle n'indique pas que Numénius ait réduit le monde au produit de la démiurgie, œuvre conjointe du démiurge et de la nécessité. Il a réellement pu entendre le monde comme le produit du seul intellect démiurgique évoqué dans la première partie du discours de Timée.

l'esprit du *Timée,* il est possible de considérer le monde évoqué ici comme correspondant au produit du seul intellect, ainsi que le décrit la première partie du dialogue de Platon[76]. Il serait envisagé à ce stade de sa production et serait κόσμος au sens littéral d'« ordre ». Il représenterait l'ordre présent dans le monde sensible, l'ensemble pouvant alors être qualifié de divin. Réalisé à partir du modèle intelligible[77], cet ordre sensible comporterait certes un intellect, lui-même situé dans une âme et assurant sa divinité[78], mais il ne serait réduit ni à l'un ni à l'autre. Cette lecture complèterait ainsi la précédente : le κοσμός considéré comme troisième dieu renverrait à la forme de soi de ce dieu *telle qu'elle est imitée* par le monde réalisé à son image, un ordre correspondant à la partie de notre monde conduite à la divinité par le démiurge et non régie par la matière ; à la partie du monde qui est belle (24 F). Le « troisième » dieu du témoignage serait ainsi le monde sensible envisagé comme parfaitement conforme à son paradigme (l'οὐσία de 24 F), ce qui lui vaudrait son titre de dieu et rendrait le discours de Numénius parfaitement cohérent avec son modèle platonicien[79]. Ce « troisième dieu » ne serait en revanche pas à confondre avec le second aspect du deuxième dieu appelé un moment « troisième dieu » en 19 F. Mieux vaut renoncer à harmoniser les textes et accepter leur dissonance, en pensant que Numénius n'a peut-être réellement pas souhaité donner à l'âme du monde ce rang de troisième dieu, quelle que soit l'entité ainsi désignée.

76. 29 d-47 e.

77. Le Vivant dans le *Timée*, la forme de soi produite par le deuxième dieu chez Numénius (24 F).

78. On pourrait ajouter que Numénius suggère en 24 F une imitation de son modèle par le monde qui n'est pas résultat passif de la démiurgie. D'après 27 F, la participation au Bien qui confère sa bonté aux êtres est le fruit d'un effort de pensée personnel. Le monde étant doté d'un intellect présent en son âme, il peut lui-même s'adonner à une telle participation qui le rend effectivement beau et bon, c'est-à-dire divin.

79. Plutarque (*De Iside*, 56, 374 A) lui aussi identifie le troisième dieu, sous les traits d'Horus, au monde.

Conclusion

Dans le *Timée*, l'âme du monde n'a pas de fonction démiurgique. Dans le contexte précis du Περὶ τἀγαθοῦ, Numénius semble lui être fidèle sur ce point. L'artificialisme est chez lui réservé à la figure du démiurge proprement dit, un pur intellect qui ne semble pas devoir être identifié à l'âme du monde, peut-être pas même à l'intellect de celle-ci. S'il prend son rôle, c'est pour mieux évincer du rang des principes une entité au statut ambigu : le type de mouvement qui la caractérise comme son immanence, selon la tradition platonicienne que suit Numénius et la tradition stoïcienne à laquelle il s'oppose, interdisent d'en faire un être au sens où lui l'entend : une entité résolument intelligible et absolument séparée du corps, plus généralement du sensible, qui ne peut à la limite avoir pour mouvement qu'un mouvement de pensée. Dans le Περὶ τἀγαθοῦ, Numénius veut définir le Bien, identifié à l'être et conçu comme principe. Si l'âme du monde peut jouer un rôle dans son enseignement, ce n'est pas à ce niveau-là, mais sur le plan cosmologique, qui n'est pas le sujet du dialogue. Voilà simplement pourquoi elle n'y a pas sa place, ce qui ne signifie pas qu'elle ne l'a pas ailleurs.

Il n'en demeure pas moins qu'avec sa dualité née de sa rencontre avec la matière, le deuxième dieu du Περὶ τἀγαθοῦ a certainement inspiré la figure de l'Âme hypostase chez Plotin, elle aussi marquée par semblable dualité. Plotin a sans doute perçu les difficultés attachées au second aspect du deuxième dieu et à ses relations avec l'âme du monde. Il aura peut-être voulu trancher la question et pour cela libérer son Intellect de cet aspect risquant de suggérer malgré tout une forme d'immanence. C'est du moins l'âme qui, chez lui, a une partie supérieure, préservée de toute contamination avec le sensible, et une partie inférieure qui se sépare d'elle et devient une φύσις identifiée à l'âme du monde, alors chargée de la tâche démiurgique proprement dite[80]. Malgré son hésitation relative à l'identité du démiurge, tantôt associé à la deuxième hypostase [81], tantôt à la troisième[82], Plotin identifie ultimement l'âme du monde et le démiurge ou plutôt donne à l'âme du monde la fonction démiurgique, une fois cette fonction purgée de sa dimension artificialiste[83]. Pour cela, d'ailleurs, contrairement au discours du *Timée*, il cesse de la considérer comme engendrée ou produite, ce qui lui permet de lui accorder un statut qu'elle ne pouvait recevoir chez Platon et chez Numénius.

80. *Enn.* III 8 [30] 4, 15-16 et, concernant l'âme individuelle, IV 3 [27] 27, 1-3 ; 31, 1-20 ; IV 8 [6] 4, 32 ; III 5 [50] 2-3 – division vraisemblablement empruntée au second dieu numénien (voir par ex. Merlan 1962, p. 140-141).

81. *Enn.* IV 4 [28] 10.

82. *Enn.* III 9 [13] 1 ; IV 3 [27] 6. Sur cette hésitation apparente, voir Merlan 1967, p. 101 ; Opsomer 2005a, p. 83-85, 2005b ; sur la manière dont Plotin rend compte de la causalité démiurgique, voir par ex. Opsomer 2005b et Chiaradonna 2015.

83. *Enn.* II 3 [52] 18, 9-16 ; IV 7 [2] ; V 1 [10] 2, 2-6 ; IV 3 [27] 6, 1-3 et 7-8 ; 11, 8-9. L'âme du monde produit grâce aux λόγοι reçus de l'Intellect.

Vouloir identifier le démiurge de Numénius avec l'âme du monde, du moins dans le Περὶ τἀγαθοῦ, relève peut-être d'une lecture plotinisante des fragments[84]. Mieux vaut sans doute penser que Plotin a revu la conception numénienne du démiurge pour en faire une véritable âme du monde, à laquelle il donne sa propre définition.

84. J. H. Waszink (1966, p. 40, n. 4 et p. 73) invitait déjà à ne pas penser trop vite qu'une déduction valable chez Plotin l'est également chez Numénius.

BIBLIOGRAPHIE

BALTES, M. 1975 : « Numenius von Apamea und der platonische *Timaios* », *VChr*, 29/4 (1975), p. 241-270.
DOI: https://doi.org/10.2307/1582870

BEUTLER, R. 1940 : « Numenios », *RE* Suppl. VII, Stuttgart, 1940, col. 664-678.

BOYS-STONES, G. 2018a : *Platonist Philosophy 80 BC to AD 250 : An Introduction and Collection of Sources in Translation*, Cambridge, 2018 (Cambridge Source Books in Post-Hellenistic Philosophy).

BOYS-STONES, G. 2018b : « Numenius on Intellect, Soul and the Authority of Plato », dans J. Bryan, R. Wardy, J. Warren (éd.), *Authors and Authorities in Ancient Philosophy*, Cambridge, 2018 (Cambridge Classical Studies), p. 184-201.

CHIARADONNA, R. 2015 : « Plotinus' Account of Demiurgic Causation and its Philosophical Background », dans A. Marmodoro & B. Prince (éd.), *Causation and Creation in Late Antiquity*, Cambridge, 2015, p. 31-50.
DOI : https://doi.org/10.1017/CBO9781107447974

DEUSE, W. 1983 : *Untersuchungen zur mittelplatonischen und neuplatonischen Seelenlehre*, Wiesbaden, 1983 (Abhandlungen der Geistes- und Sozialwissenschaftlichen Klasse : Einzelveröffentlichung, 3).

DILLON, J. 1973 : « The concept of Two Intellects. A Footnote in the History of Platonism », *Phronesis*, 18/2 (1973), p. 175-185.
URL : https://www.jstor.org/stable/4181913

DILLON, J. 1996² : *The Middle Platonists. A Study of Platonism 80 B. C to A. D. 220*, London, 1996² [1977].

DILLON, J. 2000 : « The Role of the Demiurge in the *Platonic Theology* », dans A. Segonds & C. Steel (éd.), *Proclus et la théologie platonicienne, Actes du Colloque International de Louvain (13-16 mai 1998) en l'honneur de H. D. Saffrey et L. G. Westerink*, Paris-Leuven, 2000 (Ancient and medieval philosophy. 1, 23), p. 339-350.

DILLON, J. 2007 : « Numenius : some Ontological Questions », dans R. W. Sharples, R. Sorabji (éd.), *Greek and Roman Philosophy : 100 BC – 200 AD*, Vol. 2, London, 2007 (Bulletin of the Institute of Classical Studies, 94) p. 397-402.
URL : https://www.jstor.org/stable/43767869

DODDS., E. R. 1960 : « Numenius and Ammonius », dans *Les Sources de Plotin : dix exposés et discussions ; Vandoeuvres-Genève, 21 - 29 août 1957*, Vandœuvres-Genève, 1960 (*Entretiens sur l'Antiquité classique*, 5), p. 3-61.

DÖRRIE, H., M. BALTES & Chr. PIETSCH 2008 (éd.) : *Die Philosophische Lehre des Platonismus : Theologia Platonica, Bausteine 182 - 205 : Text, Übersetzung, Kommentar*, Stuttgart, 2008 (Der Platonismus in der Antike, 7).

EDWARDS, M. 2010 : « Numenius of Apamea », dans L. P. Gerson (éd.), *The Cambridge history of Philosophy in Late Antiquity*, Cambridge, 2010, p. 115-125.

FERRARI, F. 2014 : « Gott als Vater und Schöpfer. Zur Rezeption von Timaios 28c3-5 bei einigen Platonikern », dans F. Albrecht & R. Feldmeier (éd.), *The Divine Father : Religious and philosophical Concepts of Divine Parenthood in Antiquity*, Leiden-Boston, 2014 (Themes in Biblical narrative, 18) p. 57-69.

Ferrari, F. 2015 : « Metafisica e teologia nel medioplatonismo », *Rivista di storia della Filosofia*, 70/2, p. 321-338.
DOI : https://doi.org/10.2307/24873209

Festugière, A.-J. 1954 : *La Révélation d'Hermès trismégiste. IV, Le Dieu inconnu et la Gnose*, Paris, 1954 (Études Bibliques, 3).

Frede, M. 1987 : « Numenius », *ANRW* II 36.2, Berlin-Boston, p. 1034-1075.

Frede, M. 2000 : « Numenios [6] von Apameia », *Der Neue Pauly*, version électronique s. v.
URL : https://referenceworks.brillonline.com:443/entries/der-neue-pauly/numenios-e826250

Halfwassen, J. 1994 : *Geist und Selbstbewußtsein. Studien zu Plotin und Numenios*, Mainz, 1994 (Akademie der Wissenschaften und der Literatur).

Impara, P. 1980 (trad.) : Numenius, *Il trattato sul Bene di Numenio. Saggio introduttivo storico-critico con traduzione e commento del* Περὶ τἀγαθοῦ, Roma, 1980 (Collana di filosofia antica).

Jourdan, F. 2014a : « Materie und Seele in Numenios' Lehre vom Übel und Bösen », dans F. Jourdan & R. Hirsch-Luipold (éd.), *Die Wurzel allen Übels. Vorstellungen über die Herkunft des Bösen und Schlechten in der Philosophie und Religion des 1.-4. Jahrhunderts*, Tübingen, 2014, p. 133-210.

Jourdan, F. 2014b : « La matière à l'origine du mal chez Numénius (fr. 52 des Places, Calcidius ; *cf.* Fr. 43 des Places, Jamblique) », *Philosophie antique,* 14 (2014), p. 185-235.

Jourdan, F. 2015a : « Traditions bibliques et traditions égyptiennes au service d'une exégèse du mythe d'Er : Numénius et l'allégorie d'Homère dans le fragment 30 des Places », *Les Études Philosophiques,* 153/3 (2015), p. 431-452.

Jourdan, F. 2015b : « Eusèbe de Césarée et les extraits de Numénius dans la *Préparation évangélique* », dans S. Morlet (dir.) *Lire en extraits. Pratiques de lecture et de production des textes, de l'Antiquité au Moyen Âge*, Paris, 2015, p. 107-148.

Jourdan, F. 2017-2018 : « *Sur le Bien* de Numénius. *Sur le Bien* de Platon. L'enseignement oral du maître comme occasion de rechercher son pythagorisme dans ses écrits », *Χώρα,* 15-16 (2017-2018), p. 139-165.

Jourdan, F. 2020 : Note critique : « Angela Ulacco, *Pseudopythagorica Dorica, I trattai di argomento metafisico, logico ed epistemologico attribuiti ad Archita e a Brotino* (2017). Recension suivie de quelques réflexions sur les liens entre pythagorisme et platonisme à l'époque impériale, notamment chez Plutarque et Numénius », *Philosophie antique,* 20 (2020), p. 271-276.
DOI : https://doi.org/10.4000/philosant.3451

Jourdan, F. 2021a 2021 : « L'οὐσία chez Numénius : une notion qui s'élabore progressivement. Analyse des difficultés relatives à l'οὐσία et à l'ἰδέα dans les fragments 22 F, 24 F et 28 F (fr. 14, 16 et 20 dP) », *Χώρα,* 18-19 (2021), p. 455-480.

Jourdan, F. 2021b [à paraître] : « L'exploitation théologique de Numénius dans la *Préparation évangélique* », à paraître dans S. Morlet (éd.), *Eusèbe de Césarée et la philosophie* (Actes du colloque des 20-21 novembre 2019, Paris, Sorbonne).

Jourdan, F. 2021c [à paraître] : « Numénius et la tradition judéo-hellénistique : une relecture du Fragment 21 F (13 dP) », *Semitica et classica*, sous presse.

Kenney, J. P. 1991 : *Mystical monotheism. A study in Ancien Platonic Theology*, Hanover-London, 1991.

Kenney, J. P. 1992 : « *Proschresis* Revisited : An Essay in Numenian Theology », dans J. R. Daly (éd.), *Origeniana quinta. Historica, Text and method, Biblica Philosophica, Theologia ; Origenism and later developments. Papers of the 5th International Origen Congress, Boston College, 14-18 August 1989*, Leuven, 1992 (Ephemerides theologicae Lovanienses / Bibliotheca), p. 217-230.

Krämer, H. J. 1967² : *Der Ursprung der Geistmetaphysik. Untersuchung zur Geschichte des Platonismus zwischen Platon und Plotin*, Amsterdam, 1967² [1964].

Leemans, E.-A. 1937 : *Studie over den wijsgeer Numenius van Apamea met uitgave der Fragmenten*, Bruxelles, 1937.

de Ley, H. 1972 : *Macrobius and Numenius. A Study of Macrobius,* In Somn.*, I, c. 12*, Bruxelles, 1972 (Collection Latomus, 125).

Longo, A. 2017 : « Numénius d'Apamée précurseur de Plotin dans l'allégorèse de la *Théogonie* d'Hésiode : le mythe d'Ouranos, Kronos et Zeus », dans M.-A. Gavray & A. Michalewski (éd.), *Les principes cosmologiques du Platonisme. Origines, influences et systématisation*, Turnhout, 2017 (Monothéisme et philosophie), p. 167-185.

Merlan, Ph. 1962 : « Drei Anmerkungen zu Numenius », *Philologus*, 106/1-2 (1962), p. 137-145.
DOI : https://doi.org/10.1524/phil.1962.106.12.137

Merlan, Ph. 1967 : « Part I : Greek Philosophy From Plato to Plotinus », dans A. H. Armstrong (éd.), *The Cambridge History of Later Greek and Early Medieval Philosophy*, Cambridge, 1967, p. 13-132.

Michalewski, A. 2014 : *La puissance de l'intelligible. La théorie plotinienne des Formes au miroir de l'héritage médioplatonicien*, Leuven, 2014 (Ancient and medieval philosophy. 1, 51).

Müller, G. 2011 : « La doctrina de los principios en Numenio de Apamea », *Cuadernos de Filosofía*, 56 (2011), p. 31-76.
DOI : https://doi.org/10.34096/cf.n56.175

O'Brien, C. S. 2015 : *The Demiurge in Ancient thought. Secondary Gods and Divine mediators*, Cambridge, 2015.

Opsomer, J. 2005a : « Demiurges in Early Imperial Platonism », dans R. Hirsch-Luipold (éd.), *Gott und die Götter bei Plutarch. Götterbilder-Gottesbilder-Weltbilder*, Berlin-New York, 2005 (Religionsgeschichtliche Versuche und Vorarbeiten, 54), p. 51-99.

Opsomer, J. 2005b : « A craftsman and his Handmaiden. Demiurgy according to Plotinus », dans Th. Leinkauf, & C. Steel (éd.), *Platons* Timaios *als Grundtext der Kosmologie in Spätantike, Mittelalter und Renaissance*, Leuven, 2005 (Ancient and medieval philosophy. 1, 34), p. 67-102.

Opsomer, J. 2006 : « To Find the Maker and Father. Proclus' Exegesis of Plato *Tim.* 28 c 3-5 », *Études platoniciennes,* 2 (2006), p. 261-283.
DOI : https://doi.org/10.4000/etudesplatoniciennes.1074

Pépin, J. 1955 : « Plotin et les mythes », *Revue philosophique de Louvain*, 53/37 (1955), p. 5-27.
DOI : https://doi.org/10.3406/phlou.1955.4531

PETTY, R. D. 1993 (trad.) : *The Fragments of Numenius. Text, Translation and Commentary*, Diss. (masch.), Santa Barbara [le texte est celui de É. des Places], 1993.

PRADEAU, J.-Fr. 2003 : *L'Imitation du principe. Plotin et la participation*, Paris, 2003 (Histoire des doctrines de l'antiquité classique).

REYDAMS-SCHILS, G. 1999 : *Demiurge and Providence. Stoic and Platonist Readings of Plato's* Timaeus, Turnhout, 1999 (Monothéismes et philosophie).

REYDAMS-SCHILS, G. 2007 : « Calcidius on God », dans M. Bonazzi & C. Helmig (éd.), *Platonic stoicism - Stoic platonism. The Dialogue between Platonism and Stoicism in Antiquity* , Leuven, 2007 (Ancient and Medieval philosophy. 1, 39), p. 243-258.

SAFFREY, H. D. & L. G. WESTERINK 2003 (éd.) : Proclus, *Théologie platonicienne*, T. II, Paris, 2003 [1974] (Collection des universités de France. Série grecque, 230).

STAAB, G. 2013 : « Noumenios », *RAC (Reallexicon für Antike und Christentum)* XXV, Stuttgart, 2013, col. 1172-1197.

STRUTWOLF, H. 1999 : *Die Trinitätstheologie und Christologie des Euseb von Caesarea. Eine dogmengeschichtliche Untersuchung seiner Platonismusrezeption und Wirkungsgeschichte*, Göttingen, 1999 (Forschungen zur Kirchen- und Dogmengeschichte).

TARRANT, H. A. S. 2004 : « Must commentators know their sources ? Proclus *in Timaeum* and Numenius », dans P. Adamson, H. Baltussen & M. W. F. Stone (éd.), *Philosophy, Science and Exegesis in Greek, Arabic and Latin commentaries*, London, 2004 (Bulletin of the Institute of Classical Studies. Supplement, 83, 1), p. 175-190.

WASZINK, J.-H. 1966 : « Porphyrios und Numenios », dans *Porphyre : huit exposés suivis de discussions ; Vandoeuvres-Genève 30 août – 5 septembre 1965*, Vandœuvres-Genève, 1966 (Entretiens sur l'Antiquité classique, 7) p. 35-83.

ZAMBON, M. 2002 : *Porphyre et le moyen-platonisme*, Paris, 2002 (Histoire des doctrines de l'antiquité classique, 27).

COMPTES RENDUS

Christopher MOORE, *Calling Philosophers Names. On the Origin of a Discipline*, Princeton & Oxford, Princeton University Press, XXIV- 416 p., ISBN : 9780691195056.

Cet ouvrage vigoureux, fruit d'une longue recherche que Christopher Moore a menée au cours des dix dernières années, propose une perspective nouvelle et stimulante sur les origines de la philosophie grecque. Plus précisément, comme l'explique Moore dans le premier chapitre introductif (p. 1-33), il ne s'est pas fixé pour objectif de reconstituer (la nième fois) le déroulement des doctrines des penseurs grecs à partir de Thalès, mais d'enquêter sur les significations prises par le terme *philosophos,* avec les termes connexes de *philosophia* et de *philosophein*, du VIe au IVe siècle av. J.-C. Il s'agit d'une approche « externaliste » potentiellement très efficace pour une investigation de l'entreprise intellectuelle que nous appelons aujourd'hui philosophie qui ne soit pas conditionnée par une pré-compréhension normative de « ce que c'est » que la philosophie ; une approche capable, en d'autres termes, d'éclairer la pratique de la philosophie dans cette phase initiale où elle est loin de se reconnaître et être reconnue comme une discipline, tandis qu'elle se manifeste néanmoins de manière innovante sur la scène culturelle (voir par exemple récemment A. Laks, *The Concept of Presocratic Philosophy : Its Origin, Development, and Significance*, Princeton 2018 ; M. M. Sassi, *The Beginnings of Philosophy in Greece,* Princeton 2018, ainsi que le double compte rendu de W. Wians dans *Ancient Philosophy* 40, 2020, p. 469-475).

Mais l'opération s'étend à Platon et au-delà, en rectifiant le « standard view » soutenu, entre autres, par W. Burkert, A. Nightingale et J. Cooper, selon lequel Platon aurait révolutionné le sens de la notion de *philosophia*, originairement « culture intellectuelle » générale, devenu recherche « technique » de la connaissance du réel, régie par la rigueur de la méthode dialectique (p. 221). Platon se placerait au contraire dans une parfaite continuité avec la vision de ses prédécesseurs, de Pythagore à Empédocle en passant par Gorgias, dans la mesure où ils auraient en commun une conception de la *philosophia* comme « a practice of conversation that conduces to virtue, or knowledge, or flourishing » (p. 222). Dans cette nouvelle définition des finalités de la *philosophia,* il est déjà évident que la *modalité* de la « conversation » inaugurée par les Sept Sages constitue pour l'auteur le fil conducteur d'une activité dont les objets possibles revêtent une importance secondaire : à savoir la vertu, la connaissance, l'*eudaimonia* (à quoi j'ajouterais la vérité, qui n'apparaît dans le livre qu'avec Platon).

Mais suivons à présent l'ordre du livre. Dans une première partie (*Origins* : p. 37-124), consacrée aux usages les plus anciens de l'appellation *philosophos*, l'auteur se sert d'une lecture ciblée du fragment B35 d'Héraclite, dans lequel figure la plus ancienne attestation (controversée) de ce terme, pour démontrer qu'il a dû être diffusé déjà vers 500 av. J.-C. avec une signification méprisante, pour décrire des individus ou des groupes d'individus perçus comme de vains chercheurs de la *sophia* illustrée par les Sept Sages, ayant une réputation d'*influencers* (postulat qui d'ailleurs donne son titre à l'ouvrage). L'hypothèse selon laquelle le terme a effectivement été *inventé* avec des intentions polémiques est soutenue dans le chapitre (3) par un examen lexical des noms composés avec le préfixe *phil-*. Au chapitre 4, les Pythagoriciens entrent en scène ; leur activité, et en particulier la réalisation de celle-ci dans l'engagement politique notoirement contesté par les villes de la Grande-Grèce, en fait d'excellents suspects pour la dénomination péjorative de *philosophoi* (Moore écrit plusieurs fois « *Magna Graeca* », p. 107-8 et Index, p. 380, et cette erreur est passée dans le compte rendu de l'ouvrage publié sur *BMCR* 2020.09.55).

Le deuxième texte clé de la construction de Moore est l'histoire d'un entretien entre Pythagore et Léon, le tyran de Phlion, qui remonte à un écrit du philosophe académique Héraclide du Pont et est conservée par de nombreux auteurs de l'époque gréco-romaine. Selon cette narration Pythagore répond à Léon, qui lui a demandé à quel art il doit son savoir et son éloquence, qu'il ne connaît aucun art, étant plutôt *philosophos,* et pour illustrer le sens de ce terme il donne l'exemple de ceux qui vont à une grande fête juste pour « regarder ». L'histoire, si authentique, attesterait tout d'abord que Pythagore serait le premier à utiliser le terme de *philosophos* (il en serait l'inventeur selon Aët. I 3, 8 = 58B15 DK) et qu'il incarnerait et en même temps inaugurerait une certaine conception de la vie philosophique. Moore prend parti pour l'authenticité de cette tradition, dont il donne cependant une interprétation sans précédent : il soutient en effet que Pythagore se serait auto-attribué l'épithète de *philosophos* en refusant avec orgueil son supposé usage méprisant, et il l'aurait fait au nom d'une *philosophia* conçue comme une activité calquée sur la *sophia* des Sept Sages.

La deuxième partie suit l'évolution ultérieure des usages du terme (*Development* : p. 127-217), et l'attention se porte sur les quelques attestations fiables de l'usage du terme *philosophos* et connexes chez les auteurs du Ve siècle av. J.-C. (Hérodote, Thucydide, *De l'ancienne médecine,* Gorgias, Aristophane, Lysias) et du IVe (Alcidamas, Isocrate, *Dissoi Logoi*). Dans l'examen de ces passages l'auteur s'engage à démontrer, contre l'opinion traditionnelle, que *philosophia* n'a jamais eu le sens général d'amour du savoir et de culture intellectuelle : selon la ligne de développement tracée ici, la connotation originelle de la conversation est préservée dans le sens d'un lien intrinsèque entre l'être *philosophos* et la capacité d'échange dialectique, mais sa charge négative est affaiblie. La persistance de cette connotation à la fin du Ve siècle sera démontrée par la tentative de détacher Socrate de la *philosophia* (sujet du chapitre 6), qui sera tracée par l'auteur tant dans l'*Apologie* de Platon et de Xénophon que dans la stratégie de défense adoptée par Xénophon dans les *Mémorables.*

Cependant Moore partage avec les partisans du point de vue *standard* l'idée que Platon pose les bases de l'autonomie de la philosophie en même temps qu'il travaille sur la signification de *philosophos* en tant que « amant de la connaissance » : mais il pense que ce que Platon opère est un renversement total du terme de négatif à positif. Ainsi, dans la troisième et dernière partie (*Academy,* p. 221-316), il traite en détail les variations les plus subtiles de la signification du terme *philosophia* dans les dialogues platoniciens et il expose clairement la construction aristotélicienne de la philosophie en tant que discipline, tout en rappelant qu'au IVe siècle la perception ambivalente de la *philosophia* existe encore, comme le montrent par exemple les comédies d'Alexis ou la discussion du dialogue *Anterastai* attribué à Platon. Après un bref épilogue (p. 317-19), l'ouvrage se termine par un appendice qui réunit utilement toutes les versions plus ou moins longues du récit d'Héraclide (p. 321-29) ; deux listes tout aussi précieuses des attestations de *philosoph-* dont il est question dans le livre (p. 321-29) et des termes avec le préfixe *phil-* qui y ont été discutés (p. 331-333) ; une très large bibliographie qui comprend notamment des titres en allemand, français et italien (p. 337-69) ; un index précis des noms et des notions (p. 371-91) ; un *index locorum* (p. 393-411).

L'argument que nous avons essayé de résumer est certainement de la plus grande précision : chaque texte considéré fait l'objet d'une analyse extrêmement détaillée qui vise à confirmer la ligne de développement globale proposée par l'auteur. Nous avons donc choisi de nous concentrer sur la première partie de l'ouvrage, où sont posées les fondations de l'ensemble de la construction.

La lecture du fragment B35 DK d'Héraclite vise à démontrer que le terme *philosophos* était déjà en usage vers 500 av. J.-C. avec un sens péjoratif : χρὴ γὰρ εὖ μάλα πολλῶν ἵστορας φιλοσόφους ἄνδρας εἶναι (« les *philosophoi* doivent faire l'expérience de beaucoup de choses »). On peut lire dans ce dicton un appel à recourir à une connaissance personnelle de la réalité (ἱστορία) s'inscrivant dans la ligne d'autres déclarations d'Héraclite sur l'utilité des sens et principalement de la vue pour une connaissance directe des choses (B55, B101a) tant qu'ils sont soumis au crible du *logos* (B 46, B47, B107). L'authenticité de l'expression φιλοσόφους ἄνδρας a été mise en doute par de nombreux interprètes en raison de la probabilité qu'elle appartienne à Clément d'Alexandrie qui cite le fragment (*Strom.* V 141). Si on partage ce scepticisme, c'est l'humanité en général qui semble destinataire de cette invitation. Mais si on maintient la référence aux *philosophoi andres,* on peut aussi bien supposer qu'Héraclite déclare le devoir de pratiquer correctement l'*historia* pour des gens qui veulent accomplir une véritable *sophia,* qui s'oppose à la connaissance par ouï-dire, voire la *polumathie,* ce « savoir un tas de choses » qui « n'enseigne pas l'intelligence » reproché à Hésiode, Pythagore, Xénophane et Hécatée dans B40 (*cf.* aussi B129). Or, Moore accepte l'authenticité de l'expression *philosophoi andres* mais l'entend au sens péjoratif, comme désignant de « vains chercheurs de sagesse », qui cultivent une « expérience (dispersive) d'un tas de choses », par allusion au groupe réuni autour de Pythagore. B35 deviendrait ainsi une preuve de l'expansion du sens péjoratif de *philosophos* dès la fin du Ve s.

Pour corroborer ce dernier point, pilier de sa construction, Moore consacre le chapitre 3 (p. 66-106) à une analyse lexicale minutieuse des composés avec *phil-* attestés dans la littérature grecque dès Homère jusqu'au milieu du Ve siècle av. J.-C. Son but est de démontrer que dans les premiers siècles de l'usage littéraire de la langue grecque le préfixe *phil-,* au moment où il est associé au nom d'un objet, caractérise négativement l'individu qui montre une attitude particulière envers cet objet ; un sens négatif qui a été perdu à cause de la resémantisation platonicienne. Sans contester ici point par point l'argumentation, il ne fait aucun doute qu'il est trop drastique de conclure que « the label [*phil-*] is *in itself* always pejorative » (p. 76). Il est vrai qu'un bon nombre, et peut-être le plus grand nombre, de composés avec *phil-* ont une signification péjorative parce qu'ils désignent une activité ou un plaisir auquel l'individu se livre trop (pensons à *philoinos, philippos, philochrematos, philokerdes*) : mais il est évident que c'est le caractère de l'objet qui détermine la caractérisation péjorative. Au contraire, il est très difficile de soutenir, comme Moore tente de le faire, que des termes tels que, par exemple, *philanthropos, philodik(ai)os, philomathes* ont une signification négative (*cf.* par exemple p. 78 n. 32, 255-6). De même, le terme *philosophos,* composé de *phil-* et *sophos/sophia*, ne peut avoir « en soi » un sens négatif précisément parce qu'il indique la poursuite d'un idéal de sagesse, même s'il peut prendre ce sens à partir d'un contexte donné, comme c'est peut-être le cas dans B35 d'Héraclite.

L'auteur avance cependant l'hypothèse (p. 9-24, 107-24) que Pythagore et ses disciples ont été accusés de « se faire passer pour des *sophoi* » sans l'être, dans une imitation malveillante du modèle de sagesse offert par les Sept Sages. Pythagore aurait précisément réagi à cette hostilité lorsque, dans l'épisode relaté par Héraclide du Pont, il fut interrogé par le tyran de Phlion sur « qui il était » et se présenta fièrement comme *philosophos,* avec une explication du terme qui en *bouleversait* le sens.

Cette hypothèse ne semble pas très solide, tout d'abord pour des raisons chronologiques. L'*akme* d'Héraclite (environ 535-475 av. J.-C.) se situe au début du Ve siècle, tandis que la vie de Pythagore se situe généralement entre 580-570 et 490. Moore penche vers une date plus basse de la mort de Pythagore (480 av. J.-C.) pour augmenter la plausibilité de son hypothèse (p. 37). On notera cependant que la rencontre avec Léon est probablement imaginée dans la même Phlion (dans le Péloponnèse) et elle aurait donc eu lieu avant l'époque où (vers 530 av. J.-C.) la tradition situe l'arrivée de Pythagore en Grande-Grèce. Par ailleurs l'on ne sait rien ou presque de l'histoire de Phlion dans la seconde moitié du Ve siècle av. J.-C., et l'existence d'un tyran Léon n'est mentionnée dans aucune autre source ancienne. Au-delà de ces premières considérations factuelles, d'autres raisons existent, que Moore néglige complètement, pour mettre en question l'authenticité de l'ensemble de l'épisode.

On doit à Werner Jaeger (« Über Ursprung und Kreislauf des philosophischen Lebensideals », *Sitzungsb. Preuss. Akad. Wiss.,* Philos.-Hist. Klasse, 1928) la première intuition et la reconstruction du volet proprement biographique de l'historiographie philosophique ancienne, caractérisé par une tendance forte à projeter sur la vie des premiers penseurs grecs, avec une large floraison d'anecdotes et d'apophthegmes, cet idéal de *bios* dédié à la contemplation qui fut distingué par Platon comme étant celui du philosophe. Jaeger place dans ce cadre l'histoire de Pythagore, qu'il considère comme un produit de la pure fiction d'Héraclide, et dans son sillage de nombreux savants ont avancé d'autres arguments en faveur de son diagnostic. Moore est conscient de cette ligne de *Quellenforschung,* mais il l'ignore en centrant son enquête autour d'une question discutable en termes de méthode historiographique : « Why did Heraclides propound the Pythagoras story in particular, and why did so many ancient historians of philosophy find him believable ? » (p. 25). La possibilité que Pythagore se soit autoproclamé *philosophos* devient une certitude, fondamentalement, parce qu'*un grand nombre d'auteurs anciens* ont cru à cette histoire : et pourtant les mêmes auteurs à partir d'Héraclès se seraient trompés en interprétant le terme dans un sens positif.

Il y a un point sur lequel Moore aurait pu s'appuyer pour sauver la possibilité qu'au moins un élément du récit remonte à Pythagore. Selon les versions les plus proches de la formulation originale d'Héraclide (Diog. Laert. VIII 8, Cic. *Tusc.* V 3, 8-9, Iamb. *VP* 12), pour illustrer le type de vie du *philosophos* Pythagore utilise l'image d'une de ces grandes fêtes ou foires (*panegyris* Diog. Laert. et Iamb. ; *mercatus* Cic.) auxquelles les foules affluent de toute la Grèce. Certains s'y rendent pour gagner honneur et gloire par la victoire aux jeux, d'autres pour la possibilité de trafic commercial, d'autres encore sont simplement attirés par le spectacle (*visendi causa* Cic. ; *theatai* Diog. Laert. ; *theas heneka* Iamb.)

Jaeger, qui croyait en l'invention platonicienne de la distinction des trois *bioi* présupposée par cette image, y voyait une confirmation supplémentaire de la dérivation académique de toute l'histoire. Mais on pourrait objecter qu'une différenciation des trois types de vie selon des critères similaires peut déjà être trouvée chez Hérodote (III 139). Ce passage témoigne de l'émergence, avant Platon, de la notion d'une vie consacrée à l'observation de la réalité, au moins dans un premier temps désintéressée (*theoria*), et ouvre ainsi la possibilité que le récit d'Héraclide conserve une trace authentique de la figure de Pythagore en tant que penseur « contemplatif ».

Il est significatif que Moore ne prenne pas ce passage en considération, même pas dans les pages où il traite d'un autre lieu important d'Hérodote, I 29-30 (p. 128-32). Il est dit ici que Crésus accueille Solon, venu d'Égypte à Sardes, le déclarant célèbre pour sa *sophia* et pour les voyages qu'il a effectués en philosophant (*philosopheon*) en vue de la *theoria*. Selon Moore, « *philosophein* seems to name the way of life that appears oriented toward becoming a *sophos* » (p. 131) ... c'est-à-dire pour devenir ce *sophos* que Solon était déjà à Athènes. Moore néglige la présence de la *theoria* comme motivation des voyages de Solon pour les mêmes raisons que celles pour lesquelles il néglige le sens de la « parabole » de Pythagore : c'est-à-dire pour maintenir l'hypothèse que tout au long du Ve siècle av. J.-C., à la seule exception d'Héraclite, le sens de *sophia* reste limité à celui de la connaissance pratique mise en place dans des phrases morales, des conseils aux puissants et même l'engagement politique direct, sur le modèle des Sept Sages (*cf.* p. 96-104). Comme il l'écrit à la page 104 : « being *sophos* is a term for social engagement and problem-solving in a way that is publicly determined and applauded ». Au contraire, depuis le début du Ve siècle, et pas seulement chez Héraclite, le sens du terme s'est élargi pour indiquer une connaissance qui se nourrit d'un regard sur la réalité des choses (*theoria*) avant de descendre (ou non) dans la praxis sociale et politique. Mais si l'on veut rechercher également dans le siècle précédent les signes d'une activité orientée avant tout vers la *connaissance*, on se souvient que l'engagement politique de Pythagore et de son école repose sur une vision préalable du cosmos et de l'âme dans laquelle la recherche scientifique est entrelacée avec un complexe de croyances et de pratiques religieuses. Platon se réfère à la portée totalisante d'une pensée théorique et morale, lorsqu'il attribue à Pythagore dans le dixième livre de la *République* (600b2-5) le fondement du *bios Pythagorikos,* c'est-à-dire d'un véritable « mode de vie » (*hodos, tropos tou biou*), qui en son temps est encore caractéristique des Pythagoriciens.

La construction de l'ensemble du livre souffre d'une tendance à la sur-interprétation, soutenue par une méthode « expansive », grâce à laquelle l'auteur peut extrapoler à partir des nombreux textes examinés des confirmations répétées de la centralité de l'aspect social et conversationnel de la philosophie. L'une des conséquences les plus évidentes de cette approche est que l'intérêt cosmologique qui appartient à la pensée grecque depuis ses débuts chez les Ioniens disparaît de l'horizon.

L'acuité interprétative de l'auteur donne des résultats bien plus convaincants lorsqu'elle s'exerce sur le terrain plus sûr des dialogues platoniciens ou des écrits d'Isocrate ou d'Aristote, non seulement parce que la documentation est plus étendue mais aussi parce que, entre-temps, la dimension dialectique de la philosophie a été mise en évidence grâce aux Sophistes et à Socrate. Mais l'impression est que toute la construction obéit, malgré les intentions initialement déclarées, à un préjugé sur « ce que c'est » que la philosophie. Ceci se révèle dans l'épilogue : « I suspect that there is nothing that "philosophy" (or *philosophia*) naturally or essentially or necessarily takes as its object, whether it is *kosmos* or being or self or thinking ... I think that philosophy is basically the practice of talking, with the goal of becoming a better person » (p. 318). Bien sûr, la philosophie des premiers penseurs grecs était *aussi* ce que Moore y a cherché, mais pas uniquement. Pour comprendre les débuts de la philosophie grecque, caractérisée par une variété irréductible d'intérêts, de thèmes et de pratiques, il conviendrait de faire preuve de plus de prudence et d'une véritable et généreuse *curiosité*.

Maria Michela SASSI
Università di Pisa

Marwan RASHED, *La Jeune Fille et la Sphère. Études sur Empédocle*, Paris, Presses de l'Université Paris-Sorbonne, 2018 (Philosophies), 300 p., ISBN : 979-10-231-0571-1.

This book is an amazing treasure trove of riches, and my response, done properly, would probably occupy three monographs. Naturally, Rashed is addressing quite a few controversial issues concerning the interpretation of Empedocles, and on some of these I would heartily disagree with his conclusions, or have minor quibbles; but all his contributions are welcome and reflect a most impressive breadth of learning and scholarship. Where I disagree, it is mostly not that Rashed's reports of the textual evidence are faulty (although there are details in his emendations to the scholia, and to longstanding B fragments and testimonia that sometimes seem to be prompted by the preferred interpretation, not vice versa). My worries are more about the tramlines that Rashed is on: his adherence to certain existing patterns of interpretation, which bypass other lines that have been available for some time. And yet the book is also full of quite astonishing new suggestions that are nowhere on the existing tramline map for Empedocles – so perhaps (continuing the metaphor) I should say that Rashed has jumped on a populous tram, but driven it way off the tramway, to his own unexpected and somewhat strange destinations, way beyond the limits to which the passengers had previously ventured. Do we still find the real Empedocles in these weird destinations, or only a kind of fantasy? That is really quite hard to say: each reader will have to reach their own answer.

The book contains an introduction and seven chapters, divided into three Parts. Part 1 explores what is known as the "cosmic cycle" in Empedocles – that is, the alternating periods governed by love or strife. Chapter 1 focuses on the lengths of the periods in question, aiming to integrate and deploy the material that Rashed identified in some Byzantine scholia on Aristotle (scholia for which he is now well known, having published and discussed them in publications since 2001) and to whose validity he is now committed. Here he gathers his conclusions about the authenticity of the material as well as presenting his own reconstruction of Empedocles' cosmic cycle. Chapter 2 reworks an earlier article ('La zoogonie de la Haine selon Empédocle : retour sur l'ensemble *'d'* du papyrus d'Akhmim', in *Phronesis* 2011): Rashed rejects some previous reconstructions of "ensemble d" in the papyrus (originally published in 1999 by Martin and Primavesi and subsequently discussed by various scholars including Janko and Primavesi). Rashed proposes several supplements and emendations to allow us "to understand Empedocles' argumentation with all its nuances" (86).

Chapter 3 offers a reconstruction of Empedocles fr. 38 (a quotation in Clement of Alexandria). Rashed challenges and rejects several testimonia (which he considers confused and mistaken) and substantially emends the text of the sole authority for the fragment itself. His claim is that (despite the ancient authorities) Empedocles really held a doctrine of *two suns*. He also gives a "poetic reading" of the fragment, invoking its echoes of the *Iliad* etc.

Part 2 investigates the "young girl" who features in Rashed's title and in Empedocles fr. 100 (the famous account of a child playing with a clepsydra – a device for holding and releasing water). Here Chapter 4 is a version in French of Rashed's 2007 paper 'The Structure of the Eye and Its Cosmological Function in Empedocles: Reconstruction of Fragment 84 D.-K.', in *Reading Ancient Texts, vol. I,* ed. Stern-Gillet and Corrigan, 21-39. It focuses on fr. 84, which is about the structure of the eye, but its link with the "jeune fille" lies the term κούρη which means both the pupil of the eye and 'young girl'. This, Rashed suggests, is a reference to Persephone (*Kore*). Chapter 5 explores fr. 100 itself, again defending the thesis that the girl in the clepsydra fragment is Persephone, but also that the term "clepsydra" (hiding water) has links with Persephone, (witness the fountain called "clepsydra" on the North slope of the Athens acropolis). This chapter reworks Rashed's paper in *Revue des Études Grecques,* 121 (2008), 443-468.

In Part 3, Rashed turns to what he calls the *Catharmes* (i.e. the *Katharmoi*), assuming that fr. 115 is from the proem of a poem under that name (a view that I share) and that it was a separate work from the material treated in the rest of Rashed's book. Chapter 6 reconstructs this important fragment (which begins ἔστιν Ἀνάγκης χρῆμα, θεῶν ψήφισμα παλαιόν) and investigates how best to assemble the lines (which derive from various authorities). There are many good and useful observations here, alongside some that are controversial and deserve to be challenged—but the novel thesis (which then prompts the final chapter of Rashed's book) is that the proem is constructed in stanzas of eleven lines each, and that the number symbolism and the wandering "I" of the *daimon* are echoing the wanderings of Odysseus. Chapter 7 then suggests a link between Pythagorean cycles of ten, and a form of Homeric exegesis concerning the story of Odysseus, to propose a doctrine of a rebirth in the eleventh year, and wonders whether Empedocles' work is early evidence of Pythagorean allegorising of the Odyssey. Rashed then explores this theme in Apuleius' *Metamorphoses*, Hippolytus' account of the Naassenes, and a fascinating treatment of the number 11 in the architectural form of the *Tabularium* of Catulus at Rome (and the title *epaphroditus* taken by Sulla in the year 82).

I have written elsewhere of my scepticism about Rashed's reliance on the Byzantine scholia for reconstructing Empedocles' cosmic cycle, and also my scepticism about attempts to trace Pythagorean numerology in the cycle. I also have some doubts about the new ideas about the number 11 in Part 3 of Rashed's book. There are many things I could say about all these. I could also challenge the old assumption that the *Katharmoi* is not only a separate poem from the physics but also gets discussed *last*, in the old fashioned way: one of several ways in which Rashed seems to be riding an old tram driven by Denis O'Brien (much cited throughout Rashed's work). My own strong views on these matters don't dissolve on reading a single sentence of refutation in a footnote (e.g. p. 213 n. 2). Once, in chapter 1, on one specific issue in the cosmic cycle, Rashed notices a position that I offered, and correctly cites my view as similar to his own (notes 65 and 66 on pp. 76-77). I do indeed say, as he notes, that the oath in fr.30 is not there to set a time for strife to return, but to specify a period during which it cannot return – though it would have been better to cite p. 288 of my later paper ('Sin and Moral Responsibility', 2003) where I give my own view, not 287 where I was reporting what I took to be a misunderstanding. Here (alone) Rashed does see that my view is not the standard one, but one that helpfully coincides, in some respects, with his own reconstruction.

On a related issue, however, I would have dearly liked to hear his response. Rashed rightly observes that Aristotle's comment about "equal times" in *Physics* VIII 1 is underdetermined and cannot justify interpretations like that of O'Brien (equal periods of unity and plurality). Rashed suggests that we should read it as a comment about internal symmetry within the period of movement. This is right, as is the observation that the "broad oath" of fr. 30 fixes the period of the Sphairos and nothing else. But now Rashed seems to say that all literal (i.e. not Neoplatonic) readers of the cycle derive the lengths of the other periods by extrapolating from the length of the Sphairos. I rejoiced to read, (p. 14), that we should not assume what the text does not say; for I share that opinion – and I am therefore a counter-example: not all literal readers define the cosmic periods by reference to the "broad oath". But if (as Rashed correctly notes) Aristotle means the equality of two matching periods within a cycle (increasing strife and increasing love) why should we assume (as Rashed seems to do) that those periods are always equal to their own repeat occasions in later or earlier cycles? Or, if we think that Aristotle does mean that they are equal from cycle to cycle, and wants that – a completely different issue – explained, then we should ask whether Aristotle was right, or had any reason to believe, that the durations were identical from cycle to cycle, and not just symmetrical in each cycle. I don't see Rashed asking this question, and he seems not to see that once you realise that the durations of each part of the cycle are not fixed by the oath, they need not be *fixed* by anything (or if they are fixed by something, we need to know by what). And then Aristotle is right, that nothing has been explained, if something makes them always equal but we are not told what.

To this puzzle, which underpins my own radically different proposal – that these periods are not set, nor need they be equal, from cycle to cycle, though they are always symmetrical and equal within a cycle – the Byzantine scholia offer no kind of solution. Rashed's scholia give inexplicable numbers that cannot answer Aristotle's question, whichever equality Aristotle was talking about. Producing some mystical numbers that add up to a multiple of 10,000 years is not providing a reason for that regularity, but merely asserting an arbitrary regularity, which strikes me as deeply unsatisfying. Why did Aristotle not discover Empedocles' properly satisfying answer to the questions about what sets the durations? Because, I would hazard, he looked primarily among the material to which we have conventionally attached the name "physics", and because in reality no answer to that question about durations can be supplied in physics, because the question about durations is (I think) not a question about what we think of as physics, and the basis for an answer is not to be found in the "physics" material. I suspect that is also why no one else, among those whom Rashed calls the "literal readers" of the cycle, could give an answer either, if they too (as Rashed does here) segregate the material related to ethics and the agency of daimones, and assign it to a separate story, in a separate poem called *Katharmoi*. This is where I differ from Rashed (as well as many others) who assume that the question about how long each section of the cosmic cycle lasts needs a *mechanistic* answer, rather than (as I would suggest) an *ethical answer*. That is, if the duration is variable, and is set by voluntary actions and their consequences, then the answers to "why?" and "how long?" have more to do with ethics than with the behaviour of inert elements.

Catherine ROWETT
University of East Anglia, Norwich, UK

PLATON, *Ménexène*, introduction, nouvelle traduction (texte grec en regard) et commentaire par Étienne HELMER, Paris, Vrin, 2019 (Les dialogues de Platon, 2), 183 p., ISBN : 978-2-7116-2826-1

PLATON, *Menexenus*, edited by David SANSONE, Cambridge, Cambridge University Press, 2020 (Cambridge Greek and Latin Classics), x +193 p. ISBN : 978-1-108-73056-3.

À l'instar de nombreux dialogues socratiques de Platon, le *Ménexène* s'ouvre sur une rencontre fortuite, près de l'agora, entre Socrate et le jeune Ménexène (qui est présent dans le *Lysis* et aussi dans le *Phédon*). Ils engagent une discussion à propos de l'éloge des soldats morts au combat traditionnellement prononcé lors de leurs funérailles publiques à Athènes, qui doivent bientôt avoir lieu et pour lesquelles l'orateur doit être choisi par le Conseil. Socrate estime que ce type de discours n'est pas difficile à composer et, face à la surprise de Ménexène, finit par proposer lui-même un exemple d'un tel éloge, qui aurait été écrit par Aspasie, auprès de qui Socrate dit apprendre la rhétorique, comme l'avait déjà fait Périclès. Suit l'oraison funèbre d'Aspasie-Socrate, qui occupe les quatre cinquièmes de ce court texte et qui suscite pour finir l'approbation et la reconnaissance de Ménexène… et le trouble ou le désintérêt de nombreux lecteurs de Platon, en particulier des philosophes, qui ont très peu fréquenté ce « dialogue ».

Les deux ouvrages recensés ici sont similaires par la taille, le public visé (plutôt des étudiants) et la structure (une introduction, le texte grec, un commentaire suivi, une bibliographie) mais se distinguent en fonction des exigences des collections auxquelles ils appartiennent. L'ouvrage d'Étienne Helmer (EH), qui est le second d'une collection récente (inaugurée par une traduction commentée du *Politique* publiée en 2018), comprend le texte grec de Burnet sans apparat critique et, en regard, une traduction française nouvelle du texte. Son commentaire se concentre sur la dimension philosophique du texte. L'ouvrage de David Sansone (DS) s'inscrit dans une collection née il y a cinquante ans et qui comprend près de cent volumes reconnaissables à leur couleur (vert et jaune) : il n'inclut pas de traduction mais seulement une édition du texte grec avec un apparat minimal (qui s'appuie sur les éditions les plus récentes), et son commentaire s'attache non seulement à l'interprétation philosophique du texte, mais aussi à sa dimension littéraire et à de nombreux points de grammaire et de traduction extrêmement utiles, notamment en ce qui concerne le style de Platon. La présente recension parallèle des deux ouvrages se concentrera sur les grands traits de la lecture qu'ils proposent du dialogue.

Comme le notent EH (p. 8) et DS (p. 37), les auteurs anciens comme Cicéron, le Ps.-Longin ou Denys d'Halicarnasse prennent l'oraison funèbre du *Ménexène* tout à fait au sérieux et n'hésitent pas à en citer certains passages comme exemplaires d'un point de vue rhétorique. Ce n'est qu'à la fin du XIXe siècle que le discours commence à être tenu pour parodique et donc ironique. L'interprétation non-ironique a toutefois retrouvé des défenseurs récemment, et le sens de cette oraison funèbre d'Aspasie rapportée par Socrate demeure donc très problématique. Platon semble avoir choisi de ne pas opposer de contre-analyse à ce discours non-philosophique, contrairement à ce qu'il fait dans le *Gorgias* (avec Calliclès), le *Phèdre* ou le *Banquet*. Cette stratégie originale du *Ménexène* a été bien analysée par Daniel Loayza à la fin de son introduction à sa traduction annotée (Platon, *Ménexène*, Paris, GF-Flammarion, 2006, p. 50-58). Elle n'est d'ailleurs peut-être pas unique ni réservée à la rhétorique chez Platon : dans la longue partie étymologique du *Cratyle* (391b-437d), Socrate se livre à des analyses qui imitent manifestement certaines spéculations de l'époque et ne les réfute pas ensuite, si bien que les commentateurs modernes divergent sur la question de savoir si elle est parodique ou si elle possède une valeur philosophique aux yeux de Platon.

Une première manière de traiter ce problème à propos de l'oraison funèbre de Socrate-Aspasie passe par la comparaison avec les autres oraisons funèbres que nous conservons, en particulier celle de Périclès reconstituée par Thucydide, mais aussi celles de Gorgias, Lysias ou Démosthène. C'est justement une approche de ce type qui a renouvelé l'étude du *Ménexène* et l'intérêt des spécialistes pour ce texte : celle de Nicole Loraux dans *L'invention d'Athènes. Histoire de l'oraison funèbre dans la cité classique* (publié en 1981) ainsi que dans plusieurs articles (que l'on retrouvera dans un tout récent et épais volume : N. Loraux, *La Grèce hors d'elle et autres textes. Écrits 1973-2003,* texte établi par Michèle Cohen-Halimi, Paris, Klincksieck, 2021). DS, qui souligne l'influence décisive de l'ouvrage de Nicole Loraux (p. ix), présente très utilement dans son introduction toutes les oraisons funèbres que nous avons conservées et propose ensuite des comparaisons toujours éclairantes du lexique, du style et des thèmes de l'oraison d'Aspasie-Socrate avec ceux des autres oraisons. Cela permet de saisir à quel point Platon suit de près et imite à la perfection les conventions de ce genre de discours.

Pour la partie de l'oraison qui célèbre les victoires militaires athéniennes, du combat contre les Amazones à la guerre de Corinthe (239a5-264a4), DS offre en outre des mises au point sur les autres récits disponibles, qui permettent de comprendre que Platon pousse à son extrême la réécriture nationaliste de l'histoire pratiquée par les orateurs (notamment Lysias) ; il procède par omission, sélection, brouillage ou recadrage des événements ou de leurs causes afin d'éluder tout ce qui pourrait ternir ou même amoindrir le prestige d'Athènes (voir par exemple p. 123-124 à propos de Marathon ou p. 143-144 à propos des défaites, toujours auto-infligées). La fin de ce passage pose d'ailleurs un problème important traité par DS dans son introduction (p. 12-17) : Aspasie-Socrate achève son histoire glorieuse d'Athènes par la guerre de Corinthe (395-386) qui est nettement postérieure à la mort de Socrate (399) et sans doute à celle d'Aspasie (~ 400 ?). Alors que cet anachronisme a conduit certains interprètes à douter de l'authenticité du dialogue. DS estime à la suite d'autres interprètes récents qu'il est trop flagrant pour ne pas être délibéré et qu'il vise certainement à attirer l'attention des lecteurs sur l'indifférence à l'objectivité historique, sur la dimension fictionnelle et répétitive d'un tel éloge de la cité devant ses citoyens.

Une autre manière d'aborder l'éloge de Socrate-Aspasie consiste à s'appuyer sur des textes de Platon susceptibles d'expliciter les *thèses sous-jacentes* au *Ménexène.* Il s'agit d'abord des dialogues qui critiquent les pratiques des orateurs, le *Gorgias*, le *Phèdre* ou la *République.* EH les mobilise régulièrement pour souligner les limites ou méfaits de la rhétorique selon Platon et opposer la démarche de l'oraison funèbre d'Aspasie à celles du dialogue socratique voire de la dialectique platonicienne. Ce faisant, EH n'évite pas toujours le risque de reprocher à l'oraison funèbre de ne pas être un dialogue philosophique (p. 150) : peut-on par exemple s'étonner que l'oraison se réfère à des normes ou valeurs qu'elle n'explique pas (p. 107) ? S'il s'agit de dire que Ménexène devrait réclamer une telle justification dans le cadre de sa discussion privée avec Socrate afin de réaliser correctement ses ambitions politiques (234a-b), c'est tout à fait juste, mais une telle explication ne pourrait pas se faire dans le cadre d'une oraison funèbre, aussi parfaite soit-elle.

Beaucoup plus éclairantes de ce point de vue sont les comparaisons nombreuses qu'EH propose entre les propos de Socrate-Aspasie et des textes de la *République,* du *Politique* ou des *Lois* sur les valeurs et les pratiques civiques, soit que ces textes critiquent les valeurs et pratiques démocratiques athéniennes, soit qu'ils leur prescrivent une contrepartie dans une cité vertueuse, par exemple l'établissement d'un mythe d'autochtonie ou de rites funéraires pour les morts au combat (voir p. 84-87 sur *République* III, 414a-416b), soit qu'ils évoquent des faits historiques similaires, par exemple la nature de l'Empire perse et de la démocratie athénienne ou les rapports entre Grecs et Barbares (EH, p. 135-146).

Ces comparaisons systématiques conduisent EH à une interprétation d'ensemble du dialogue, qui vise à dépasser l'alternative entre le sérieux et la pure parodie : l'oraison funèbre d'Aspasie serait une « image dégradée » du discours politique inspiré par la philosophie (dont on trouve des esquisses dans la *République* ou les *Lois*), de même que la démocratie est « le résultat de la détérioration » du régime de la cité juste (p. 10-11, 80-81, 105-106 et 123-125). Une image dégradée n'étant pas une image simplement inversée, cette lecture a le grand intérêt de permettre de tenir compte à la fois des points communs et des différences entre l'oraison d'Aspasie et la politique philosophique (et de souligner, p. 14-15, qu'elles ne s'opposent pas non plus simplement comme une fiction à la vérité historique, puisque le philosophe fait également usage de fictions, comme en témoigne le *Critias*).

Peut-on pour autant affirmer que « l'objet [de l'oraison d'Aspasie] est de permettre au lecteur familier des *Dialogues* de Platon de mesurer l'écart séparant la parole politique démocratique et la parole politique fondée sur la philosophie » (p. 125) ? Les interprètes s'accordent (voir DS p. 14-15) pour dater le *Ménexène* de 386 environ et donc probablement d'une période où la *République* et le *Critias*, sans même parler du *Politique* et des *Lois*, ne sont pas écrits. Platon a donc mis par écrit « l'image dégradée » de la cité avant d'élaborer son modèle et, si la comparaison rétrospective des deux est légitime et souvent très éclairante, elle ne traduit vraisemblablement pas l'intention de Platon quand il a écrit le *Ménexène.*

Pour mieux saisir celle-ci, le court dialogue entre Socrate et Ménexène qui précède l'oraison funèbre et dont les lecteurs antiques ne semblent pas tenir compte, semble crucial. Il fait l'objet d'une analyse détaillée de la part de DS et EH. Socrate y décrit « l'ensorcellement » durable produit sur lui par les éloges des soldats morts qu'il a entendus, et nie qu'il soit difficile de préparer rapidement un éloge destiné à ceux dont il fait l'éloge (234e-235d). DS (p. 70-71) et EH (p. 84-85) montrent les parallèles de cette critique avec la comédie et avec les réflexions de Socrate sur l'éloge dans le *Banquet* (198d-199a). Ménexène voit bien que Socrate ironise sur les orateurs et finit par répondre : « Crois-tu que tu serais toi-même capable de parler, s'il le fallait et que le Conseil t'eût choisi ? » (traduction EH). Platon a probablement été confronté personnellement à ce type de défi, surtout après avoir écrit le *Gorgias,* et l'oraison du *Ménexène*, si elle ne prouve pas sa capacité à écrire *rapidement* un tel discours, atteste par son existence même que l'on peut en écrire un sans être un orateur expérimenté, donc que ce type de discours ne relève pas d'un art véritable (DS, p. 18), contrairement à ce que prétendent souvent leurs auteurs (voir DS, p. 65 à propos de Lysias et EH, p. 96-97 sur Alcidamas). Comme le dit bien EH (p. 105), « l'oraison ne s'invente pas, elle se répète » selon Platon (*cf.* DS, p. 29 : « the funeral oration is merely a mélange of clichés »). Ceci ne signifie cependant pas que la parodie et la critique qu'elle exprime soient purement techniques, elles sont également politiques dans la mesure où l'oraison mobilise sans distance des procédés oratoires, mais aussi des expériences et des valeurs communes, des stéréotypes et des récits quasi-légendaires. La description du régime politique athénien et les invocations de la « liberté » et de « l'égalité » par Socrate-Aspasie permettent vraisemblablement à Platon de mettre en relief, par une imitation à peine outrée, les faiblesses et même les contradictions qu'il percevait dans l'idéologie de l'Athènes démocratique, comme l'avait déjà bien vu Nicole Loraux et comme le confirment EH et DS sur de nombreux points, en particulier l'histoire des rapports entre Athènes et l'Empire perse ou bien la description de la manière dont la cité éduque les futurs citoyens.

Mais Ménexène est-il capable d'accéder à une telle critique des discours de sa cité ou ce point de vue est-il réservé à Socrate et au lecteur (idéal) du *Ménexène* ? EH (p. 12-13, 170-171) estime que les paroles de Ménexène dans le très court échange final (249d-e) peuvent être lues soit comme aussi naïves qu'au début, soit comme lucides à l'égard de l'oraison funèbre, et que le dialogue nous présente donc un Ménexène « ambivalent », ou plutôt, que sa trajectoire intellectuelle est ouverte et indécidable. DS (p. 25-26, 178-180) estime au contraire que Ménexène est entièrement admiratif de l'oraison de Socrate-Aspasie. Il s'agit là d'un des rares désaccords nets entre les lectures de DS et EH, qui adoptent pourtant des approches d'ensemble et de détail assez différentes, mais il est crucial. Si le *Ménexène* est assurément loin d'être le seul dialogue de Platon ayant donné lieu à des interprétations divergentes, les problèmes herméneutiques qu'il suscite font parfois songer aux paradoxes imaginés par Borgès dans sa fameuse nouvelle « Pierre Ménard, auteur du Quichotte », qui sont loin d'être atténués par l'absence de distance chronologique entre Platon et cette oraison funèbre athénienne dont il est et n'est pas l'auteur.

Thomas BÉNATOUÏL
Université de Lille

Christoph Poetsch, *Platons Philosophie des Bildes. Systematische Untersuchungen zur platonischen Metaphysik*, Frankfurt am Main, Vittorio Klostermann, 2019, 428 p., ISBN : 9783465044109

Platons Philosophie des Bildes est un ouvrage imposant et dense, qui propose une lecture générale du sens et de la fonction de l'image dans la philosophie de Platon. En dressant de ceux-ci un tableau synoptique à partir de la période « de maturité », il vise à faire apparaître une « unité remarquable » de la notion platonicienne d'image (« *der platonische Bildbegriff* »).

Si Christoph Poetsch analyse les diverses formes de celle-ci, ainsi que les *Gleichnisbilder* (analogies et métaphores) les plus connues des *Dialogues* (voir en part. IV.3), il s'agit surtout, plus profondément, de mettre au jour les modalités selon lesquelles ce concept opérerait dans la construction même de la pensée platonicienne, et lui fournirait précisément l'unité la constituant comme un système dynamique.

C'est en cela que l'approche de cette étude est originale. Car si elle a pour objectif d'exposer comment « la philosophie de Platon est une *Metaphysik des Bildes* », cette thèse ne se confond pas avec l'éternelle présentation du platonisme comme opposition du sensible à son modèle intelligible. Il s'agit bien plutôt de montrer selon quels *modi operandi* l'image, à titre de concept fondamental (*Grundkonzept*), structure de part en part, chez Platon, non seulement la métaphysique, mais aussi la philosophie de la connaissance, de l'art et du langage.

C'est donc un champ aussi large que possible qui, des images inhérentes au sensible (voir en particulier I.3, §§10-12), en passant par le corps (I.2), l'âme et les relations mathématiques (I.3, §§13-14), l'art (I.6), ainsi que les questions touchant au statut des *Dialogues* (II.1-2) et à l'usage d'images par l'écrivain Platon (IV.3), se déploie jusqu'aux fondements métaphysiques s'inscrivant dans ce que l'auteur désigne comme une doctrine platonicienne des principes (*Prinzipienlehre* ; III.1).

Ch. Poetsch défend donc une vision très « systématisante » et évidemment ambitieuse. La philosophie de Platon étant créditée d'une homogénéité théorique de la maturité jusqu'aux derniers dialogues, les analyses platoniciennes de l'image dans le *Timée*, le *Parménide* et le *Sophiste*, par exemple, sont considérées comme cohérentes avec celles qu'offrent le *Cratyle* ou la *République*. Corrélativement à cette unité de la notion d'image (voir IV.1, §57), l'objet complet de la philosophie platonicienne, entendons l'ensemble de la réalité sensible et noétique et de ses modes de connaissance, s'ordonnerait selon la relation d'image à archétype (III.2-3), sous l'aspect de laquelle se penserait une « *Einheit des Seins* » (voir III.2, §51).

Afin de comprendre cette relation d'image (« *Bildbeziehung* » ; relation qui se pense aussi comme rapport de proportion, cf. les notions de « *Bildverhältnis* » et de « *geometrische Analogie* »), en vertu de laquelle la métaphysique platonicienne serait une pensée de la différence mais aussi de la continuité ontologiques, il faut, selon l'auteur, partir d'une dualité de l'image chez Platon (Partie I ; voir en particulier I.1). La majorité des interprétations n'en aurait aperçu que l'un des deux versants, cette lecture réductrice induisant les objections formulées contre la ressemblance, en particulier, comme sens de la *methexis* (IV.1).

La ligne directrice consiste donc dans la distinction, au sein de la notion générale que la langue allemande désigne comme *Bild*, entre *Abbild*, pure reproduction, d'une part, et *Erscheinung*, apparence ou manifestation, d'autre part. Cette dernière serait le sens essentiel de l'image selon Platon. Le cœur de l'interprétation se trouvera ainsi dans un caractère dialectique de la relation, « verticale », entre l'image-*Erscheinung* et son *Archetyp*, ceux-ci appartenant respectivement à des « niveaux d'être » (« *Seinsebenen* ») différents, tandis que la relation entre l'*Abbild* et son modèle s'inscrirait en revanche, chez Platon, « horizontalement », au sein d'un même niveau d'être. L'*Abbild* sera pâle copie, *Nachahmung* ou *Imitation*, tandis que l'*Erscheinung* relèvera de la représentation, *Darstellung*, et de l'expression, *Ausdruck* (I.5, §§ 21-22).

L'*Erscheinung* ne ferait donc sens qu'au sein d'une ontologie « polygénique » (et non pas « monogénique »), où différents « niveaux d'être » s'articulent de façon continue et médiatisée. Retenons par exemple les relations mathématiques, exprimant les rapports eidétiques, saisies dans l'âme (*Rep.* VI ; voir I.3) ; les images sensibles des Formes, apparaissant dans la *chôra* (*Tim.* ; voir III.1, §44) ; l'expression de la pensée, qui a lieu dans l'émission de la voix, et donc le corps (*Théét.* 206d1 *sq.* ; voir IV.2, §58).

L'auteur veut ici faire apparaître l'importance récurrente, dans les *Dialogues*, d'une « figure 3-1 », où la relation d'image se déploie selon une double médiation (I.4). Ce schéma serait éminemment à l'œuvre dans la ligne, ici prise comme repère général (I.3). Les deux segments centraux de la ligne sont rapportés aux images par lesquelles l'âme connaît, selon des rapports mathématiques (*dianoia*), et selon les idées immanentes à l'âme humaine incarnée dans un corps, lui-même compris comme image (*pistis*). L'allégorie de la caverne (IV.3, §§66-67) développerait la structure de la ligne et de cette « *3-1-Figur* ».

Un deuxième axe relève d'une intuition (de plasticien), passionnante et limpide, que viennent soutenir l'allégorie de la caverne et maints autres passages. Ch. Poetsch la propose comme principe de compréhension non seulement du *Bildbegriff* platonicien, mais aussi de l'ensemble de la métaphysique de Platon : celle-ci est comprise comme ordonnée autour des notions de « projection » et de « dimension » (III.2). Toute *Erscheinung* est le résultat d'une projection, dans un certain niveau d'être, d'un archétype se situant à un niveau d'être supérieur. La nature et la valeur de l'image seront fonction non seulement de l'archétype, mais aussi de la nature de ce « plan de projection » – qui consistera en la paroi d'une caverne, la surface de l'eau où apparaissent des reflets, la *chôra* du *Timée*, ou encore l'âme humaine sur laquelle font impression des images diverses. On pourrait certes objecter que ces notions de *Projektion* et *Dimension* ne valent que par métaphore. Mais l'auteur défend avec clarté l'idée qu'elles sont bien représentatives d'une réalité hiérarchisée et cependant maintenue dans une continuité par « une relation dialectique d'immanence et de transcendance » ; cette réalité se manifeste en images depuis l'unité du Principe premier jusqu'à la diversité sensible, aussi bien dans la structure mathématique, où se lisent les réalités intelligibles (voir III.2, §49), dans la saisie noétique (III.3), que dans le phénomène du *logos* (IV.2).

Sont donc analysés ici les textes les plus directement associés à la problématique de l'image. Mentionnons en particulier : la ligne (I.3) ; la caverne (IV.3) ; la critique de l'art en *Rep.* X (I.6) ; la définition de l'*eidôlon* (I.1) et les deux formes d'images plastiques (III.1) dans le *Sophiste* (240a7 *sq.* ; 235b8 *sq.*) ; l'*eikôn* de Cratyle (*Crat.* 432b2 *sq.* ; I.2) ; l'analogie de la bête composite (*Rép.* 588b10 *sq.* ; I.2, §5) ; la comparaison de l'écriture avec la peinture (*Phdr.* 275d4 *sq.* ; II.2) ; la relation entre image et *chôra* (*Tim.* 52a8 *sq.* ; III.1).

Une introduction détaillée annonce les lignes interprétatives et les thèses que développent les quatre parties de l'ouvrage, construites thématiquement.

Das Bild als Erscheinung (I) est destiné à montrer que l'image chez Platon est avant tout comprise au sens d'apparence. Cette partie met en place la distinction *Erscheinung-Abbild* (I.1), en commençant par la définition de l'*eidôlon* dans le *Sophiste* (§1).

Dialog und Bild (II) examine comment ce concept d'apparence (*Erscheinungsbegriff*) permet de comprendre les *Dialogues* comme des images.

Projektion und Dimension (III) analyse le sens et les conditions de possibilité de l'apparence, sur un plan directement métaphysique et cosmologique.

Bild und System (IV) enfin, examinant les conséquences systématiques des résultats précédents, étudie les objections adressées à une pensée platonicienne de l'image, puis le rapport entre ontologie, langage et sophistique, et enfin le statut des images « littéraires » de Platon, et au premier chef la caverne. La dernière partie s'achève ainsi avec l'image la plus fameuse des *Dialogues*, qui expose selon l'auteur l'ensemble des dimensions et des relations croisées que porte le concept d'image.

L'ouvrage comporte enfin d'importantes annexes (76 p.). Un glossaire, d'abord, définit vingt-huit expressions-clefs de l'interprétation donnée par l'auteur. Suivent des études de : (A) *Soph.* 240a7-b13 ; (B) Ps.-Archytas, en relation avec la ligne ; (C) différents textes relatifs à la « Figure 3-1 » ; (D) certaines images littéraires de Platon. Une importante bibliographie (24 p.) précède enfin une table des illustrations, un index des auteurs, un index des matières et un *index locorum*.

Cette étude déploie donc une interprétation de grande envergure, dont l'auteur reconnaît le caractère inhabituel, et qui ne manquera pas d'apparaître souvent comme singulière (en particulier les idées directrices de projection et dimension, l'analyse des segments centraux de la ligne, ou de *Soph.* 240a *sq.*, pensé comme homogène à la métaphysique de *Rep.* X). Il est certes possible d'hésiter devant une lecture qui inscrit ainsi Platon dans une continuité à la fois néoplatonicienne et comme pré-hégélienne (rapidement indiquée à la fin de l'ouvrage), et devant certains éléments d'interprétation semblant parfois peu académiques. L'ouvrage de Ch. Poetsch, d'une richesse et d'une précision remarquables (et dont un grand nombre d'analyses n'ont hélas pu être mentionnées ici) n'en demeure pas moins passionnant, aussi ample et foisonnant qu'approfondi, et fera date dans l'étude de la question de l'image chez Platon.

Elsa Grasso
Université Côte d'Azur

Ivan Jordović, *Taming Politics. Plato and the Democratic Roots of Tyrannical Man,* Stuttgart, Franz Steiner Verlag, 2019 (Studies in Ancient Monarchies, 5), 236 p., ISBN : print 978-3-515-12457-7 ; eBook 978-3-515-12458-4.

De nombreuses publications analysent par différents biais l'idéologie de la démocratie et la déconstruisent, tout en relevant les liens qui existent entre la pensée démocratique et la pensée aristocratique (voire oligarchique ou tyrannique). L'ouvrage de Luciano Canfora de 2004 (*La democrazia. Storia di un'ideologia*), qui retrace l'histoire de l'idéologie démocratique et a soulevé de nombreuses polémiques, a notamment montré qu'il s'agit là d'un terrain glissant. Dans son introduction, Ivan Jordović évoque ainsi le problème que la démocratie ancienne pose, pour le monde contemporain, et expose son objectif : reconstruire le trait d'union qui existe entre la démocratie, entendue comme « liberté de faire ce qui plaît », et l'apparition de l'homme tyrannique au sein même de l'idéologie démocratique dans l'œuvre de Platon. À partir de cet axe de recherche, l'analyse est menée sur deux dialogues de Platon : le *Gorgias* et la *République*.

Cet ouvrage vise ainsi à montrer que Platon avait une « claire perception du développement de l'idéologie démocratique athénienne » et qu'il puise à la théorie politique démocratique non seulement pour la critiquer, mais aussi pour proposer sa propre théorie politique (p. 18). Platon s'approprierait ainsi l'idéologie démocratique pour en inverser les concepts et pour montrer que la liberté absolue, proposée par la démocratie, se transforme en oppression, non seulement pour les autres Grecs, mais aussi pour les Athéniens eux-mêmes (p. 19), avant de déboucher sur une véritable tyrannie.

L'analyse se distingue par son effort pour lier le discours politique platonicien dans le *Gorgias* et la *République* à l'histoire d'Athènes en pleine débâcle de la guerre du Péloponnèse. Cet effort met en évidence les fortes relations que les textes de Platon ont avec les œuvres d'autres auteurs : tout d'abord Thucydide, mais aussi Aristophane, Xénophon et Hérodote. Le but de cette méthode d'analyse est de situer Platon et son œuvre dans leur contexte historique et intellectuel.

Le livre se structure autour d'une préface et de six chapitres, dont le premier fait fonction d'introduction, le cinquième étant occupé par la bibliographie et le sixième par l'index (des *loci* et général).

Le premier chapitre est consacré au *Gorgias* et à ses personnages. L'auteur voit, dans la séquence Gorgias – Polos – Calliclès, l'enchaînement des corruptions et des dégradations que l'on retrouve également dans la *République* au sujet des types de constitution et des types humains correspondants (p. 22).

La première section du chapitre analyse le personnage de Gorgias, personnage que l'auteur met en relation avec la génération de Périclès. L'argumentation et la reconstruction menées autour de ce personnage, à l'aide de références à l'œuvre de Thucydide, conduisent l'auteur à identifier le personnage de Gorgias à la figure de Périclès (p. 27).

Le lien entre Gorgias et Périclès est mis en évidence par la relation étroite instaurée entre liberté et pouvoir (ἐλευθερία / ἀρχή) : la liberté du peuple et le pouvoir-empire qu'Athènes exerçait sur ses alliés. En effet, la figure de Gorgias déplace la liberté du niveau collectif au niveau individuel : le rhéteur, qui possède la liberté de parler et d'agir politiquement, dispose par conséquent du pouvoir de déterminer les lois et les décisions que la *polis* choisit. Jordović souligne le lien entre l'ἀρχή du rhéteur et l'ἀρχή d'Athènes, tout en montrant, par l'analyse de Thucydide, que cette ἀρχή, ce pouvoir-empire, est exercé comme une tyrannie ; d'où une liaison dangereuse entre le pouvoir du rhéteur et l'exercice tyrannique de ce pouvoir. Jordović exploite la possibilité d'attribuer le terme *tyrannos* – celui qui exerce une ἀρχή – à un individu ou à une communauté entière comme la *polis* athénienne, pour établir le rapport qui lie Gorgias, Périclès et l'Athènes *tyrannos*.

Selon l'interprétation de Jordović, Platon aurait voulu indiquer que la graine semée par Gorgias a germé et poussé pour s'épanouir dans la figure de Calliclès. Platon suivrait Thucydide dans le chemin qui mène de Périclès à Cléon et aux démagogues, avec toutefois une approche différente des événements.

La section sur Polos identifie dans cette figure la génération qui succède à celle de Périclès. Jordović analyse le concept de « liberté de faire ce qui plaît », qui, avec Gorgias, est lié à l'idéologie démocratique, mais qui se rapproche avec Polos des pulsions tyranniques qui seront propres à Calliclès. En s'appuyant sur Archélaos, Jordović montre de manière très convaincante le rapport étroit entre idéologie de la liberté démocratique et volonté arbitraire du tyran. L'auteur a certes raison dans sa présentation du cas du procès contre les stratèges des Arginuses, car c'est un exemple frappant de la manière dont la démocratie se fait tyrannie du *demos*. Mais l'exemple de ce procès (qui n'est pas cité dans le *Gorgias*), ainsi que la mention d'Archélaos conduisent également Jordović à introduire un autre concept, encore plus délicat : celui de la loi du plus fort.

Le rapprochement entre Polos et la génération qui suit celle de Périclès peut être plausible, même s'il n'est pas aisé de le soutenir avec précision. Jordović offre sur ce point une lecture significative et très convaincante de ce qui conduit l'homme démocratique aux pulsions tyranniques.

La troisième section présente la figure de Calliclès, et l'auteur identifie Calliclès avec la génération d'Alcibiade. Par conséquent, l'argumentation tourne autour du manque de pudeur de Calliclès et de son mauvais *eros*. Calliclès et Alcibiade sont comparés pour leur effronterie et pour leurs amours : l'amour de Calliclès pour le *demos* et Dèmos, fils de Pyrilampe, d'un côté ; celui d'Alcibiade pour la cité, de l'autre. À travers le *Phèdre* et le *Banquet*, Jordović montre dans quelle mesure l'amour de Calliclès est le mauvais *eros* dont parlent ces deux dialogues. La référence à cette passion introduit déjà l'analyse que la *République* propose autour de la tyrannie et du tyran. En effet, tout au long du livre, Jordović établit une relation très étroite entre la « liberté de faire ce qui plaît » et la « liberté à travers le pouvoir ».

L'analyse se poursuit au double niveau de l'individu et de la *polis*, et Jordović accepte visiblement la perspective de la *République* pour établir à quelle phase de la dégénérescence des cités et des caractères chacun des trois interlocuteurs du *Gorgias* appartient. La comparaison se fait très précise autour de l'association entre la *pleonexia* d'Athènes et celle du personnage de Calliclès. Le *pleon ekhein* de Calliclès se reflète dans l'expansionnisme d'Athènes inauguré par Périclès qui en célèbre aussi la *polypragmosyne*, l'activité politique des citoyens et d'Athènes en guerre. Et sur ce même plan, Jordović a le mérite de montrer le contraste qui existe entre la *polypragmosyne* de Calliclès et l'*apragmosyne* de Socrate par rapport à la vie politique contemporaine : tout comme Calliclès, Périclès (p. 115-116, *Thuc*. II, 40) considère comme inutile l'homme qui ne s'intéresse pas aux affaires publiques.

Le troisième chapitre est consacré à la *République* et à ses relations et ses renvois au *Gorgias*. La première section montre la proximité entre Thrasymaque et non seulement Calliclès - comme on peut l'imaginer - mais aussi Polos. L'analyse approfondit les relations conceptuelles qui existent entre la *République* et l'œuvre de Thucydide en confrontant la cité d'Athènes glorifiée par Périclès dans l'épitaphe, et la cité dont l'injustice est totale proposée dans la *République* (351b) : la cité qui essaye de soumettre d'autres cités est destinée à la ruine, mais Jordović, à juste titre, distingue le point de vue de Thucydide de celui de Platon (p. 151).

Jordović aborde aussi à ce stade une autre question, déjà discutée dans l'introduction, celle du *speculum tyrannorum* (*Mirror of Tyrants*), le *miroir des tyrans* que l'auteur propose comme genre littéraire. Jordović affirme que « Platon fut le premier à utiliser une image positive du chef autocratique (idéalisé) comme projection de ses propres opinions et principes », et qu'Isocrate et Xénophon le suivent dans ce chemin (p. 163). L'auteur questionne également le genre littéraire du *Politique* : tout en reprenant les considérations sur les caractères humains à propos du *Gorgias* et de la *République*, il nie l'appartenance du *Politique* à ce genre.

La dernière section du troisième chapitre traite de la délicate question de l'usage des théories anciennes pour comprendre la réalité politique de nos jours, notamment le phénomène du populisme (p. 141). Jordović pointe avec raison des caractéristiques communes entre démocratie ancienne et populisme : la polarisation des positions politiques, l'exercice du pouvoir par la peur, la fragmentation de la société, l'emploi du mensonge. Une autre caractéristique commune est la théorie des élites, qui a une longue tradition parmi les théories politiques modernes allant de celles élaborées par Gaetano Mosca à la fin du XIXe siècle en Italie - qui parlait de la « *classe politica* » en tant que groupe de gouvernants opposé au groupe des gouvernés - jusqu'à nos jours, ce qui mériterait de plus amples développements mais sortirait toutefois de notre propos.

Cet ouvrage situe les positions politiques des personnages des dialogues de Platon dans le contexte historique du Ve siècle av. J.-C. Parfois, le discours de Jordović touche des points qui ne se limitent pas aux deux dialogues en question, le *Gorgias* et la *République*, et que l'on peut retrouver dans l'ensemble de la production platonicienne et chez les autres auteurs mentionnés, ce qui peut donner l'impression que la démarche de l'auteur frise la surinterprétation. Néanmoins, l'ouvrage a la capacité de mettre les dialogues de Platon à l'épreuve de l'histoire, ce qui donne à la démarche une grande valeur heuristique. Son mérite consiste également à montrer que la position même de la démocratie, avec sa connexion entre liberté et pouvoir, détermine l'apparition de l'homme tyrannique et la perte totale de liberté.

Pour conclure, cet ouvrage de grande valeur nous offre une interprétation solide et parfois enthousiaste, bien documentée et corroborée par une grande quantité de citations.

Silvio MARINO
Cátedra UNESCO Archai - Universidade de Brasília

Marie-Noëlle RIBAS, *La Querelle de l'expérience. Aristote, Platon, Isocrate*, Paris, Classiques Garnier, 2019 (Les Anciens et les Modernes – Etudes de philosophie, 37), 430 p., ISBN : 978-2-406-08715-1.

Cet ouvrage, issu d'une thèse de doctorat, se présente comme une étude exhaustive du concept d'expérience chez Platon et Aristote ; M.-N. Ribas oppose la façon dont Platon réduit l'expérience à l'opinion et en limite la portée à une certaine utilité pratique, au rôle central que lui donne Aristote. La figure et les arguments d'Isocrate jouent un rôle circonscrit mais très utile pour mettre en exergue le socle commun rationaliste partagé par Platon et Aristote. Au fil des chapitres, *Expérience et science* (I), *Expérience et technique* (II) et *Expérience et action* (III), se dégage l'originalité du « rationalisme empirique » d'Aristote.

R. montre d'abord comment l'« épistémologie discontinuiste » de Platon définit la science par exclusion de la sensation. L'A. s'appuie principalement sur l'hypothèse de la réminiscence qu'expose le *Ménon* pour expliciter une différence psychologique et épistémique qui se fait ontologique dans le *Timée*. Dès ce chapitre, Platon est confronté à la position d'Aristote : réduisant la sensation à une occasion de se ressouvenir, « la conception de la sensation et de ses objets développée par Platon ne lui permet pas d'envisager la solution aristotélicienne selon laquelle la sensation des choses égales est déjà d'une certaine manière sensation de l'égal » (p. 36). R. insiste avec raison sur l'importance de l'activité de l'âme, et la façon dont c'est bien le raisonnement qui permet de répondre aux contradictions de la sensation. R. opère en conclusion de ce premier chapitre sur l'épistémologie platonicienne un glissement terminologique : la sensation ne saurait être principe du savoir, c'est « l'*expérience* intellectuelle des principes », l'intellection, qui permet de « rendre raison de notre *expérience* sensible ».

Chez Aristote, le terme d'ἐμπειρία trouve le sens de connaissance des particuliers, intermédiaire entre la sensation et la connaissance universelle, et permet de mettre en évidence la genèse empirique de la connaissance scientifique. Il est frappant de noter que la perspective de l'ouvrage doit énormément au texte des *Sec. An.* II, 19. R. explicite comment le texte oppose « une hypothèse de type innéiste », absurde selon Aristote, car elle suppose des connaissances mieux fondées que la science elle-même, à l'état latent, et son « hypothèse de type génétique » qui suppose, non ces connaissances mêmes, mais la « puissance » de les acquérir (p. 59). Au terme d'une typologie utile des interprétations de *Sec. An.* II, 19 et de *Met.* A 1, l'A. défend que l'expérience appréhende comme particulier le même objet que la technique considère « en vertu de l'espèce ou du type » (p. 63). Elle porte donc sur des faits généraux, quand les interprètes divergent quant au fait que la technique porte sur des objets particuliers ou généraux : selon R., « l'expérience dégage un premier niveau d'universalité » (p. 67), condition de possibilité de la technique et de la science. La connaissance de l'universel trouve, par induction, son origine mais non son principe dans la sensation.

Après l'examen de la connaissance des principes de la science, R. les distingue des « savoirs dianoétiques » et reprend la lecture des *Sec. An.* pour expliquer ce que recouvre le concept d'induction (ἐπαγωγή), opposé plus tôt à la « conversion » (περιαγωγή) platonicienne. R. explicite la « genèse empirique de la science à partir de la sensation » et la spécificité de l'expérience comme connaissance des particuliers, distincte de la sensation comme de la science ; l'A. opère pour ce faire de nombreuses distinctions (entre connaissance simple et connaissance de l'universel, expérience et connaissance du « pourquoi », entre connaissance κατὰ πάντος et καθόλου) et fait un sort particulier à l'acquisition des principes propres aux sciences particulières qui, ne pouvant faire l'objet d'une démonstration, s'acquièrent notamment par l'expérience. Le rationalisme empirique d'Aristote trouve une expression privilégiée dans une méthode qui « par[t] de notre expérience pour établir ce qui est et rendre compte de sa nécessité naturelle par un raisonnement en conformité avec ce qui est observé » (p. 157). R. restitue la notion d'expérience dans sa complexité : elle ne se réduit pas à l'induction appuyée sur la sensation mais peut, non seulement consister dans une enquête historique, mais aussi dans une reconstruction raisonnée ou une extrapolation des faits.

La critique platonicienne de l'ἐμπειρία, qui pointe son défaut de technicité et son incapacité à rendre raison des causes, se double selon R. d'un défaut d'efficacité pratique, et vise avant tout la sophistique. Le *Phèdre* répond au *Gorgias* en développant ce qu'est la rhétorique véritable : la production technique du vraisemblable suppose la connaissance du vrai. La comparaison avec Isocrate permet de souligner le rôle spécifique que Platon accorde au savoir théorique comme complément nécessaire de l'expérience, qui permet d'appréhender une situation particulière et dont Platon, s'il en limite la valeur intrinsèque, ne nie pas l'utilité. R. propose une lecture efficace des passages les plus triviaux (*Lois* IV sur les deux médecins, *Phil.* 55-59, ou encore *Rep.* X sur le savoir de l'usager) : constamment, Platon subordonne la dimension empirique voire conjecturale qu'une technique met en jeu à la connaissance de la nature de l'objet et des causes. La divergence d'Aristote et Platon sur la question de la technique rejoint leur différend sur la science : l'opposition platonicienne entre expérience et technique véritable est au contraire un rapport génétique chez Aristote, qui par là réhabilite l'utilité de l'expérience en matière de production. R. peut reprendre les acquis de la lecture de *Sec. An.* II 19 et *Met.* A1 et s'appuyer sur la spécificité du jugement d'expérience par rapport à la connaissance scientifique universelle pour montrer son efficacité pratique. R. aborde la question de la technique en insistant particulièrement sur l'efficacité pratique dans la mesure où elle permet précisément de souligner l'avantage d'Aristote sur Platon : Aristote serait mieux à même de reconnaître l'efficacité pratique de l'expérience, même si elle demeure inférieure à la technique. La comparaison entre l'habitude animale et l'expérience humaine, entre hasard et expérience, met en évidence la nécessité de rendre raison d'une rationalité infra-technique et infra-scientifique. Selon R., Platon aurait échoué là où Aristote parvient à dégager ce qu'est l'expérience : une « connaissance universelle du particulier ». L'explicitation d'un « syllogisme technique », dont le terme ultime est le moyen, une certaine forme ou quiddité qui répond à la fin recherchée, permet à nouveau d'expliciter la spécificité de l'expérience, qui, différemment, ne se porte pas à une connaissance universelle de la cause, mais se fonde uniquement sur une appréhension de ce qu'il y a de commun à l'ensemble des cas particuliers.

La dernière partie sur la politique est celle qui exploite le plus le triangle que forment les positions d'Isocrate, Platon et Aristote. Aristote emprunterait une tierce voie en réaffirmant, contre Isocrate, avec Platon, le caractère scientifique de l'action politique, mais en refusant cependant d'identifier la compétence politique à un savoir théorique. R. montre que, chez Platon, « c'est la nature cognitive de la science politique comme science royale qui en fait la valeur pratique » (p. 316) : ce n'est qu'appuyée sur la connaissance du Bien que le politique peut élaborer une action qui n'est pas seulement opportune mais intrinsèquement bonne. L'autre instrument politique de celui qui détient la connaissance des principes réside dans l'opinion vraie qui permettra une vertu de second ordre, celle du plus grand nombre. L'utilité pratique de l'expérience, non nulle chez Platon, prend une importance beaucoup plus grande chez Aristote. L'homme prudent incarne l'originalité de la position aristotélicienne, qualifiée d'« intellectualisme pratique » : quoiqu'appuyé sur une connaissance théorique des principes, l'homme prudent ne saurait agir sans être expérimenté ; la prudence est une vertu intellectuelle et non un savoir pratique. R. rappelle que la connaissance de l'universel entre dans la définition de la prudence, tout en insistant sur le fait que « la synthèse entre la particularité des moyens et la généralité d'une fin » (p. 345) requiert l'expérience propre à appréhender le particulier. Par ailleurs, être expérimenté et cultivé suffit pour participer correctement aux assemblées : selon R., Aristote « réconcilie l'expérience politique que tout un chacun peut acquérir et une approche théorique de la politique et de ses principes ».

R. propose ici une enquête très aboutie, qui fournit un itinéraire complet à travers tous les textes canoniques sur le sujet. Des lectures détaillées conduisent à une véritable interprétation de la position d'Aristote, que sert un sens des formules bien frappées. Dans la mesure où Platon et Isocrate jouent souvent un rôle repoussoir, propre à mieux définir la spécificité de la réponse aristotélicienne, on peut sans doute s'interroger sur la nature du projet porté par R. : donner la forme d'une « querelle » à leur opposition sur le concept d'expérience. En dehors du flottement sémantique occasionnel sur le terme, qui désigne parfois l'expérience sensible ou plutôt la sensation (le parallèle avec l'opposition de Leibniz à Locke sur la question de l'innéisme interroge en fait la possibilité d'une connaissance dont l'origine soit totalement indépendante de l'expérience sensible), plus souvent la compétence pratique acquise par familiarité avec un objet, l'idée de querelle suppose la capacité de deux partis à se répondre, quand A. et P. n'écrivent pas au même moment. Surtout, la lecture des textes platoniciens semble souvent orientée par une anticipation de la perspective aristotélicienne. Ainsi, l'opposition de la routine à la technique véritable est-elle presque uniquement considérée en fonction de la connaissance de la cause et de la nature, alors que le *Gorgias* dégage trois critères essentiels de la technique : la connaissance de la nature de l'objet et la capacité à rendre raison de la cause de la production s'accompagnent du fait de se servir d'un modèle et de viser le bien de l'objet. Or R. n'insiste que sur le premier critère pour se concentrer sur le défaut d'efficacité pratique de l'ἐμπειρία, comme si c'était là la raison principale de la critique et de l'avantage accordé à la technique. En réalité, le passage du *Gorgias* invoqué (516e *sq.*, p. 233) insiste sur l'idée qu'un homme politique qui voit le peuple se retourner contre lui les a rendus plus mauvais et non meilleurs. R. ne fait que mentionner cet aspect, et donne l'impression qu'elle anticipe ce qui fait la spécificité d'Aristote *infra* : sa reconnaissance de la valeur pratique de l'expérience. En saisissant mieux l'articulation du savoir technique à la connaissance du Bien, on comprendrait le rôle positif que Platon accorde parfois à l'ἐμπειρία. Ainsi, la variabilité du statut de certaines techniques comme la médecine ou la stratégie montre que la subordination ou non d'une pratique à la science politique la définit normativement. Toujours, c'est la question du bon usage, par sa connexion au savoir suprême, qui définit en dernière instance la valeur d'une activité et de l'ἐμπειρία qu'elle mobilise. Soulignons en cela que R. n'a que les défauts de ses qualités : de tels choix font mieux ressortir la cohérence de la pensée aristotélicienne.

Enfin, doté d'une bibliographie, de deux index très complets, l'ouvrage ne fournit pourtant pas d'indication claire sur l'origine des traductions : la plupart sont de R. mais on trouve, à de rares occasions, des traductions qui ne le sont pas, presque au mot près, sans que cela soit signalé (en part. Canto-Sperber pour le *Gorgias*, *cf.* p. 232, 236). Ces points n'empêchent pas l'ouvrage de se montrer excellent et de proposer un itinéraire très complet à l'intérieur de la question.

Marion Pollaert
École Normale Supérieure – PSL

Aristote, *Les Réfutations Sophistiques*, introduction, édition du texte grec, traduction et commentaire par Myriam Hecquet, Paris, Vrin, 2019 (Histoire des doctrines de l'antiquité classique, 51), 376 p., ISBN 978-2-7116-2812-4.

Le traité aristotélicien intitulé *Les réfutations sophistiques* (*RS*), un ouvrage indépendant mais rangé comme dernier livre des *Topiques*, classifie les argumentations trompeuses et discute leur « résolution », c'est-à-dire l'explication de l'erreur qu'elles cachent. Il s'agit d'un travail encore peu étudié en dépit des intéressants aperçus qu'il fournit sur la philosophie du langage et de la logique d'Aristote. Le volume de Myriam Hecquet nous offre une nouvelle édition critique, avec introduction, traduction française et un riche apparat de notes explicatives. L'édition paraît environ soixante ans après celle de W.D. Ross qui a fait autorité jusqu'à maintenant, même si les plus récentes traductions se sont déjà éloignées de son texte en plusieurs lieux (voir en particulier le travail de pionnier de Louis-André Dorion).

Les plus récentes éditions d'œuvres d'Aristote cherchent à collationner les manuscrits anciens que les éditeurs du passé – qui partageaient une attitude fortement sélective – avaient négligé ou ne connaissaient pas. Hecquet ne fait pas exception et, bien qu'elle avoue ne pas avoir essayé d'aboutir à une collation complète des manuscrits, se sert de deux manuscrits (V = BAV, Barb. gr. 87, xe s. ; et F = BNF, Suppl. gr. 1362, xe s.) qui n'avaient pas été examinés par les précédents éditeurs et, dans une certaine mesure, des traductions arabes des *RS*, qu'elle utilise d'après la lecture de Michel Crubellier. Toutefois, puisque les manuscrits A (BAV, Urb. gr. 35, xe s.) et B (Biblioteca Nazionale Marciana, gr. 201, a. 954), qui forment une même famille, conservent pour l'A. le titre de *codices optimi* qui leur avait été accordé par les précédents éditeurs, elle pense que c'est sur eux qu'il faut avant tout se concentrer. Les manuscrits A et B s'accordent très souvent avec le critère de la *lectio difficilior* et sont eux-mêmes le résultat d'un travail éditorial de niveau remarquable, fruit de la meilleure tradition érudite, tandis que les témoins ultérieurs, V et F, n'apportent pas, d'après Hecquet, beaucoup de lectures utiles à l'établissement du texte. Hequet s'appuie donc principalement sur A et B, en les lisant avec plus de soin que Ross et ses prédécesseurs ne l'avaient fait. Sans aucun doute cette relecture donne elle-même des fruit intéressants (la liste nous est donnée dans l'introduction), parce que l'on découvre que Ross avait hérité de maintes mauvaises lectures de Bekker, Waitz et Strache.

Les limites, du moins théoriques, de ce nouveau travail sont toutefois faciles à discerner : ce qui manque ici – une collation complète des manuscrits – pourra réserver des surprises, et peut-être un jour mènera à l'établissement d'un *stemma codicum* complet et d'un texte mieux fondé. On sait en effet que d'autres projets d'édition visant un examen complet des manuscrits sont en cours, mais, s'agissant d'entreprises qui mettent de nombreuses années à être menés à bien, on peut prédire que ce travail de Hecquet sera l'édition de référence pendant quelques temps à venir.

Hecquet supprime la plupart des nombreuses corrections apportées par Ross sans le support des manuscrits, et en général défend les lectures de A ou B. En certains cas, son choix est sans aucun doute correct. Par exemple, en 17, 175b22, en restaurant le texte de A *ante correctionem* et B τοῦ τὸν, contre τοῦτον attesté par des manuscrits inférieurs, Hecquet évite la lourde conjecture de Waitz τὸ τοῦτον τὸν, qui entraîne en plus la nécessité de mettre entre parenthèses ἢ μουσικόν à la ligne suivante.

En d'autres cas, le texte de A ou B peut être défendu, mais l'analyse n'est pas suffisante pour dissiper tout doute. Par exemple, en 168b24 Hecquet retient le texte plus développé de A, B et V (et autres mss) δεῖ γὰρ τὸ συμπέρασμα τῷ ταῦτ' εἶναι *αἰτία τοῦ* συμβαίνειν. À l'instar d'autres manuscrits et de la traduction de Boèce, les précédents éditeurs omettent les mots soulignés, ce qui pour Hecquet (p. 65) s'explique par une intention de normaliser, parce que la version brève est une citation exacte de la définition de syllogisme de *An. Pr.* I 1, 24b20. Par contre, Hecquet pense que la mention de la cause est importante ici pour expliquer la dénomination du paralogisme de « ce qui n'est pas la cause ». Elle a peut-être raison, parce qu'en effet la dénomination pourrait fautivement suggérer qu'il s'agirait ici de la *causa essendi* de la conclusion, non pas de la *causa inferendi*. Mais d'un autre côté, dans ces lignes Aristote tient à montrer comment chaque espèce de réfutation apparente viole l'une ou l'autre clause de la définition de la réfutation (comme on le voit à la ligne 25), et cette dernière contient en soi la définition du syllogisme. Par conséquent, une référence à une clause définitoire ne peut pas être exclue. En effet, même si on ne la trouve pas dans la définition du syllogisme des *RS*, la phrase τῷ ταῦτ' εἶναι est utilisée dans son sens technique de la définition des *An. Pr.* même en *Topiques* VIII, 11, 161b30 et dans la définition du syllogisme de la *Rhétorique* (I 2, 1356b15-16). Voici donc un cas où on a du mal à déterminer la *lectio difficilior*.

Dans sa répugnance à s'éloigner des manuscrits, il arrive que Hecquet rejette des conjectures savantes que Ross avait entérinées. C'est le cas, par exemple, de ταῦτα en 5, 166b32, que Casaubon avait accentué comme ταὐτὰ. Hecquet considère la proposition comme « superflue », et traduit :

> Les paralogismes qui tiennent à l'accident sont ceux qui se produisent chaque fois que l'on considère (a) qu'un <prédicat>, quel qu'il soit, appartient de la même façon à l'objet et à son accident. En effet (γὰρ), puisque beaucoup d'accidents arrivent à la même chose, (b) il n'est pas nécessaire que tous ces accidents appartiennent [ταῦτα πάντα ὑπάρχειν] à tous les prédicats et à ce dont ils sont prédiqués (p. 115, lettres ajoutées par moi).

Le *gar* devrait expliquer ce qui précède, mais dans cette traduction je ne vois aucune explication. En effet :

(a) affirme que l'erreur est de conclure que, pour n'importe quel prédicat *P*, il appartient à l'objet *O* si, et seulement si, il appartient à l'accident *A*.

(b) affirme qu'en vérité il n'est pas nécessaire que, pour un *A* quelconque, s'il appartient à *P* il appartienne aussi à *O*.

On voit donc que d'après le texte adopté par Hecquet, *A* et *P* changent de rôle d'une façon tout à fait inexplicable. En revanche, si l'on se tient à l'accentuation proposée par

Casaubon on peut traduire de la manière suivante :

> Les paralogismes qui tiennent à l'accident sont ceux qui se produisent chaque fois que l'on considère que (a) quoi que ce soit appartient de la même façon à l'objet et à son accident. En effet, puisque beaucoup de prédicats arrivent à la même chose comme accidents [ἐπεὶ γὰρ τῷ αὐτῷ πολλὰ συμβέβηκεν], (b) il n'est pas nécessaire que toutes les mêmes choses appartiennent [ταὐτὰ πάντα ὑπάρχειν] à tous les prédicats et à ce dont ils sont prédiqués.

Maintenant, (b) nie nettement la nécessité de (a) et la proposition ἐπεὶ γὰρ τῷ αὐτῷ πολλὰ συμβέβηκεν doit être interprétée non comme si Aristote disait que les accidents de la chose sont nombreux (ce qui n'expliquerait pas (b) et n'ajouterait rien à l'argumentation) ; mais plutôt comme le fait que, parmi les attributs de l'objet, plusieurs *sumbebēken*, c'est-à-dire appartiennent à l'objet seulement de façon accidentelle, ce qui explique pourquoi on ne doit pas croire que toutes les mêmes choses appartiennent à *tous* les prédicats et à l'objet. En changeant un seul accent, Casaubon ouvre la voie à une lecture subtile qui ne peut être accusée de normaliser le texte à la lumière des discussions qui suivent. Dans ce cas, la confirmation qui vient de 7, 169b5-6 et 24, 179a39 est sans doute une attestation supplémentaire des mérites de la lecture de Casaubon.

De la même façon, le refus de remplacer, à l'instar de Pacius et Dorion, συλλογισμός (A et B, parmi d'autres) par σολοικισμός (V et traductions arabes, parmi d'autres) en 183a30, et συλλογισμούς (A et B, parmi d'autres) par σολοικισμούς (V et traductions arabes, parmi d'autres) en 183a33, ne se justifie pas par le fait qu'il semblerait s'agir d'une correction très ancienne (p. 74-75). En ce cas, l'argument semble exiger qu'on parle du solécisme, et une correction serait même la bienvenue.

Parfois Hecquet propose des altérations qui ne sont pas dans les manuscrits. Cela arrive en particulier quand elle transpose trois lignes, 178a6-8, à 178a29. La transposition est tout à fait justifiée, mais la nouvelle localisation n'est pas complètement satisfaisante. Disons que la transposition a de la valeur en tant que diagnostic d'une difficulté de l'ordre du texte transmis.

La traduction de Hecquet est en général littérale et sobre dans le choix de la terminologie technique (par exemple elle traduit ἀδολεσχία par « verbiage », préférable à « psittacisme », proposé par Dorion). S'il y a quelques incohérences et oscillations terminologiques, elles sont expliquées dans les notes et enregistrées dans un glossaire des termes grecs très détaillé. Parfois Hecquet supprime une idée apparemment embarrassante en forçant une lecture plus neutre. Par exemple, en 11, 172b6-7 elle traduit « Voilà donc les modes opératoires des réfutations sophistiques [Τρόποι μὲν οὖν εἰσιν οὗτοι τῶν σοφιστικῶν ἐλέγχων]. Qu'il relève du dialecticien de les examiner et d'être capable de mettre en pratique notre enseignement [τὸ θεωρῆσαι περὶ τούτων καὶ δύνασθαι ταῦτα ποιεῖν] ce n'est pas difficile à voir », au lieu de « les examiner et d'être capable de *les* mettre en pratique ». Hecquet signale en note qu'elle ne comprend pas comment Aristote pourrait enseigner aux (honnêtes) dialecticiens comment faire des argumentations trompeuses, ce que l'on serait obligé de reconnaître si ταῦτα se référait aux réfutations sophistiques. Mais je ne crois pas qu'il soit légitime de contourner un problème avec une traduction non naturelle.

L'introduction et l'annotation dénotent une étude approfondie des questions interprétatives. Quelques interprétations sont sujettes à controverse, d'autres tendent à une compréhension trop schématique. Une seule, toutefois, me semble franchement erronée. Aristote définit la réfutation comme συλλογισμὸς μετ' ἀντιφάσεως τοῦ συμπεράσματος (*RS* 1, 165a2-3). Banalement « syllogisme avec la contradictoire de la conclusion ». Si la conclusion est *r* et les prémisses du syllogisme *p* et *q*, la réfutation sera le syllogisme '*p*, *q*, donc *r*' complété par la contradictoire de la conclusion : *non-r*. Naturellement, *non-r* correspond à la thèse du répondant dans une joute dialectique. Or, Hecquet traduit « la réfutation est une déduction dont la conclusion révèle une contradiction ». Pour justifier cette traduction elle doit torturer le grec : « de la conclusion » serait un génitif subjectif. Ce serait la conclusion de la déduction, donc, qui contredirait quelque chose, et elle contredirait soit la thèse de l'adversaire soit quelque proposition admise par tous. Hecquet pense que, ainsi interprétée, la définition peut comprendre deux cas : les réfutations directes de la thèse et les réfutations indirectes par réduction à l'absurde, où la conclusion serait en contradiction avec une autre proposition qui n'est pas la thèse (p. 22-23). Elle ne semble pas se rendre compte que la conclusion d'une réduction à l'absurde (et d'une réfutation indirecte) n'est pas la contradiction elle-même, mais la négation de la thèse qui implique la contradiction. En *An. Pr.* I 23, 41a21-37 et 44, 50a29-38 Aristote explique que dans une réduction à l'absurde on assume la contradictoire de la conclusion qu'on veut prouver et, avec d'autres prémisses, on déduit le faux ou l'absurde. Mais ce n'est pas la fin de la preuve : à ce stade, on infère indirectement, ou hypothétiquement, la conclusion désirée. Par conséquent, si Hecquet avait raison, la définition de la réfutation inclurait seulement *une partie* de la réfutation indirecte. La même confusion invalide l'analyse proposée du second objectif visé par les sophistes, c'est à dire la déduction, réelle ou apparente, du paradoxe ou du faux. Contrairement à ce que Hecquet suggère, p. 16-17, conduire à un paradoxe n'équivaut point à la réduction à l'absurde. Dans la première méthode il n'y a aucune thèse, dans la seconde c'est précisément la thèse qui est réduite à l'absurde.

Il est dommage (mais ce n'est pas la faute de l'auteur) que la mise en page soit très peu pratique : les longues notes au bas de la page de droite, sous la traduction et en face du texte grec, rendent le texte difficile à consulter. Souvent, pour faire place à l'annotation, une page contient seulement cinq ou six lignes de grec (parfois deux ou trois) qui sont numérotées mais sans indication de leur page Bekker. Par conséquent, il faut beaucoup feuilleter pour retrouver la page Bekker recherchée.

Il est impossible de rendre justice à un travail si riche dans ses détails. Par exemple, la description des manuscrits est très informée et intéressante, et la possibilité que les manuscrits A et B aient déjà été des éditions critiques est suggestive. Même si sur les questions textuelles ma compétence est limitée, il me semble que la partie philologique est mieux fondée que l'analyse philosophique. Mais en général il s'agit d'un travail mené avec rigueur et sérieux, et il ne manquera pas de disséminer ses fruits dans la recherche à venir.

Paolo FAIT
New College, Oxford

Maria Michela SASSI (dir.), Elisa CODA, Giuseppe FEOLA (éd.), *La zoologia di Aristotele e la sua ricezione dall'età ellenistica e romana alle culture medievali. Atti della X "Settimana di formazione" del Centro GrAL, Pisa, 18-20 novembre 2015*, Pisa, Pisa University Press, 2017 (Greco, arabo, latino. Studi, 6), 315 p., ISBN : 9788867418350.

Ce volume réunit dix articles en italien, à une exception française près, issus pour la plupart d'un colloque de 2015 et paraissant dans une série philosophique. Il y a fort peu de coquilles dans cet ouvrage soigné (68 : *ἰδιότητος, 226 : *Alres, 228 : *εἴληκεν, 244 : *Oppenraay, 267 : **aniumalium*). Il se signale par son orientation pédagogique, conforme au cadre de la rencontre, qui était une journée de formation : la plupart des articles sont des synthèses, proposées par des spécialistes qui, tous, poursuivent leur sillon, souvent sans grande nouveauté par rapport à leurs travaux antérieurs. Ils proposent un état des lieux et un parcours historiographique avec des essais pertinents sur Pline, Galien, la tradition arabe et le Moyen Âge latin, et portent généralement sur le sujet, malgré quelques essais égarés [3, 6, 7] sur Antigone de Caryste, l'absence de la zoologie dans le programme néo-platonicien et l'absence d'Aristote dans la littérature syriaque conservée. Malheureusement il n'y a pour ainsi dire aucune étude sur la période hellénistique, alors que l'enjeu annoncé est pourtant de résoudre « le mystère James Lennox » ("The Disappearance of Aristotle's Biology: A Hellenistic Mystery", *Apeiron* 27, 1994, p. 7-24), autrement dit l'évaporation rapide de l'épistémologie aristotélicienne et la mort, sitôt née, de la biologie comme science.

M.M. Sassi, la principale éditrice, propose, après une introduction rapide, une archéologie de la 'discipline' zoologique, avec un bref parcours des cadres présocratiques et de quelques textes classiques, soulignant, pour que le lecteur perçoive l'enjeu du recueil, l'originalité d'Aristote et le pas qu'il franchit en biologie, par la spécialisation d'un savoir sur l'animal, distinct de la science de l'homme. Elle montre que la conception aristotélicienne des êtres vivants et d'une solidarité psychosomatique exclut la séparabilité de l'esprit et du corps (p. 28), portée par les théoriciens de l'immortalité de l'âme —voire de la métempsychose. La présentation est conclue par un appendice sur le corpus des 19 livres zoologiques canoniques : *HA* (10), *PA* (4), *GA* (5) + *IA* (1) et *MA* (1).

L'étude subtile et savante de G. Feola s'attaque à une question sans réponse et peut-être sans véritable objet : l'ordre des traités zoologiques, où se croisent chronologie relative supposée et logique systématique. L'auteur effleure d'abord la question du rôle éditorial d'Andronicos, qu'il surestime sûrement (contre l'avis de Barnes qu'il critique indûment, p. 40), en se rangeant à l'avis de Natali qui imagine qu'Andronicos aurait assemblé des traités à partir de sections séparées. Après avoir rappelé les tentatives pionnières de Jaeger et Nuyens sur l'ordre de composition des traités, il présente ensuite les options, et soutient plutôt la position italienne de Lanza/Vegetti (d'une antériorité de *HA*) que celle de Balme (antériorité de *PA*). Mais foncièrement l'opposition de deux blocs (*HA* vs *PA-GA)* n'est ni convaincante, ni féconde : il est schématique de présenter *HA* comme une base de données factuelles, et *PA-GA* comme une enquête étiologique. Le programme en deux temps (décrire/expliquer, cf. *HA* 491b11 : Μετὰ δὲ τοῦτο τὰς αἰτίας τούτων πειρατέον εὑρεῖν) se déploie dans chaque enquête et chaque œuvre, et le rapport entre *HA* et *PA-GA* (avec ses nombreux passages jumeaux) devrait être systématiquement analysé pour discriminer plus sainement le rôle et la fonction de *HA* dans l'édifice. Feola, qui tout en reconnaissant parfaitement la complexité du sujet et le caractère indécidable de la question revient au classique *HA/PA-GA*, propose *in fine* (et de manière trop astucieuse) de concevoir l'œuvre zoologique comme « un macrotexte constitué en réseau » et « l'objet d'une révision continuelle » (p. 56).

T. Dorandi reprend ses travaux sur Antigone, réaffirmant la distinction entre le philosophe, auteur d'un traité *Sur les Animaux*, et le Paradoxographe, un compilateur qu'il situe au IIe siècle, plus tôt que Musso (Xe) ou Ronconi (IXe). Après ce rappel d'une enquête identitaire, Dorandi aborde rapidement les rapports des *Mirabilia* avec le recueil homonyme péripatéticien et l'*Épitomé* d'Aristophane de Byzance, mais la piste proposée à la fin de l'étude, sur une similitude d'inspiration et de contenu de l'*Épitomé* et de la paradoxographie est divagante.

P. Li Causi, s'appuyant sur deux articles antérieurs, se demande « de quoi Aristote est le nom » pour Pline ; il poursuit son portrait d'un naturaliste latin se voyant comme un émule d'Aristote, plein d'admiration pour cet "oracle contre le *vulgus*" (*tantus vir in doctrinis*, 11.273), qu'il s'avise cependant de réfuter à l'occasion, pour fonder sa propre autorité, en privilégiant l'*utilitas* des connaissances (pratiques) sur les spéculations.

L. Perilli propose un circuit autour de l'œuvre de Galien dans certains rapports qu'elle entretient avec le corpus aristotélicien, en insistant sur la valeur heuristique du corps animal pour la connaissance anatomique de l'homme. Plutôt que de traiter l'usage que fait Galien d'Aristote, l'auteur propose un feuilleté de thèmes et de sections : ses commentaires à l'œuvre du Stagirite, le bestiaire galénique, les six classes d'animaux proches de l'homme (un retour sur l'article de I. Garofalo, *The six classes of animals in Galen*, 1991), les erreurs d'Aristote corrigées par Galien et, à travers force passages cités, la reprise du lexique anatomique aristotélicien. L'auteur fait l'hypothèse que Galien aurait écrit un livre *Sur les animaux*, en s'appuyant sur un passage de Psellos (p. 114-6, p. 138), mais ce livre jamais référencé par Galien, qui tient seulement à une majuscule d'éditeur (τὰ δέ γε Περὶ (sic) ζῴων αὐτῷ συναίρεμά ἐστι...), est purement fantomatique.

La contribution de Ph. Hoffmann porte sur les *Parva Naturalia* : l'auteur revient sur la classification des œuvres aristotéliciennes selon l'école néo-platonicienne (avec un remarquable consensus d'Ammonius, Olympiodore, Philopon, David Elias et Simplicius) et sur leur programme d'études pour expliquer pourquoi les traités zoologiques (qui font partie de la physique aux yeux des Péripatéticiens) ne sont pas abordés, alors que les cinq traités de philosophie naturelle (*Phys.*, *Cael.*, *GC*, *Meteor.*, *An.*) sont pleinement intégrés. Ces traités, qui sont fondés sur l'observation, sont rangés parmi les écrits "intermédiaires", entre les traités particuliers et les traités qui portent sur des objets dont on peut avoir une connaissance universelle. La zoologie n'est donc pas assez philosophique, le philosophe étant un "amant de l'universel" (φιλοκαθόλου).

Les deux études qui suivent portent sur la tradition orientale du *Livre des Animaux* (*Kitāb al Hayawān*) d'Aristote, collection canonique en 19 livres (comme dans la tradition latine du reste) de *HA*, *PA* et *GA* – excluant donc *IA* et *MA*. H. Hugonnard-Roche note l'absence totale de trace directe d'Aristote dans la littérature zoologique en syriaque (malgré la mention d'une version syriaque ancienne du *Kitāb al Hayawān*) et passe longuement en revue – toujours à travers des traductions, sans l'original syriaque – les témoins indirects d'Aristote, tel l'*Hexaéméron* de Basile (traduit dès le Vᵉ s.), le *Physiologus* (la version dite Leidensis), la traduction syriaque au Vᵉ s. du traité de *Physiognomonie* de Polémon... On est loin d'Aristote, et l'auteur insiste, après d'autres, sur l'orientation essentiellement éthologique et morale de la littérature médiévale. Pourtant le dernier paragraphe du chapitre 20 du *Livre des récits plaisants* de Bar-Hebraeus (XIIIᵉ s.), opportunément signalé (p. 200-202), offre un intéressant parallèle à l'opuscule *Physiognomonie* du Ps.-Aristote, non pas du second traité comme le note l'auteur (808b11, note 76), mais du premier (805a1 sq.).

E. Coda propose un tour d'horizon complet et savant de la réception arabe : les traductions, épitomés et commentaires arabes de la somme zoologique d'Aristote (à laquelle se combine parfois un mystérieux *Kitab al Hayawan* attribué à Démocrite...), traduite dès le VIIIᵉ siècle (dans le cercle d'Ibn al-Bitriq), utilisée par Al-kindi (IXᵉ s.) et circulant abondamment par la suite. L'état des lieux qu'elle propose, et qui s'appuie sur une connaissance précise des nombreuses recherches antérieures (Ullmann, Drossaart Lulofs, Mattock, Kruk, Zonta...), porte sur une demi-douzaine de *compendia* attestés, des traductions (une seule en arabo-hébreu) et des commentaires, souvent inédits, dont l'influence s'étend jusqu'à Jahiz et Razi.

Les deux dernières études s'attachent à la diffusion des *Libri de animalibus* aristotéliciens par les traductions latines du XIIIe siècle. P. Bassiano Rossi souligne la prééminence effective dans la tradition de la traduction arabo-latine de Michael Scott sur la traduction gréco-latine un peu postérieure (et pourtant bien meilleure et plus fidèle…) de Guillaume de Moerbecke, qui a l'avantage pourtant d'inclure *MA* et *IA*, omis par la tradition arabe. Il propose trois traductions de l'incipit complexe de *PA* (Scott, Moerbecke, Anonyme du ms. de Padoue), qui permet de mesurer l'élégance infidèle de Scott (utilisé par l'Anonyme et tant d'auteurs y compris Albert le Grand) et offre en appendice à son bref essai une transcription d'extraits de 5 prologues à des commentaires des *Libri de animalibus* (Petrus Hispanus, Gérard de Breuil et trois anonymes).

Enfin Albert vint ! L. Perfetti se propose d'étudier la candidature d'Albert le Grand comme rénovateur d'Aristote, et celui qui aurait mis un terme à la longue éclipse du Stagirite, renouant avec la science zoologique dans toute sa noblesse. Il partage en partie l'enthousiasme de M. Tkacz ("Albert the Great and the Revival of Aristotle's Zoological Research Program", *Vivarium*, 45/1, 2007, p. 30-68) qui voit dans Albert le seul aristotélicien digne de ce nom. Proposant une analyse bienveillante de la somme populaire (comptant malgré son volume et ses 26 livres plus de 50 mss. du XIIIe au XVe siècle…) qu'est le *De Animalibus* d'Albert –et qui reste essentiellement une paraphrase amplificatrice de la traduction de M. Scott– Perfetti insiste sur le programme *intégratif* d'Albert concernant le monde naturel et les animaux, mais lui refuse le titre que Tkacz lui avait accordé : Albert ne renoue pas avec la méthode et l'investigation aristotéliciennes, même s'il est le premier à lire le biologiste comme il faut. Pour Perfetti, qui réitère les jugements classiques et navrés sur la décadence zoologique post-aristotélicienne, la liberté de la *polis* a permis Aristote (p. 280), et les monarchies hellénistiques, d'abord, le christianisme ensuite, ont étouffé ce mouvement.

À l'issue de ce parcours historique et historiographique, le « mystère Lennox » qui en était la cible reste entier. Mais cette énigme est peut-être un malentendu obstiné. La science du vivant, savoir intermédiaire ou mixte, *trop* philosophique pour les naturalistes, *trop peu* philosophique pour les philosophes, ne disparaît pas avec Aristote, mais l'approche systématique qu'il développe, et qui nous ressemble tant mais n'est qu'une option du discours zoologique, s'évapore. Les philosophes modernes nous font croire qu'Aristote était *mal lu* et *mal compris* par les Anciens (« non sembra capirlo fino in fondo » p. 89), alors que sa méthode était peut-être perçue comme trop théorique, abstraite, encombrante. Rapidement on ne s'intéresse plus à la façon dont le Lycée *théorise* les animaux, mais seulement à ce qu'Aristote a *décrit*.

Arnaud Zucker
Université Côte d'Azur. CNRS, CEPAM
Arnaud.ZUCKER@univ-cotedazur.fr

Marion Bourbon, *Penser l'individu : Genèse stoïcienne de la subjectivité*, Turnhout, Brepols, 2019 (Philosophie hellénistique et romaine IX), 424 p., ISBN : 978-2-503-58443-0, E-ISBN : 978-2-503-58444-7.

This book has several very positive qualities; but its project raises certain important questions, which are not wholly addressed by the book itself. First, and most fundamentally: what is the subject? The title cites two notions: individuality and subjectivity, both of which are quite complex. The first idea, 'individuality', can denote 'unique personal identity' (as distinct from the identity of any other person); and Stoic versions of this idea play a prominent role at certain stages of this study. However, much of the book seems to have a broader, and rather different, concept in view, namely, 'individuation humaine', that is, the capacity or property that distinguishes human beings as such from other animals. Implicitly at least, this is a capacity belonging to human beings viewed as distinct entities or agents, rather than as members of groups or participants in relationships, though this point is not accentuated in the book. In fact, to judge from the main topics of discussion, this capacity is largely conceived as that of psychological agency, for decision, will and deliberate action. This capacity is closely linked with (though not exclusively defined by) subjectivity, understood in rather broad terms as self-reflexiveness, self-management, or self-relationship more generally. Thus, overall, the book's subject is that of Stoic ideas on this complex of ideas, though presented as an account of 'individu singulier qu'est le sujet humain' (on the back cover and often elsewhere).

A second question raised by the book is this. The ideas just noted, along with cognate ones such as 'self', 'person' (and their analogues in other languages) have figured prominently in modern European theory, with thinkers including Descartes, Kant, Nietzsche, Sartre, and Foucault, shaping the modern understanding of them. More recently, there has been active scholarly debate, involving, among others, Sorabji and myself, about how far these modern ideas have ancient equivalents. Bourbon refers, rather glancingly, to the modern history of these ideas and the scholarly debate about their relevance to antiquity. However, in general, she seems confident that these ideas can be applied, unproblematically, to Stoic thought, and, indeed that we can find there the 'genesis' of these ideas, though this last claim is not explained very fully, except by highlighting what she sees as the relevant Stoic ideas. I am less confident than she is on this point; but, in any case, I think the book would have benefited from fuller reflection on this question and its implications for critical interpretation of the evidence considered.

How is the argument organised? The book is subdivided into four parts, of which the first two, I think, carry the main weight of her case. The first part is directed at the 'physics' of Stoic thinking on individuality. Certainly, the Stoic conception of nature and their general physicalism are significant for making sense of their psychology and their distinctive ideas in this area. However, the main focus here is on an idea, that of something being 'uniquely' or 'distinctively' qualified (*idios poion*), that figures in Stoic logical analysis of categories, rather than physics. Our evidence on this topic derives mainly from reports of a debate between Stoics and Academic sceptics about identity and growth, which turns on what it means to say that something is 'the same' as itself or other things. Bourbon refers, quite often, to this idea throughout the book, and cites the prevalence of this idea to support her general claim that individuality, in the sense of unique personal identity, plays a particularly prominent role in Stoic thought. However, as far as I can tell, this theme plays an important role only in the rather localised ancient debate about growth and sameness. It does not acquire the prominent place that 'personal identity' has sometimes done in modern Western philosophy, with theorists of different kinds taking up competing positions.

The second part of the book, building on the first, argues that the Stoic concept of individuality is conceived in subjective terms. In maintaining this view, Bourbon focuses on the role of reflexive ideas (self-knowledge or self-perception) in the Stoic theory of development as 'appropriation' (*oikeiosis*). She also examines the idea of 'assent' to 'impressions' in Stoic psychology, presenting this notion as one which expresses the concept of the individual as a distinctively subjective agent. A further major theme is Epictetus' usage (unusual in Stoic terms) of the notion of *prohairesis*. This too is taken as an indication of individual subjectivity; however, the dominant theme here is not so much self-awareness but that of a whole-hearted or unified response and the idea that one's choices also imply choice of a way of life, and commitment to that life. In these senses, it is claimed, the Epictetan conception of *prohairesis* constitutes a subjective expression of individuality. In addition, the Stoic (including Epictetan) use of the idea of *daimon* is presented as compatible with a focus on individual subjectivity in the sense that the *daimon* bridges human and divine spheres and is attached to people as individuals.

In the third part of the book, attention shifts to Stoic writings in Latin, especially Seneca, placed in the context of Roman thought more generally, particularly that of Cicero. However, the concepts explored, and the claims made, are similar to those in the second part. The key terms discussed are *conscientia* and *voluntas*. The main connotations underlined are (in the case of *conscientia*), self-awareness, inner (mental) space, and the treatment of another person as one's mirror or reflection. In the case of *voluntas*, in Seneca, as with *prohairesis* in Epictetus, the stress falls on the idea of 'willing' as expressing whole-hearted commitment.

In the fourth part, the topic is the significance of the terms *persona* and *prosopa*. Here, one might have expected a close study of the four-*personae* theory in Cicero, *De Officiis* Book 1, with special attention to the second (individual) *persona* (a topic briefly covered earlier in the book). However, Bourbon's interest is broader, falling on the deployment of these terms in general, in Cicero, Seneca and Epictetus. Also, the ideas reviewed are those of role-playing (including internal role-playing) and the idea of the mind as an inner theatre. These features are seen as indications of subjectivity (awareness of oneself in various guises) and also of self-creation (making yourself play this or that role).

How convincing, overall, is this study; I take the positive points first. The book brings together virtually all the evidence that is important for addressing the question of the relevance of the ideas of subjectivity and individuality to Stoic thought, as presented in Greek and Roman sources in different periods. It also discusses clearly and carefully the various topics that represent the strongest support for this project, including the idea of 'uniquely qualified' (*idios poion*), and terms for self-consciousness, willing and choosing, and roles. All the texts referred to are discussed lucidly, indeed elegantly, are well-documented, illustrated by French translations (with Greek and Latin as needed), and with up-to-date references especially to French and English scholarship. The layout and organisation are clear; the book is supported by a full bibliography and several indexes. The volume as a whole is attractively printed and its presentation reflects well on the author, series editors and publisher.

My main reservations are those stated at the start of this review. The key terms (individuality, subjectivity) are complex or ambiguous in meaning. However, Bourbon never acknowledges this point, and seems to assume that they are unproblematically self-evident in their significance. Also, she cites, at different stages, divergent features as indicators of these ideas: she combines ideas about unique individuality with expressions of psychological agency that are characteristic of human beings as such. Ideas about psychological cohesion and unified (whole-hearted) 'willing' are coupled with ideas about internal division and complex mental role-playing. Broadly put, the book contains most of the themes one might associate with psychological agency in Stoic theory, but presented as being about 'subjective individuality'.

There is also the problem, highlighted earlier, that the key terms are modern ones, and, indeed, ones that have played an important role in modern European thought and are highly contested. Also, the question of their relevance to ancient, including Stoic, thought has been debated in previous scholarship. While not ignoring these points, she does not, on the other hand, incorporate an awareness of them into her analysis, although I think this could have enabled more acute critical reading of the texts. This point also has implications for her claim that Stoic psychology provided the context for the 'genesis' of the ideas of individuality and subjectivity – are the ancient and modern ideas really the same? Further, that claim is itself rather unexplored. What broader features of Stoicism (as distinct from other Hellenistic and Roman or earlier Greek thought) made this theory uniquely or especially suitable as the seedbed of these modern notions? And can such claims be adequately explained without at least some reference to the social and economic context of the philosophical ideas?

In short, my reservations centre on broader conceptual questions raised by the project rather than the detailed discussion, taken in its own terms. However, I hope that the author will explore such questions in future work, using this comprehensive and well-organised study as a basis for further reflection.

Christopher GILL
University of Exeter

Suzanne STERN-GILLET, Kevin CORRIGAN, José C. BARACAT Jr. (éd.), *A Text Worthy of Plotinus. The Lives and Correspondence of P. Henry S.J., H.-R. Schwyzer, A. H. Armstrong, J. Trouillard and J. Igal S.J.*, Leuven, Leuven University Press, 2021 (Ancient and Medieval Philosophy, De Wulf Mansion Centre, Series 1, LIX), 396 p., ISBN : 978 94 6270 259 2.

L'édition critique des œuvres de Plotin par Paul Henry et Hans-Rudolf Schwyzer, parue en 1951, 1959 et 1973 en trois volumes de l'*editio maior* (Leuven, Museum Lessianum) et en 1964, 1977 et 1982 en trois volumes de l'*editio minor* (Oxford, Oxford Classical Texts), était certes un événement majeur pour la recherche sur la philosophie antique en général et pour les études plotiniennes en particulier. De 1492 à 1835, sous la forme imprimée, on avait accès aux *Ennéades* de Plotin dans la traduction latine de Marsile Ficin, accompagnée, depuis 1580, d'un texte grec établi pour son *editio princeps* chez Petrus Perna à Bâle. Le dix-neuvième siècle a produit quatre éditions nouvelles, celle de Friedrich Creuzer et Georg Heinrich Moser en 1835 (rééditée en 1855), celle d'Adolf Kirchhoff en 1856, celle de Friedrich Hermann Müller en 1878/1880 et celle de Richard Vollkmann en 1883/1884. La première moitié du vingtième siècle y a ajouté, entre 1924 et 1938, celle d'Émile Bréhier.

On aurait pu penser qu'un siècle d'activité éditoriale aurait dû aboutir à un texte fiable des *Ennéades* de Plotin. En fait, ce ne fut pas le cas. À l'époque même qui a vu naître trois excellentes traductions de Plotin en langues modernes, celle de Stephen MacKenna en anglais, celle d'Émile Bréhier en français et celle de Richard Harder en allemand, un jésuite de vingt-six ans, faisant ses études à Paris, s'étant aperçu, « grâce à l'édition de Creuzer de 1835, que l'édition Bréhier, dans la collection Guillaume Budé, n'était pas valable » (p. 35, *cf.* p. 37 et 42), s'est jeté dans une aventure extraordinaire qui devait aboutir aux deux éditions critiques des *Plotini Opera* par lui-même et par l'éminent helléniste suisse Hans-Rudof Schwyzer.

C'est là le « texte digne de Plotin » auquel fait référence le titre du présent volume et auquel la plupart des documents qu'il réunit se rapportent d'une manière ou d'une autre. Le noyau de ces documents est constitué par les lettres trouvées parmi les papiers d'Arthur Hilary Armstrong, auteur d'une nouvelle traduction de Plotin en anglais, contemporaine des deux éditions Henry-Schwyzer et parue, accompagnée du texte grec établi sur leur autorité, de 1966 à 1988, dans la Loeb Classical Library. C'est à 1953, date de la parution de son *Plotinus* : A Volume of *Selections in a New English Translation*, que remonte la plus ancienne des lettres adressées à Armstrong par Paul Henry. Celles de Hans-Rudolf Schwyzer, de Jean Trouillard et de Jésus Igal leur font suite. Cependant, les lettres qu'A. H. Armstrong a lui-même adressées à ses quatre collègues n'ont hélas pas été retrouvées. Les éditeurs du présent volume ont réparti la collection des lettres conservées selon les expéditeurs, les ont fait précéder par les notices biographiques et suivre par les bibliographies complètes de leurs auteurs et y ont ajouté d'autres documents tant épistolaires que biographiques. Aux lettres manquantes d'A. H. Armstrong, ils ont suppléé par l'inclusion de deux volets de lettres qu'il a adressées, en 1988, à Gregory Shaw et, de 1994 à 1997, à Kevin Corrigan, en y ajoutant des éléments de biographie et de bibliographie analogues à ceux qui entourent les épîtres de ses quatre correspondants plotiniens de longue date. C'est ainsi que le volume présent a pris sa forme. Le corps principal du texte est constitué par cinq chapitres consacrés à Paul Henry (ch. 2), à Hans-Rudolf Schwyzer (ch. 3), à Arthur Hilary Armstrong (ch. 4), à Jean Trouillard (ch. 5) et à Jésus Igal (ch. 6), à quoi s'ajoutent, en guise d'ouverture, un chapitre qui retrace, dans ses grandes lignes, l'histoire du texte de Plotin de Ficin à Henry et Schwyzer (ch. 1) et, en guise d'appendice, un chapitre comportant les notices biographiques sur Émile Bréhier, Willy Theiler, Betram Samuel Page et Evanghelos Roussos (ch. 7). À la fin du volume, on trouve un *Index locorum* et un *Index nominum*.

Le contenu du livre n'en reste pas moins assez varié. Notamment, il mélange les documents concernant la critique textuelle et l'interprétation de passages particuliers des *Ennéades* de Plotin aux portraits biographiques des personnalités qui s'en sont occupées. Les lettres mêmes qui constituent le fil rouge de ce volume diffèrent beaucoup par leur teneur d'un correspondant à l'autre. Deux d'entre eux ne confient au papier à lettres, en règle, que des commentaires savants. C'est le cas de Hans-Rudolf Schwyzer et de Jésus Igal. Ces deux collections épistolaires méritent l'attention de quiconque est en proie aux difficultés du texte de Plotin, comme éditeur, traducteur, ou interprète. L'*Index locorum* lui permettra de vite repérer s'il est question, dans ces lettres, de tel ou tel passage particulier des *Ennéades*.

Les lettres de Jésus Igal, en particulier, comportent de longues listes des notes sur le texte des *Enn.* IV, 3-7 ; V, 3 ; V, 6 ; V, 8 ; VI, 6-8. On ne peut que regretter que la liste des notes sur les *Enn.* VI, 1-5 n'ait pu être retrouvée (p. 257, note 359) ; il semble néanmoins que c'est à elle que se rapportent les remarques d'Armstrong reproduites sur les p. 337-338. En outre, certains passages particuliers sont commentés plus longuement (IV, 4, 35, 3-4 ; IV, 4, 41, 10-11 ; IV, 4, 28, 32-33 ; V, 7, 2, 12 ; VI, 5, 8, 28-33). Les lettres d'Igal n° 14 à 17 constituent en fait un long développement sur le chapitre 16 de l'*Ennéade* III, 2, avec, en annexe, l'esquisse d'un article sur « Plotinus on the Genesis and Nature of the Primary Logos (III 2, 16, 12 ff.) » (p. 306-312). Cet article n'est, hélas, jamais paru : « *the severe punches you have hammered on my head* », écrit Igal à Armstrong, « *have at least made me realize that I have either to abandon some or most of [my views] (the most probable course) or make a great effort to prop them up* » (p. 312-313). Les pages d'Igal restent pourtant d'un grand intérêt. Elles contiennent un résumé lucide de ses vues sur l'objet de contemplation (non discursive) de l'âme supérieure, c'est-à-dire de l'intellect de l'âme, ainsi que sur le dépassement, par l'âme humaine, de ce niveau de contemplation dans l'identification avec l'Intellect et dans celle avec l'Un. S'opposant à Henry Blumenthal selon lequel Plotin brouille la distinction entre l'Intellect et l'âme, Igal soutient que l'âme supérieure contemple les *logoi*, dérivés des Formes intelligibles, tandis que l'Intellect hypostatique contemple ces Formes elles-mêmes et que, partant, la différence entre les deux se situe du côté de l'objet contemplé. De la contemplation des *logoi*, immanents à l'âme supérieure, il faut cependant distinguer l'état proprement « mystique » de l'identification de l'âme à l'Intellect (p. 315). Une autre lettre (n°18) contient la critique qu'Igal adresse à l'interprétation du τολμηρὸς λόγος de l'*Enn.* VI, 8, 7 proposée par Armstrong.

Les lettres de Paul Henry concernent plutôt les circonstances que les questions d'établissement du texte de Plotin. On y apprend, entre autres, le rôle que le Père Henry a joué dans l'organisation des Entretiens sur les *Sources de Plotin* (bien qu'on se sente embarrassé en prenant connaissance des choses qui devaient demeurer « absolutely *between us two* », p. 75). Les lettres d'A. H. Armstrong réagissent aux questions qui intéressent leurs destinataires. C'est notamment le cas des lettres à K. Corrigan dans lesquelles Armstrong expose ses vues sur la matière et le mal dans la tradition platonico-pythagoricienne. Les lettres de Jean Trouillard rendent présent le milieu des chercheurs français engagés dans l'étude du néoplatonisme, contemporains des travaux sur l'édition critique de Plotin.

Le volume rassemble de préciseuses pages biographiques et commémoratives rédigées par différents auteurs. On y trouve entre autres d'intéressantes lignes, par Martin Schwyzer, sur l'arrière-plan familial de son père ou les souvenirs, par Christopher J. R. Armstrong, des années que la famille Armstrong a passées, de 1935 à 1943, à Malte, la bataille de Malte incluse. Des plus touchants sont les passages des « Souvenirs d'un jésuite itinérant » où le Père Henry évoque le travail sur les manuscrits de Plotin et sur la tradition indirecte effectué dans sa jeunesse. « Ce fut la grâce de ma vie et me marqua indélébilement », remarque-t-il à propos de son séjour au Liban et en Palestine où il est allé pour apprendre l'arabe – « parce que j'en avais besoin pour le Plotin arabe » – et « pour vagabonder, avec ma barbe, mon *keffie* (châle de soie) et *Agul* (bande au front), circulant à pied et à dos d'âne ou de mulet » (p. 38). Heureusement, ces extraits sont publiés en français. Pour le reste, les éditeurs du volume ont pris la décision de traduire en anglais tout ce qui était écrit dans une autre langue, excepté le grec. On peut le regretter pour l'allemand de Hans-Rudolf Schwyzer et pour le français de Jean Trouillard.

Le volume contient en outre la traduction anglaise du compte-rendu de l'*editio maior* des *Plotini Opera* par Evanghelos Roussos (p. 358-364) ainsi que les lettres de celui-ci et de Paul Kalligas à H.-R. Schwyzer (à trouver entre les p. 112 et 149). Il rend également hommage à la contribution de Bertram Samuel Page dont il rapporte une lettre à E. R. Dodds et une liste des notes sur l'*editio maior* (p. 354-357). À travers les remarques éparses de Paul Henry, dans ses « Souvenirs » et dans ses lettres, le livre rappelle aussi l'histoire du *Lexicon Plotinianum* de John Herbert Sleeman et de Gilbert Pollet, plus fortunés dans la réussite de ce projet que n'étaient P. Henry lui-même en 1932 (p. 35 et 42) et E. Roussos en 1960 (p. 112 *sq.*).

Filip KARFÍK
Université de Fribourg

Nicolas D'ANDRÈS, *Socrate néoplatonicien. Une science de l'amour dans le* Commentaire *de Proclus sur le* Premier Alcibiade, Paris, Vrin, 2020 (Textes et traditions), 304 p., ISBN : 978-2-7116-2955-8.

Les commentaires aux dialogues de Platon écrits par Proclus ne sont pas d'un usage aisé. Malgré d'excellentes éditions et traductions en français comme en anglais, souvent pourvues d'abondantes notes et commentaires, il n'est pas toujours facile de suivre le propos du Diadoque, tant le texte platonicien lui sert d'occasion au développement des considérations les plus diverses et parfois les plus inattendues. Celui consacré au *Premier Alcibiade* est de longueur et de difficulté très abordables en comparaison avec les autres commentaires, mais il est sans doute le moins unifié dans ses thématiques. L'exégète passe rapidement de la critique textuelle aux vertus purificatrices du dialogue, des bons usages érotiques à l'analyse dialectique, de l'Un aux démons, de la triade chaldaïque aux qualités pédagogiques.

L'ouvrage de N. D'Andrès, réécriture minutieuse d'une thèse de doctorat, propose de suivre de près la pensée de Proclus telle qu'elle se développe dans la première moitié de la version conservée de son commentaire, à savoir les pages 1 à 153, ce qui correspond à peu de chose près au premier volume de l'édition Budé. Sous une apparence de monographie, il s'agit d'un véritable commentaire suivi de celui de Proclus. À partir du découpage proclien de l'*Alcibiade* en lemmes, il en propose une structuration plus précise.

Dans un premier chapitre, il suit la façon dont Proclus lui-même (dans le prologue au commentaire, soit *In Alc.* 1-15, complété par quelques passages ultérieurs) discute le plan du texte, sa place dans le cursus platonicien et ses fonctions spirituelles et cognitives, notamment en lien avec son rôle dialectique. Les deux chapitres suivants examinent l'érotique platonicienne telle que caractérisée dans le long commentaire au premier lemme (*In Alc.* 18-53, sur *Alc.* 103a1-3) à partir du *Banquet* et du *Phèdre* ainsi que de leur interprétation par Alcinoos, Plotin et Syrianus. Le quatrième chapitre se concentre sur le commentaire au second lemme (*In Alc.* 53-59, sur *Alc.* 103a3-4) et son traitement de la Providence telle qu'elle s'origine dans l'Un, est incarnée par Socrate et met en ordre les âmes particulières. Le cinquième s'intéresse au commentaire au troisième lemme (*In Alc.* 59-85, sur *Alc.* 103a4-6), qui traite de la démonologie comme lieu d'élucidation de l'érotique : discours général sur le rang des démons dans la cosmologie d'abord, fonctions purificatrices et didactiques du démon socratique ensuite. Enfin, le sixième chapitre, à propos du commentaire au quatrième lemme (*In Alc.* 85-93, sur *Alc.* 103a6-b2), ouvre aussi sur l'éloge d'Alcibiade qui suit, et ses enjeux en terme d'apprentissage : rapport à l'Alcibiade historique, vertus naturelles comme expression de son potentiel, caractère approprié de l'éloge pour réfuter plus efficacement cet élève et le mener vers une érotique partagée.

Comme en témoigne l'absence de conclusion, ce dernier chapitre est une ouverture. Il étudie en effet des passages moins souvent commentés que les autres envisagés dans l'ouvrage et propose surtout des liens avec l'utilisation de la rhétorique et des logiques didactiques chez d'autres auteurs. S'il sort du propos du livre de tenter une véritable exploration de la théorie proclienne de l'enseignement, il repère déjà à ce sujet plusieurs passages clés, tant du *Commentaire sur le* Premier Alcibiade que d'autres textes de Proclus. Les pistes de recherche ainsi suggérées constituent une base utile pour la continuation de l'examen des questions d'enseignement chez Proclus, en l'occurrence de la façon dont il comprend et caractérise l'approche d'Alcibiade par Socrate.

Au contraire, les autres chapitres font preuve d'une abondante mobilisation de la littérature secondaire. Moins en quête d'innovation, ils réunissent avec un remarquable souci de pédagogie et de synthèse de nombreuses remarques qui constituent ensemble un état de l'art de la lecture savante de cette première partie du commentaire proclien. L'intégration des recherches réalisées entre la rédaction de la thèse et la publication est organique et fait de l'ouvrage un outil très actuel. L'érudition qui a présidé à ce travail peut s'observer dans les nombreuses notes de bas de page et dans la longue bibliographie de fin de volume.

Deux annexes précèdent celle-ci. La première est un tableau synoptique des vingt premiers lemmes de l'*Alcibiade* tels que découpés par Proclus, mis en parallèle avec un résumé de ce qu'a à en dire le Diadoque, ainsi que de quelques données sur la longueur de commentaire qu'il y consacre. La seconde annexe est une sélection de passages du *Commentaire sur le* Phèdre d'Hermias d'Alexandrie, qui reprennent l'enseignement présumé de Syrianus sur ce dialogue et sur l'amour en général. Ces passages sont à plusieurs reprises invoqués par l'auteur dans sa lecture de Proclus.

C'est d'ailleurs une caractéristique de l'approche textuelle choisie dans ce travail. Les arguments donnés par Proclus sont peu problématisés pour eux-mêmes, ses affirmations ne sont que ponctuellement croisées avec ce qu'on trouve ailleurs dans le *Commentaire sur le* Premier Alcibiade ou dans les autres textes procliens, qui ne sont toutefois pas ignorés. En revanche, les lieux parallèles chez Hermias, Olympiodore, Marinus et Damascius, ainsi que les sources ou précédents chez Platon, Plutarque, Plotin et Jamblique, sont plus systématiquement présentés, ce qui a pour effet de situer la contribution de Proclus dans sa tradition exégétique. Parfois même (par exemple dans le cas des vertus naturelles aux p. 191-193), certains concepts sont expliqués à partir de leur élaboration chez ces auteurs plutôt que par les allusions moins détaillées de Proclus. La méthode relativise donc l'originalité de ce dernier. Elle permet aussi de remarquer certains désaccords, au moins d'emphase, au sein de la tradition platonicienne, par exemple sur la question de l'amour de l'élève attendu en retour selon Hermias et Olympiodore, mais absent chez Proclus (p. 214-219).

En choisissant de ne pas aller jusqu'au commentaire ligne par ligne, ni d'aborder les questions d'établissement du texte, l'auteur gagne en clarté de présentation : les thèmes qu'il présente apparaissent ainsi avec plus de distinction qu'à la simple lecture du texte de Proclus. Cela ne l'empêche pas de consacrer une part importante de chaque section à citer les extraits les plus représentatifs du propos du Diadoque, dans la traduction de référence d'Alain-Philippe Segonds. Ce faisant, l'ouvrage peut servir d'outil de travail sur les passages auxquels il se consacre. Ce caractère est renforcé par le fait que chacune de ses propres sections est écrite de façon relativement indépendante des autres. Plus encore que l'explicitation de l'argument de Proclus, on appréciera la base documentaire fournie par chacune d'elles.

Il serait toutefois excessif de nier l'existence de tout fil rouge : comme l'indique le titre, le passage en revue des multiples sujets jusqu'ici évoqués converge vers une caractérisation de l'érotique platonicienne telle que l'envisage Proclus, et avec lui la tradition néoplatonicienne. Cette érotique est une providence par laquelle Socrate, sous l'impulsion de son démon divin, se fait l'image parfaite du Bien et tâche d'élever Alcibiade à une commune contemplation de ce Principe. À partir de ce constat, comme le montre l'auteur, on peut considérer que les dimensions rhétorique et dialectique du dialogue tel que lu par Proclus sont subordonnées, comme il le dit lui-même, à l'exigence érotique. Celle-ci permet donc de comprendre la rencontre de Socrate et Alcibiade selon les règles de poursuite amoureuse et philosophique décrites dans le *Phèdre* et le *Banquet*. Ils forment ainsi un couple paradigmatique de maître et d'élève idéaux, ce qui pourrait ouvrir la voie à une recherche plus approfondie sur leurs interactions dans les passages ultérieurs du dialogue, ainsi que sur la façon dont les interprète Proclus.

Résumons donc pour conclure le double mérite de cette étude. D'une part, il fournit à quiconque s'intéresse à la première moitié du commentaire de Proclus à l'*Alcibiade* ou à son intertextualité un outil à la fois complet, précis, à jour et accessible. D'autre part, il montre l'existence (parfois encore contestée) d'une authentique théorie de l'érotique pédagogique chez Proclus et dans la tradition néoplatonicienne, posant les bases d'une recherche féconde sur cette thématique jusqu'ici peu explorée.

Corentin TRESNIE
Aspirant au FNRS (Université Libre de Bruxelles et KU Leuven)

Alain LERNOULD, *Simplicius. Commentaire sur la Physique d'Aristote*. Livre II, ch. 1-3. Introduction, traduction, notes et bibliographie par Alain Lernould, Presses universitaires du Septentrion, Lille, 2019 (Cahiers de Philologie), 234 p., ISBN : 2-7574-2465-3.

Est-ce bien la nature elle-même qui doit être comprise comme la cause proprement productrice des corps naturels et de leurs changements, ou bien le régime de production dévolu à la causalité naturelle n'est-il qu'un adjuvant : l'instrument par lequel agit une causalité d'un tout autre ordre ? Dans le monumental *Commentaire à la* Physique *d'Aristote* que rédigea vers 540 le néoplatonicien Simplicius de Cilicie, cette question gouverne la partie consacrée aux trois premiers chapitres du livre II.

Alain Lernould en présente ici la première traduction française, sur la base du texte grec établi par H. Diels en 1882. Cette traduction est précédée d'une introduction synoptique aussi claire que concise (p. 11-35), qui traite tour à tour (1) de la date de composition des commentaires aristotéliciens de Simplicius, (2) de l'importance du livre II de la *Physique* d'Aristote, (3) du commentaire au livre II comme véritable introduction à la philosophie de la nature du Néoplatonisme tardif, (4) du lien entre physique et théologie, attesté par l'examen du but et de l'utilité de la *Physique* d'Aristote selon Simplicius, (5) de l'accord entre Aristote et Platon, (6) de la place d'Alexandre d'Aphrodise dans le commentaire de Simplicius à la *Physique*. Cette introduction est suivie d'un résumé analytique du texte traduit (p. 37-46) et d'une liste de 56 modifications apportées au texte grec de Diels (p. 49-51). Précisons qu'au fil de la traduction, ces corrections font chaque fois l'objet d'une mention spécifique dans une note appropriée, et sont souvent substantiellement justifiées et nuancées. Ainsi en est-il de l'hésitation possible entre ἔκστασις, la « sortie hors de », adoptée par Diels à la page 289.28 de son édition (désormais D), et ἔκτασις, l'« extension », préférée par Lernould (L). La note 286 p. 127 recense les passages parallèles chez Simplicius et indique des variations similaires dans des textes de Proclus et de Plutarque, et d'autres occurrences chez Damascius. Par ailleurs, à la différence de Diels, l'auteur donne dans le corps du texte les lemmes complets de la *Physique* tels que Simplicius les lit (en indiquant en note, le cas échéant, les écarts entre le texte d'Aristote dans Simplicius et celui dans les éditions modernes de référence). L'auteur prend aussi soin de corriger, lorsque cela lui paraît nécessaire, le découpage des lemmes opéré par Diels (*e.g.* p. 100, n. 191 L, *ad* 277.10 D ; p. 170, n. 411 L, *ad* 310.18 D). La traduction elle-même est encadrée par de sobres intertitres à la typographie soignée, qui facilitent sa lecture. Les notes de bas de page sont précises mais sans inflation. Viennent enfin une bibliographie, un abondant index des termes grecs (p. 219-231) et un index des auteurs cités par Simplicius.

Sur le plan doctrinal, les précédents travaux de l'auteur sur les liens entre physique et théologie dans le néoplatonisme tardif, en particulier dans l'exégèse proclusienne du *Timée*, lui permettent de mettre en évidence, tant dans l'introduction que dans les notes, les enjeux philosophiques du commentaire simplicien, notamment dans la manière dont il intègre le commentaire d'Alexandre d'Aphrodise, l'autorité majeure avec laquelle Simplicius discute. L'auteur reprend à son compte la thèse de M. Rashed selon laquelle le commentaire de Simplicius est le commentaire d'Alexandre réécrit par Simplicius, dans la mesure où le centre de gravité de l'aristotélisme est le monde sensible : Alexandre apparaît alors comme « le porte-voix du Sensible bien compris » (M. Rashed, 2011, *Alexandre d'Aphrodise, Commentaire perdu à la* Physique *d'Aristote (Livres IV-VIII). Les scholies byzantines,* Berlin). Néanmoins, précise l'auteur, « il ne faudrait pas penser que le commentaire de Simplicius sur la *Physique* d'Aristote est, pour Simplicius, plus le commentaire d'un commentaire (celui d'Alexandre) qu'un commentaire sur Aristote lui-même. C'est bien Aristote qu'il s'agit pour lui de restituer dans toute sa vérité, c'est-à-dire un Aristote allié de Platon » (p. 35). À l'instar de Proclus, commentateur du *Timée* de Platon, Simplicius en tant que commentateur de la *Physique* d'Aristote se pose en ardent défenseur d'une physique théologique, puisque selon la philosophie néoplatonicienne de la Nature, celle-ci est *logos*, un *logos* physique émanant de *logoi* mathématiques, eux-mêmes images des Formes intelligibles. Le sensible est ainsi fondé dans l'intelligible par une physique proprement « logique » (*ibid.*).

Toutefois il s'agit pour Simplicius d'établir cela patiemment, à travers l'exégèse même du texte de la *Physique*. Ainsi argumente-t-il contre l'idée d'Alexandre pour qui Aristote, en définissant la nature comme principe du mouvement, définit aussi l'âme (268.18-269.4 D, p. 75 L). Or Simplicius n'accepte pas d'attribuer à Aristote une telle assimilation de la nature avec l'âme. Dès le début du commentaire du ch. 1, il s'attache à expliquer pourquoi Aristote dit que les animaux et les plantes sont « par nature » (*Phys.* 192b9-10), alors que c'est une âme qui semble caractériser ces êtres (*In Ph.* 262.13-263.30 D, p. 61 L). L'enjeu doctrinal de ce qui paraît d'abord n'être qu'une argutie exégétique s'éclairera lorsqu'au début du commentaire du ch. 2, dans le cadre d'une récapitulation générale sur ce qu'est la nature, Simplicius introduira la tripartition néoplatonicienne du réel en étants supra-naturels, naturels, infra-naturels (285.30-289.35 D, p. 119-128 L). Comme le souligne l'auteur, la triade sensible où l'on s'élève de la matière à la forme en passant par la nature est le reflet inversé de la triade intelligible qui procède de l'Être à l'Intellect en passant par la Vie. On comprend dès lors en quoi Simplicius prête à la physique la vertu anagogique de nous faire remonter du Sensible jusqu'à l'Âme et de là jusqu'aux Formes dans l'Intellect divin, *i.e.* le Démiurge du *Timée* assimilé au premier moteur d'Aristote (p. 23).

Mais cela implique, justement, que l'on distingue d'abord entre la nature et l'âme, y compris dans la partie inférieure de celle-ci, l'âme végétative avec laquelle on l'identifie souvent, alors même que pour Aristote elle est autre chose (286.20-288.32 D, p. 120-125 L). En effet l'âme est principe du mouvoir, tandis que la nature est principe de l'être-mû. La hiérarchie des causes efficientes : Intellect et Âme, conduit à concevoir la Nature comme une cause instrumentale qui à la fois est mue par une autre chose et meut une autre chose (317.6-28 D, p. 187 L). Seul « l'Intellect tant honoré » (ὁ πολυτίμητος νοῦς, expression néoplatonicienne courante) est proprement cause efficiente ou productrice du mouvement, dans la mesure où il est strictement moteur et non pas mû, à la différence de l'Âme auto-mobile. Et lorsque Aristote qualifie l'âme d' « immobile » (dans le *De Anima*), il le fait uniquement, selon Simplicius, « en jugeant que seules sont mues les choses qui changent sous le mode corporel » (317.19 D). Toutefois c'est bel et bien à Platon que Simplicius rapporte sa caractérisation de l'Âme comme mue par soi (318.12-13 D).

La question de la causalité forme ainsi l'horizon philosophique du commentaire de ces trois chapitres, et c'est dans l'exégèse du troisième que Simplicius livre la doctrine des causes, anticipée dès le grand Prologue de l'œuvre. Celles que le Cilicien désigne chez les Péripatéticiens sont à la fois les deux causes réellement causes ou « proprement dites », *i.e.* les causes productrice et finale, et aussi les deux causes auxiliaires ou accessoires (τὰ συναίτια), *i.e.* les éléments que sont la matière et la forme (p. 3.13-32). À ces quatre causes aristotéliciennes s'ajoutent deux autres, complétant la hiérarchie néoplatonicienne : du côté des vraies causes, la cause paradigmatique (τὸ παραδειγματικὸν, le modèle) et du côté des causes auxiliaires, la cause instrumentale, τὸ ὀργανικόν.

À partir de là peut être située la Nature : « il est bon de dire que la nature est plutôt cause accessoire (συναίτιος), tandis que sont causes productrices de la génération et de la corruption les mouvements des corps célestes, dont les choses d'ici-bas subissent l'influence ; que sont des causes plus élevées les raisons psychiques de [ces] mouvements, et plus haut encore, les Formes intellectives ; et c'est à partir de ces Formes premières que tous les étants reçoivent en eux, selon leur aptitude à recevoir (κατὰ τὴν τῶν δεχομένων ἐπιτηδειότητα), une illumination des Formes (ἡ τῶν εἰδῶν ἔλλαμψις) » (314.13-14 D, p. 180 L. On notera la prégnance du vocabulaire proclusien dans ce passage). Dans une belle formule, Lernould affirme que « le commentaire donne à Simplicius l'occasion d'élévations spirituelles qui sont comme des déchirures dans un ciel sombre par lesquelles on entrevoit, dans un trait de lumière, toute la splendeur des hiérarchies intelligibles et divines » (p. 23).

En tant que principe du mouvement, la Nature est « en quelque sorte cause productrice prochaine » des étants naturels (Simplicius, 3.26 D). Néanmoins elle n'est pas cause productrice au sens propre du terme, parce qu'elle est une cause immanente (selon Aristote, « la nature réside dans un substrat », *Phys.* 192b34). Au contraire, une cause proprement productrice transcende nécessairement son produit, en vertu du grand principe proclusien : « tout être qui en produit un autre est supérieur à son produit » (Proclus, *Éléments de Théologie*, § 7, plusieurs fois rappelé par l'auteur, *e.g.* p. 124 n. 277, p. 172 n. 7). Simplicius le retranscrit ainsi : « ce qui réside dans un substrat ne sera pas au sens strict un principe qui meut le substrat » (p. 287.29-30 D).

Quant à la mobilisation de la thèse platonicienne selon laquelle les Formes sont les paradigmes des réalités naturelles, elle constitue un autre point nodal de la confrontation philosophique et exégétique avec Alexandre, car selon ce dernier, la forme naturelle qu'Aristote appelle « modèle », παράδειγμα, en 194b26, n'est pas modèle en tant qu'Idée. À cette occasion, Simplicius présente une longue et très intéressante citation du commentaire d'Alexandre (310.20-311.37 D, p. 170-175 L). C'est un développement embryologique inspiré du traité *De la génération des animaux* d'Aristote : l'enchaînement automatique des mouvements imprimés par le sperme du mâle déposé dans la matière qu'offre la femelle est comparé avec le mécanisme des automates. La semence est à la fois cause matérielle, productrice et motrice, la communication du mouvement étant une forme de production. Mais Simplicius critique ce modèle embryologique, et cela touche le centre même de la philosophie de la nature qui gouverne son commentaire : en quel sens la forme immanente qui advient peut-elle être modèle, et en quel sens la nature est-elle puissance irrationnelle ? Alexandre s'appuie sur le fait que la finalité n'implique pas forcément la délibération. La forme est une sorte de terme, elle se présente comme un but auquel vise la nature, et est pour cette raison appelée « modèle » ; mais la nature n'œuvre pas ici selon un choix ou une raison qui serait en elle, c'est pourquoi Aristote la qualifie de puissance irrationnelle (ἄλογος δυνάμις, 311.1 D). Alexandre peut alors conclure : « la forme est donc modèle parce que la nature a incliné vers elle, non par choix, mais plutôt comme le font les automates ». Simplicius reconnaît comme évident qu'Aristote n'appelle pas ici la forme « modèle » au sens d'Idée, mais simplement comme élément advenu du composé : ce n'est donc pas l'agent producteur (τὸ ποιοῦν) qu'Aristote a appelé modèle, mais ce qui advient, τὸ γινόμενον (la forme comme élément adjuvant). De même, « la pousse (βοτάνη) est matière de la tige, mais en aucun cas cause productrice [de celle-ci] » (312.33-34 D). Dans la concaténation biologique des causes, les choses qui précèdent sont plutôt causes matérielles que productrices et seules sont modèles au sens propre les Formes dans l'Intellect (314.15-24 D). Quant à la caractérisation de la nature comme puissance irrationnelle, pour Simplicius il ne peut y avoir ni ordre ni fin déterminée dans la production si le producteur n'a pas la connaissance ; toutefois celui-ci n'est pas la nature.

On le voit, la *Physique* est clairement lue par Simplicius comme déployant une philosophie de la nature néoplatonicienne, dont le commentaire livre de nombreux éléments essentiels ; mais comme le rappelle l'auteur, il reste « qu'il ne faut pas réduire le commentaire à un simple *corps* de doctrine philosophique (...), le contenu philosophique ne peut être dissocié des dimensions exégétique, pédagogique et proprement spirituelle, qui constituent *l'âme* même du commentaire » (p. 18).

Philippe SOULIER
Université de Nantes

Magna voce. *Effets et pouvoirs de la voix dans la philosophie et la littérature antiques*, sous la direction d'Anne-Isabelle BOUTON-TOUBOULIC, Paris, Classiques Garnier, 2021 (Kaïnon - Anthropologie de la pensée ancienne, 19), 473 p., ISBN : 978-2-406-10660-9.

En partie issu d'un colloque sur les « Effets de voix : la voix et les voix dans la pensée et la littérature romaines » qui s'est tenu en novembre 2014 à Lille, ce livre rassemble dix-huit contributions, classées selon quatre grandes catégories : I. Philosophie, II. Rhétorique et médecine, III. Acoustique, théâtre et littérature, IV. Linguistique, anthropologie, religion. Il comprend également une bibliographie (p. 385-423), un *index* des noms (p. 425-429), un *index* des passages cités (p. 431-457), un *index* des notions (p. 459-463) ainsi que le résumé de chaque essai (p. 465-470).

Un rapide survol de la table des matières et la lecture des premières lignes de cet ouvrage pourraient susciter de prime abord deux problèmes : 1° nulle part l'éditrice ne définit strictement ce qu'elle entend par la « voix » qu'elle met au centre de son livre et qu'elle a choisie pour lui donner son titre, *Magna Voce* ; 2° les contributions qui y sont rassemblées obéissent somme toute à un classement très académique, qui ne semble pas remettre en question le cloisonnement artificiel entre les disciplines qui a si longtemps caractérisé le monde académique.

Mais en réalité, il n'en est rien.

Tout d'abord, Anne-Isabelle Bouton-Touboulic revendique l'idée qu'il s'agit ici d'appréhender « la voix comme une phénomène total, qui se diffracte en de nombreux domaines (musical, poétique, rhétorique, linguistique, philosophique, médical et religieux...) » (p. 9). C'est précisément ce dont il faut se réjouir, car c'est ce qui fait toute la force, toute la richesse, et tout l'intérêt de cet ouvrage. Les essais qui le composent parviennent en effet à créer de nouveaux réseaux de sens, à rassembler des approches particulières, à comparer des perspectives et des méthodes diverses. En invitant chaque contributeur à interpréter et définir le problème de la « voix » en fonction des impératifs propres à son domaine de spécialité, Anne-Isabelle Bouton-Touboulic a rendu possible le surgissement de questions et de méthodes empruntées à l'anthropologie, à l'histoire des religions, à la philosophie, à la linguistique, à l'analyse littéraire ou théâtrale – chacune de ces approches n'en excluant jamais une autre.

Ensuite, cette profusion de thématiques, de problématiques, de discussions qui naissent autour de l'idée de la « voix », ne débouche pas sur l'organisation artificielle de contributions hétérogènes, qui seraient paresseusement rangées selon les champs disciplinaires dont elles relèvent. Bien au contraire : derrière un classement thématique apparemment rigide (philosophie ; rhétorique et médecine ; acoustique, théâtre et littérature ; linguistique, anthropologie, religion) se dessine en réalité un savant, un subtil, un harmonieux ordonnancement, où courent de façon souterraine des thèmes très riches, qui seront définis et développés plus formellement ici, repris ailleurs avec de légères modulations.

Ainsi, l'approche linguistique, qui s'efforce de mettre au jour les distinctions sémantiques entre *uox* et les termes voisins (en latin), ou entre φωνή et les termes voisins (en grec) est convoquée avec plus ou moins de souplesse et de liberté selon les contributeurs et les perspectives qu'ils adoptent (et selon les auteurs anciens ou les corpus envisagés). Il faut à cet égard citer l'étude tout-à-fait passionnante de Frédérique Biville sur « Le bestiaire des voix humaines », emblématique de ce beau volume. Elle examine la question de la diversité des voix ; celle des frontières entre *ars* et *natura* (qu'on retrouvera par exemple dans le domaine de la rhétorique, avec la contribution de Charles Guérin), mais aussi la question des frontières entre humanité et animalité (soulevée également dans l'étude liminaire de Michel Crubellier consacrée à « Aristote. La voix humaine, l'écoute et l'entendement ») ; elle étudie également la valeur qu'il convient d'attribuer à la notion d'« imitation » (des animaux par les humains, des humains par les animaux), laquelle conduit à une problématique non seulement médicale (physiognomonique) – déployée dans l'article de Vivien Longhi sur « Les pouvoirs de la voix dans la médecine grecque » – mais aussi littéraire et rhétorique de la « métaphore ».

Autre chapitre emblématique de cet enchevêtrement savant de thèmes qui parvient à tisser un réseau solide, serré, et harmonieux autour de la notion de voix : la contribution d'Anne-Isabelle Bouton-Touboulic sur Sénèque (« Effets et méfaits de la voix chez Sénèque »). L'autrice reprend, dans la perspective sénéquienne, des questionnements de type philosophique sur la définition et la production de la voix – déployés dans le détail dans la contribution de Michel Crubellier dédiée à Aristote, comme on l'a dit, dans la contribution de Giulia Scalas consacrée à « La phonation et ses causes chez Épicure », ainsi que dans l'article de Thomas Bénatouïl, qui est parvenu avec une clarté admirable et exemplaire à expliquer « L'analyse stoïcienne de la voix chez Diogène le Babylonien ». Le chapitre d'Anne-Isabelle Bouton-Touboulic établit également des liens étroits avec la thématique de la norme (« Mauvais et bons usages de la voix », p. 95 *sq.*), qui sera reprise avec profondeur dans la belle étude de Charles Guérin, qui jette un regard si novateur sur le corpus longtemps négligé de Sénèque l'Ancien (« Les déclamateur latins et les variations de la norme vocale au Ier siècle ap. J.-C. »), lorsqu'il examine la voix à travers la notion de « norme », qui charrie des valeurs aussi bien techniques (rhétoriques), qu'anthropologiques, médicales et littéraires (fictionnelles). Enfin, l'étude d'Anne-Isabelle Bouton-Touboulic fait encore écho à l'étude de Vivien Longhi, consacrée à la médecine, dans la mesure où la « voix dans la psychagogie » (p. 95), et notamment la voix du maître de philosophie, n'est pas sans partager des points communs avec la « voix thérapeutique du médecin » (p. 173-178).

Les rapports entre la voix et l'espace constituent également l'une des thématiques, riches, novatrices, et fertiles qui traversent plusieurs chapitres de ce livre. L'étude de Gabriële Wersinger (« Voix médiatisée, voix 'privées' ? Pour une topographie acoustique *connective* chez les anciens Grecs ») soulève la question de savoir si, « dans une communauté des affections médiatisées et de leurs expressions codifiées », il y a encore de la place pour « ce qu'on appelle la 'voix privée', par exemple l'expression phonique ou tonale d'une douleur, d'une joie ou d'une émotion personnelles » (p. 182), en observant, en déplaçant cette question sur le terrain de la topographie, puisque cette dichotomie voix publique/voix privée prend la forme d'une opposition, ou d'une tension, entre « une acoustique du joug et du cercle centré » d'une part, et « une acoustique de l'interaction et de la connexion » d'autre part (p. 191). L'espace et la voix, et leurs rapports, sont aussi au centre de l'étude de Marie-Hélène Garelli (« Voix, personnage et espace dramatique dans les comédies de Plaute »), qui démontre en effet que, chez Plaute, loin de permettre l'identification d'un personnage, la voix agit plutôt comme le signe dramaturgique efficace des scènes de rencontre et participe à la construction de l'espace scénique. Voix et espace sont enfin également convoqués, à la faveur d'une subtile transition puisque l'on se situe désormais dans les espaces inaccessibles où domine le « numineux », dans l'article de Sébastien Barbara « *Vox sine auctore. Vox* et *uoces* du bois et d'ailleurs ».

La thématique de la pathologie constitue aussi l'un des fils rouges de *Magna Voce*, autour duquel se meuvent les chapitres de Charles Guérin (avec la notion de norme vocale, qui implique l'observation de ce qui n'est *pas* dans la norme), mais aussi l'étude, aussi exhaustive que limpide, de Florence Klein sur « 'Ισχνοφωνία. Les affect(at)ions vocales de Callimaque et quelques échos romains (Ovide, Perse) », où l'autrice examine l'hypothèse selon laquelle le bégaiement de Callimaque aurait été une façon de revendiquer le choix esthétique d'une poétique discontinue.

On pourrait encore citer la thématique de la technique, celle des rapports entre voix et musique...

Ces quelques exemples sont évidemment loin d'épuiser la richesse des parcours de lecture offerts dans ce volume. C'est qu'il importe de citer encore les articles de Marie-Pierre Noël, sur « La voix de l'orateur et ses substituts dans les discours écrits chez Alcidamas, Isocrate et Aristote », qui propose une nouvelle analyse des rapports entre oral et écrit dans la rhétorique grecque des IVe-V^{e}siècles avant J.-C. ; de Sophie Conte, sur la notion à la fois politique et rhétorique de *suauitas* (« La 'douceur' (*suauitas*) de la voix dans les *Vacationes autumnales* de Louis de Cressolles (1620) ») ; de Guy Lachenaud sur « La voix et les voix chez Plutarque. De la tribune au banquet » ; d'Alain Deremetz sur « Les prestiges de la voix chez Apulée », où la voix de l'animal côtoie celle de l'homme, de l'orateur, et du philosophe ; de Charles Guittard sur « Parole des dieux et dieux de la parole dans la religion romaine. *Carmen* et prophétie », qui, proposant une étude sur le *carmen* envisagé comme dialogue possible entre les hommes et les dieux, reçoit en retour un éclairage anthropologique dans la contribution de Sabine Crippa, qui examine les rôles des voix divines et humaines dans les contextes rituels des traditions polythéistes de l'Antiquité, et réfléchit notamment sur la notion d'« interférences vocales » (« Interférences sonores entre les dieux et les hommes »). Enfin, François Cassingena-Trévedy suggère, dans un dernier chapitre, de lire les *Confessions* d'Augustin comme une histoire de la voix (« Les *Confessions* d'Augustin : une histoire sainte de la voix. De la voix du rhéteur à la voix de l'enfant »).

Il est impossible de rendre compte ici de toute la richesse, de toute la profusion, de toute l'intelligence de ce volume : son caractère hétéroclite et bigarré recèle en réalité une abondance réfléchie et harmonieuse. En invitant chaque lecteur à reconstruire son propre cheminement à travers ces dix-huit études, *Magna Voce* parvient à recréer *réellement* le monde des voix antiques.

Frédérique WOERTHER
CNRS, UMR 8230

Mendiants et mendicité en Grèce ancienne, sous la direction d'Étienne HELMER, Paris, Classiques Garnier, 2020 (Kaïnon - Anthropologie de la pensée ancienne, 13), 309 p., ISBN : 978-2-406-09005-2.

Ce livre offre une vue d'ensemble sur la mendicité en traversant plusieurs disciplines (histoire, philosophie, littérature) et plusieurs genres littéraires (*epos*, tragédie, littérature philosophique) et en se déployant sur un arc chronologique qui s'étend de la Grèce archaïque jusqu'au monde judéo-chrétien. L'ouvrage se compose d'une présentation, rédigée par Étienne Helmer, et de onze contributions, organisées en trois volets : I. « Au centre et au bord. Espaces civiques et institutionnels du mendiant et de la mendicité en Grèce ancienne » ; II. « Poétiques du mendiant. Mendiants et mendicité dans l'épopée, la tragédie et la littérature judéo-chrétienne » ; III. « Sagesse folle ? La philosophie inquiétée par le mendiant et la mendicité ».

La première partie de l'ouvrage offre une vision générale de la condition du mendiant dans la société grecque et démontre que les sources anciennes, interrogées de façon intelligente, portent les traces d'une relative intégration. Lucia Cecchet (« Intégrée, isolée, maudite. Formes, lieux et enjeux de la mendicité dans le monde grec ») montre que, malgré le fait que la morale traditionnelle assimilait la mendicité à une sorte de paresse et la considérait donc comme une menace potentielle pour la société, les Grecs étaient conscients que, souvent, il ne s'agissait pas d'une condition choisie mais de la conséquence d'un mauvais coup du sort. Selon cette perspective, les mendiants, victimes de la τύχη, conservaient le droit à la pitié. Aida Fernández Pietro (« Le divin et la mendicité en Grèce ancienne ») analyse la problématique du point de vue de la religion et du rite : les sources suggèrent la présence d'un rapport plus ou moins direct entre certaines divinités et les mendiants. Maxime Chapuis (« Le va-nu-pieds (ἀνυπόδητος) ») se concentre sur un aspect particulier, à savoir sur l'ἀνυποδησία. Du point de vue socio-économique et anthropologique, cet élément est négativement connoté : le « va-nu-pieds » se présente comme un individu qui refuse les produits de la technique, qui choisit la nature, conçue comme un état primitif, contre la culture. Il est donc un personnage anti-prométhéen et apolitique. Cependant, dans une perspective philosophique, et notamment à partir de la réflexion socratique, cet élément assume une connotation positive : renoncer aux chaussures est un signe de renonciation au superflu et donc d'autarcie. L'analyse de Chapuis anticipe ainsi par plusieurs points de vue celle développée dans la troisième partie.

La tragédie et la littérature judéo-chrétienne sont au cœur de la deuxième partie. Amandine Gouttefarde (« Expier sur les routes. Exil, mendicité et souillure dans la littérature grecque ») étudie le rapport entre exilé et mendiant à travers l'analyse de passages tirés d'Homère, d'Hérodote, des tragédiens, d'Isocrate. La chercheuse montre que l'exilé, qui devient souvent un πτωχός, est parfois porteur d'une souillure, mais qu'il peut vivre une expérience de purification grâce à l'exil et être donc admis de nouveau au sein de la communauté. Nathalie Assan Libé (« Un mendiant pour les uns, un allié pour les autres. Mendicité, supplication et hospitalité dans l'*Œdipe à Colone* de Sophocle ») se concentre surtout sur le personnage d'Œdipe. Son analyse rhétorique montre que les différents personnages de l'*Œdipe à Colone* de Sophocle se servent d'allusions à la misère d'Antigone et d'Œdipe pour servir leurs buts rhétoriques. En particulier, dans la perspective de Thésée, Œdipe n'est pas un mendiant : c'est plutôt un hôte. Michel Briand (« Ulysse mendiant à Ithaque. Kinesthésie, jeux d'empathie et d'identité ») s'intéresse à la figure de l'Ulysse mendiant, et en particulier à son style kinésique : ses gestes, ses mouvements et ses postures en rapport avec ses paroles et son regard. Briand analyse trois traits kinésiques liés à la mendicité dans l'*Odyssée* : l'errance, la prostration et la quête. Cette approche met en évidence le fait que les autres personnages se caractérisent par la façon dont ils réagissent à la présence du nouveau mendiant : Eumée, Télémaque, la nourrice Euryclée, Pénélope respectent les principes de l'hospitalité et de l'accueil, à la différence des prétendants, et notamment d'Antinoos, de la servante Mélanthô et d'Iros. La contribution de Sandrine Coin-Longeray (« Messager des temps nouveaux. Le mendiant dans la littérature judéo-hellénique et des origines du christianisme ») prend appui sur le présupposé voulant que le mendiant soit méprisé dans la littérature païenne et soit présent dans la littérature patristique du IVe siècle comme une figure sacrée. La chercheuse se concentre donc sur le moment intermédiaire entre ces deux phases, celui de la littérature judéo-hellénique et du christianisme primitif. Malgré la présence d'éléments importants comme l'obligation morale de la charité et l'interdiction de profiter de la faiblesse du mendiant, la solidarité envers ce dernier se révèle un concept tardif. D'ailleurs, dans la littérature chrétienne, le partage du repas remplace le devoir de la charité et l'obligation à une participation émotionnelle réintègre dans une certaine mesure le mendiant dans la société.

La troisième partie analyse la problématique du point de vue philosophique. Louis-André Dorion (« De quoi vit Socrate ? Le refus de la mendicité et la tentation des cadeaux ») se questionne sur les moyens de subsistance de Socrate, tout en soulignant que le problème du Socrate historique demeure insoluble et qu'il est plutôt question de réfléchir à la représentation du philosophe dans les différentes sources. Il se concentre notamment sur les témoignages de Platon, Xénophon et sur les sources tardives. Les trois derniers articles sont consacrés au cynisme, philosophie déjà évoquée dans le titre de la dernière partie, l'expression « sagesse folle » renvoyant à la célèbre définition de Diogène comme Socrate devenu fou attribuée à Platon (cette définition est discutée à la p. 242). Le grand espace consacré au Cynisme était attendu dans un ouvrage dédié à la mendicité, car le cynisme en propose un renversement sous le signe du paradoxe : mendier dans sa double signification d'être misérable et de quémander n'est pas seulement considéré comme une attitude acceptable, mais fait partie du *modus vivendi* du philosophe. Isabelle Chouinard (« Le sage peut-il mendier ? ») discute de l'attitude d'Aristippe, des Épicuriens et des Stoïciens vis-à-vis de la mendicité cynique : si le choix du dépouillement total est parfois accepté par d'autres philosophes, les cyniques sont les seuls à faire la quête. Étienne Helmer (« L'autarcie à l'épreuve de la mendicité cynique ») se focalise sur la contradiction seulement apparente entre autarcie et mendicité : la mendicité cynique est conceptuellement liée à la désappropriation individuelle (tout est à tous) et respecte, contre toute attente, le principe de réciprocité. Olimar Flores-Júnior (« Lire et écrire dans les marges. Activité littéraire et mendicité chez les cyniques grecs ») réfléchit à un autre paradoxe apparent lié aux Cyniques, à savoir celui de l'écriture. L'article remet en question le refus de la *paideia* de la part des Cyniques et démontre que, malgré leur misère, la littérature fait partie des ἀναγκαῖα du philosophe cynique.

Une bibliographie très riche, un *index nominum*, un *index rerum*, un *index locorum* et les résumés de chaque contribution complètent le volume. Il est plutôt surprenant que Télès, une source parmi les plus importantes pour le Cynisme et citée très souvent, notamment dans la troisième partie, soit absent de l'*index nominum* aussi bien que de l'*index locorum*.

En conclusion, cet ouvrage montre bien que le statut du mendiant était très ambigu, « à la fois dehors et dedans », selon la définition d'Étienne Helmer (p. 8) et que finalement il n'était pas « aussi marginal qu'il le semble ». La multiplicité des sources interrogées et les différentes approches permettent de réfléchir à la dialectique entre mendicité et d'autres notions anthropologiques, telles que le parasitisme, la pauvreté, l'exil, l'hospitalité, l'autarcie. On peut regretter cependant que la comédie, citée ici et là plutôt rapidement, n'ait pas bénéficié de plus d'attention. Par exemple, il aurait pu être intéressant de s'interroger sur la raison pour laquelle la misère était souvent présente sur la scène comique. En outre, la comédie aurait permis d'explorer davantage le rapport entre la figure du mendiant et celle du parasite (Lucia Cecchet évoque rapidement ces questions aux p. 24 et 28). Le Socrate d'Aristophane aurait peut-être mérité une plus grande attention dans l'article de Louis-André Dorion. Léonidas de Tarente aurait aussi mérité d'être mentionné dans le volume, en considérant ses nombreuses allusions à la misère et les influences très débattues du cynisme sur sa production.

Ces petites remarques n'ôtent rien à la valeur de cet ouvrage. Il s'agit non seulement d'un volume riche d'informations et de résultats originaux, mais aussi de l'un des rares volumes entièrement dédiés à cette problématique (je signale la récente publication de l'ouvrage de Pietro Giammellaro, *Il mendicante nella Grecia antica. Teorie e modelli*, Brescia, 2019), deux éléments qui en font une référence incontournable pour les chercheurs qui s'occupent de misère et de mendicité dans l'Antiquité, mais aussi une lecture intéressante et plaisante pour les non-spécialistes.

Donatella IZZO
CERAM – Sorbonne Nouvelle. Collège Stanislas, Paris

Sophie KLIMIS, *Le penser en travail. Castoriadis et le labyrinthe de la création humaine. [1]* Polis. *De la société capitaliste à la société des Athéniens*, Presses Universitaires de Paris Nanterre, 2020 (Au détour des anciens, 2), 456 p., ISBN : 978-2-84016-375-6.

Avec le premier volume d'une future trilogie consacrée respectivement aux trois principaux « carrefours » du « penser » de Cornelius Castoriadis (C. C.), la *polis*, la *psychè* et le *logos*, Sophie Klimis (S. K.) nous propose en réalité une enquête sur notre modernité à travers la notion castoriadienne de « figure du pensable (*eidos*) social-historique ». Selon elle, l'un des mérites de C. C. est d'avoir saisi que notre modernité est complexe, articulant à une « modernité des Modernes », le capitalisme, une « modernité des Anciens » qui se confond avec un projet politique d'autonomie (p. 352). Comme en atteste le sous-titre de l'ouvrage, véritable titre du volume consacré à la *Polis*, notre modernité se donne donc à lire à partir d'une relecture de Marx et de la démocratie athénienne des Ve et IVe siècles. Non moins suggestif dans ce titre est le sens du mouvement, de Marx aux Anciens, qui illustre à la fois les phases de la pensée de C. C., mais aussi son appel à dépasser le capitalisme dans sa forme néo-libérale vers une rénovation du « germe » grec (p. 183). Pourtant, en abordant ainsi « l'axe gréco-contemporain », S. K., tout en souscrivant pleinement à la tentative de relance du projet politique d'autonomie initié par C. C., apporte une modification substantielle à ses analyses. Elle se propose ainsi de mettre en évidence ce qu'il n'a, selon elle, pas su ou pu voir pleinement, à savoir « que le projet de maîtrise rationnelle sur le tout et le projet d'autonomie sont les deux facettes complémentaires d'une seule et même signification imaginaire » (p. 123). C'est pourquoi, à côté des tentatives contemporaines inabouties de relance du projet d'autonomie au sein du capitalisme (mouvement ouvrier, p. 145-151, ou mouvement des places, p. 401-405), il faut également selon S. K. lire dans la démocratie grecque les germes du projet de maîtrise rationnelle constitutif du capitalisme (p. 228 ; p. 367-373).

La première partie de l'ouvrage revient sur la notion de « forme du pensable social-historique », qu'elle analyse à la fois comme concept et à travers deux illustrations concrètes : la société capitaliste, à la suite de Marx, et la *polis* grecque athénienne, à la suite d'Aristote. S. K. se lance dans une entreprise somme toute peu fréquente dans la littérature sur C. C. : traiter globalement « l'axe gréco-contemporain » à travers sa reprise critique de Marx dans les six volumes des *Carrefours du Labyrinthe* (1978-1999) et son interprétation de la création grecque dans les séminaires de l'EHESS (1982-1985). Rappelant que le social-historique est une « strate de l'être » (à côté de la nature, du vivant et de la *psychè*, qui constituent autant d'universaux transhistoriques, p. 96), l'auteure montre que cette strate se fonde sur une spécificité de l'être humain, « l'imagination radicale », c'est-à-dire non pas seulement la faculté de composer à partir d'éléments existants, mais la faculté de créer du nouveau. Cette « création humaine » résulte selon C. C. de la rencontre entre une conception « magmatique » de l'être, seule à même de rendre compte de la « possibilité de l'émergence du nouveau » (p. 73), et ce qu'il appelle une « logique ensembliste-identitaire » qui projette comme autant *d'eidè* secondes les formes propres qui constituent les « significations imaginaires » de chaque dynamique social-historique. C'est alors le rapport des membres de chaque société à ces formes qui rend compte de la différence entre les sociétés hétéronomes et les sociétés autonomes (p.106) : les premières s'aliènent à ces significations imaginaires considérées comme sources transcendantes de la société et de son sens, quand les secondes gardent en quelque sorte la maîtrise du processus de création en la rapportant à leur propre activité. Dans cette perspective, l'aliénation propre au capitalisme se déploie à partir du schème essentiel du « de plus en plus », autour duquel il crée ses significations imaginaires propres (le Marché, la Croissance, etc.).

La deuxième partie, « *Alètheiai* », plus courte, prépare ce qui est le cœur de l'ouvrage : l'analyse de la forme social-historique qu'est la démocratie athénienne. S. K. y dégage, non sans interroger leur pertinence, les lignes de force de l'analyse de C. C. sur « l'imaginaire sous-jacent à la création grecque » conçu dans les termes, à première vue surprenants, de « vérités » (p. 190-*sqq*). Trois vérités, qu'il faut entendre au sens d'axiomes rendant possible le projet d'autonomie dont la *polis* démocratique grecque constitue une réalisation, donnent chacune lieu à un chapitre : le chaos comme fond cosmologique, la mort comme finitude absolue et la « terribilité » comme condition tragique de l'homme.

La troisième partie, placée sous l'égide de Thucydide et de la tragédie, développe donc une analyse de la forme d'autonomie spécifique que les Athéniens se sont donnée avec la démocratie, véritable autocréation consciente d'elle-même. L'auteure rappelle ainsi comment selon C. C. la démocratie athénienne a donné à l'autonomie un contenu substantiel exprimé dans la célèbre formule de Périclès : « Φιλοκαλοῦμέν τε γὰρ μετ' εὐτελείας καὶ φιλοσοφοῦμεν ἄνευ μαλακίας » (Thuc., II. 40. 1). C. C. y voit l'identification de l'activité politique constitutive de l'homme démocratique avec une forme de penser (le philosopher) et de bien vivre (le vivre dans la beauté), par quoi une société autonome produit des citoyens autonomes. Ce philosopher démocratique se caractérise par sa dimension délibérative et pratique, même si toute délibération suppose une réflexion plus théorique (sur la nature du juste par exemple), de sorte que la politique doit être envisagée comme l'acte de juger et de choisir en commun plutôt que comme le lieu du pouvoir. Dès lors, la fin des institutions démocratiques est une véritable *paideia* visant à créer des individus jugeant par eux-mêmes ensemble. À côté de cette détermination de la démocratie par la forme de vie autonome qu'elle vise à produire, S. K. s'intéresse aux institutions par lesquelles cette autonomie est produite et maintenue dans la durée. Si elle revient sur le rôle des assemblées (p. 293-308), c'est surtout la tragédie qui va donner lieu aux analyses les plus pénétrantes. Pour C. C., la tragédie est un « imaginaire radical instituant » qui doit être considérée comme une « manifestation totale de la vie de [la] communauté » (*La Cité et les lois*, p. 227) : en nous mettant en garde contre l'*hubris*, à la fois transgression de limites non préalablement définies puisque les conséquences de leurs actes dépassent toujours les agents, et illusion selon laquelle on peut délibérer et choisir seul (*monos phronein*), non seulement la sagesse tragique met en scène l'autonomie, mais elle rappelle la nécessité de l'autolimitation. Mieux encore, pour S. K., prolongeant dans un chapitre particulièrement stimulant les analyses de C. C., l'institution même de la tragédie et des Grandes Dionysies est un dispositif politico-rituel permettant de « rejouer chaque année le double processus de son auto-institution et de son autolimitation et par ce biais de se confronter au risque d'*hubris* » (p. 321).

La conclusion, longue, forme à vrai dire une quatrième partie même si, comme le souligne l'auteure, il s'agit plus souvent d'ouvrir des perspectives que de proposer des analyses abouties. Elle est pourtant déterminante car c'est là que s'y donne à lire la visée spécifique de l'ouvrage, à savoir la saisie des possibilités contemporaines de relancer le projet d'une société autonome. Dans cette perspective, l'auteure insiste sur la modernité de la démocratie athénienne comme forme social-historique, non seulement comme projet de société autonome, mais aussi dans ce qu'un tel projet pouvait contenir d'inquiétant pour les Athéniens eux-mêmes. Un rééquilibrage très net s'effectue ainsi dans les analyses de S. K. au profit d'une nouvelle lecture de la « terribilité » de l'*Antigone* de Sophocle (p. 373) : le projet d'autonomie politique est ainsi relié au projet de domination de la nature dont l'auteure va jusqu'à dire qu'il est fondamentalement grec et a été attribué à Descartes par « un malentendu incroyable » (p. 371).

Outre son premier mérite – rendre raison par son travail de synthèse et d'approfondissement de la force et de la cohérence de la pensée de C. C. –, le livre de S. K. offre un dialogue d'une grande richesse avec la tradition philosophique moderne et contemporaine. Ceux qui se consacrent à l'histoire de la philosophie politique de l'Antiquité se verront quant à eux rappeler qu'une authentique pensée philosophique est à chercher aussi bien du côté de Sophocle ou de Thucydide, que de Platon ou d'Aristote, et certainement dans leur confrontation. S'il fallait d'ailleurs exprimer un regret, ce serait peut-être que la voie aristotélicienne pourtant envisagée, et par C. C. et par l'auteure, comme un mode d'accès privilégié à la forme social-historique de la *polis*, soit abordée de manière aussi disséminée, même si c'est là le revers inévitable de la richesse des points abordés. Ce regret ne saurait altérer la dimension profondément stimulante de l'ouvrage de S. K. : plus encore que les qualités – indéniables – des analyses sur la tragédie (p. 320-321 et 326-328 sur le *monos phronein*), sur la critique platonicienne de la démocratie (p. 367-371) ou sur l'analyse aristotélicienne du commun (p. 291), c'est finalement la thèse même du livre qui présente un intérêt majeur pour tout ceux qui s'attachent à l'étude de la philosophie antique et plus largement pour la pensée (voire pour l'engagement) politique. À l'heure où la valeur de la pensée antique est mise en question de manière parfois virulente (polémique sur la mise en scène des *Suppliantes*, sur la pertinence de l'enseignement de l'histoire ancienne), l'invitation à situer la modernité des Anciens non pas dans un héritage occidental à opposer à d'autres héritages identitaires, mais dans une exhortation à relancer un projet d'autonomie adossé à des formes tout à fait contemporaines, fait du livre de S. K. une lecture à bien des égards précieuse qui nous incite à réactiver, à la suite de C. C., la « modernité intempestive » des Anciens Grecs.

Pierre PONCHON
Phier, EA3297, Université de Clermont Auvergne

Bulletin Bibliographique

Éditions, traductions et commentaires

– Jaap Mansfeld et David T. Runia, *Aëtiana. The Method and Intellectual Context of a Doxographer. An Edition of the Reconstructed Text of the* Placita *with a Commentary and a Collection of Related Texts*, Leiden, Brill, 2020, 4 vol., p. xxi+2317, 2020. ISBN : 978-90-04-42838-6 (hbk), ISBN:978-90-04-42840-9 (ebk)

Part 1, General introduction, book 1, text and commentary ; Part 2, Book 2, text and commentary, book 3, text and commentary ; Part 3, Book 4, text and commentary, book 5, text and commentary ; Part 4. English translation, bibliography, indices

Études

– Panos Dimas, Melissa Lane, and Susan Sauvé Meyer (éd.), *Plato's* Statesman. *A Philosophical Discussion*, OUP, 2021, 304 p., ISBN : 9780192898296

– Reydams-Schils, G. *Calcidius on Plato's* Timaeus: *Greek Philosophy, Latin Reception, and Christian Contexts*, CUP, 2020, vii +243 p., ISBN : 9781108420563
doi:10.1017/9781108354745

– Giovanna R. Giardina (éd.), To metron. *Sur la notion de mesure dans la philosophie d'Aristote*, Paris, Vrin-Éditions Ousia, 2020, 250 p., ISBN : 978-2-87060-189-1

- Riccardo Chiaradonna et Marwan Rashed (éd.), *Boéthos de Sidon, Exégète d'Aristote et philosophe*, Berlin, De Gruyter (Commentaria in Aristotelem Graeca et Byzantina – Series Academica, 1), 2020, ISBN : 9783110699821 (hbk), ISBN : 9783110699845 (ebk)
doi:10.1515/9783110699845

– Susanne Bobzien, *Determinism, Freedom, and Moral Responsibility. Essays in Ancient Philosophy*, OUP, 2021, 352 p., ISBN : 9780198866732
https://doi.org/10.1515/9783110666106

– Étienne Helmer, Oikonomia. *Philosophie grecque de l'économie*, Paris, Classiques Garnier (Kaïnon - Anthropologie de la pensée ancienne), 2021, 200 p., ISBN : 978-2-406-10669-2, ISSN: 2428-7903
doi: 10.15122/isbn.978-2-406-10671-5

Recueils

– Christian Vassallo (éd.), *Presocratics and Papyrological Tradition. A Philosophical Reappraisal of the Sources. Proceedings of the International Workshop held at the University of Trier (22-24 September 2016)*, Berlin, De Gruyter, 2019, xii+690 p., ISBN : 9783110663211 (hbk), ISBN: 9783110666106 (ebk)
https://doi.org/10.1515/9783110666106

– David Conan Wolfsdorf (éd.), *Early Greek Ethics*, OUP, 2020, 832 p., ISBN : 9780198758679 (hbk), ISBN 0198758677 (ebk)

– Ricardo Salles (éd.), *Cosmology and Biology in Ancient Philosophy From Thales to Avicenna*, CUP, 2021, ISBN : 9781108873970
doi: 10.1017/9781108873970

– Pierre Destrée, Malcolm Heath and Dana L. Munteanu (éd.), *The Poetics in its Aristotelian Context*, London, Routledge, 2020, 276 p., ISBN : 9780367366117 (hbk), ISBN : 9780429347276 (ebk)

– Sylvain Delcomminette et Geneviève Lachance (éd.), *L'éristique. Définitions, caractérisations et historicité*, Bruxelles, Ousia, 2021, 392 p., ISBN : 978-2-87060-193-8

– *Aitia* 10/2020, *Le* De rerum natura *de Lucrèce : perspectives philosophiques*
https://journals.openedition.org/aitia/7491

– *Cahiers des Études Anciennes* LVII / 2020 , *Figure(s) du législateur : la parole de l'expert dans la littérature antique*
https://journals.openedition.org/etudesanciennes/1366

– Pierre Destrée, Jan Opsomer and Geert Roskam (éd.), *Utopias in Ancient Thought*, Berlin, De Gruyter, 2021., 350 p., ISBN: 9783110738209 (hbk), ISBN: 9783110733129 (ebk).

– Eva Anagnostou-Laoutides and Ken Parry (éd.), *Eastern Christianity and Late Antique Philosophy*, Leiden, Brill, 2020 (Texts and Studies in Eastern Christianity, 18), ISBN : 978-90-04-42956-7
doi: 10.1163/9789004429567

– Horky, Phillip Sidney (éd.), *Cosmos in the Ancient world*, New York, CUP, 2019, 348 p., ISBN : 9781108423649

– Isabelle Chouinard, Zoe McConaughey, Aline Medeiros Ramos, Roxane Noël (éd.), *Women' s Perspectives on Ancient Philosophy*, New York, Springer, 2021, ISBN :978-3-030-73189-2

PHILOSOPHIE ANTIQUE

BULLETIN D'ABONNEMENT

Par courrier : complétez et retournez le bulletin d'abonnement ci-dessous à :

Librairie Philosophique J. Vrin
6 place de la Sorbonne
75005 Paris, France

Par mail : scannez et retournez le bulletin d'abonnement ci-dessous à :
abonnement@vrin.fr

Pour commander au numéro : www.vrin.fr ou contact@vrin.fr

RÈGLEMENT

❑ Par chèque bancaire :

à joindre à la commande à l'ordre de
Librairie Philosophique J. Vrin

❑ Par virement sur le compte :

BIC : PSSTFRPPPAR
IBAN : FR28 2004 1000 0100 1963 0T02 028

❑ Par carte visa :

____ ____ ____ ____

expire le : __ / __

CVC (3 chiffres au verso) : ___

Date :

Signature :

ADRESSE DE LIVRAISON

Nom
Prénom
Institution
Adresse

Ville
Code postal
Pays
Email

ADRESSE DE FACTURATION

Nom
Prénom
Institution
Adresse
Code postal
Pays

ABONNEMENT – 1 numéro annuel

Titre	Tarif France	Tarif étranger	Quantité	Total
Abonnement pour l'année 2022	24,00 €	24,00 €		
			TOTAL À PAYER :	

Tarifs valables jusqu'au 31/12/2021

* Les tarifs ne comprennent pas les droits de douane, les taxes et redevance éventuelles, qui pourraient être à la charge du destinataire à réception de son colis.

Achevé d'imprimer en décembre 2021
sur les presses de
La Manufacture - Imprimeur – 52200 Langres
Tél. : (33) 325 845 892

N° imprimeur : 211242 - Dépôt légal : décembre 2021
Imprimé en France

eco imprimeur